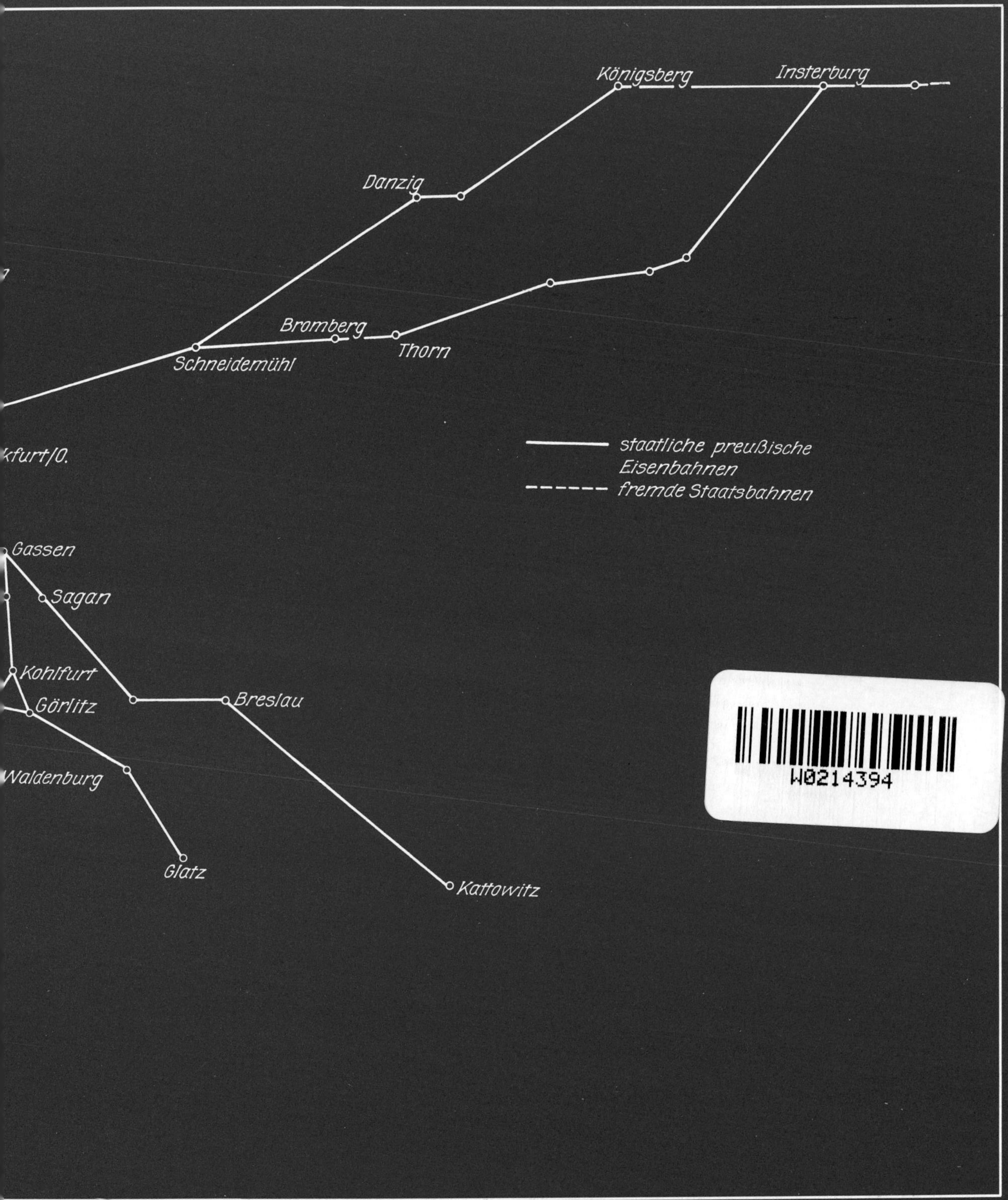
Königsberg
Insterburg
Danzig
Bromberg
Thorn
Schneidemühl
kfurt/O.
staatliche preußische Eisenbahnen
fremde Staatsbahnen
Gassen
Sagan
Kohlfurt
Görlitz
Breslau
Waldenburg
Glatz
Kattowitz

Eisenbahn-Fahrzeug-Archiv
Band 2.3.2

Wagner/Bäzold/Zschech/Lüderitz
Lokomotiven preußischer Eisenbahnen
Güterzuglokomotiven

Eisenbahn-Fahrzeug-Archiv

Wagner/Bäzold/Zschech/Lüderitz

Lokomotiven preußischer Eisenbahnen

Güterzuglokomotiven

alba

CIP-Titelaufnahme der Deutschen
Bibliothek

Lokomotiven preußischer Eisenbahnen/
Wagner; Bäzold; Zschech; Lüderitz
Düsseldorf: Alba.
NE: Wagner, Andreas (Mitverf.)
Güterzuglokomotiven. 1990
Eisenbahn-Fahrzeug-Archiv 2.3.2
ISBN 3-87094-134-0
NE: GT

Durchgesehene Lizenzausgabe der
Alba Publikation Alf Teloeken
GmbH + Co KG. Düsseldorf, für die
Bundesrepublik Deutschland,
Berlin (West), Österreich
und die Schweiz

Französische Straße 13/14,
DDR - Berlin, 1086
Herstellung: Boss-Druck, Kleve
Lektor: Manfred Weisbrod
Typografische Gestaltung:
Jürgen Arndt
ISBN 3-87094-134-X

Inhaltsverzeichnis

Schreibweisen

In diesem Buch sind – bedingt durch die historischen Gegebenheiten – deutschsprachige Namen von Ortschaften angegeben, die sich weder auf dem Territorium der Bundesrepublik Deutschland noch auf dem der Deutschen Demokratischen Republik befinden. Zur Orientierung wird hier eine alphabetisch geordnete Zusammenstellung dieser Ortsnamen einschließlich der heutigen Bezeichnungen gegeben.

Alexandrowen	Alexandrowo/Polen
Allenstein	Olsztyn/Polen
Arnsdorf	Miłkowice/Polen
Bad Salzbrunn	Szczawno Zdrój/Polen
Belgard (Pomm)	Białograd/Polen
Berlinchen (NM)	Bárlinek/Polen
Bodenbach	Děčin/ČSFR
Breslau	Wrocław/Polen
Bromberg	Bydgoszcz/Polen
Brünn	Brno/ČSFR
Bütow (Pomm)	Bytowo/Polen
Camenz, Kamenz (Schl.)	Kamieniec Ząbkowicki/Polen
Colberg, Kolberg	Kołobreg/Polen
Crossen, auch Krossen (Oder)	Krosno Odrzánskie/Polen
Cüstrin, Küstrin	Kostrzyn/Polen (Kietz/DDR)
Danzig	Gdánsk/Polen
Deutsch-Eylau	Iława/Polen
Dittersbach	Brózka/Polen
Dirschau	Tczew/Polen
Eisenberg (b. Crossen)	Rudawica/Polen
Fellhammer	Kuźnice Swidnickie/Polen
Freiburg (Schles.)	Swiebodzice/Polen
Gandau b. Bresl.	Gadów/Polen
Glasow (NM)	Głazów/Polen
Glatz	Kłodźko/Polen
Gleiwitz	Gliwice/Polen
Gnesen	Gniezno/Polen
Goldap (Ostpr.)	Gołdap/Polen
Görlitz-Moys	Zgorzelec-Ujazd/Polen
Gottesberg	Boguszów/Polen
Graudenz	Grudziadz/Polen
Grünberg (Schl.)	Zielona Góra/Polen
Halbstadt	Pólmieście/Polen
Hirschberg (Schl.)	Jelenia Gora/Polen
Insterburg	Tschernjachowsk/UdSSR
Jakobsthal	Jakuszyce/Polen
Kattowitz	Katowice/Polen
Kohlfurt	Węgliniec/Polen
Königsberg	Kaliningrad/UdSSR
Königszelt	Jaworzyna Śląska/Polen
Kreuzburg	Kluczbork/Polen
Landeshut (Schl.)	Kamienna Góra/Polen
Landsberg (Warthe)	Gorzów Wielkopolski/Polen
Lauban (Schl.)	Lubań/Polen
Liebau (Schl.)	Lubawka/Polen
Liegnitz	Legnica/Polen
Lyck (Ostpr.)	Ełk/Polen
Marienburg	Malbork/Polen
Marienwerder	Kwidzyn/Polen
Marklissa	Leśna/Polen
Memel	Klaipeda/UdSSR
Merzdorf (Riesengeb.)	Marciszów/Polen
Mittelsteine (Raum Glatz)	Scinawka Srednia/Polen
Mittelwalde (Schl.)	Miedzylesie/Polen
Mochbern	Muchobór/Polen
Mohrungen	Morag/Polen
Neidenburg	Nidzica/Polen
Neiße	Nysa/Polen
Neustettin	Szczecinek/Polen
Nieder Salzbrunn	Szczawienko/Polen
Oels	Olésnica/Polen
Oppeln	Opole/Polen
Ortelsburg	Szczytno/Polen
Osterode	Ostróda/Polen
Ostrowo	Ostrow WLKP/Polen
Petersdorf	Piechowice/Polen
Posen	Poznán/Polen
Ratibor	Racibórz/Polen
Ruhbank	Sędzisław/Polen
Schildau	Wojanów/Polen
Schlesien	Sląsk/Polen
Schmiedefeld b. Breslau	Wrocław Leśnica/Polen
Schneidemühl	Piła/Polen
Schweidnitz	Swidnica/Polen
Skalmierzyce (auch Skalmierschütz)	Nowo Skalmierzyce/Polen
Soldau	Działdowo/Polen
Soldin (NM)	Myślibórz/Polen
Sommerfeld	Lubsko/Polen
Sorau	Żary/Polen
Stargard	Stargard Szczeciński/Polen
Stettin	Szczecin/Polen
Stolp	Słupsk/Polen
Strehlen	Strzelin/Polen
Swinemünde	Świnoujście/Polen
Tilsit	Sowjetsk/UdSSR
Thorn	Toruń/Polen
Waldenburg (Schl.)	Wałbrzych/Polen

Zum Aufbau der Reihe

Der vorliegende Band ist Bestandteil der Buchreihe „Eisenbahn-Fahrzeug-Archiv" (EFA), einer umfassenden Dokumentation der Triebfahrzeuge und Wagen deutscher Eisenbahnen. Bei mehrfach abzuhandelnden Fahrzeugen – dies betrifft besonders die von der DRG übernommenen Länderbahnloks – liegt der Schwerpunkt der Darstellung in der jeweiligen Epoche. Um den Umfang der Reihe nicht unnötig auszuweiten, werden die „konstruktiven Merkmale" dann nur bei den Beschreibungen der DRG-Baureihen genannt. In den Länderbahnbänden verweist ein Pfeil im Kopf der Beschreibung auf den jeweils ergänzenden Band der EFA-Reihe.

G 10 **E-H. G. L.** **DRG-Baureihe 57^{10-35}** **(→ EFA 1.2)**
E hZ
1910
Techn. Daten: Seite 209

Das oberste Feld enthält zunächst die Gattungsbezeichnung dieser preußischen Lokomotive, danach folgt die DRG-Baureihe mit Verweis auf den entsprechenden Band; im zweiten Feld steht die Kurzbezeichnung der Bauart. Das dritte Feld enthält die Einsatzzeit mit den Jahreszahlen der ersten Lieferung und der letzten Ausmusterung. Es folgt im letzten Feld der Seitenverweis auf die Daten im Tabellenteil am Ende des Buches. Innerhalb der Texte werden mit weiteren Verweisen interessante Verknüpfungen hergestellt, durch die der Leser zusammenhängende Entwicklungen lückenlos verfolgen kann. Die Verweise beziehen sich entsprechend auch auf die früher ohne fortlaufende Numerierung und den EFA-Reihentitel erschienenen Archiv-Bände.

Die Beschreibung der Gattungen

G 1

2/2 G. L.
Bauart Bromberg

B n2

1878 bis 1925

Techn. Daten: Seite 198

Die Ansprüche an die Leistungsfähigkeit der Eisenbahn waren in den östlichen Direktionsbezirken wegen des vorwiegend landwirtschaftlichen Charakters dieses Gebietes und der geringen Bevölkerungsdichte meist nicht sehr hoch. Deshalb genügten für den Güterzugdienst auf den vorwiegend als Flachlandstrecken angelegten Bahnen oft laufachslose, zweifach gekuppelte Güterzuglokomotiven, die in der Anschaffung und in der Unterhaltung billiger waren als die C n2 Normalbauart.

Diese Begründung erschien dem Ministerium für Handel, Gewerbe und öffentliche Arbeiten als ausreichend, der Königlichen Ostbahn die Beschaffung von B n2-Güterzuglokomotiven als Speziallokomotiven zu genehmigen. Insgesamt wurden 1878 und 1879 44 solcher Lokomotiven für die Königliche Ostbahn gebaut und nach deren Direktionssitz als Bauart Bromberg bezeichnet. Sie bildeten mit der für damalige Verhältnisse hohen Achsfahrmasse von 14 t eine der leistungsfähigsten Bauarten zweifach gekuppelter Güterzuglokomotiven. In der Ebene konnten sie einen aus 43 zweiachsigen Güterwagen von je 22 t Dienstmasse bestehenden Güterzug (946 t Wagenzugmasse) mit einer Geschwindigkeit von 40 km/h befördern. Die G 3 ältere Normalbauart zog unter gleichen Bedingungen 1040 t, also gerade 90 t mehr. Auf Steigungsstrecken verschob sich allerdings das Verhältnis mehr zugunsten der G 3 ältere Normalbauart. Sie bewältigte auf der Steigung 1:100 einen aus zweiachsigen Wagen gebildeten Güterzug von 435 t Masse mit der Reibungsgeschwindigkeit von 16 km/h. Die G 1 Bauart Bromberg brachte es nur auf 350 t bei einer Reibungsgeschwindigkeit von 18 km/h.
Im Gegensatz zur G 3 ältere Normalbauart war bei der G 1 Bauart Bromberg der Hinterkessel unterstützt, was sich vorteilhaft auf die Laufruhe auswirkte.
Als im Jahre 1880 aus der Königlichen Ostbahn der Direktionsbezirk Bromberg gebildet wurde, gingen auch alle G 1 Bauart Bromberg in den Lokomotivbestand dieses Direktionsbezirkes ein und wurden 1883 in der Reihenfolge ihrer ursprünglichen Bahnnummern in Bromberg 521 bis 564 umgezeichnet. Nach der Neubildung der Direktionsbezirke im Jahre 1895 ge-

Borsig 1879/3693. Königliche Ostbahn 444, ab 1883 Bromberg 559, ab 1. April 1895 Danzig 559, ab 1. April 1899 Stettin 559. Lieferzustand. Beachtenswert: Die zwei „Bimmeln" (ein Dampfläutewerk auf dem Langkessel, eine Handglocke am Tender).
Foto: Werkaufnahme, Archiv transpress

hörten 14 Maschinen zum Direktionsbezirk Königsberg, 20 zum Direktionsbezirk Danzig, zehn waren im Direktionsbezirk Bromberg geblieben. Von den Danziger Lokomotiven gelangten bei einer Verschiebung der Direktionsgrenzen am 1. April 1899 fünf in den Stettiner Direktionsbezirk.

Im Jahre 1893 entschied das Ministerium der öffentlichen Arbeiten, die G 1 Bauart Bromberg als Normalbauart für Bahnen untergeordneter Bedeutung in die Normalien aufzunehmen. Das Musterblatt erhielt die Bezeichnung III 3g. Vorausgegangen war eine Umfrage unter den Eisenbahn-Direktionen, mit der man Klarheit über den künftigen Lokomotivbedarf auf Nebenbahnen gewinnen wollte. Besonders für den Dienst auf den langen Nebenlinien in den östlichen Direktionsbezirken, wo sich das Nebenbahnnetz inzwischen erheblich verdichtet hatte, war die dreifach gekuppelte Tenderlokomotive (5 t) Normalbauart (T 3) aufgrund ihrer geringen Vorräte nicht immer der geeignete Lokomotivtyp. Hinzu kam, daß ihr Leistungsvermögen oft nicht mehr ausreichte und daß sie sich auf Nebenbahnen, auf denen die zulässige Höchstgeschwindigkeit von 30 km/h auf 40 km/h heraufgesetzt worden war, wegen des kleinen Kuppelraddurchmessers nicht sonderlich gut bewährte.

Bereits 1887 hatte die Eisenbahn-Direktion Bromberg nochmals sieben G 1 Bauart Bromberg für den Dienst auf Nebenbahnen beschafft. Weitere 42 Lokomotiven für den gleichen Zweck wurden 1895 bis 1898 für die Eisenbahn-Direktionen Bromberg, Danzig und Königsberg gebaut, so daß insgesamt 93 G 1 Bauart Bromberg im Dienst standen. Auch die von der Königlichen Ostbahn übernommenen Lokomoti-

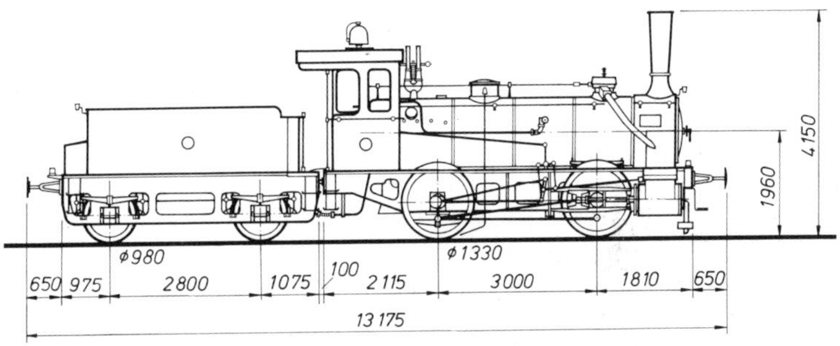

Schichau 1887. Lieferzustand.
Tender: 2 T 8 nach Musterblatt III 5 e.
Zeichnung: Taege

Hohenzollern 1896/897. Danzig 571, ab 1907 G 1 Danzig 3007. Lieferzustand. Bedienungseinrichtung für Seilbremse, viereckiger Sandkasten auf dem 3. Kesselschuß.
Foto: Werkaufnahme, Archiv Töpelmann

Henschel 1896/4409. Bromberg 583, ab 1906 G 1 Bromberg 3024. Als G 1 Bromberg 3024, Druckluftbremse, Bedienungseinrichtung für Seilbremse, längere Rauchkammer, viereckiger Sandkasten auf dem 2. Kesselschuß.
Foto: Hubert, Archiv Töpelmann

ven dieses Typs wanderten zumindest zum Teil in den Nebenbahndienst ab.
Die 1887 gebauten Lokomotiven wichen von den ehemaligen Ostbahn-Maschinen durch die saugenden Dampfstrahlpumpen ab. Die Speiseventile befanden sich seitlich am 1. Kesselschuß. Das Kesselsicherheitsventil war auf dem Stehkesselscheitel angeordnet. Auf dem 3. Kesselschuß saß ein viereckiger Sandkasten, und bei allen Lokomotiven hinzugekommen war ein Dampfläutewerk auf dem Führerhausdach. Bei den ab 1895 gebauten Lokomotiven lag der Sandkasten zum Teil auf dem vorderen Ende des 2. Kesselschusses, zum Teil auf dem 3. Kesselschuß. Das Dampfläutewerk befand sich am Schornstein, und zum Teil war Bedienungseinrichtung für eine Seilbremse vorhanden. Bilder zeigen einige G 1 Bauart Bromberg mit 950 bis 1100 mm langer Rauchkammer. Nachträglich rüstete man einen großen Teil der Lokomotiven dieses Typs mit Druckluftbremse Bauart Knorr oder Westinghouse aus. Die Räder des 2. Kuppelradsatzes wurden beidseitig abgebremst, die Luftpumpe lag rechts neben der Rauchkammer.
Vorgesehen war, ab 1897 einen Dampfdom auf dem 2. Kesselschuß anzubringen und den Sandkasten auf den 1. Kesselschuß zu verlegen. Bei einer zweiten Änderung des Musterblattes sah man einen Dampfdom auf dem 1. Kesselschuß und einen Sandkasten auf dem 3. Kesselschuß vor. Diese Änderungen wurden jedoch nicht ausgeführt.
In dem ab 1905 eingeführten Gruppenplan war der B n2-Lokomotive Bauart Bromberg das Gruppenzeichen G 1 und die Bahnnummernreihe 3001 bis 3050 zugedacht. Entsprechend umgezeichnet wurden 69 Maschinen; 24 G 1 Bauart Bromberg, die sämtlich aus den Jahren 1878 und 1879 stammten, waren vorher ausgemustert worden.
Ein großer Teil überstand den ersten Weltkrieg. Einige Maschinen gelangten zu den Polnischen Staatsbahnen und wurden dort ab 1927 als PU 1 bezeichnet. Die letzten der in Deutschland verbliebenen G 1 Bauart Bromberg musterte

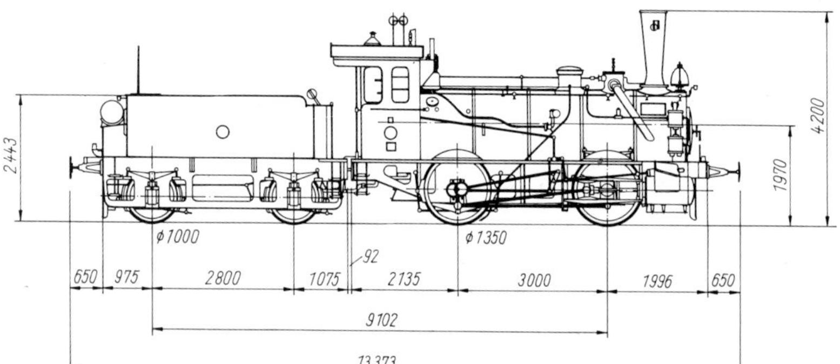

Henschel 1896. Bauform nach Musterblatt III 3 g. Späterer Zustand. Längere Rauchkammer, Druckluftbremse Bauart Westinghouse. Tender: 2 T 8 nach Musterblatt III 5 e.
Zeichnung: Dietmann

man spätestens Mitte der zwanziger Jahre aus.

Konstruktive Merkmale

Kessel: Unterer Teil des Hinterkessels zwischen den Rahmenwangen eingezogen. Stehkesseldecke halbzylindrisch gewölbt, Rückwand senkrecht. Kupferne Feuerbüchse, 1 400 mm langer, 1 040 mm breiter, schwach geneigter Rost.
Langkessel aus drei zylindrischen Schüssen zusammengesetzt. Regleraufsatz auf dem 1. Kesselschuß.
794 mm lange, schwach erweiterte, über Zwischenring mit dem Langkessel verbundene Rauchkammer. Prüsmann-Schornstein.
Kesselausrüstung: Zwei nichtsaugende Dampfstrahlpumpen. Speiseventile an der Stehkesselrückwand. Kesselsicherheitsventil Bauart Ramsbottom auf dem 3. Kesselschuß. Dampfsammelrohr vom Hinterkessel zum Dampfdom. Flachschieberregler. Reglerwelle oberhalb des Kesselscheitels.
Rahmen: Innenliegender Blechrahmen mit 9 mm dicken Wangen.
Fahrwerk: Vierpunktabstützung, Tragfedern des 1. Kuppelradsatzes oberhalb des Hauptrahmens, Tragfedern des 2. Kuppelradsatzes unterhalb der Achlsager.
Triebwerk: Naßdampf-Zweizylinder-Triebwerk. Zylinder außen waagerecht vor dem 1. Kuppelradsatz angeordnet. Zweischienige Kreuzkopfführung. Antrieb auf den 2. Kuppelradsatz. Einströmrohre vom Regleraufsatz außen am Kessel zu den Schieberkästen geführt. Zum Teil Ricour-Luftsaugeventile.
Steuerung: Außenliegende Allan-Steuerung. Schieberkästen auf den Zylindern. Flachschieber.
Bremsausrüstung: Handbremse am Tender. Gegendampfbremse Bauart le Chatelier.
Allgemeine Einrichtungen: Handsandstreuer, die Treibräder von vorn besandend. Viereckiger Sandkasten auf dem Umlauf neben dem 3. Kesselschuß. Zum Teil Dampfläutewerk und Handglocke.
Tender: 2T8 nach Musterblatt III 5e.

Durch die Königliche Ostbahn beschaffte Lokomotiven

Bahnnummern K. O.	Übernehmende Staatsbahn-Direktion 1880	Bahnnummern ab 1883	Hersteller	Baujahr	Fabriknummern	Bemerkungen/ Ausmusterung
406 bis 415	Bromberg	521 bis 530	B. M. A. G.	1878	982 bis 991	
416 bis 423	Bromberg	531 bis 538	HANOMAG	1879	1440 bis 1447	
424 bis 427	Bromberg	539 bis 542	Hohenzollern	1879	106 bis 109	
428 bis 435	Bromberg	543 bis 550	Wöhlert	1879	704 bis 711	
436 bis 441	Bromberg	551 bis 556	Schichau	1879	260 bis 265	
442 bis 449	Bromberg	557 bis 564	Borsig	1879	3691 bis 3698	

Durch die Preußische Staatsbahn bzw. die Preußisch-Hessischen Staatsbahnen beschaffte Lokomotiven

Direktionsbezirk	Bahnnummern	Hersteller	Baujahr	Fabriknummern	Bemerkungen/ Ausmusterung
1880 ... 1884 Bromberg	475 bis 481	Schichau	1887	428 bis 434	
1895/1896 Bromberg	572 bis 575	Schichau	1895	749 bis 752	
	576 bis 487	Henschel	1896	4402 bis 4413	
	588 bis 590	Schichau	1898	911 bis 913	
Danzig	565 bis 569	Schichau	1895	786 bis 790	
	570 bis 572	Hohenzollern	1896	896 bis 898	
	573 und 574	Schichau	1897	909 und 910	
Königsberg	545 bis 549	Schichau	1895	791 bis 795	
	550 und 551	Hohenzollern	1896	894 und 895	
	552 bis 557	Schichau	1897	864 bis 869	

P 2, G 1, G 2

2/3 Gemischtzug-L. m. h. L. Bauart der Holsteinischen Marschbahn Normalbauart

B1 n2

1875

Techn. Daten: Seite 199

Die Achsfolge B1 erfreute sich in den sechziger und siebziger Jahre des vorigen Jahrhunderts in Norddeutschland großer Beliebtheit, ermöglichte sie doch auch bei tiefer Kessellage, die man als wichtige Voraussetzung für einen ruhigen Lauf ansah, einen unterstützten Hinterkessel. Im Führerhaus entfielen die störenden Radkästen, und das Lokomotivpersonal war weniger den durch das Triebwerk verursachten Stößen ausgesetzt als bei unter dem Hinterkessel liegendem Kuppelradsatz. Der Antrieb solcher Lokomotiven erfolgte auf den 2. Kuppelradsatz. Die gegenläufigen Bewegungen der Treib- und der Kuppelstangen erinnerten an das Öffnen und Schließen einer Schere, deshalb bezeichnete man solche Lokomotiven als „Schermaschinen".

In den Jahren 1875 bis 1889 beschaffte die Holsteinische Marschbahn, ab 1888 Schleswig-Holsteinische Marschbahn, insgesamt 20 derartige Lokomotiven. 24 Lokomotiven des gleichen Typs bezog von 1890 bis 1901 die Ostpreußische Südbahn. Von den Maschinen aus den Jahren 1875 bis 1881 ließen sich keine hinreichend genauen Angaben über die Konstruktion beschaffen, doch dürfte es kaum wesentliche Unterschiede zu den 1888 und 1889 gebauten Lokomotiven gegeben haben. In den Hauptabmessungen wichen die ersten Lokomotiven, ausgenommen Kessel und Masse, kaum von den 1888 und 1889 gebauten Maschinen ab.

Bestimmungszweck dieser Lokomotiven war vor allem die Bespannung von Zügen, die gleichzeitig der Personenbeförderung und der Güterbeförderung dienten, sogenannten Gemischtzügen, wie sie oft auf Nebenlinien mit geringem Verkehrsaufkommen und zu verkehrsschwachen Zeiten fuhren. Hier bot sich die gleichzeitige Abwicklung des Reise- und des Güterverkehrs aus wirtschaftlichen Gründen an. Daneben beförderten die 2/3 Gemischtzug-L. auch reine Personenzüge und Güterzüge. Um höhere Geschwindigkeiten bei guter Laufruhe zu ermöglichen, war ein Kuppelraddurchmesser von 1 540 bis 1 580 mm gewählt worden.

Im Jahre 1888 stellte man für die 2/3 Gemischtzug-Lokomotive mit hinterer Laufachse Bauart der Hol-

Henschel 1888/2583. Holsteinische Marschbahn STEDESAND, ab 1890 Altona 676, stationiert in der Betriebswerkstatt Husum, ab 1907 G 2 Altona 3059. Lieferzustand.
Foto: Werkaufnahme, Sammlung Siegesmund

steinischen Marschbahn ein Musterblatt auf, das die Bezeichnung III 3b erhielt. Auf dem Musterblatt war die Ausrüstung mit Druckluftbremse Bauart Carpenter vorgesehen, die Luftpumpe sollte rechts auf dem Umlauf neben dem Hinterkessel liegen. Ob es Lokomotiven dieses Typs mit Druckluftbremse Bauart Carpenter gegeben hat, ließ sich nicht ermitteln. Ab oder nach 1892 bekamen die Maschinen Druckluftbremse Bauart Westinghouse. Die Räder des 2. Kuppelradsatzes waren beidseitig abgebremst, die Luftpumpe befand sich links neben dem Kessel. Einige Maschinen hatten Bedienungseinrichtung für Seilbremse.
Die Eisenbahn-Direktion Altona übernahm 1890 mit der Schleswig-Holsteinischen Marschbahn auch deren B1-Gemischtzug-Lokomotiven mit hinterer Laufachse und beschaffte 1890 und 1892 nochmals je vier Lokomotiven dieses Typs. Davon kamen die Altona 659 bis 662 zur Betriebswerkstatt Neumünster und die Altona 683 bis 686 zur Betriebswerkstatt Elmshorn, letztere für den Einsatz auf den Strecken der ehemaligen Schleswig-Holsteinischen Marschbahn. Die 2/3 Gemischtzug-L. m. h. L. der Ostpreußischen Südbahn wurden bei der Verstaatlichung dieser Bahn 1903 durch die Eisenbahn-Direktion Königsberg übernommen.
Zwei Lokomotiven bezog 1889 die K. E. D. Magdeburg für die Strecke Salzwedel–Oebisfelde und stationierte sie in der Betriebswerkstatt Salzwedel. Bei der Neubildung der Direktionsbezirke gelangten sie in den Direktionsbezirk Hannover und erhielten dort die Bahnnummern Hannover 300 und 301.
Damit existierten von der 2/3 Gemischtzug-L. Bauart der Holsteinischen Marschbahn bzw. Normalbauart insgesamt 54 Maschinen. Bei der Einführung des neuen Gruppenplanes ab 1905 wurden sie wie folgt umgezeichnet:

Altona 666, 667 und 670
  in G 1 Altona 3004 bis 3006;
Altona 672 bis 682
  in G 2 Altona 3055 bis 3065;
Altona 659 bis 662
  in G 2 Altona 3051 bis 3054;
Altona 683 bis 686
  in G 2 Altona 3066 bis 3069;
Königsberg 59 bis 82
  in P 2 Königsberg 1551 bis 1574;
Hannover 300 und 301
  in P 2 Hannover 1650 bis 1651.

Die P 2 Hannover 1651 musterte man vor 1908 aus, die P 2 Hannover 1650 erhielt 1908 die Bahnnummer Hannover 3051 und das Gruppenzeichen G 2.
Die Maschinen waren sehr beliebt. In der Ebene konnten sie einen aus zwei- und dreiachsigen Wagen gebildeten Zug von 760 t Masse mit einer Geschwindigkeit von 50 km/h befördern. Noch 1920 standen etwa 30 Lokomotiven dieses Typs in den Direktionsbezirken Danzig, Königsberg und Altona im Dienst, unter

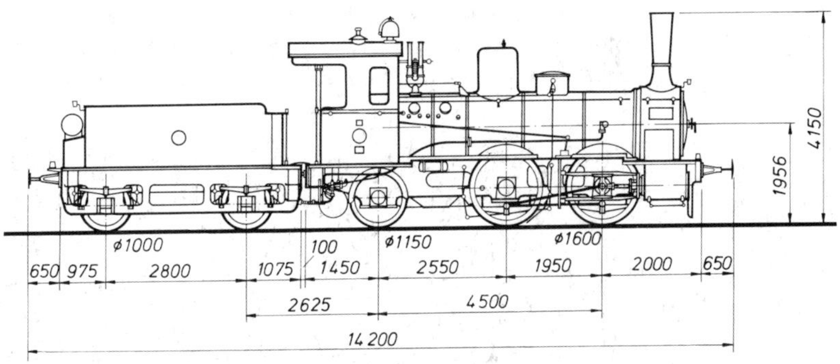

Henschel 1888. Bauform der Holsteinischen Marschbahn. Späterer Zustand. Druckluftbremse Bauart Westinghouse.
Tender: 2 T 8 nach Musterblatt III 5 e. (oben)
Zeichnung: Taege

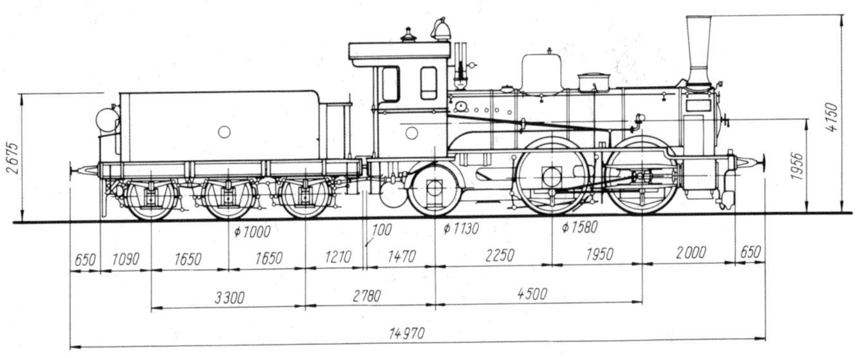

Bauform nach Musterblatt III 3 b. Druckluftbremse Bauart Westinghouse.
Tender: 3 T 10,5 nach Musterblatt III 5 a.
Zeichnung: Dietmann

Henschel 1888/2537. Holsteinische Marschbahn LANENHORN, ab 1890 Altona 675, stationiert in der Betriebswerkstatt Husum, ab 1907 G 2 Altona 3058. Als G 2 Altona 3058. Nachträglich hinzugekommen ist die Druckluftbremse. *Foto: Sammlung Wagner*

Durch Privatbahnen beschaffte Lokomotiven

Bahn	Namen bzw. Bahnnummern	Übernehmende Staatsbahn-Direktion	Bahnnummern	Hersteller	Baujahr	Fabriknummern	Bemerkungen/ Ausmusterung
Holsteinische Marschbahn	ELMSHORN	Altona	663	Borsig	1875	3458	
	EDDELAK	Altona	664	Henschel	1878	945	
	GLÜCKSTADT	Altona	665	Henschel	1878	946	
	ITZEHOE	Altona	666	Henschel	1878	947	
	MARNE	Altona	667	Henschel	1878	948	
	MELDORF	Altona	668	Henschel	1878	949	
	MÜLLENHOFF	Altona	669	Henschel	1878	950	
	WILSTER	Altona	670	Henschel	1878	951	
	DITHMARSCHEN	Altona	671	Borsig	1881	3786	
Schleswig-Holsteinische Marschbahn	ELBE	Altona	672	Henschel	1888	2534	
	STOER	Altona	673	Henschel	1888	2535	
	HEVER	Altona	674	Henschel	1888	2536	
	LANENHORN	Altona	675	Henschel	1888	2537	
	STEDESAND	Altona	676	Henschel	1888	2438	
	HOLSTEIN	Altona	677	Henschel	1889	2865	
	SCHLESWIG	Altona	678	Henschel	1889	2914	
	BRUNSBÜTTEL	Altona	679	Henschel	1889	2915	
	HEIDE	Altona	680	Henschel	1889	2916	
	SCHERREBECK	Altona	681	Henschel	1889	2917	
	WIEDAU	Altona	682	Henschel	1889	2918	
Ostpreußische Südbahn	59 und 60	Königsberg	59 und 60	Union	1890	521 und 522	
	61 und 62	Königsberg	61 und 62	Union	1891	644 und 645	
	63 bis 66	Königsberg	63 bis 66	Union	1892	658 bis 661	
	67 bis 69	Königsberg	67 bis 69	Union	1894	755 bis 757	
	70 bis	Königsberg	70 bis 73	Union	1895	795 bis 798	
	74 bis 77	Königsberg	74 bis 77	Union	1898	939 bis 942	
	78 und 79	Königsberg	78 und 79	Union	1899	1007 und 1008	
	80 und 81	Königsberg	80 und 81	Union	1900	1122 und 1123	
	82	Königsberg	82	Union	1901	1142	

Durch die Preußische Staatsbahn beschaffte Lokomotiven

Direktions-bezirk	Bahnnummern	Hersteller	Baujahr	Fabrik-nummern	Bemerkungen/ Ausmusterung
1880 ... 1884					
Altona	659 bis 662	Union	1890	491 bis 494	
	683 bis 686	Union	1892	654 bis 657	
Magdeburg	500 und 501	Henschel	1889	2790 und 2791	

anderem auf dem Nebenbahnnetz um Neustadt (Dosse) und Pritzwalk. In den 2. Umzeichnungsplan der DRG aus dem Jahre 1923 gelangte jedoch keine mehr. Die Polnischen Staatsbahnen hatten nach 1918 einige Maschinen bekommen; dort wurden sie ab 1927 als Ob 1 bezeichnet.

Konstruktive Merkmale

Lokomotiven der Baujahre 1888 und 1889

Kessel: Unterer Teil des Hinterkessels zwischen den Rahmenwangen eingezogen. Stehkesseldecke halbzylindrisch gewölbt, Rückwand senkrecht. 1800 mm langer, 1040 mm breiter, geneigter Rost. Langkessel aus drei zylindrischen Schüssen zusammengesetzt. Dampfdom auf dem 3. Kesselschuß. 675 mm lange, erweiterte, über Zwischenring mit dem Langkessel verbundene Rauchkammer. Prüsmann-Schornstein.

Kesselausrüstung: Zwei Dampfstrahlpumpen. Speiseventile in Höhe Kesselmitte am 1. Kesselschuß. Kesselsicherheitsventil Bauart Ramsbottom auf dem Stehkesselscheitel. Flachschieberregler.

Rahmen: Innenliegender Blechrahmen mit 15 mm dicken Wangen.

Fahrwerk: Drei- oder Vierpunktabstützung. Unterhalb der Achslager liegende Tragfedern der Kuppelradsätze durch Winkelhebel und Zugstangen verbunden. Tragfedern des Laufradsatzes oberhalb der Achslager, möglicherweise durch Querausgleichshebel verbunden. Alle Radsätze unverschiebbar im Hauptrahmen gelagert.

Triebwerk: Naßdampf-Zweizylinder-Triebwerk. Zylinder außen waagerecht vor dem 1. Kuppelradsatz angeordnet. Zweischienige Kreuzkopfführung. Antrieb auf den 2. Kuppelradsatz. Einströmrohre durch die Rauchkammer geführt.

Steuerung: Innenliegende Allan-Steuerung. Schieberkästen senkrecht innerhalb der Rahmenwangen. Flachschieber.

Bremsausrüstung: Handbremse am Tender. Möglicherweise Gegendampfbremse Bauart le Chatelier.

Allgemeine Einrichtungen: Handsandstreuer, die Treibräder von vorn besandend. Viereckiger Sandkasten auf dem 2. Kesselschuß.

Tender: 3T7,7 (für die bis 1881 gebauten Lokomotiven); 2T8 nach Musterblatt III 5e; 3T10,5 nach Musterblatt III 5a.

G 3, G 4[1]

3/3 G. L.
Normalbauart
DRG-Baureihe $53^{70\text{-}71,76}$
(→ EFA 1.2)

C n2

1877

Techn. Daten: Seiten 199/200

Gleichzeitig mit der 1 B-Personenzuglokomotive Ältere Normalbauart entstand als erste Normallokomotive für den Güterzugdienst eine dreifach gekuppelte Güterzuglokomotive (G 3). Die für diesen Lokomotivtyp verbindlichen Musterblätter trugen die Nummern 13 und 14. Blatt 13 stellte die Ausführung mit Innensteuerung, Blatt 14 die Ausführung mit Außensteuerung dar.

Im September 1877 wurden die ersten Maschinen geliefert. Sie kamen, wie auch die ersten 1 B ältere Normalbauart, zur Berlin-Wetzlarer Eisenbahn, die insgesamt 53 G 3 Normalbauart als Werra 200 bis 252 in Dienst stellte bzw. unter diesen Bahnnummern bestellt hatte. Bei der Aufteilung der Strecke Berlin–Wetzlar erhielt die Niederschlesisch-Märkische Eisenbahn davon 24 Maschinen, die Frankfurt-Bebraer Eisenbahn 26 Maschinen und die Nassauische Staatsbahn drei Maschinen. 1880 übernahm die neugegründete Eisenbahn-Direktion Frankfurt alle 53 Lokomotiven. Weitere G 3 Normalbauart beschafften die ursprünglichen preußischen Staatsbahnen, Privatbahnen, ab 1880 die neugeschaffenen Eisenbahn-Direktionen der Preußi-

schen Staatsbahn und die Königlich Preußische Militär-Eisenbahn.
Die Kuppelradsätze der G 3 Normalbauart lagen sämtlich unter dem Langkessel. Man bezweckte mit dieser Anordnung eine tiefe Kessellage, die nach damaliger Ansicht Voraussetzung für einen ruhigen Lauf war. Der Hinterkessel war daher nicht unterstützt, es ergaben sich große Überhänge, die zu starkem Schlingern und Drehen bei höheren Geschwindigkeiten führten. Dieser Mangel fiel jedoch kaum ins Gewicht, weil die damals im Güterzugdienst gefahrenen Geschwindigkeiten kaum die Grenze von 30 km/h überschritten. Der Rost lag waagerecht, die Rostfläche war im Verhältnis zur Verdampfungsheizfläche sehr klein bemessen worden, um den Kohleverbrauch während der Stillstands- und Rangierzeiten niedrig zu halten. Die Güterzüge hatten in der Regel auf fast allen Bahnhöfen längere Aufenthalte zum Ein- und Aussetzen von Wagen, Rangierarbeiten wurden meist durch die Zuglokomotive selbst erledigt. Den Nachteil geringerer Leistungsfähigkeit infolge der kleinen Rostfläche nahm man in Kauf. Die Speiseventile waren bei den ersten Lokomotiven zum Teil an der Stehkesselrückwand, zum Teil seitlich in Höhe Kesselmitte am 1. Kesselschuß angebracht worden. Ab etwa 1885 baute man die Speiseventile bei allen neugelieferten Maschinen seitlich am 1. Kesselschuß an. Die meisten Lokomotiven erhielten innenliegende Allan-Steuerung mit senkrecht innerhalb der Rahmenwangen liegenden Schieberkästen, ein geringerer Teil außenliegende Allan-Steuerung, bei der sich die Schieberkästen auf den Zylindern befanden. Einige wenige G 3 Normalbauart bekamen runde Sandkästen statt der sonst üblichen viereckigen Sandkästen. Einzelne Maschinen rüstete man mit Bedienungseinrichtung für Seilbremse aus.
Ab 1895 wurde die dreifach gekuppelte Güterzuglokomotive in veränderter Bauform beschafft. Die Rauchkammer war von 750 mm auf 1100 mm verlängert, nur noch geringfügig erweitert und über einen Zwischenring statt durch einen Winkelring mit dem Langkessel verbunden. Den Kesseldruck hatte man von 1,0 MPa auf 1,2 MPa erhöht. Später erhielten die vorher gelieferten Lokomotiven zum Teil Ersatzkessel mit einem Dampfüberdruck von 1,2 MPa. Sie wurden für diesen Dampfüberdruck umgebaut oder kamen durch Kesseltausch zu Kesseln mit einem Dampfüberdruck von 1,2 MPa. Einige Lokomotiven hatte man bereits 1890 und 1893 probeweise für einen Kesseldruck von 1,2 MPa ausgelegt. Ab 1897 erhielten die neugebauten G 3 Normalbauart Führerhäuser mit langem, die Tenderbrücke überragendem Dach, bei den vor 1897 gebauten Maschinen verlängerte man zum Teil das Führerhausdach nachträglich durch einen Ansatz.
Bei der Revision der Normalien im Jahre 1883 waren keine wesentlichen konstruktiven Änderungen vorgenommen worden, das Musterblatt hatte die neue Bezeichnung

B. M. A. G. 1882/1164. Coeln linksrheinisch 993, ab 1883 Coeln linksrheinisch 1049, ab 1. April 1895 Coeln 1049, ab 1907 G 3 Coeln 3123. Lieferzustand. Diese Lokomotive weist gleich mehrere Besonderheiten auf. Sie ist mit Funkenfänger Bauart Strube und rundem Sandkasten ausgestattet. Einheitliche Vorschriften für die Beschilderung der Lokomotiven wurden erst ein Jahr später eingeführt, das am Führerhaus sichtbare Eigentumsmerkmal ist in eigener Regie der Eisenbahn-Direktion Coeln linksrheinisch entstanden.
Foto: Werkaufnahme, Archiv Töpelmann

Vulcan 1878/774. Niederschlesisch-Märkische Eisenbahn 714 (bestellt als WERRA 227), geliefert an die Betriebswerkstatt Güsten, ab 1883 Frankfurt 1227, ab 1905 G 2 Frankfurt 3064, ausgemustert 1908. Lieferzustand. Außensteuerung und Dampfsandstreuer, im Gegensatz zur vorstehend abgebildeten Lokomotive ist diese Maschine mit saugenden Dampfstrahlpumpen ausgerüstet.
Foto: Werkaufnahme, Archiv transpress

Vulcan 1878. Lieferzustand. Bauform nach Musterblatt 14.
Speiseventile an der Stehkesselrückwand, Außensteuerung, Dampfsandstreuer.
Tender: Variation des Zeichners.
Zeichnung: Taege

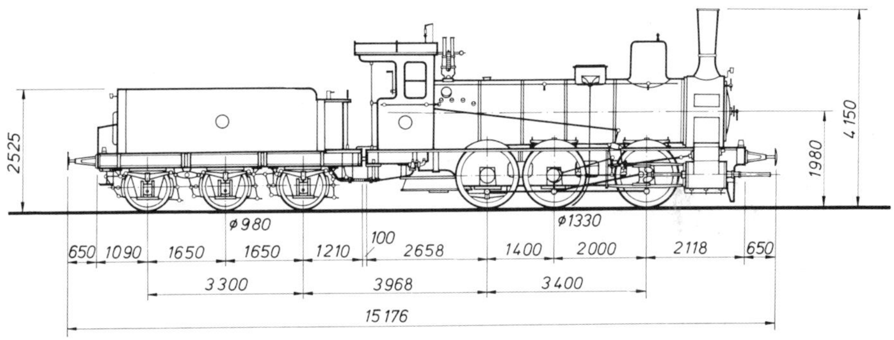

Henschel 1885/1976. Erfurt 992, geliefert an die Betriebswerkstatt Halle, ab 1. April 1895 Halle 922, ab 1901 Halle 949, ab 1906 G 3 Halle 3166, nach 1918 an Belgien (SNCB 7766). Als G 3 Halle 3166. Diese Lokomotive hat nichtsaugende Dampfstrahlpumpen, die Speiseventile sind seitlich am 1. Kesselschuß angebracht. Das Führerhausdach wurde nachträglich verlängert.
Foto: Hubert, Sammlung Wagner

B. M. A. G. 1883/1248. Coeln rechtsrheinisch 1112, ab 1. April 1895 Essen 1112, Umzeichnung 1906 in G 3 Essen vorgesehen, im gleichen Jahr mit Ersatzkessel mit 1,2 MPa Dampfüberdruck ausgestattet und in G 4 Essen 3702 umgezeichnet, ausgemustert 1923, anschließend als Werklok an das Ausbesserungswerk Dortmund verkauft, Zustand nach 1906. Foto zeigt sie vermutlich als Werklok. *Foto: Archiv Töpelmann*

III 2 erhalten, die man 1890 wiederum in III 3 änderte.
Die erstgebauten Lokomotiven hatten zum Teil Tender nicht normaler Bauarten bekommen, ansonsten war die G 3 Normalbauart mit dem 3 T 10,5 nach Musterblatt 17, dem 3 T 10,5 nach Musterblatt III 5a und dem 3 T 12 nach Musterblatt III 5b gekuppelt.

In den achtziger und neunziger Jahren bewältigte die G 3 Normalbauart einen großen Anteil des Güterzugdienstes auf Hauptbahnen und war in allen Direktionsbezirken anzutreffen. In der Ebene konnte sie einen Güterzug von 1 040 t Wagenzugmasse mit einer Geschwindigkeit von 40 km/h, auf der Steigung 1 : 100 einen Güterzug von 35 t Wagenzugmasse mit der kritischen Geschwindigkeit von 16 km/h befördern. Ihre indizierte Höchstleistung von 400 kW (530 PS) erzielte sie bei 48 km/h.
Insgesamt sind 2 233 Lokomotiven dieses Typs gebaut worden, davon 2 221 für die ursprünglichen preußischen Staatsbahnen und die auf Rechnung des Staates verwalteten

Hohenzollern 1899/1089. Elberfeld 1219II, ab 1905 G 4 Elberfeld 3619. Als G 4 Elberfeld 3619. In dieser Form wurde die 3/3 G. L. Normalbauart ab 1897 gebaut. *Foto: Sammlung Wagner*

Privatbahnen und die Preußische Staatsbahn bzw. die Preußisch-Hessischen Staatsbahnen, neun für die Ostpreußische Südbahn und drei für die Königlich Preußische Militär-Eisenbahn.
165 Lokomotiven hatten ab Werk Kessel mit einem Dampfdruck von 1,2 MPa erhalten. Die Beschaffung wurde 1901 eingestellt. In den neunziger Jahren war die G 3 Normalbauart für den schweren Güterzugdienst auf vielen Strecken bereits zu leistungsschwach, sie wurde dort durch die Anfang der neunziger Jahre erschienenen 1'C- und D-Güterzuglokomotiven nach und nach ersetzt. Bis genügend dieser Lokomotiven zur Verfügung standen, behalf man sich mit Doppelbespannung. Besonders in den östlichen Direktionsbezirken ging die Ablösung der G 3 Normalbauart nur zögernd vor sich, weil Drehscheiben und Lokschuppen zu klein waren und erst vergrößert werden mußten. Nach der Jahrhundertwende verschwand sie zunehmend aus dem schweren und mittelschweren Hauptbahndienst und wurde im leichten Güterzugdienst auf Hauptbahnen (kurze Nahgüterzüge), als Vorspann- und als Schiebelokomotive, im Nebenbahndienst, im Rangierdienst, im Anschlußbahndienst, im Arbeitszugdienst und in ähnlichen Hilfsdiensten eingesetzt. Aufgrund der hohen Stückzahl standen viele Maschinen als Reservelokomotiven unter Dampf in Betriebswerkstätten und Maschinenstationen oder waren kalt abgestellt. So setzte man 1910 von den 116 im Direktionsbezirk Kattowitz beheimateten C n2-Güterzuglokomotiven nur 62 ein, davon 30 im Güterzugdienst (oft Vorspannleistungen), 15 im Arbeitszugdienst und 17 im Rangierdienst. 1911 schlug der Ausschuß für Lokomotiven aufgrund der hohen Stückzahl und des geringen Durchschnittsalters der G 3 Normalbauart deren Umbau in eine vierfachgekuppelte Güterzug-Tenderlokomotive vor. Das Ministerium der öffentlichen Arbeiten lehnte jedoch diesen Vorschlag ab.
Seit der Einführung des neuen Gruppenplanes trugen die G 3 Normalbauart mit 1,0 MPa Kesseldruck das Gruppenzeichen G 3 und Bahnnummern aus der Reihe 3101 bis 3600, die 3/3 G. L. Normalbauart mit 1,2 MPa Kesseldruck zum Teil das Gruppenzeichen G 3 und Bahnnummern aus der zugehörigen Reihe, zum Teil das Gruppenzeichen G 4 und Bahnnummern aus der Reihe 3601 bis 3800. Einzelne Lokomotiven waren in die Gruppe G 2 (Bahnnummernreihe 3051 bis 3100) eingeordnet worden. Erste Ausmusterungen hatte es bereits seit etwa 1903 gegeben, sie blieben jedoch auf wenige Maschinen beschränkt. Erst zwischen 1910 und 1912 erfolgten Ausmusterungen in größerem Umfang. Während des ersten Weltkrieges wurden viele Maschinen im Heeresbahndienst eingesetzt; eine Aufstellung nennt für den Stichtag 31. Dezember 1917 die Stückzahl von 279 G 3 und G 4. Nach dem Krieg gelangte ein Teil der G 3 und G 4[1] Normalbauart im Zuge der Reparationsabgaben zu ausländischen Bahnen oder war in ehemals besetzten oder abgetrennten Gebieten stehengeblieben.
Zwei weitere Ausmusterungswellen gab es zwischen 1918 und 1919 und zwischen 1922 und 1925, denen die meisten noch im Bestand der Preußisch-Hessischen Staatsbahnen bzw. der DRG verbliebenen G 3 und

Henschel 1881/1199, Magdeburg 662, ab 1883 Magdeburg 961, ab 1. April 1895 Cassel 952, ab 1906 G 3 Cassel 3201, DRG 53 7001. Als Lokomotive der M. G. D. Warschau, M. E. D. 6, Feld-Betriebswerkstatt Baranowitschi. Diese Maschine hat einen Ersatzkessel mit 1,0 MPa Dampfüberdruck erhalten, dessen Rauchkammer der Ausführung ab 1895 entspricht. Weitere Umbauten: Das stark verlängerte Führerhausdach mit Lüftungsaufsatz und zwei Sandfallrohre.
Foto: Hubert, Archiv transpress

Vulcan 1891/1227. Breslau 1319, ab 1. April 1895 Kattowitz 1319, ab 1899 Kattowitz 1176, ab 1907 G 3 Kattowitz 3144, ab 1920 G 3 Oppeln 3144, DRG 53 7383 vorläufig. Als Panzerzuglokomotive mit Teilverkleidung.
Foto: Werkaufnahme HANOMAG, Sammlung Walluhn

G 4^1 Normalbauart zum Opfer fielen. Der 2. Umzeichnungsplan der DRG aus dem Jahre 1923 weist noch 528 Lokomotiven dieses Typs unter den Betriebsnummern 53 7001 bis 53 7522 und 53 7601 bis 53 7606 aus. In den 3. Umzeichnungsplan der DRG von 1925 wurden nur noch 157 G 3 als 53 7001 bis 53 7157 und 17 G 4^1 als 53 7601 bis 53 7617 aufgenommen. Die 53 7139 war allerdings eine der ursprünglich mit Wellrohrkessel ausgestatteten Lokomotiven. Die als G 3 eingeordneten Lokomotiven hatten teilweise einen Kesseldruck von 1,0 MPa, teilweise einen Kesseldruck von 1,2 MPa. Von den als G 4^1 eingereihten Maschinen waren die 53 7601 bis 53 7606 nachträglich zu Kesseln mit einem Dampfüberdruck von 1,2 MPa gekommen.

Sonderausführungen

Einige 1877/1878 gebaute Lokomotiven
Sondereinrichtungen: Versuchsweise Abdampf-Speisewasservorwärmung mittels 10 Heizrohren im Wasserkasten des Tenders. Später ausgebaut.

Einige Lokomotiven
Kesselausrüstung: Funkenfänger Bauart Strube.

Einige während des ersten Weltkrieges bei der Deutschen Heeresbahn eingesetzten Lokomotiven
Während des ersten Weltkrieges in Panzerzuglokomotiven umgebaut.
Sondereinrichtungen: Verkleidung durch Panzerplatten.

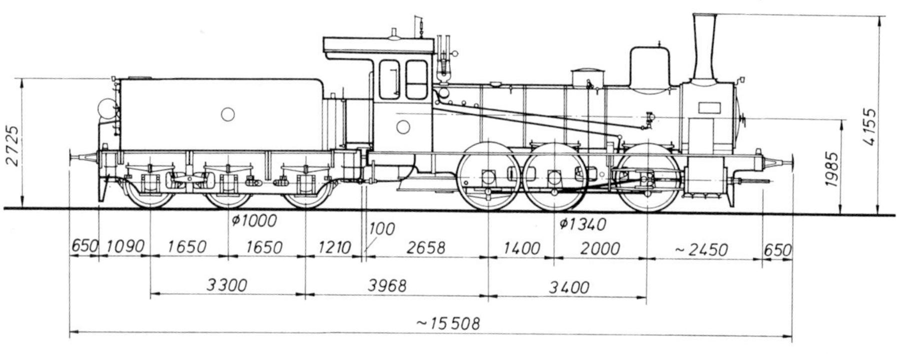

Henschel 1897. Lieferzustand. Bauform 1897. 1 100 mm lange Rauchkammer, Speiseventile seitlich am Kessel 1. Kesselschuß, Innensteuerung, Handsandstreuer, langes Führerhausdach.
Tender: 3 T 12 nach Musterblatt III 5 b.
Zeichnung: Taege

Durch die Berlin-Wetzlarer Eisenbahn beschaffte Lokomotiven

Bahnnummern Berlin-Wetzlarer Eisenbahn	Übernehmende Bahn 1879	Bahn-nummern	Überneh-mende Staatsbahn-Direktion 1880	Bahnnummern	Hersteller	Bau-jahr	Fabriknummern	Bemer-kungen/ Aus-musterung
Bis 1880...1884								
WERRA 200 bis 207	N. M. E.	700 bis 707	Frankfurt	1200 bis 1207	B. M. A. G.	1877	882 bis 889	
WERRA 208 bis 211	Frankf.-Bebraer E.	396 bis 399	Frankfurt	1208 bis 1211	Schichau	1877	217 bis 220	
WERRA 212 bis 216	Frankf.-Bebraer E.	400 bis 404	Frankfurt	1212 bis 1216	Union	1877	144 bis 148	
WERRA 217 bis 220	Frankf.-Bebraer E.	405 bis 408	Frankfurt	1217 bis 1220	Vulcan	1878	764 bis 767	
(WERRA 221 bis 228)	N. M. E.	708 bis 715	Frankfurt	1221 bis 1228	Vulcan	1878	768 bis 775	
WERRA 229 bis 233	Frankf.-Bebraer E.	409 bis 413	Frankfurt	1229 bis 1233	HANOMAG	1878	1386 bis 1390	
WERRA 234 bis 241	N. M. E.	716 bis 723	Frankfurt	1234 bis 1241	HANOMAG	1878	1391 bis 1398	
(WERRA 242 bis 244)	N. St. B.	83 bis 85	Frankfurt	1242 bis 1244	Hohen-zollern	1879	98 bis 100	
(WERRA 245 bis 247)	Frankf.-Bebraer E.	388 bis 390	Frankfurt	1245 bis 1247	Henschel	1879	1000 bis 1002	
(WERRA 248 bis 252)	Frankf.-Bebraer E.	391 bis 395	Frankfurt	1248 bis 1252	Henschel	1879	1011 bis 1015	

Lokomotiven mit in Klammern gesetzten Bahnnummern der Berlin-Wetzlarer Eisenbahn sind nur unter diesen Bahnnummern bestellt worden

Durch die ursprünglichen preußischen Staatsbahnen und die Privatbahnen beschaffte Lokomotiven

Bahn	Bahnnummern	Überneh-mende Staatsbahn-Direktion	Bahnnummern	DRG-Nummern	Hersteller	Baujahr	Fabriknummern
Bergisch-Märkische Eisenbahn	726	Elberfeld	1123	–	B. M. A. G.	1881	1095
	733 bis 735	Elberfeld	1130 bis 1132	–	B. M. A. G.	1881	1096 bis 1098
	737	Elberfeld	1134	–	B. M. A. G.	1881	1099
	739 und 740	Elberfeld	1136 und 1137	–	B. M. A. G.	1881	1100 und 1101
	742	Elberfeld	1139	–	B. M. A. G.	1881	1102
	743 und 744	Elberfeld	1140 und 1141	–	Vulcan	1881	760 und 761
	770 bis 775	Erfurt	928 bis 933	–	Union	1881	176 bis 181
	850	Erfurt	934	55 7006	Henschel	1882	1433
	851 bis 855	Erfurt	935 bis 939	–	Henschel	1882	1434 bis 1438
	856 bis 862	Elberfeld	1196 bis 1202	–	Union	1882	202 bis 208
Braunschweigische Eisenbahn	171 bis 174	Magdeburg	1042 bis 1045	–	HANOMAG	1884	1741 bis 1744
Breslau-Schweidnitz-Freiburger Eisenbahn	115	Bromberg	1126	–	Borsig	1881	3792
	116 und 117	Berlin	1134 und 1135	–	Borsig	1881	3793 und 3794
	118 bis 123	Berlin	1136 bis 1141	–	Vulcan	1884	892 bis 897
Halle-Sorau-Gubener Eisenbahn	81 und 82	Erfurt	922 und 923	–	Borsig	1879	3679 und 3680
Oberschlesische Eisenbahn	489 bis 493	Breslau	1057 bis 1061	–	Borsig	1880	3740 bis 3744
	494	Breslau	1064	–	Borsig	1880	3745
	495 bis 500	Breslau	1065 bis 1070	–	Borsig	1881	3746 bis 3751
	501 bis 508	Breslau	1071 bis 1078	–	Borsig	1882	3813 bis 3820
	509 bis 514	Breslau	1079 bis 1084	–	B. M. A. G.	1881	1113 bis 1118
	515 bis 529	Breslau	1085 bis 1099	–	B. M. A. G.	1882	1174 bis 1188

Bahn	Bahnnummern	Übernehmende Staatsbahn-Direktion	Bahnnummern	DRG-Nummern	Hersteller	Baujahr	Fabriknummern
Ostpreußische	55 und 56	Königsberg	859 und 860	–	Union	1888	450 und 451
Südbahn	57 und 58	Königsberg	861 und 862	–	Union	1889	458 und 459
	105 bis 107	Königsberg	863 bis 865	–	Union	1894	792 bis 794
	108 und 109	Königsberg	866 und 867	–	Union	1901	1139 und 1141
Rechte-Oder-	121 bis 125	Breslau	1102 bis 1106	–	Henschel	1882	1452 bis 1456
Ufer-Eisenbahn	126 bis 128	Breslau	1107 bis 1109	–	Union	1882	209 bis 211
	129 und 130	Breslau	1110 und 1111	–	Union	1883	212 und 213
Stargard-	24 bis 26	Breslau	1054 bis 1056	–	Henschel	1879	1039 bis 1041
Posener	27 und 28	Breslau	1062 und 1063	–	Borsig	1880	3738 und 3739
Eisenbahn	29 und 30	Breslau	1100 und 1101	–	B. M. A. G	1882	1119 und 1120
Westfälische	179 bis 181	Hannover	879 bis 881	–	Schichau	1877	221 bis 223
Eisenbahn	185 bis 193	Hannover	885 bis 893	–	Hohenzollern	1878	73 bis 81

Durch die Preußische Staatsbahn bzw. die Preußisch-Hessischen Staatsbahnen beschaffte Lokomotiven

Direktionsbezirk	Bahnnummern	DRG-Nummern	Hersteller	Baujahr	Fabriknummern	Bemerkungen/ Ausmusterung
1880...1884						
Altona	812 bis 820	–	Vulcan	1887	993 bis 1001	
	821 bis 830	–	Union	1888	440 bis 449	
	831 bis 833	–	Union	1888	452 bis 454	
	834 bis 843	–	Union	1889	503 bis 512	
	844 bis 851	–	B. M. A. G.	1889	1718 bis 1725	
	852 bis 859	–	Union	1891	591 bis 598	
	865 bis 872	–	Union	1892	670 bis 677	
	873 bis 878	–	Borsig	1892	4380 bis 4385	
Berlin	724 bis 731	–	B. M. A. G.	1882	1134 bis 1141	
	732 bis 741	–	Vulcan	1882	841 bis 850	
	742 bis 749	–	B. M. A. G.	1883	1206 bis 1213	
	756 und 757	–	B. M. A. G.	1883	1214 und 1215	
	1062 bis 1071	–	Borsig	1883	3919 bis 3928	
	1072 bis 1077	–	B. M. A. G.	1883	1283 bis 1288	
	1078 bis 1082	–	B. M. A. G.	1884	1311 bis 1315	
	1083 bis 1087	–	Schichau	1884	368 bis 372	
	1088 bis 1099	–	B. M. A. G.	1885	1424 bis 1435	
	1100	53 7030	B. M. A. G.	1885	1436	
	1101 bis 1107	–	B. M. A. G.	1885	1437 bis 1443	
	1142 bis 1157	–	Union	1886	337 bis 352	
	1158 bis 1169	–	B. M. A. G.	1887	1531 bis 1542	
	1170 bis 1178	–	B. M. A. G.	1888	1568 bis 1576	
	1179 und 1180	53 7947 und 53 7048	B. M. A. G.	1888	1577 und 1578	
	1181 bis 1183	–	B. M. A. G.	1888	1579 bis 1581	
	1184 und 1185	53 7049	B. M. A. G.	1888	1582 und 1583	
	1186 und 1187	– , 53 7050	B. M. A. G.	1888	1584 und 1585	
	1188 bis 1194	–	B. M. A. G.	1888	1586 bis 1592	
	1195 bis 1201	–	B. M. A. G.	1888	1626 bis 1632	

Direktionsbezirk	Bahnnummern	DRG-Nummern	Hersteller	Baujahr	Fabriknummern	Bemerkungen/ Ausmusterung
	1202	53 7073	Schichau	1889	458	
	1203 bis 1211	–	Schichau	1889	459 bis 467	
	1212 bis 1221	–	Vulcan	1888	1055 bis 1064	
	1222	53 7068	Vulcan	1888	1065	
	1223 und 1224	–	Vulcan	1888	1066 und 1067	
	1225 und 1226	53 7069, –	Vulcan	1888	1068 und 1069	
	1227 bis 1232	–	B. M. A. G.	1889	1678 bis 1683	
	1233	53 7064	B. M. A. G.	1889	1684	
	1234 bis 1241	–	B. M. A. G.	1889	1685 bis 1692	
	1242 bis 1245	–	B. M. A. G.	1890	1693 bis 1696	
	1246	53 7065	B. M. A. G.	1890	1697	
	1247 bis 1250	–	B. M. A. G.	1890	1698 bis 1701	
	1251	53 7066	B. M. A. G.	1890	1702	
	1252 bis 1255	–	Vulcan	1889	1133 bis 1136	
	1256	53 7096	Vulcan	1889	1137	
	1257 bis 1259	–	Vulcan	1889	1138 bis 1140	
	1260 und 1261	53 7097, –	Vulcan	1889	1141 und 1142	
	1262 und 1263	–	B. M. A. G.	1890	1762 und 1763	
	1264	53 7082	B. M. A. G.	1890	1764	
	1265 bis 1267	–	B. M. A. G.	1890	1765 bis 1767	
	1268 und 1269	53 7083, –	B. M. A. G.	1890	1768 und 1769	
	1270 und 1271	– , 53 7084	B. M. A. G.	1890	1770 und 1771	
	1272 bis 1275	–	B. M. A. G.	1890	1772 bis 1775	
	1276	53 7085	B. M. A. G.	1890	1776	
	1277 bis 1279	–	B. M. A. G.	1890	1777 bis 1779	
	1280 und 1281	53 7086 und 53 7087	B. M. A. G.	1890	1780 und 1781	
	1282 und 1283	– , 53 7112	B. M. A. G.	1891	1861 und 1862	
	1284 bis 1296	–	B. M. A. G.	1891	1863 bis 1875	
	1323 bis 1332	–	Borsig	1892	4386 bis 4395	
	1333 bis 1337	–	B. M. A. G.	1892	2013 bis 2017	
	1338	53 7130	B. M. A. G.	1892	2018	
	1339 und 1347	–	B. M. A. G.	1892	2019 und 2027	
Breslau	1112 bis 1128	–	Borsig	1884	4036 bis 4052	
	1129 und 1130	– , 53 7022	Union	1885	277 und 278	
	1131 bis 1136	–	Union	1885	279 bis 284	
	1137 und 1138	53 7023, –	Union	1885	285 und 286	
	1139 und 1140	53 7024 und 53 7025	Union	1885	287 und 288	
	1141 bis 1148	–	Union	1885	289 bis 296	
	1149 bis 1161	–	Henschel	1885	1893 bis 1905	
	1162	53 7017	Henschel	1885	1906	
	1163 bis 1168	–	Henschel	1885	1907 bis 1912	
	1169 bis 1178	–	Vulcan	1885	932 bis 941	
	1179 bis 1188	–	Union	1886	327 bis 336	
	1189 bis 1208	–	B. M. A. G.	1886	1464 bis 1483	
	1209 und 1210	53 7032 und 53 7033	B. M. A. G.	1886	1484 und 1485	
	1211 bis 1220	–	Union	1889	481 bis 490	
	1221 bis 1226	–	B. M. A. G.	1889	1664 bis 1669	
	1227 bis 1230	–	Vulcan	1889	1078 bis 1081	
	1231	53 7070	Vulcan	1889	1082	
	1232 bis 1236	–	Vulcan	1889	1083 bis 1087	
	1237	53 7071	Vulcan	1889	1088	
	1238 bis 1241	–	Vulcan	1889	1089 bis 1092	
	1242	53 7072	Vulcan	1889	1093	
	1243 bis 1251	–	Vulcan	1889	1094 bis 1102	
	1252 und 1253	–	Schichau	1890	508 und 509	
	1254	53 7088	Schichau	1890	510	
	1255 bis 1271	–	Schichau	1890	511 bis 527	

Direktions-bezirk	Bahnnummern	DRG-Nummern	Hersteller	Baujahr	Fabriknummern	Bemerkungen/ Ausmusterung
	1272 bis 1278	–	Vulcan	1889	1143 bis 1149	
	1279	53 7098	Vulcan	1889	1150	
	1280 bis 1283	–	Union	1891	575 bis 578	
	1289 bis 1297	–	Henschel	1891	3465 bis 3473	
	1298 bis 1303	–	HANOMAG	1891	2291 bis 2296	
	1304	53 7089	HANOMAG	1891	2297	
	1305 bis 1313	–	HANOMAG	1891	2298 bis 2306	
	1314 bis 1323	–	Vulcan	1891	1222 bis 1231	
	1324 bis 1328	–	Union	1892	678 bis 682	
	1339 bis 1343	–	Vulcan	1892	1267 bis 1271	
	1344 und 1345	53 7132, –	Vulcan	1892	1272 und 1273	
	1346 und 1347	– , 53 7133	Vulcan	1892	1274 und 1275	
	1348 bis 1353	–	Vulcan	1892	1276 bis 1281	
	1354 bis 1357	–	Borsig	1893	4407 bis 4410	
	1358	53 7138	Borsig	1893	4411	
	1367 bis 1374	–	Schichau	1894	711 bis 718	
Bromberg	666 bis 675	–	Vulcan	1883	851 bis 860	
	1000 bis 1009	–	B. M. A. G.	1884	1329 bis 1338	
	1010 bis 1019	–	Vulcan	1884	882 bis 891	
	1060 bis 1064	–	B. M. A. G.	1889	1703 bis 1707	
	1200 bis 1205	–	Vulcan	1889	1151 bis 1156	
	1206	53 7099	Vulcan	1889	1157	
	1207 bis 1211	–	Vulcan	1889	1158 bis 1162	
	1212 bis 1223	–	Union	1891	579 bis 590	
	1224 bis 1228	–	Borsig	1891	4333 bis 4337	
	1229	53 7100	Borsig	1891	4338	
	1230 bis 1239	–	Borsig	1891	4339 bis 4348	
Coeln linksrh.	993 bis 995	–	B. M. A. G.	1882	1164 bis 1166	
	996 bis 1001	–	B. M. A. G.	1882	1200 bis 1205	
	1002 und 1003	–	HANOMAG	1883	1561 und 1562	
	1004 und 1005	53 7002 und 53 7003	HANOMAG	1883	1563 und 1564	
	1006 und 1007	–	HANOMAG	1883	1565 und 1566	
	1064	–	B. M. A. G.	1883	1256	
	1065 und 1066	53 7007, –	B. M. A. G.	1883	1257 und 1258	
	1067 bis 1070	–	B. M. A. G.	1883	1293 bis 1296	
	1071 und 1072	53 7008 und 53 7009	B. M. A. G.	1883	1297 und 1298	
	1073 und 1074	–	B. M. A. G.	1883	1299 und 1300	
	1075 und 1076	– , 53 7019	Union	1884	255 und 256	
	1077 und 1078	– , 53 7020	Union	1884	257 und 258	
	1079 bis 1081	–	Union	1884	259 bis 261	
	1082	53 7021	Union	1884	262	
	1083 bis 1088	–	Union	1884	263 bis 268	
	1089 bis 1094	–	HANOMAG	1884	1748 bis 1753	
	1095	53 7012	HANOMAG	1884	1754	
	1096 bis 1103	–	HANOMAG	1884	1755 bis 1762	
	1104	–	HANOMAG	1885	1763	
	1105 und 1106	53 7028 und 53 7029	HANOMAG	1885	1764 und 1765	
	1107 und 1108	–	HANOMAG	1885	1766 und 1767	
	1109	53 7027	Grafenstaden	1885	3579	
	1110 bis 1113	–	Grafenstaden	1885	3580 bis 3583	
	1114 bis 1116	–	B. M. A. G.	1885	1450 bis 1452	
	1117	53 7031	B. M. A. G.	1885	1453	
	1118 bis 1122	–	HANOMAG	1886	1869 bis 1873	
	1123 bis 1126	53 7034 bis 53 7037	HANOMAG	1886	1874 bis 1877	
	1127 und 1128	53 7040, –	Henschel	1887	2302 und 2303	
	1129 bis 1131	–	Henschel	1887	2357 bis 2359	
	1132	53 7041	Henschel	1887	2360	

Direktions-bezirk	Bahnnummern	DRG-Nummern	Hersteller	Baujahr	Fabriknummern	Bemerkungen/ Ausmusterung
	1133 bis 1135	–	Henschel	1887	2361 bis 2363	
	1136	53 7042	Henschel	1887	2364	
	1137 bis 1143	–	HANOMAG	1888	1993 bis 1999	
	1144 bis 1146	–	Vulcan	1888	1047 bis 1049	
	1147 und 1148	53 7052, –	Vulcan	1888	1050 und 1051	
	1149 und 1150	–	HANOMAG	1889	2049 und 2050	
	1151	53 7053	HANOMAG	1889	2051	
	1152 bis 1154	–	HANOMAG	1889	2052 bis 2054	
	1155 und 1156	–	HANOMAG	1889	2062 und 2063	
	1157	53 7054	HANOMAG	1889	2064	
	1158 bis 1165	–	HANOMAG	1889	2065 bis 2072	
	1166 und 1167	53 7055, –	HANOMAG	1889	2073 und 2074	
	1168 bis 1173	53 7075 bis 53 7080	HANOMAG	1889	2075 bis 2080	
	1174 bis 1179	–	HANOMAG	1889	2081 bis 2086	
	1180 bis 1185	–	B. M. A. G.	1890	1798 bis 1803	
	1186	53 7090	B. M. A. G.	1890	1804	
	1187 bis 1189	–	B. M. A. G.	1890	1805 bis 1807	
	1190	53 7091	B. M. A. G.	1890	1808	
	1191 bis 1199	–	B. M. A. G.	1890	1809 bis 1817	
	1200	53 7105	Henschel	1891	3403	
	1201 bis 1203	–	Henschel	1891	3404 bis 3406	
	1204 und 1205	53 7106 und 53 7107	Henschel	1891	3407 und 3408	
	1206 und 1207	– , 53 7108	Henschel	1891	3409 und 3410	
	1208 und 1209	53 7109, –	Henschel	1891	3411 und 3412	
	1210 und 1211	53 7110 und 53 7111	Henschel	1891	3413 und 3414	
	1212 und 1213	– , 53 7113	B. M. A. G.	1891	1896 und 1897	
	1214 bis 1220	–	B. M. A. G.	1891	1898 bis 1904	
	1221 bis 1223	–	Vulcan	1891	1232 bis 1234	
	1224 und 1225	53 7114, –	Vulcan	1891	1235 und 1236	
	1226 bis 1228	53 7116 bis 53 7118	HANOMAG	1892	2412 bis 2414	
	1229 und 1230	–	HANOMAG	1892	2415 und 2416	
	1231 und 1232	53 7119, –	HANOMAG	1892	2417 und 2418	
	1233 und 1234	– , 53 7120	HANOMAG	1892	2419 und 2420	
	1235 bis 1237	–	HANOMAG	1892	2421 bis 2423	
	1238 und 1239	53 7121, –	HANOMAG	1892	2424 und 2425	
	1240	53 7122	HANOMAG	1892	2426	
	1241 und 1242	–	HANOMAG	1892	2427 und 2428	
	1243 bis 1246	53 7140 bis 53 7143	Schichau	1893	641 bis 644	
	1249 bis 1252	–	Hohenzollern	1893	722 bis 725	
	1253 bis 1256	–	Borsig	1894	4439 bis 4442	
	1257 bis 1260	53 7147 – 53 7150	Schichau	1894	719 bis 722	
	1261	–	Schichau	1894	723	
Coeln rechtsrh.	405 bis 409	–	Vulcan	1891	1237 bis 1241	
	410 bis 416	–	HANOMAG	1891	2347 bis 2353	
	418 bis 429	–	B. M. A. G.	1891	1979 bis 1990	
	430	53 7128	B. M. A. G.	1891	1991	
	431 bis 433	–	B. M. A. G.	1891	1992 bis 1994	
	434	53 7129	B. M. A. G.	1891	1995	
	435 bis 438	–	B. M. A. G.	1891	1996 bis 1999	
	439 bis 454	–	HANOMAG	1892	2429 bis 2444	
	455 und 456	53 7123 und 53 7124	HANOMAG	1892	2445 und 2446	
	457	–	HANOMAG	1892	2447	
	458 bis 465	–	Hohenzollern	1893	695 bis 702	
	466	53 7144	Schichau	1893	645	
	467 bis 471	–	Schichau	1893	646 bis 650	
	472 bis 481	–	Hohenzollern	1893	726 bis 735	
	482 bis 486	–	Schichau	1894	724 bis 728	

Direktions-bezirk	Bahnnummern	DRG-Nummern	Hersteller	Baujahr	Fabriknummern	Bemerkungen/ Ausmusterung
	900 bis 909	–	Union	1882	192 bis 201	
	910 bis 919	–	Schichau	1882	303 bis 312	
	920 bis 941	–	B. M. A. G.	1882	1142 bis 1163	
	942 und 943	–	Hohenzollern	1882	202 und 203	
	944	53 7601	Hohenzollern	1882	204	
	945 bis 953	–	Hohenzollern	1882	205 bis 213	
	1041	–	B. M. A. G.	1882	1167	
	1096 bis 1105	–	B. M. A. G.	1883	1216 bis 1225	
	1106 bis 1119	–	B. M. A. G.	1883	1242 bis 1255	
	1120 bis 1129	–	B. M. A. G.	1883	1269 bis 1278	
	1130 bis 1133	–	B. M. A. G.	1883	1289 bis 1292	
	1134 bis 1143	–	B. M. A. G.	1883	1301 bis 1310	
	1144 bis 1149	–	Schichau	1884	373 bis 378	
	1150 bis 1153	–	Union	1884	244 bis 247	
	1154 und 1155	53 7602, –	Union	1884	248 und 249	
	1156 bis 1168	–	Henschel	1884	1802 bis 1814	
	1169 bis 1199	–	B. M. A. G.	1884	1393 bis 1423	
	1200 bis 1204	–	Grafenstaden	1885	3574 bis 3578	
	1205 bis 1210	–	Hohenzollern	1886	395 bis 400	
	1211 bis 1216	–	Henschel	1887	2345 bis 2350	
	1217 bis 1222	–	Henschel	1888	2606 bis 2611	
	1223 bis 1229	–	Vulcan	1888	1027 bis 1033	
	1230	53 7603	Vulcan	1888	1034	
	1231 bis 1235	–	Vulcan	1888	1035 bis 1039	
	1236	53 7051	Vulcan	1888	1040	
	1237 bis 1242	–	Vulcan	1888	1041 bis 1046	
	1243 bis 1248	–	HANOMAG	1889	2056 bis 2061	
	1249 bis 1251	–	HANOMAG	1889	2087 bis 2089	
	1252 und 1253	53 7604, –	HANOMAG	1889	2090 und 2091	
	1254	53 7605	HANOMAG	1889	2092	
	1255 bis 1258	–	HANOMAG	1889	2093 bis 2096	
	1259 bis 1267	–	B. M. A. G.	1889	1708 bis 1716	
	1268	53 7067	B. M. A. G.	1889	1717	
	1269 bis 1272	–	Hohenzollern	1889	500 bis 503	
	1273	53 7060	Hohenzollern	1889	504	
	1274 bis 1278	–	Hohenzollern	1890	505 bis 509	
	1279 und 1280	53 7061, –	Hohenzollern	1890	510 und 511	
	1281	53 7606	Hohenzollern	1890	512	
	1282 und 1283	–	Hohenzollern	1890	513 und 514	
	1284 bis 1286	–	Henschel	1890	3202 bis 3204	
	1287	53 7081	Henschel	1890	3205	
	1288 bis 1293	–	Henschel	1890	3206 bis 3211	
	1294 bis 1299	–	Henschel	1891	3267 bis 3272	
	1300	53 7606	Henschel	1891	3273	
	1301 bis 1304	–	Henschel	1891	3274 bis 3277	
	1305 und 1306	53 7103 und 53 7104	Henschel	1891	3278 und 3279	
	1307 bis 1311	–	Henschel	1891	3280 bis 3284	
	1347 bis 1376	–	Henschel	1891	3415 bis 3444	
	1377 bis 1385	–	HANOMAG	1891	2354 bis 2362	
	1386	53 7101	HANOMAG	1891	2363	
	1387 bis 1399	–	HANOMAG	1891	2364 bis 2376	
Elberfeld	863 bis 869	–	Vulcan	1883	861 bis 867	→ 1203 bis 1209
	870 bis 875	–	B. M. A. G.	1883	1236 bis 1241	→ 1210 bis 1215
	1216 bis 1221	–	HANOMAG	1883	1617 bis 1622	
	1222 bis 1226	–	Henschel	1883	1627 bis 1631	
	1227 bis 1232	–	Borsig	1883	3959 bis 3964	
	1233	53 7013	Henschel	1884	1711	

Direktions-bezirk	Bahnnummern	DRG-Nummern	Hersteller	Baujahr	Fabriknummern	Bemerkungen/ Ausmusterung
	1234 bis 1240	–	Henschel	1884	1712 bis 1718	
	1241 bis 1244	–	B. M. A. G.	1884	1324 bis 1327	
	1245	53 7004	B. M. A. G.	1884	1328	
	1246	–	HANOMAG	1884	1707	
	1247 und 1248	53 7010 und 53 7011	HANOMAG	1884	1708 und 1709	
	1249 und 1250	–	HANOMAG	1884	1710 und 1711	
	1251 und 1252	–	Henschel	1884	1871 und 1872	
	1253	53 7014	Henschel	1884	1873	
	1254 und 1255	–	Henschel	1884	1874 und 1875	
	1256 bis 1258	–	Borsig	1885	4114 bis 4116	
	1259	53 7026	Borsig	1885	4117	
	1260 bis 1266	–	Borsig	1885	4118 bis 4124	
	1267 bis 1271	–	Grafenstaden	1885	3569 bis 3573	
	1272 und 1273	53 7039, –	Hohenzollern	1886	388 und 389	
	1274 bis 1277	–	Henschel	1886	2112 bis 2115	
	1278	53 7038	Henschel	1886	2116	
	1279 bis 1285	–	Henschel	1886	2117 bis 2123	
	1286 bis 1289	–	Henschel	1887	2383 bis 2386	
	1290	53 7043	Henschel	1887	2387	
	1291	–	HANOMAG	1888	1956	
	1292 bis 1293	–	Henschel	1888	2578 und 2579	
	1294	53 7044	Henschel	1888	2580	
	1295 und 1296	–	Henschel	1888	2581 und 2582	
	1297 und 1298	–	B. M. A. G.	1889	1653 und 1654	
	1299 und 1300	53 7062, –	B. M. A. G.	1889	1655 und 1656	
	1301	53 7063	B. M. A. G.	1889	1657	
	1302	53 7058	Henschel	1889	2963	
	1303 bis 1316	–	Henschel	1889	2964 bis 2977	
	1317	53 7059	Henschel	1889	2978	
	1318 bis 1322	–	Henschel	1889	2979 bis 2983	
	1323 bis 1325	–	Henschel	1891	3296 bis 3298	
	1326 und 1327	–	B. M. A. G.	1891	1818 und 1819	
	1328	53 7095	B. M. A. G.	1891	1820	
	1329 bis 1332	–	B. M. A. G.	1891	1821 bis 1824	
	1333 und 1334	–	Borsig	1891	4331 und 4332	
	1335 bis 1338	–	Borsig	1892	4360 bis 4363	
	1339	53 7115	Borsig	1892	4364	
	1340 und 1341	–	Borsig	1892	4365 und 4366	
	1342 und 1343	– 53 7125	Henschel	1892	3552 und 3553	
	1344 bis 1351	–	Henschel	1892	3554 bis 3561	
	1352 und 1353	53 7126 und 53 7127	Henschel	1892	3562 und 3563	
	1354 bis 1356	–	Henschel	1892	3564 bis 3566	
	1357	–	Vulcan	1892	1282	
	1358 und 1359	53 7134 und 53 7135	Vulcan	1892	1283 und 1284	
	1360 bis 1362	–	Vulcan	1892	1285 bis 1287	
	1363	53 7136	Vulcan	1892	1288	
	1364 bis 1370	–	Vulcan	1892	1289 bis 1295	
	1371	53 7137	Vulcan	1892	1296	
	1372 und 1373	–	Vulcan	1892	1297 und 1298	
	1374 bis 1376	–	Grafenstaden	1893	4519 bis 4521	
	1377 und 1378	– , 53 7145	Schichau	1893	651 und 652	
	1379 und 1380	53 7146, –	Schichau	1893	653 und 654	
Erfurt	940 bis 949	–	B. M. A. G.	1883	1259 bis 1268	
	950 bis 957	–	B. M. A. G.	1884	1339 bis 1346	
	958 und 959	–	Henschel	1884	1869 und 1870	
	960 bis 962	–	Henschel	1885	1879 bis 1881	
	963 und 964	–	B. M. A. G.	1884	1376 und 1377	

Direktions-bezirk	Bahnnummern	DRG-Nummern	Hersteller	Baujahr	Fabriknummern	Bemerkungen/ Ausmusterung
	965 bis 968	–	Schichau	1884	396 bis 399	
	977 und 978	–	Schichau	1884	400 und 401	
	979 bis 992	–	Henschel	1885	1963 bis 1976	
	993 bis 999	–	Henschel	1885	2065 bis 2071	
	1000 bis 1006	–	Henschel	1886	2179 bis 2185	
	1007 bis 1013	–	Henschel	1888	2571 bis 2577	
	1020 bis 1027	–	Henschel	1888	2689 bis 2696	
	1028 bis 1038	–	Henschel	1889	2943 bis 2953	
	1039 bis 1053	–	Hartmann	1890	1612 bis 1626	
	1054	–	Henschel	1890	3243	
	1055 und 1056	53 7102, –	Henschel	1890	3244 und 3245	
	1057 bis 1062	–	Henschel	1891	3246 bis 3251	
	1063 bis 1073	–	HANOMAG	1890	2200 bis 2210	
	1074 bis 1087	–	B. M. A. G.	1890	1782 bis 1795	
	1088 bis 1091	–	Borsig	1892	4356 bis 4359	
	1092 bis 1096	–	B. M. A. G.	1893	2028 bis 2032	
	1097	53 7131	B. M. A. G.	1893	2033	
	1098 und 1099	–	B. M. A. G.	1893	2034 und 2035	
	1107 bis 1112	–	Grafenstaden	1893	4530 bis 4535	$p_K = 1{,}2$ MPa
Frankfurt	1253 bis 1264	–	Wöhlert	1882	747 bis 758	
	1265 bis 1270	–	Schichau	1883	348 bis 353	
	1271 bis 1274	–	B. M. A. G.	1883	1279 bis 1282	
	1275 bis 1279	–	B. M. A. G.	1884	1319 bis 1323	
	1280 bis 1284	–	Union	1884	250 bis 254	
	1285 bis 1289	–	Henschel	1884	1757 bis 1761	
	1290 und 1291	–	Henschel	1884	1867 und 1868	
	1292 und 1293	–	Henschel	1885	1876 und 1877	
	1294	53 7015	Henschel	1885	1878	
	1295 und 1296	–	Henschel	1885	1882 und 1883	
	1297	53 7016	Henschel	1885	1884	
	1298 und 1299	–	Henschel	1885	1885 und 1886	
	1300 bis 1303	–	Henschel	1888	2587 bis 2590	
	1304 und 1305	53 7045, –	Henschel	1888	2591 und 2592	
	1306	53 7046	Henschel	1888	2593	
	1307 bis 1309	–	Henschel	1889	2930 bis 2932	
	1310	53 7056	Henschel	1889	2933	
	1311 bis 1313	–	Henschel	1889	2934 bis 2936	
	1314	53 7057	Henschel	1889	2937	
	1315 bis 1319	–	Henschel	1889	2938 bis 2942	
	1320 bis 1324	–	Henschel	1890	2984 bis 2988	
	1325 bis 1327	–	B. M. A. G.	1890	1734 bis 1736	
	1328 bis 1333	–	HANOMAG	1890	2184 bis 2189	
	1334 bis 1339	–	B. M. A. G.	1891	1876 bis 1881	
	1340 bis 1352	–	B. M. A. G.	1892	2000 bis 2012	
	1353 bis 1358	–	Schichau	1893	655 bis 660	
	1359	–	Schichau	1894	729	
	1360 und 1361	53 7151, –	Schichau	1894	730 und 731	
	1362 und 1363	53 7152 und 53 7153	Schichau	1894	732 und 733	
Hannover	521 bis 523	–	B. M. A. G.	1880	1090 bis 1092	
	524 bis 526	–	HANOMAG	1881	1450 bis 1452	
	527 bis 530	–	Union	1882	188 bis 191	
	531 bis 533	–	Wöhlert	1882	744 bis 746	
	534 bis 541	–	Henschel	1882	1400 bis 1407	
	542 und 543	53 7005, –	Henschel	1882	1408 und 1409	
	1123 bis 1128	–	Union	1883	228 bis 233	
	1129 bis 1134	–	HANOMAG	1883	1606 bis 1611	
	1135 bis 1144	–	Henschel	1883	1566 bis 1575	

Direktionsbezirk	Bahnnummern	DRG-Nummern	Hersteller	Baujahr	Fabriknummern	Bemerkungen/ Ausmusterung
	1145 und 1146	–	Henschel	1883	1682 und 1683	
	1147 bis 1152	–	Henschel	1883	1690 bis 1695	
	1153 bis 1159	–	Henschel	1884	1815 bis 1821	
	1160 bis 1165	–	HANOMAG	1884	1732 bis 1737	
	1193 und 1194	–	Grafenstaden	1890	4102 und 4103	
	1195	53 7074	Grafenstaden	1890	4104	
	1196 bis 1202	–	Grafenstaden	1890	4105 bis 4111	
	1203 bis 1208	–	HANOMAG	1890	2178 bis 2183	$p_K = 1,2$ MPa
Magdeburg	662 und 663	53 7001, –	Henschel	1881	1199 und 1200	→ 961 und 962
	963 bis 968	–	B. M. A. G.	1882	1168 bis 1173	
	969 bis 976	–	Schichau	1882	313 bis 320	
	977 bis 981	–	Schichau	1883	335 bis 339	
	982 bis 991	–	B. M. A. G.	1883	1226 bis 1235	
	992 bis 994	–	B. M. A. G.	1884	1347 bis 1349	
	995	53 7018	B. M. A. G.	1884	1350	
	996 bis 1017	–	B. M. A. G.	1884	1351 bis 1372	
	1018 bis 1031	–	Schichau	1884	382 bis 395	
	1032 bis 1036	–	Vulcan	1885	947 bis 951	
	1037 bis 1041	–	Vulcan	1885	842 bis 946	
	1046 bis 1051	–	B. M. A. G.	1886	1486 bis 1491	
	1052 bis 1056	–	Henschel	1889	2645 bis 2649	
	1063 und 1064	–	Vulcan	1888	1052 und 1053	
	1065 bis 1071	–	Henschel	1889	2889 bis 2895	
	1072 bis 1076	–	Hartmann	1890	1627 bis 1631	
	1100 bis 1105	–	B. M. A. G.	1891	1882 bis 1887	
	1111 bis 1121	–	Borsig	1892	4396 bis 4406	
1895/1896						
Breslau	1375 bis 1377	–	Schichau	1895	764 bis 766	$p_K = 1,2$ MPa
Elberfeld	1200	–	Henschel	1896	4537	$p_K = 1,2$ MPa
	1201 und 1202	– , 53 7151	Henschel	1897	4538 und 4539	$p_K = 1,2$ MPa
	1203 und 1204	–	Henschel	1898	4960 und 4961	$p_K = 1,2$ MPa
	1205 bis 1214	–	Henschel	1897	4692 bis 4701	$p_K = 1,2$ MPa
	1215 und 1216^{II}	–	Hohenzollern	1898	1085 und 1086	$p_K = 1,2$ MPa
	1217^{II} und 1218^{II}	– , 53 7613	Hohenzollern	1899	1087 und 1088	$p_K = 1,2$ MPa
	1219^{II} bis 1221^{II}	–	Hohenzollern	1899	1089 bis 1091	$p_K = 1,2$ MPa
	1222^{II} und 1223^{II}	53 7614, –	Hohenzollern	1899	1092 und 1093	$p_K = 1,2$ MPa
	1267^{II} bis 1270^{II}	–	Henschel	1896	4532 bis 4535	$p_K = 1,2$ MPa
	1271^{II}	53 7156	Henschel	1896	4536	$p_K = 1,2$ MPa
	1318^{II} und 1319^{II}	53 7154, –	Henschel	1895	4243 und 4244	$p_K = 1,2$ MPa
Erfurt	1103^{II} und 1104^{II}	–	Henschel	1896	4552 und 4553	$p_K = 1,2$ MPa
	1105^{II} und 1106^{II}	–	Henschel	1897	4554 und 4555	$p_K = 1,2$ MPa
Essen	418 bis 420	–	Henschel	1896	4542 bis 4544	$p_K = 1,2$ MPa
	421	53 7609	Henschel	1896	4545	$p_K = 1,2$ MPa
	422 bis 427	–	Henschel	1896	4546 bis 4551	$p_K = 1,2$ MPa
	603 bis 614	–	Henschel	1897	4702 bis 4713	$p_K = 1,2$ MPa
	624	53 7617	Humboldt	1898	6	$p_K = 1,2$ MPa
	625 bis 633	–	Humboldt	1899	7 bis 15	$p_K = 1,2$ MPa
	634 bis 636	–	Hohenzollern	1899	1094 bis 1096	$p_K = 1,2$ MPa
	987 bis 989	–	Humboldt	1899	16 bis 18	$p_K = 1,2$ MPa
Kattowitz	962	53 7155	Schichau	1897	767	$p_K = 1,2$ MPa
	963 und 964	–	Schichau	1897	768 und 769	$p_K = 1,2$ MPa
	965 bis 968	–	Henschel	1897	4556 bis 4559	$p_K = 1,2$ MPa
	1112 und 1113	–	Henschel	1897	4682 und 4683	$p_K = 1,2$ MPa
	1114	53 7610	Henschel	1897	4684	$p_K = 1,2$ MPa
	1115 bis 1118	–	Henschel	1897	4685 bis 4688	$p_K = 1,2$ MPa
	1119	53 7611	Henschel	1897	4689	$p_K = 1,2$ MPa
	1120 und 1121	–	Henschel	1897	4690 und 4691	$p_K = 1,2$ MPa

Direktions-bezirk	Bahnnummern	DRG-Nummern	Hersteller	Baujahr	Fabriknummern	Bemerkungen/ Ausmusterung
Königsberg	1001 bis 1017	–	Union	1898	960 bis 976	$p_K = 1,2$ MPa
	1018 und 1019	–	Union	1899	1034 und 1035	$p_K = 1,2$ MPa
	1020 und 1021	53 7615 und 53 7616	Union	1899	1036 und 1037	$p_K = 1,2$ MPa
	1022 bis 1028	–	Union	1899	1038 bis 1044	$p_K = 1,2$ MPa
	1029 bis 1035	–	Humboldt	1899	19 bis 25	$p_K = 1,2$ MPa
	1101 und 1102	– 53 7612	Henschel	1898	4962 und 4963	$p_K = 1,2$ MPa
	1103 und 1104	–	Henschel	1898	4964 und 4965	$p_K = 1,2$ MPa
	1105 und 1106	–	Henschel	1899	4966 und 4967	$p_K = 1,2$ MPa
Mainz	867 und 868	–	Henschel	1896	4540 und 4541	$p_K = 1,2$ MPa
Münster	893	53 7608	Henschel	1895	4239	$p_K = 1,2$ MPa
	894 bis 896	–	Henschel	1895	4240 bis 4242	$p_K = 1,2$ MPa
Posen	1348 bis 1351	–	Schichau	1895	770 bis 773	$p_K = 1,2$ MPa
Saarbrücken	1267 bis 1272	–	Schichau	1895	805 bis 810	$p_K = 1,2$ MPa
Stettin	1297 bis 1299	–	Hohenzollern	1899	1097 bis 1099	$p_K = 1,2$ MPa

Lokomotiven, die in der Spalte „Bemerkungen/Ausmusterung" durch die Anmerkung „$p_K = 1,2$ MPa" gekennzeichnet sind, wurden ab Werk mit einem Kesseldruck von 1,2 MPa geliefert

Durch die Königlich Preußische Militär-Eisenbahn beschaffte Lokomotiven

Bahnnummern Kgl. Mil. E.	Überneh-mende Staatsbahn-Direktion	Bahn-nummern	Hersteller	Bau-jahr	Fabriknummern	Bemer-kungen/ Aus-musterung
101 bis 103	Berlin	101 bis 103	Borsig	1894	4467 bis 4469	

G 4²

3/3 G. L. v.
Normalbauart
DRG-Baureihe 53⁰
(→ EFA 1.2)

C n2v

1882

Techn. Daten: Seite 200

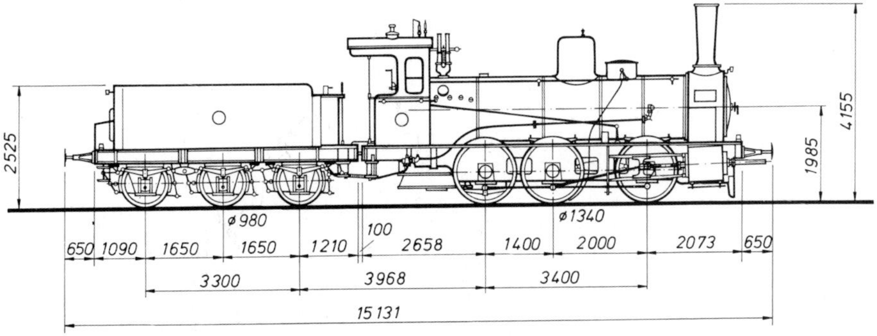

Henschel 1885. Lieferzustand. Dampfdom auf dem 2. Kesselschuß, 800 mm lange Rauchkammer, kurzes Führerhausdach.
Tender: 3 T 10,5 nach Musterblatt III 5 a.
Zeichnung: Taege

Als dritten Verbundlokomotivtyp der Preußischen Staatsbahn stellte die Eisenbahn-Direktion Hannover im Jahre 1882 zwei C n2v-Güterzuglokomotiven in Dienst. Sie erhielten zunächst die Bahnnummern Hannover 544 und 545, wurden 1883 in Hannover 1121 und 1122 umgezeichnet und entsprachen bis auf die durch das Verbundsystem bedingten Änderungen an der Dampfmaschine, den auf 1,2 MPa erhöhten Kesseldruck, den zwecks gleichmäßiger Masseverteilung zum Ausgleich der schwereren Dampfmaschine auf den 2. Kesselschuß verlegten Dampfdom und die außenliegende Heusinger-Steuerung der G 3 Normalbauart.

Mit beiden Maschinen nahm man langfristig Vergleichsfahrten zur G 3 Normalbauart im Plandienst vor. Dabei erzielten die Verbundlokomotiven während eines zwölfwöchigen Einsatzes vor zwei stark ausgelasteten Planzügen gegenüber den Zwillingslokomotiven eine durchschnittliche Kohleersparnis von 10 Prozent, wobei sie noch eine um 3 Prozent höhere Zugmasse ohne Vorspannlokomotive befördert hatten. Zeitweise lieh sich die Eisenbahn-Direktion Magdeburg die beiden dreifach gekuppelten Verbundlokomotiven zur Erprobung aus.

Wegen der noch ungenügenden

Schichau 1892/628. Hannover 1271, ab 1905 G 4 Hannover 3880, DRG 53 067 vorläufig. Als G 4 Hannover 3880. 800 mm lange Rauchkammer, nichtsaugende Dampfstrahlpumpen, Dampfdom auf dem 2. Kesselschuß.
Foto: Kreutzer, Sammlung Siebert

B. M. A. G. 1896/2252. Hannover 1151, ab 1905 G 4 Hannover 3810. Als G 4 Hannover 3810. 800 mm lange Rauchkammer, nichtsaugende Dampfstrahlpumpen, Dampfdom auf dem 1. Kesselschuß, längeres Führerhaus.
Foto: Kreutzer, Sammlung Wagner

Betriebsreife, besonders der Anfahrschwierigkeiten, ging die 1884 beginnende Serienlieferung zunächst nur zögernd vor sich. Zwischen 1884 und 1887 wurden lediglich 19 C n2v-Lokomotiven ($G\,4^2$) beschafft, 1888 und 1889 folgten 41 Maschinen. Die ab 1884 gebauten Lokomotiven erhielten serienmäßig innenliegende Allan-Steuerung, die Rauchkammer war ab 1884 oder 1885 von 750 mm auf 800 mm verlängert. Um 1890 stellte man für die $G\,4^2$ das Musterblatt III 3 a auf.

Ab Baujahr 1893 oder 1894 wurde der Dampfdom auf dem 1. Kesselschuß angeordnet, der Sandkasten dabei auf den 2. Kesselschuß verlegt. Die ab 1895 oder 1896 gebauten Lokomotiven bekamen eine 1 100 mm lange Rauchkammer, die ab 1897 gebauten Maschinen ein Führerhaus mit langem, die Tenderbrücke überragendem Dach. Vom gleichen Jahr an rüstete man die $G\,4^2$ Normalbauart auch mit Wechselschieber Bauart Dultz aus. Schließlich wurden ab 1898 $G\,4^2$ Normalbauart mit auf dem 3. Kesselschuß liegendem Dampfdom gebaut.

Einige wenige Maschinen rüstete man nachträglich mit Druckluftbremse Bauart Knorr oder Westinghouse aus, die Räder des 2. Kuppelradsatzes waren einseitig von vorn, die des 3. Kuppelradsatzes einseitig von hinten abgebremst. Die Luftpumpe befand sich rechts neben dem 3. Kesselschuß. Bei einigen Lokomotiven wurde das Führerhausdach später durch einen Ansatz über die Tenderbrücke verlängert.

Als Tender verwendete man den 3 T 10,5 nach Musterblatt 17, den 3 T 10,5 nach Musterblatt III 5 a und den 3 T 12 nach Musterblatt III 5 b.

Insgesamt wurden für die Preußische Staatsbahn bzw. die Preu-

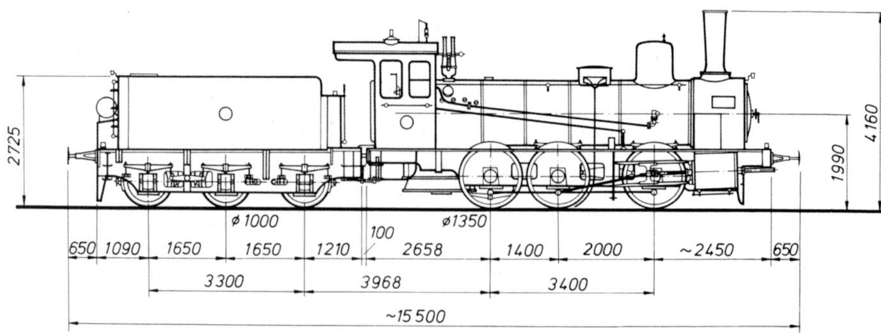

Bauform 1897. Lieferzustand. Dampfdom auf dem 1. Kesselschuß, 1 100 mm lange Rauchkammer, langes Führerhausdach.
Tender: 3 T 12 nach Musterblatt III 5 b.
Zeichnung: Taege

Henschel 1895/4247. Altona 881, ab 1907 G 4 Altona 3823, DRG 53 005, ausgemustert 1927. Als G 4 Altona 3823.
Foto: Archiv Töpelmann

ßisch-Hessischen Staatsbahnen bis 1899 774 G 4² Normalbauart geliefert. Die Werrabahn beschaffte fünf, die Ostpreußische Südbahn vier und die Königlich Preußische Militär-Eisenbahn eine Lokomotive dieses Typs.
Ab 1905 ordnete man die 3/3 G. L. v. Normalbauart der Gruppe G 4 zu und gab ihnen Bahnnummern aus der für die Verbundlokomotiven dieser Gruppe bestimmten Nummernreihe 3801 bis 4000. Für den Betriebsmaschinendienst, den Verbleib und den Einsatz bei der Deutschen Heeresbahn trifft im wesentlichen das gleiche zu wie für die 3/3 G. L. Normalbauart (G 3, G 4¹). Die Verbundausführung eignete sich jedoch nicht für solche Einsätze, bei denen mit hoher Zugmasse rückwärts gefahren werden mußte, und sie eignete sich auch nicht, vom Schleppdienst auf Ablaufbergen abgesehen, für den Rangierdienst.

Im 2. Umzeichnungsplan der DRG von 1923 waren noch 297 G 4² als 53 001 bis 53 297 verzeichnet worden. In den 3. Umzeichnungsplan aus dem Jahre 1925 übernahm die DRG nur noch 24 G 4² unter den Betriebsnummern 53 001 bis 53 024.

Sonderausführungen

Henschel 1882/1410 und 1411 Hannover 544 und 545 (erstgelieferte

Borsig 1892/4374. Hannover 1251, ab 1905 G 4 Hannover 3860 im ersten Weltkrieg M. G. D.-Bezirk Bukarest. M. E. D.-Bezirk 9 Bukarest, Kriegsverlust 1918 an Serbien (SDZ 46). Die Maschine hat nachträglich einen Wechselschieber Bauart Dultz und einen Tausch- oder Ersatzkessel erhalten, die Rauchkammer ist 1 100 mm lang, der Dampfdom befindet sich auf dem 3. Kesselschuß. Beachtenswert: das „Aufgleisgerät" auf dem Umlauf.
Foto: Archiv Töpelmann

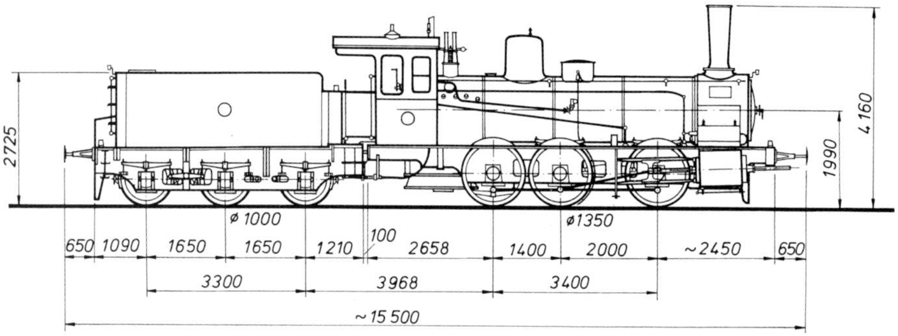

Bauform ab 1898. Lieferzustand. Dampfdom auf dem 3. Kesselschuß, 1 100 mm lange Rauchkammer, Wechselschieber Bauart Dultz, langes Führerhausdach.
Tender: 3 T 12 nach Musterblatt III 5 b.
Zeichnung: Taege

G 3); ab 1883 Hannover 1121 und 1122; ab 1905 G 4 Hannover 3801 und 3802
Steuerung: Außenliegende Heusinger-Steuerung mit Hängeeisen. Schieberkästen auf den Zylindern.

Schichau 1893/616 Erfurt 1317; ab 1. 4. 1895 Halle 1353; ab 1. 4. 1901 Halle 1018; ab 1906 G 4 Halle 3810
Schichau 1893/618 Erfurt 1319; ab 1. 4. 1895 Halle 1355; ab 1. 4. 1901 Halle 1019; ab 1906 G 4 Halle 3811
Schichau 1893/620 bis 623 Erfurt 1321 bis 1324; ab 1. 4. 1895 Halle 1357 bis 1360; ab 1. 4. 1901 Halle 1020 bis 1023; ab 1906 G 4 Halle 3812 bis 3815
Steuerung: Außenliegende Allan-Steuerung. Schieberkästen auf den Zylindern.
Einige während des ersten Weltkrieges bei der Deutschen Heeresbahn eingesetzte Lokomotiven
Während des ersten Weltkrieges in Panzerzuglokomotiven umgebaut.
Sondereinrichtungen: Verkleidung durch Panzerplatten.

Durch die Preußische Staatsbahn bzw. die Preußisch-Hessischen Staatsbahnen beschaffte Lokomotiven

Direktionsbezirk	Bahnnummern	DRG-Nummern	Hersteller	Baujahr	Fabriknummern	Bemerkungen/ Ausmusterung
1880 … 1884						
Altona	860 bis 863	–	B. M. A. G.	1891	1906 bis 1909	
	864	53 001	B. M. A. G.	1891	1910	
Berlin	1297 bis 1311	–	Schichau	1891	545 bis 559	
	1312 bis 1321	–	B. M. A. G.	1891	1911 bis 1920	
	1370 bis 1374	–	B. M. A. G.	1894	2125 bis 2129	
	1375 bis 1389	–	Schichau	1894	734 bis 748	
Breslau	1284 bis 1288	–	Schichau	1891	540 bis 544	
	1329 bis 1338	–	B. M. A. G.	1892	1921 bis 1930	
	1363 bis 1366	–	B. M. A. G.	1894	2095 bis 2098	
Bromberg	1020 bis 1024	–	Schichau	1885	408 bis 412	
	1025 bis 1030	–	Schichau	1889	441 bis 446	
	1031 bis 1039	–	HANOMAG	1888	1980 bis 1988	
	1040 bis 1051	–	B. M. A. G.	1888	1614 bis 1625	
	1052 bis 1059	–	Schichau	1890	471 bis 478	
	1065 bis 1074	–	Schichau	1890	479 bis 488	
	1075 bis 1091	–	Schichau	1890	491 bis 507	
	1240 bis 1251	–	Schichau	1892	592 bis 603	
	1252 bis 1259	–	Schichau	1892	633 bis 640	
	1255II bis 1259II	–	B. M. A. G.	1893	2058 bis 2062	
	1260 bis 1263	–	B. M. A. G.	1893	2063 bis 2066	
	1264 und 1265	53 003, –	B. M. A. G.	1893	2067 und 2068	
	1266	53 004	B. M. A. G.	1893	2069	

Direktionsbezirk	Bahnnummern	DRG-Nummern	Hersteller	Baujahr	Fabriknummern	Bemerkungen/ Ausmusterung
Coeln linksrh.	1262 bis 1266	–	HANOMAG	1894	2595 bis 2599	
Coeln rechtsrh.	487 bis 491	–	HANOMAG	1894	2600 bis 2604	
	492 bis 494	–	B. M. A. G.	1894	2144 bis 2146	
	1342 bis 1346	–	Vulcan	1890	1183 bis 1187	
Elberfeld	1381 bis 1383	–	HANOMAG	1893	2535 bis 2537	
Erfurt	1301 bis 1310	–	Schichau	1891	530 bis 539	
	1311 bis 1314	–	B. M. A. G.	1892	1936 bis 1939	
	1315 bis 1319	–	Schichau	1892	614 bis 618	
	1320	53 002	Schichau	1892	619	
	1321 bis 1324	–	Schichau	1892	620 bis 623	
Frankfurt	900 bis 906	–	HANOMAG	1893	2538 bis 2544	
	907 bis 913	–	B. M. A. G.	1894	2130 bis 2136	
Hannover	544 und 545	–	Henschel	1882	1410 und 1411	→ 1121 und 1122
	1166 bis 1169	–	HANOMAG	1884	1786 bis 1789	
	1170 bis 1172	–	HANOMAG	1885	1836 bis 1838	
	1173 bis 1178	–	Henschel	1886	2167 bis 2172	
	1179 bis 1184	–	HANOMAG	1887	1925 bis 1930	
	1185 bis 1192	–	Henschel	1889	2900 bis 2907	
	1209 bis 1218	–	HANOMAG	1891	2220 bis 2229	
	1222 und 1223	–	HANOMAG	1891	2313 und 2314	
	1224 bis 1238	–	Vulcan	1891	1188 bis 1202	
	1239 bis 1243	–	B. M. A. G.	1892	1940 bis 1944	
	1244 bis 1255	–	Borsig	1892	4367 bis 4379	
	1257 bis 1266	–	Schichau	1892	604 bis 613	
	1267 bis 1275	–	Schichau	1892	624 bis 632	
	1276	–	HANOMAG	1893	2494	
	1277 bis 1283	–	B. M. A. G.	1894	2137 bis 2143	
Magdeburg	1057 und 1058	–	Henschel	1888	2628 und 2629	
	1059 bis 1062	–	Henschel	1889	2630 bis 2633	
	1077 bis 1099	–	Henschel	1891	3179 bis 3201	
	1106 bis 1110	–	B. M. A. G.	1892	1945 bis 1949	
	1122 bis 1128	–	B. M. A. G.	1894	2147 bis 2153	
1895/1896						
Altona	879 und 880	–	Henschel	1895	4245 und 4246	
	881 und 882	53 005 und 53 006	Henschel	1895	4247 und 4248	
	883 bis 886	–	Henschel	1895	4249 bis 4252	
	887 und 888	53 007, –	Henschel	1895	4253 und 4254	
	889 bis 893	–	B. M. A. G.	1896	2342 bis 2346	
	894 bis 898	–	B. M. A. G.	1898	2482 bis 2486	
	894^{II} bis 898^{II}	–	Schichau	1898	2382 bis 2386	
	899	–	Vulcan	1897	1578	
Breslau	1392 bis 1399	–	Henschel	1898	4968 bis 4975	
Bromberg	1267 bis 1269	–	Schichau	1895	811 bis 813	
	1270	53 008	Union	1897	868	
	1271 bis 1277	–	Union	1897	869 bis 875	
	1278 und 1279	–	Union	1896	876 und 877	
	1281 bis 1284	–	Schichau	1898	984 bis 987	
	1285 bis 1287	–	Vulcan	1897	1623 bis 1625	
	1288	53 015	Vulcan	1897	1626	
	1289 bis 1294	–	Vulcan	1897	1627 bis 1632	
	1295 bis 1300	–	Borsig	1899	4700 bis 4705	
	1301 bis 1304	–	Schichau	1899	1009 bis 1012	
	1305 bis 1307	–	Schichau	1899	1006 bis 1008	
Cassel	1226 bis 1231	–	Borsig	1896	4587 bis 4592	
Coeln	1099	53 019	Henschel	1898	4983	
	1100 bis 1103	–	Henschel	1898	4984 bis 4987	
	1109	–	Henschel	1898	4988	

Direktionsbezirk	Bahnnummern	DRG-Nummern	Hersteller	Baujahr	Fabriknummern	Bemerkungen/ Ausmusterung
Danzig	1264 bis 1268	–	Schichau	1895	774 bis 778	
	1269 und 1270	–	Schichau	1895	819 und 820	
	1271 bis 1273	–	Borsig	1897	4565 bis 4567	
	1274 bis 1279	–	Schichau	1898	921 bis 926	
	1280 bis 1288	–	Schichau	1898	975 bis 983	
	1289 bis 1294	–	Henschel	1898	4976 bis 4981	
	1295	53 018	Henschel	1898	4982	
	1296 bis 1299	–	Schichau	1899	1013 bis 1016	
Elberfeld	1384 und 1385	–	B. M. A. G.	1896	2243 und 2244	
	1386 bis 1389	–	Union	1897	920 bis 923	
Erfurt	1101 und 1102	–	Vulcan	1897	1576 und 1577	
	1113 und 1114	53 011 und 53 012	B. M. A. G.	1898	2487 und 2488	
	1115 bis 1121	–	B. M. A. G.	1898	2489 bis 2495	
	1126 bis 1129	–	Henschel	1899	5165 bis 5168	
	1130 und 1131	53 022, –	Henschel	1899	5169 und 5170	
	1132 und 1133	53 023 und 53 024	Henschel	1899	5171 und 5172	
	1134 und 1135	–	Henschel	1899	5173 und 5174	
Essen	402	53 010	Schichau	1896	906	
	403 und 404	–	Schichau	1896	907 und 908	
	508 bis 511	–	Henschel	1899	5165 bis 5168	
	637 bis 641	–	Schichau	1896	899 bis 903	
Frankfurt	914 bis 917	–	Schichau	1896	833 bis 836	
	916'' und 917''	–	Henschel	1898	4895 und 4896	
	918 und 919	–	Henschel	1898	4897 und 4898	
	920 bis 923	–	B. M. A. G.	1896	2355 bis 2358	
	924 bis 926	–	Hohenzollern	1897	922 bis 924	
	927 und 928	–	Borsig	1896	4585 und 4586	
	929 bis 936	–	Hohenzollern	1898	1029 bis 1036	
Halle	1310 bis 1312	–	B. M. A. G.	1896	2258 bis 2260	
	1361 bis 1365	–	Schichau	1896	814 bis 818	
	1366 bis 1370	–	B. M. A. G.	1896	2350 bis 2354	
	1371 bis 1376	–	Borsig	1897	4568 bis 4573	
	1377 bis 1381	–	Henschel	1897	6464 bis 6468	
	1382 bis 1384	–	HANOMAG	1898	3093 bis 3095	
Hannover	1144 bis 1152	–	B. M. A. G.	1896	2245 bis 2253	
	1153 bis 1160	–	Henschel	1895	4255 bis 4262	
	1161 bis 1165	–	Schichau	1896	821 bis 825	
	1166'' bis 1172''	–	Schichau	1896	826 bis 832	
	1174'' und 1175''	–	Borsig	1898	4615 und 4616	
Königsberg	1070 und 1071	–	Union	1897	918 und 919	
	1076 bis 1078	–	Borsig	1898	4621 bis 4623	
	1245 bis 1251	–	Schichau	1895	779 bis 785	
	1248'' bis 1251''	–	Union	1899	1045 bis 1048	
	1252 bis 1256	–	Union	1899	1049 bis 1053	
Magdeburg	1129 bis 1132	–	B. M. A. G.	1896	2254 bis 2257	
	1133 bis 1135	–	Vulcan	1896	1533 bis 1535	
	1136 bis 1141	–	Vulcan	1897	1536 bis 1541	
	1142 bis 1147	–	B. M. A. G.	1896	2359 bis 2364	
	1148 bis 1150	–	Union	1897	878 bis 880	
	1151 und 1152	–	Schichau	1896	904 und 905	
	1153 bis 1155	–	Henschel	1898	4884 bis 4886	
	1156 bis 1162	–	Henschel	1897	4674 bis 4680	
	1163 bis 1172	–	Schichau	1896	823 bis 832	
	1163''	–	Henschel	1897	4681	
	1164'' bis 1166''	–	Henschel	1898	4887 bis 4889	
	1167'' und 1168''	–	Henschel	1898	4989 und 4990	
	1169'' bis 1172''	–	Henschel	1899	4991 bis 4994	
	1173 und 1174	–	Henschel	1899	5036 und 5037	

Direktionsbezirk	Bahnnummern	DRG-Nummern	Hersteller	Baujahr	Fabriknummern	Bemerkungen/ Ausmusterung
Mainz	952 bis 956	–	Henschel	1897	4669 bis 4673	
	957 bis 961	–	Henschel	1898	4890 bis 4894	
	962 bis 969	–	Henschel	1899	5038 bis 5045	
Münster	1030 bis 1037	–	Grafenstaden	1897	4752 bis 4759	
Posen	1352 und 1353	–	Union	1897	881 und 882	
	1354	–	B. M. A. G.	1898	2496	
	1355 und 1356	53 016 und 53 017	Schichau	1898	973 und 974	
	1357 bis 1359	–	Union	1898	1003 bis 1005	
	1360 bis 1363	–	B. M. A. G.	1899	2738 bis 2741	
	1364 bis 1367	–	Borsig	1899	4743 bis 4746	
	1368 bis 1371	–	Schichau	1899	1002 bis 1005	
Saarbrücken	1209 bis 1212	–	Borsig	1898	4617 bis 4620	
	1213 und 1214	–	Vulcan	1897	1579 und 1580	
	1215 und 1216	53 013 und 53 014	Vulcan	1897	1581 und 1582	
	1217	–	Vulcan	1897	1583	
	1218 bis 1221	–	Henschel	1899	5046 bis 5049	
	1222 und 1223	53 020 und 53 021	Henschel	1899	5050 und 5051	
	1224 bis 1227	–	B. M. A. G.	1899	2742 bis 2745	
	1273 und 1274	– , 53 009	Borsig	1896	4593 und 4594	→ 1205 und 1206
	1275 und 1276	–	Borsig	1896	4595 und 4596	→ 1207 und 1208
Stettin	1384 bis 1386	–	B. M. A. G.	1896	2347 bis 2349	
	1387 bis 1390	–	Vulcan	1898	1633 bis 1636	
	1391 bis 1393	–	HANOMAG	1898	3090 bis 3092	
	1394 bis 1398	–	Vulcan	1898	1698 bis 1702	
	1399	–	Union	1898	1006	

Durch Privatbahnen beschaffte Lokomotiven

Bahn	Bahnnummern	Übernehmende Staatsbahn-Direktion	Bahnnummern	Hersteller	Baujahr	Fabriknummern	Bemerkungen/ Ausmusterung
Ostpreußische Südbahn	20 bis 23	Königsberg	1257 bis 1260	Union	1903	1261 bis 1264	
Werrabahn	71 bis 74	Erfurt	1315 bis 1318	Henschel	1893	3881 bis 3884	
	75	Erfurt	1319	Henschel	1894	4049	

Durch die Königlich Preußische Militär-Eisenbahn beschaffte Lokomotive

Bahnnummer Kgl. Mil. E.	Übernehmende Staatsbahn-Direktion	Bahnnummer	Hersteller	Baujahr	Fabriknummer	Bemerkungen/ Ausmusterung
104	Halle	G 4 3833	Vulcan	1899	1709	

—

3/3 G. L. mit Wellrohrkessel Bauart Lentz

C n2
Umbau 1890 und 1892
Techn. Daten: Seite 201

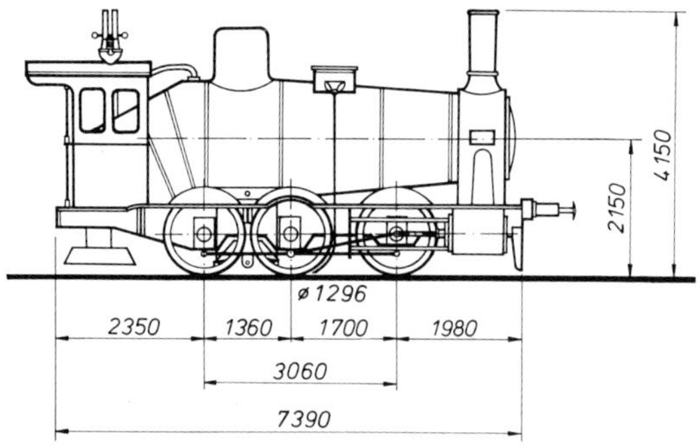

Umbau Hohenzollern 1890. Elberfeld 865.
Zeichnung: Taege

In den Jahren 1890 und 1892 erhielten im Direktionsbezirk Elberfeld vier von der Bergisch-Märkischen Eisenbahn stammende C n2-Güterzuglokomotiven Ersatzkessel der Bauart Lentz mit Wellrohrfeuerbüchse. Hersteller dieser Kessel waren die Lokomotivfabriken Vulcan (Kessel der Elberfeld 841) und Hohenzollern (Kessel der anderen Lokomotiven). Der Einbau erfolgte bei der Elberfeld 865 im Jahre 1890 in der Lokomotivfabrik Hohenzollern und bei der Elberfeld 841 im Jahre 1892 im Ausbesserungswerk Opladen. Die Elberfeld 883 und 884 wurden ebenfalls im Jahre 1892 mit dem Wellrohrkessel ausgestattet. Nach dem Umbau stationierte man alle vier Maschinen in der Betriebswerkstatt Opladen.

Widersprüchliche Angaben liegen über eine fünfte, gleichfalls von der Bergisch-Märkischen Eisenbahn stammende C n2-Güterzuglokomotive mit Wellrohrkessel, die Elberfeld 839, vor. Entweder bekam sie 1892 einen von der Firma Vulcan gebauten Wellrohrkessel der Bauart Lentz, oder sie erhielt 1892 in der Lokomotivfabrik Hohenzollern den umgebauten Langkessel mit Wellrohrfeuerbüchse der Elberfeld 841. Beheimatet war sie von 1892 bis 1894 wie die anderen vier Lokomotiven in der Betriebswerkstatt Opladen.

Die „Konstruktiven Merkmale" stützen sich auf die Lokomotiven Elberfeld 865 und 841, da nur von ihnen ausführliche Unterlagen zur Verfügung standen. Es ist jedoch anzunehmen, daß sich die Elberfeld 883 und 884 wenig von den beschriebenen Maschinen unterschieden.

Im Betriebsdienst traten viele Mängel zutage: häufiges Rohrlaufen, ungenügender Wasserumlauf, häufige Kesselschäden. In den Jahren 1891 und 1892 nahm man an der Elberfeld 865 mehrere Änderungen vor, mit denen den Betriebserfahrungen Rechnung getragen werden sollte. Die Rostlage wurde so verändert, daß der Rost schwach nach vorne anstieg. Um eine bessere Verbrennung zu erreichen, erhielt die Feuerbrücke einen Kanal zur Sekundärluftzuführung, der aber später wieder entfiel. Ebenso entfiel das Löscherohr am Boden des Verbrennungsraumes, weil es sich ständig zugesetzt hatte. Um schädliche Spannungen während des Anheizens infolge des unzureichenden Wasserumlaufs zu vermeiden, wurde eine dritte Dampfstrahlpumpe angebaut, die beim Anheizen das kalte Wasser aus dem unteren Kesselteil absaugte und in den oberen Kesselteil einspeiste. Später entfernte man sie wieder und baute statt dessen eine aus zwei um das Wellrohr angeordneten Blechtafeln bestehende Wasserumlaufeinrichtung ein. Auch diese Einrichtung verblieb nicht lange an der Lokomotive, man ersetzte sie bald durch eine andere, die aus zwei im Wellrohr liegenden, von hinten unten nach vorn oben führenden Wasserrohren bestand.

Beim Umbau der anderen Lokomotiven werden einige dieser Änderungen von Anfang an berücksichtigt. Schwierigkeiten mit den Kesseln gab es jedoch nach wie vor.

Nach dem Zerknall des Kessels der S 2 Bauart Lentz verfügte das Ministerium der öffentlichen Arbeiten 1894 die Außerbetriebnahme aller Lokomotiven mit Wellrohrkessel, die fünf Maschinen wurden abgestellt. Die Elberfeld 841, 865, 883 und 884 musterte man noch im gleichen Jahr aus. Die Elberfeld 883 und 884 wurden 1895 im Ausbesserungswerk Opladen zerlegt. Die Elberfeld 839 wurde entweder 1894 ausgemustert oder erhielt einen Hinterkessel gewöhnlicher Bauart und wurde 1904 ausgemustert.

Bahnnummern Bergisch-Märkische Eisenbahn	Bahnnummern K. E. D. Elberfeld ab 1883	Hersteller	Baujahr	Fabriknummern	Bemerkungen/ Ausmusterung
184	839	Vulcan	1866	97	+ 1894 oder 1904
189	841	Vulcan	1867	102	+ 1894
218	865	Borsig	1865	2099	+ 1894
271	883	Wöhlert	1868	189	+ 1894
272	884	Wöhlert	1868	190	+ 1894

Konstruktive Merkmale

Elberfeld 865 nach Umbau 1890
Kessel: Wellrohrkessel Bauart Lentz. Aus vier Schüssen zusammengesetzter Rundkessel. 3. Schuß zylindrisch, Innendurchmesser 1 750 mm. 1., 2. und 4. Schuß konisch auf 1 200 mm Durchmesser nach vorn bzw. 1 370 mm Durchmesser nach hinten vergrößert. 1., 2. und 3. Schuß waagerecht angeordnet, 4. Schuß nach hinten geneigt. Kesselrückwand nach innen geneigt. Zweischüssiges flußeisernes Wellrohr (gestreckte Länge 2 890 mm, Innendurchmesser 1 150/1 250 mm) ersetzt die sonst übliche Feuerbüchse. Vorderer Wellrohrschuß waagerecht, hinterer Wellrohrschuß nach hinten geneigt. Etwa 1 650 mm langer, 1 100 mm breiter, waagerechter Rost, vorn durch vertikale Feuerbrücke begrenzt. Daran anschließender 870 mm langer Verbrennungsraum.
Dampfdom auf dem 3. Kesselschuß. Dom zur Dampfentnahme für Kesselausrüstung und Zusatzeinrichtungen auf dem 4. Kesselschuß innerhalb des Führerhauses, oben durch ein Rohr mit dem 3. Kesselschuß am Kesselscheitel verbunden.
742 mm lange, stark erweiterte, durch Winkelring mit dem Langkessel verbundene Rauchkammer. Zylindrischer Schornstein.
Kesselausrüstung: Zwei Dampfstrahlpumpen. Speiseventile in Höhe Kesselmitte am 1. Kesselschuß. Kesselsicherheitsventil Bauart Ramsbottom auf dem Dampfentnahmedom für Kesselausrüstung und Zusatzeinrichtungen. Luftkanal mit Aschesack am hinteren Ende des Wellrohres, zwischen 3. Kuppelradsatz und Kuppelkasten hinabreichend. Weites Löscherohr am Boden des Verbrennungsraumes. Flachschieberregler.
Rahmen: Innenliegender Blechrahmen.
Fahrwerk: Abstützung auf den 2. und 3. Kuppelradsatz über je eine zwischen 2. und 3. Kuppelradsatz unterhalb der Achslager liegende Blattfeder auf jeder Lokomotivseite, Federspannschrauben und je einen oberhalb des Hauptrahmens liegenden, in der Mitte am Hauptrahmen gelagerten und sich mit den Enden auf die Achslager stützenden Längsausgleichshebel. Alle Radsätze unverschiebbar im Hauptrahmen gelagert.
Triebwerk: Naßdampf-Zweizylinder-Triebwerk. Zylinder außen waagerecht vor dem 1. Kuppelradsatz angeordnet. Zweischienige Kreuzkopfführung. Antrieb auf den 2. Kuppelradsatz. Einströmrohre durch die Rauchkammer geführt.
Steuerung: Innenliegende Stephenson-Steuerung. Schieberkästen senkrecht innerhalb der Rahmenwangen. Flachschieber.
Bremsausrüstung: Handbremse am Tender.
Allgemeine Einrichtungen: Führerhaus normaler Bauart (wie G 3 Normalbauart). Dampfsandstreuer, die Treibräder von vorn besandend. Viereckiger Sandkasten auf dem 2. Kesselschuß.
Tender: 3 T 9,5 nicht normaler Bauart.

Elberfeld 841 nach Umbau 1892
Wie Elberfeld 865 nach Umbau 1890 mit Ausnahme folgender Abweichungen:
Kessel: Gestreckte Länge des Flammrohres 3 090 mm. Rostlänge 1 740 mm, Rost schwach nach vorn ansteigend. 970 mm langer Verbrennungsraum. Sekundärluftzuführung durch die Feuerbrücke. Hoher Rotgußstutzen statt Dampfentnahmedom zur Dampfentnahme für Kesselausrüstung und Zusatzeinrichtungen. Lage und Verbindung mit dem Kessel wie bei Elberfeld 865.
Kesselausrüstung: Kesselsicherheitsventil auf dem Rotgußstutzen. Ohne Löscherohr am Boden des Vebrennungsraumes. Wasserumlaufeinrichtung, aus zwei um das Wellrohr angeordneten Blechtafeln bestehend.
Allgemeine Einrichtungen: Führerhaus nicht normaler Bauart. Möglicherweise Handsandstreuer.

G 3, G 4[1]

3/3 G. L.
Bauart Lentz
DRG-Baureihe 53^{70-71}
(→ EFA 1.2)

C n2

1890

Techn. Daten: Seite 201

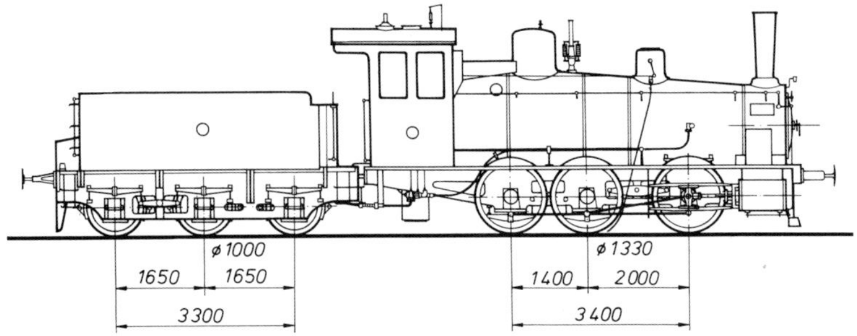

3/3 G. L. Bauart Lentz. Lieferzustand. Tender: 3 T 12 nach Musterblatt III 5 b. *Zeichnung: Taege*

Während man sich im Direktionsbezirk Elberfeld bei der Erprobung des Wellrohrkessels im Lokomotivbetrieb auf den Umbau vorhandener Lokomotiven beschränkte, beschafften andere Eisenbahn-Direktionen insgesamt neun C n2-Güterzuglokomotiven, die bereits ab Werk Wellrohrkessel der Bauart Lentz erhielten. Die Maschinen lehnten sich eng an die 3/3 G. L. Normalbauart (G 3, G 4[1]) an, Unterschiede gab es beim Kessel und beim Fahrwerk. Sie wurden an folgende Betriebswerkstätten geliefert:
Berlin 1322 an die Betriebswerkstatt Grunewald;
Coeln linksrheinisch 1247 an die Betriebswerkstatt Coeln Betriebsbahnhof;
Coeln rechtsrheinisch 417 und 477 bis 481 an die Betriebswerkstatt Dortmund;
Magdeburg 1360 an die Betriebswerkstatt Buckau.
Vermutlich glich der Kessel der erstgebauten 3/3 G. L. Bauart Lentz, Magdeburg 1360, noch dem Wellrohrkessel der umgebauten Lokomotiven Elberfeld 841, 865, 883 und 884, sein Dampfüberdruck betrug 1,0 MPa. Bei den folgenden Lokomotiven hatte man den Kesseldruck auf 1,2 MPa erhöht, Wellrohr und Rost waren größer, der 1. und der 3. Kesselschuß zylindrisch gestaltet, der 2. Kesselschuß allseits konisch nach vorn, der 4. Kesselschuß allseits konisch nach hinten verengt. Alle Kesselschüsse und das Wellrohr lagen waagerecht, die

Eine der 3/3 G. L. Bauart Lentz. Die auf dem Bild sichtbare Bahnnummer ist offensichtlich falsch. Leider war es in den Lokomotivfabriken eine hin und wieder geübte Praxis, zu Fotografierzwecken irgendein gerade parat liegendes Nummernschild an der abzubildenden Lokomotive anzubringen, so daß unzutreffende Bildunterschriften bei Werkaufnahmen oft nicht auszuschließen sind. *Foto: Werkaufnahme, Archiv Töpelmann*

Direktionsbezirk	Bahnnummern	DRG-Nummern	Hersteller	Baujahr	Fabriknummern	Bemerkungen/ Ausmusterung
1880...1884						
Berlin	1322	–	Hohenzollern	1893	648	1918 an Polen
Coeln linksrh.	1247	53 7139	Hohenzollern	1893	719	+ 1926
Coeln rechtsrh.	417	–	Hohenzollern	1892	649	1918 an Belgien
	477 bis 481	–	Hohenzollern	1893	731 bis 735	
Magdeburg	1360	–	Hohenzollern	1890	552	+ 1922

Kesselrückwand war senkrecht angeordnet.

Als das Ministerium der öffentlichen Arbeiten aus den bekannten Gründen 1894 die Außerbetriebnahme aller Lokomotiven mit Wellrohrkessel Bauart Lentz anwies, stellte man die Maschinen zunächst ab und ersetzte dann die Wellrohrkessel durch Ersatzkessel normaler Bauart, zum Teil mit einem Dampfüberdruck von 1,0 MPa, zum Teil mit einem Dampfüberdruck von 1,2 MPa.

Die Berlin 1322 wurde 1906 in G 3 Berlin 3122 umgezeichnet, 1918 gelangte sie zu den Polnischen Staatsbahnen.

Aus der Coeln linksrheinisch 1247 wurde am 1. April 1895 die Coeln 1247, 1907 ordnete man sie in die Gruppe G 3 ein und gab ihr die Bahnnummer 3271. 1925 übernahm sie die DRG als 53 7139 in den endgültigen Umzeichnungsplan, musterte sie aber bereits 1926 aus.

Die Coeln rechtsrheinisch 417 fiel am 1. April 1895 dem Direktionsbezirk Essen zu und trug dort zunächst die Bahnnummer Essen 417. 1907 ordnete man sie aufgrund ihres Kesseldruckes von 1,2 MPa der Gruppe G 4 unter der Bahnnummer Essen 3609 zu. 1918 kam sie zu den Belgischen Staatsbahnen und trug dort die Nummer 7610.

Ebenfalls zum Direktionsbezirk Essen gehörten ab 1. April 1895 die Lokomotiven Coeln rechtsrheinisch 477 bis 480. Dort zeichnete man sie in Essen 477 bis 480 um. 1907 erhielten sie das Gruppenzeichen G 3 und die Bahnnummern Essen 3455 bis 3458. Später rüstete man die G 3 Essen 3457 und 3458 mit Kesseln von 1,2 MPa Dampfüberdruck aus und zeichnete sie in G 4 Essen 3728 und 3734 um. Die G 3 Essen 3455 kam 1918 zu den Belgischen Staatsbahnen und lief dort unter der Nummer 7754, die G 3 Essen 3456 wurde 1914 ausgemustert.

Aus der Coeln rechtsrheinisch 481 wurde am 1. April 1895 die Münster 481, 1904 die Essen 481 und 1907 die G 3 Essen 3459.

Die Magdeburg 1360 zeichnete man am 1. April 1899 in Magdeburg 1100 um, 1905 wurde sie in den Direktionsbezirk Hannover abgegeben, dort zunächst als Hannover 1124 geführt und im gleichen Jahr in G 3 Hannover 3192 umgezeichnet. 1922 musterte man sie aus.

Konstruktive Merkmale

Wie G 3, G 4[1] 3/3 G. L. Normalbauart mit Ausnahme folgender Abweichungen

Kessel: Wellrohrkessel Bauart Lentz.

Ausführung vermutlich nahezu gleich den Wellrohrkesseln der Umbaulokomotiven Elberfeld 841, 865, 883 und 884, jedoch mit kleinerem Wellrohr und kleinerem Rost. Prüsmann-Schornstein.

Fahrwerk: Tragfedern des 2. Kuppelradsatzes unterhalb der Achslager.

Steuerung: Alle Lokomotiven mit innenliegender Allan-Steuerung und senkrecht innerhalb der Rahmenwangen liegenden Schieberkästen.

Tender: 3 T 12 nach Musterblatt III 5b.

Sonderausführungen

Berlin 1322 und Coeln rechtsrheinisch 417

Fahrwerk: Gesamtachsstand 4000 mm.

G 4³

3/3 G. L. v.
Bauart Union
DRG-Baureihe 53³
(→ EFA 1.2)

C n2v

1903

Techn. Daten: Seite 201

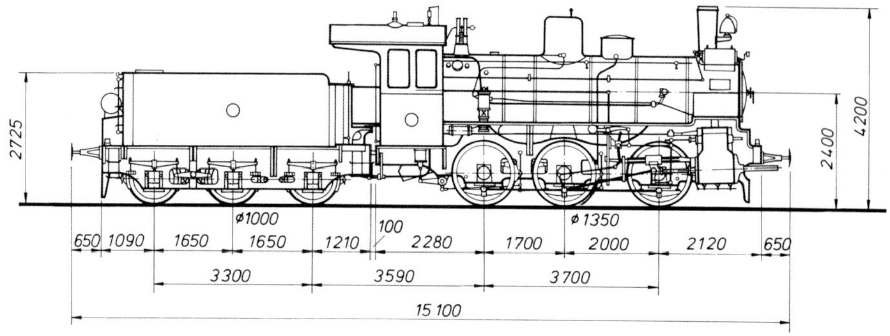

Bauform mit Druckluftbremse.
Tender: 3 T 12 nach Musterblatt III 5 b.
Zeichnung: Taege

Im Jahre 1903 erschien die C n2v-Güterzuglokomotive in verstärkter und modernisierter Ausführung. Den Entwurf hatte die Lokomotivfabrik Union ausgearbeitet. Besonders stachen die höhere Kessellage, die Unterstützung des Hinterkessels durch den 3. Kuppelradsatz, die größeren Kesselabmessungen, die größeren Zylinder und die außenliegende Heusinger-Steuerung hervor. Die C n2v Bauart Union (G 4³) war leistungsfähiger als die C n2v Normalbauart (G 4²), und sie lief wesentlich ruhiger, so daß man ihre Höchstgeschwindigkeit auf 60 km/h festsetzen konnte. Von Anfang an erhielten die Maschinen Druckluftbremse Bauart Knorr oder Westinghouse, zunächst nur in Form der Druckluftbremsbedienungseinrichtung für Tender und Wagenzug, später waren auch die Lokomotiven selbst abgebremst.

In der Ebene konnten sie einen Zug von 570 t Masse mit einer Geschwindigkeit von 60 km/h befördern. Über die Steigung 1 : 100 zogen sie einen Zug von 350 t Masse mit ihrer Reibungsgeschwindigkeit von 19 km/h. Die indizierte Höchstleistung von 500 kW (670 PS) erreichten sie bei etwa 60 km/h.

Die Lokomotiven waren vor allem für den gemischten Dienst auf den langen Nebenlinien der östlichen

Union 1905/1432. Halle 1044; ab 1906 G 4 Halle 3904. Als G 4 Halle 3904.
Foto: Hubert, Sammlung Wagner

Direktionsbezirk	Bahnnummern	DRG-Nummern	Hersteller	Baujahr	Fabriknummern	Bemerkungen/ Ausmusterung
1895/1896						
Danzig	1240 und 1241	– , 53 307	Union	1905	1370 und 1371	
	1242 bis 1244	–	Union	1905	1372 bis 1374	
	1245 bis 1248	53 308 bis 53 311	Union	1905	1375 bis 1378	
	1249	–	Union	1905	1379	
	G 4 3909 und 3910	– , 53 326	Union	1907	1536 und 1537	
	G 4 3911 bis 3919	–	Union	1907	1538 bis 1546	
	G 4 3920	53 327	Union	1907	1547	
Halle	1041	53 317	Union	1905	1429	
	1042 bis 1045	–	Union	1905	1430 bis 1433	
Hannover	1285 und 1286	–	Union	1905	1424 und 1425	
	1287	53 316	Union	1905	1426	
	1288 und 1289	–	Union	1905	1427 und 1428	
Königsberg	1107 bis 1109	–	Union	1903	1290 bis 1292	
	1110	53 301	Union	1903	1293	
	1111	53 302	Union	1904	1360	
	1112 bis 1116	–	Union	1904	1361 bis 1365	
	1117 bis 1120	53 303 bis 53 306	Union	1904	1366 bis 1369	
	1121 und 1122	53 312 und 53 313	Union	1905	1418 und 1419	
	1123 und 1124	– , 53 314	Union	1905	1420 und 1421	
	1125 und 1126	53 315, –	Union	1905	1422 und 1423	
	1127 und 1128	– , 53 318	Union	1906	1480 und 1481	
	1129 und 1130	53 319, –	Union	1906	1482 und 1483	
	1131 und 1132	53 320 und 53 321	Union	1906	1484 und 1485	
	G 4 3936 bis 3939	53 322 bis 53 325	Union	1906	1486 bis 1489	
	G 4 3940	–	Union	1906	1490	

Direktionsbezirke bestimmt. Demzufolge beschafften die Eisenbahn-Direktionen Königsberg und Danzig die meisten C n2v Bauart Union, die in den Betriebswerkstätten Ortelsburg, Lyck i. Pr., Goldap, Zinten, Neustettin, Danzig, Bütow, Allenstein, Osterode, Mohrungen, Neidenburg, Soldau, Stolp, Belgard, Marienwerder und Graudenz beheimatet wurden.

Drei Maschinen, die Königsberg 1115 und die Danzig 1248 und 1249, waren von 1905 bis 1907 dem Direktionsbezirk Essen zugeteilt, danach kamen sie in den Direktionsbezirk Königsberg.

Die Lokomotiven Halle 1041 bis 1045 hatte die Betriebswerkstatt Röblingen erhalten, sie taten Dienst auf den Strecken um Röblingen/Merseburg/Lauchstädt und versahen vermutlich auch den Anschlußbetrieb zu den Kohlengruben.

Die Hannoverschen $G\,4^3$ Bauart Union, Bahnnummern Hannover 1285 bis 1289, wurden in den Betriebswerkstätten Soltau und Buchholz stationiert und wahrscheinlich auf den Nebenlinien in der Lüneburger Heide eingesetzt.

Insgesamt standen bei den Preußisch-Hessischen Staatsbahnen 63 $G\,4^3$ Bauart Union im Dienst. Die letzten Maschinen waren 1907 gebaut worden. Das für diesen Lokomotivtyp verbindliche Musterblatt trug die Bezeichnung III 3o. 1905 wurde der C n2-Güterzuglokomotive Bauart Union das Gruppenzeichen G 4 und die Bahnnummernreihe 3901 bis 4000 zugewiesen.

Gekuppelt war sie mit den Tendertypen 3 T 10,5 nach Musterblatt III 5a und 3 T 12 nach Musterblatt III 5b.

Einige Maschinen gelangten nach dem ersten Weltkrieg zu ausländischen Eisenbahnen. Die DRG hatte noch für 37 Maschinen Betriebsnummern im 2. Umzeichnungsplan von 1923 vorgesehen (53 301 bis 53 337); im 3. Umzeichnungsplan aus dem Jahre sind nur noch 27 $G\,4^3$ als 53 301 bis 53327 aufgeführt.

G 5^1

3/4 G. L.
DRG-Baureihe 54^0
(→ EFA 1.2)

1'C n2

1892

Techn. Daten: Seite 201

HANOMAG 1893/2451. Hannover 801; später Hannover 1301; ab 1905 G 5 Hannover 4002; nach 1918 an Belgien (SNCB 7522). Lieferzustand. Eine der ersten 3/4 G. L. Dampfdom auf dem 1. Kesselschuß, nichtsaugende Dampfstrahlpumpen und kurzes Führerhausdach. An sich ist dieses Bild eine saubere grafische Arbeit, beim Schornstein hat sich der Zeichner jedoch offensichtlich geirrt.
Zeichnung: Kopieranstalt O. Flebbe

Für den Einsatz im Güterzugdienst auf stark belasteten Hauptstrecken mit mäßigen Steigungen, auf denen die Durchlaßfähigkeit durch Steigerung der Güterzuggeschwindigkeiten angehoben werden sollte, entstand Anfang der neunziger Jahre die G 5^1. Die Entwürfe hatte die Lokomotivfabrik Vulcan ausgearbeitet. Die notwendige Vergrößerung des Kessels erforderte einen vierten Radsatz, den man, um einen ruhigen Lauf auch bei höheren Geschwindigkeiten zu erreichen, in Form einer vor den Zylindern liegenden Adamsachse ausführte. Ebenfalls der Verbesserung der Laufruhe diente die Unterstützung des Hinterkessels durch den 3. Kuppelradsatz. Dadurch konnten die Überhänge auf ein Mindestmaß gesenkt und die Höchstgeschwindigkeit, sofern die Lokomotiven mit Druckluftbremse ausgerüstet waren, auf 65 km/h festgesetzt werden. Der Kessel wurde höher gelegt als bei der G 3 Normalbauart, um die Feuerbüchse zur Verbesserung der Verbrennung tief gestalten zu können. Als Steuerung wählte man die innenliegende Allan-Steuerung mit senkrecht innerhalb der Rahmenwangen angeordneten Schieberkästen. Eine höhere Maximalzugkraft war zunächst nicht beabsichtigt, deshalb behielt man Kesseldruck und Zylinderdurchmesser der G 3 Normalbauart bei. Das für die G 5^1 aufgestellte Musterblatt erhielt die Bezeichnung III 3c.

Die ersten vier Lokomotiven dieses Typs wurden im Jahre 1892 von der

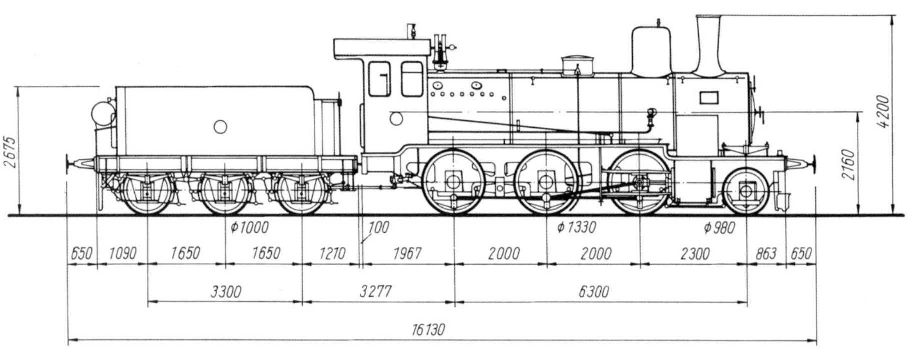

HANOMAG 1893. Hannover 801. Lieferzustand. Sonderausführung, Dampfdom auf dem 1. Kesselschuß. Tender: 3 T 12 nach Musterblatt III 5 b.
Zeichnung: Dietmann

Vulcan 1893/1324. Berlin 1354; ab 1906 G 5 Berlin 4006, bereits im gleichen Jahr ausgemustert (vermutlich nach Unfall). Lieferzustand. Erste Bauform nach Musterblatt III 3 c. Dampfdom auf dem 1. Kesselschuß, kurzes Führerhausdach, Dampfsandstreuer.
Foto: Werkaufnahme, Archiv Töpelmann

Firma Vulcan als Hannover 800 und als Erfurt 1399 und von der B. M. A. G. als Magdeburg 1300 und als Berlin 1348 geliefert. In den Jahren 1893 und 1894 folgten weitere 68 Maschinen für die Direktionsbezirke Berlin, Breslau, Coeln linksrheinisch, Coeln rechtsrheinisch, Frankfurt, Hannover und Magdeburg. Durch die zunehmenden Verkehrsleistungen eroberten sich die G 5[1] zusammen mit den 1'C-Verbundlokomotiven, als mit der Vergrößerung der Drehscheiben und Lokomotivschuppen die Vorbedingungen für ihren Einsatz geschaffen waren, ein umfangreiches Betätigungsfeld. Sie wurden vor allem im schweren Güterzugdienst und im Eilgüterzugdienst auf Hauptstrecken, aber auch oft im Personenzugdienst, besonders im Sonntags- und Ausflugsverkehr, eingesetzt. Die Preußische Staatsbahn bzw. die Preußisch-Hessischen Staatsbahnen beschafften insgesamt 264 G 5[1].

Im Laufe des Beschaffungszeitraumes wurden einige konstruktive Änderungen vorgenommen. Die ab 1896 gebauten Maschinen wiesen einen Kesseldruck von 1,2 MPa und einen von 450 mm auf 480 mm vergrößerten Zylinderdurchmesser auf. Ab oder nach 1893 erhielten die Lokomotiven zum Teil Dampfbremse, zum Teil Druckluftbremse Bauart Westinghouse, zum Teil Druckluftbremsbedienungseinrichtung Bauart Westinghouse, zum Teil wurden sie wie die ersten Maschinen ohne Bremsausrüstung an der Lokomotive geliefert. Die Luftpumpe befand sich rechts neben dem Hinterkessel. Bei den mit Dampfbremse und den mit Druckluftbremse ausgerüsteten Lokomotiven wurden alle Kuppelräder einseitig von hinten abgebremst. Die Tragfedern des Laufradsatzes und des 1. Kuppelradsatzes waren bei den Lokomotiven der ersten Baujahre durch Winkelhebel und Zugstangen verbunden. Ab oder nach 1896 verwendete man statt dessen waagerechte Längsausgleichshebel. Die ab 1899 gebauten Maschinen bekamen Führerhäuser mit langem, die Tenderbrücke überragendem Führerhausdach. Einige Maschinen stattete man mit Druckluftbremse Bauart Schleifer aus. Die Adamsachse war zunächst ±30 mm seitenverschiebbar, die Rückstellung erfolgte durch Kegelfedern.

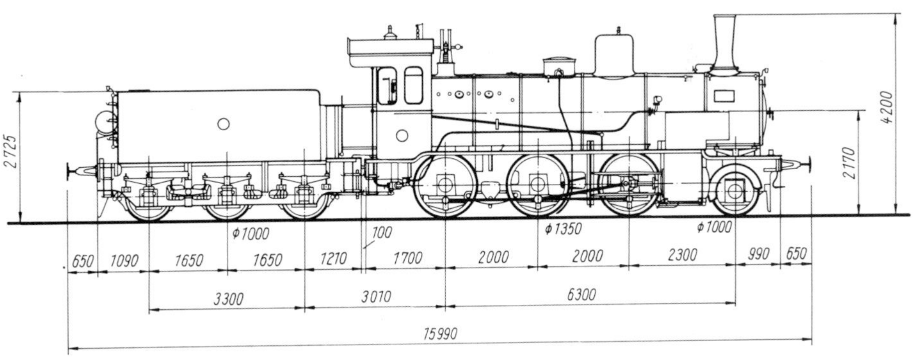

Bauform nach Musterblatt III 5 c. Lieferzustand. Dampfdom auf dem 2. Kesselschuß, Dampfbremse, kurzes Führerhausdach.
Tender: 3 T 12 nach Musterblatt III 5 b.
Zeichnung: Dietmann

Humboldt 1900/62. Elberfeld 729; ab 1905 G 5 Elberfeld 4010; DRG 54 039. Als G 5 Elberfeld 4010. Druckluftbremse, langes Führerhausdach, Dampfläutwerk. Die Führerhausanschriften stammen vom Einsatz bei der Deutschen Heeresbahn. *Foto: Hubert, Sammlung Siebert*

Ab oder nach 1893 gab man ihr ±50 mm, später ±56 mm Seitenverschiebbarkeit und verwendete Blattfedern zur Rückstellung. Gekuppelt waren die Maschinen mit den Tendertypen 3 T 10,5 nach Musterblatt III 5a und 3 T 12 nach Musterblatt III 5b.

Ab 1905 wurden die 3/4 G. L. in die Gruppe G 5 eingereiht und bekamen Bahnnummern aus der den Zwillingslokomotiven dieser Gruppe vorbehaltenen Nummernreihe 4001 bis 4150.

In der Ebene konnte die G 5^1 mit 1,2 MPa Kesseldruck und 480 mm Zylinderdurchmesser einen Güterzug von 1535 t Wagenzugmasse mit 40 km/h befördern. Auf der Steigung 1 : 100 zog sie noch einen Güterzug von 510 t Wagenzugmasse mit der Reibungsgeschwindigkeit von 20 km/h. Die indizierte Höchstleistung betrug 580 kW (770 PS) bei einer Geschwindigkeit von 57 km/h.

Etwa ab 1905 wurde die G 5^1 durch leistungsstärkere Heißdampf-Güterzuglokomotiven (G 8, G 10, G 8^1), aber auch durch die P 6, in den mittelschweren und leichten Hauptbahndienst und in den Nebenbahndienst verdrängt. Einige G 5^1 standen während des ersten Weltkrieges im Dienst der Deutschen Heeresbahn. Durch Reparationsabgaben und Gebietsabtrennungen gelangte ein Teil der G 5^1 an ausländische Eisenbahnen, andere wurden vor der Gründung der DRG und in den ersten Jahren der DRG ausgemustert. Im 2. Umzeichnungsplan aus dem Jahre 1923 sind noch 193 G 5^1 als 54 001 bis 54 193 aufgeführt. Bis zur Aufstellung des 3. Umzeichnungsplanes im Jahre 1925 hatte sich die Anzahl auf 71 Lokomotiven reduziert, die in 54 001 bis 54 071 umgezeichnet wurden.

Sonderausführungen

Vulcan 1892/1302 Hannover 800; später Hannover 1300; ab 1905 G 5 Hannover 4001; DRG 54 001
HANOMAG 1893/2451 Hannover 801; später Hannover 1301; ab 1905 G 5 Hannover 4002
Kessel: Dampfdom auf dem 1. Kesselschuß.
Fahrwerk: Längerer Achsstand.
Allgemeine Einrichtungen: Anderes Führerhaus.

Vulcan 1893/1303 Erfurt 1399, geliefert an die Betriebswerkstätte Halle I; ab 1. Juli 1895 Berlin 1348, Betriebswerkstatt Grunewald; ab 1896 Erfurt 1399; ab 1901 Erfurt 1200; ab 1906 G 5 Erfurt 4001; 1907 in der Betriebswerkstatt Gerstungen beheimatet; ab 1907 G 5 Elberfeld 4029; DRG 54 002 vorläufig
Steuerung: Außenliegende Allan-Steuerung. Schieberkästen auf den Zylindern.

Direktionsbezirk	Bahnnummern	DRG-Nummern	Hersteller	Baujahr	Fabriknummern	Bemerkungen/ Ausmusterung
1880 ... 1884						
Berlin	1348	–	B. M. A. G.	1892	2039	
	1349 bis 1354	–	Vulcan	1893	1319 bis 1324	
	1355	54 004	Vulcan	1893	1325	
	1356 und 1357	–	Vulcan	1893	1326 und 1327	
	1358 und 1359	– , 54 005	Vulcan	1893	1329 und 1330	
	1360 bis 1363	–	Vulcan	1893	1331 bis 1334	
	1364	54 006	Vulcan	1893	1335	
	1365 bis 1369	–	Vulcan	1893	1336 bis 1340	
Breslau	1359 bis 1362	–	B. M. A. G.	1893	2047 bis 2050	
Coeln linksrh.	1300 und 1301	– , 54 010	B. M. A. G.	1894	2120 und 2121	
	1302 bis 1304	–	B. M. A. G.	1894	2122 bis 2124	
Coeln rechtsrh.	495	54 009	B. M. A. G.	1894	2115	
	496 bis 499	–	B. M. A. G.	1894	2116 bis 2119	
Erfurt	1399	–	Vulcan	1892	1303	
Frankfurt	1000 bis 1004	–	Vulcan	1894	1394 bis 1398	
Hannover	800	–	Vulcan	1892	1302	
	801	–	HANOMAG	1893	2451	
	1302 bis 1310	–	B. M. A. G.	1894	2080 bis 2088	
	1311 und 1312	54 007 und 54 008	B. M. A. G.	1894	2089 und 2090	
	1313 bis 1316	–	B. M. A. G.	1894	2091 bis 2094	
Magdeburg	1300	54 001	B. M. A. G.	1892	2038	
	1301	–	B. M. A. G.	1893	2051	
	1302 und 1303	54 002 und 54 003	B. M. A. G.	1893	2052 und 2053	
	1304 bis 1307	–	B. M. A. G.	1893	2054 bis 2057	
	1308	54 011	Vulcan	1894	1399	
	1309 und 1310	–	Vulcan	1894	1400 und 1401	
	1311 und 1312	54 012, –	Vulcan	1894	1402 und 1403	
1895/1896						
Breslau	759 und 760	54 013 und 54 014	B. M. A. G.	1896	2334 und 2335	
	761	–	B. M. A. G.	1896	2336	
Bromberg	1355	54 036	Schichau	1899	1025	
	1356 bis 1360	–	Schichau	1899	1026 bis 1030	
	1361 bis 1363	–	Schichau	1900	1045 bis 1047	
	1364	54 049	Schichau	1900	1048	
	1365 bis 1374	–	Schichau	1900	1081 bis 1090	
	1387	–	Humboldt	1900	79	
	1388	54 054	Schichau	1900	1111	
	1389 bis 1392	–	Schichau	1900	1123 bis 1126	
	1393 bis 1396	–	Jung	1901	459 bis 462	
Coeln	1265 und 1266	54 057, –	Humboldt	1901	90 und 91	
	1267	54 058	Humboldt	1901	92	
	1268 und 1269	–	Humboldt	1901	93 und 94	
	1270	54 062	Humboldt	1901	111	
	1271 und 1272	–	Humboldt	1901	112 und 113	
	1273 und 1274	54 063, –	Humboldt	1901	114 und 115	
	1275	–	Humboldt	1902	120	
	1285 und 1286	– , 54 043	Humboldt	1900	73 und 74	
	1287 und 1288	– , 54 044	Humboldt	1900	75 bis 76	
Danzig	1351 bis 1353	–	Schichau	1900	1112 bis 1114	
	1354	54 055	Schichau	1900	1115	
	1355 bis 1361	–	Schichau	1900	1116 bis 1122	
Elberfeld	724 bis 726	–	Henschel	1899	5192 bis 5194	
	727	54 028	Henschel	1899	5195	
	728 und 729	– , 54 026	Henschel	1899	5186 und 5187	
	730 und 731	– , 54 027	Henschel	1899	5188 und 5189	

Direktionsbezirk	Bahnnummern	DRG-Nummern	Hersteller	Baujahr	Fabriknummern	Bemerkungen/ Ausmusterung
	728^{II} und 729^{II}	– , 54 039	Humboldt	1900	61 und 62	
	730^{II} und 731^{II}	– , 54 040	Humboldt	1900	63 und 64	
	732 und 733	–	Henschel	1899	5190 und 5191	
	734 und 735	–	Humboldt	1900	65 und 66	
	736 bis 739	–	Humboldt	1901	80 bis 83	
	740	54 056	Humboldt	1901	84	
	741	54 067	Schichau	1901	1157	
	742 bis 744	–	Schichau	1901	1158 bis 1160	
	745	54 068	Schichau	1901	1161	
	746 und 747	–	Schichau	1901	1162 und 1163	
Erfurt	1391	54 029	Henschel	1899	5211	
	1392 und 1393	–	Henschel	1899	5212 und 5213	
	1394 und 1395	54 030 und 54 031	Henschel	1899	5214 und 5215	
Essen	550 und 551	–	Humboldt	1900	77 und 78	
	552 bis 554	54 059 bis 54 061	Humboldt	1901	95 bis 97	
	555 und 556	–	Humboldt	1901	98 und 99	
	557 und 558	–	Jung	1901	487 und 488	
	559 und 560	54 066, –	Jung	1901	489 und 490	
	561	–	Schichau	1901	1164	
	562 und 563	54 064, –	Humboldt	1901	116 und 117	
	564 und 565	–	Humboldt	1902	118 und 119	
	585 und 586	–	Henschel	1899	5196 und 5197	
	587 und 588	54 015 und 54 016	HANOMAG	1899	3287 und 3288	
	589	–	Humboldt	1899	36	
	590 und 591	54 032 und 54 033	Humboldt	1899	37 und 38	
	592 und 593	– , 54 034	Humboldt	1899	39 und 40	
	594 und 595	– , 54 035	Schichau	1899	1021 und 1022	
	596 und 597	–	Schichau	1899	1023 und 1024	
Halle	1271	54 038	Humboldt	1899	48	
	1272 bis 1275	54 045 bis 54 048	Jung	1900	405 bis 408	
	1276	–	Jung	1900	409	
	1286 und 1287	–	Henschel	1899	5175 und 5176	
	1288 und 1289	54 021, –	Henschel	1899	5177 und 5178	
	1290 und 1291	54 022 und 54 023	Henschel	1899	5179 und 5180	
	1292 und 1293	–	Henschel	1899	5181 und 5182	
	1294 und 1295	54 024 und 54 025	Henschel	1899	5183 und 5184	
	1296	–	Henschel	1899	5185	
Königsberg	1301 bis 1304	–	Schichau	1900	1091 bis 1094	
Magdeburg	800 bis 812	–	Henschel	1899	5198 bis 5210	
	813 bis 815	–	Humboldt	1899	41 bis 43	
	816	54 037	Humboldt	1899	44	
	817 bis 819	–	Humboldt	1899	45 bis 47	
Mainz	1000 und 1001	, 54 041	Humboldt	1900	67 und 68	
	1002 und 1003	–	Humboldt	1900	69 und 70	
	1004 und 1005	54 042, –	Humboldt	1900	71 und 72	
	1006 und 1007	– , 54 065	Jung	1900	457 und 458	
Münster	1005 und 1006	–	HANOMAG	1899	3289 und 3290	
Saarbrücken	1350 bis 1353	–	Schichau	1901	1165 bis 1168	
	1354	54 069	Schichau	1901	1169	
	1355 und 1356	–	Schichau	1901	1170 und 1171	
	1357 und 1358	54 070 und 54 071	Schichau	1901	1172 und 1173	
Stettin	604	54 017	HANOMAG	1899	3291	
	605 bis 607	–	HANOMAG	1899	3292 bis 3294	
	608 bis 610	54 018 bis 54 020	HANOMAG	1899	3295 bis 3297	
	611 bis 614	54 050 und 54 053	Schichau	1900	1049 bis 1052	

G 5^2

3/4 G. L. v.
DRG-Baureihe 54^{2-3}
(→ EFA 1.2)

1'C n2v
1895
Techn. Daten: Seite 202

In einem Erlaß aus dem Jahre 1895 hatte das Ministerium der öffentlichen Arbeiten eine Entscheidung über die Anwendung des Verbundsystems getroffen. Der Erlaß forderte, daß künftig Lokomotiven, die für das Durchfahren langer Strekken ohne Halt bestimmt waren, nur noch mit Verbund-Triebwerk beschafft werden sollten.

Im gleichen Jahr wurde auch die 1'C-Güterzuglokomotive erstmals in Verbundausführung gebaut. Von der Zwillingsausführung unterschied sie sich bis auf die durch das Verbundsystem notwendigen Änderungen kaum. Der Kesseldruck betrug von Anfang an 1,2 MPa. Die Tragfedern des Laufradsatzes und des 1. Kuppelradsatzes waren durch waagerechte Längsausgleichshebel verbunden. Die ab 1897 gebauten Maschinen bekamen ein langes, die Tenderbrücke überragendes Führerhausdach.

Auch für den Betriebsmaschinendienst und den Verbleib trifft im wesentlichen das gleiche zu wie für die G 5^1. Im Bereich der günstigsten Geschwindigkeit, der bei etwa 70 km/h lag, übertraf die G 5^2 die G 5^1 im Leistungsvermögen um 5...10 Prozent. Auf der Steigung 1 : 100 konnte die G 5^2 einen Zug von 380 t Masse mit ihrer Reibungsge-

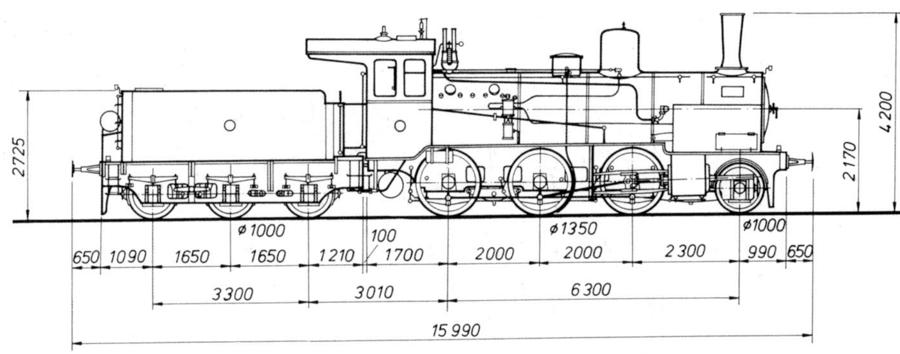

Bauform 1897, Lieferzustand. Druckluftbremse Bauart Westinghouse, langes Führerhausdach. Tender: 3 T 12 nach Musterblatt III 5 b.
Zeichnung: Taege

Eine der 1899 und 1900 von der Lokomotivfabrik Schichau gelieferten 3/4 G. L. v. Lieferzustand. Wechselschieber Bauart Dultz und langes Führerhausdach.
Foto: Werkaufnahme, Archiv Töpelmann

schwindigkeit von 22 km/h befördern. Für die Preußisch-Hessischen Staatsbahnen sind 491 G 5^2 zwischen 1895 und 1901 gebaut worden. Das für diesen Lokomotivtyp gültige Musterblatt trug die Bezeichnung III 3h. Im Gruppenplan von 1905 war ihnen das Gruppenzeichen G 5 und die Bahnnummernreihe 4151 bis 4400 zugewiesen.

Die DRG übernahm noch 317 G 5^2 als 54 201 bis 54 517 in den 2. Umzeichnungsplan aus dem Jahre 1923. Im 3. Umzeichnungsplan von 1925 sind 186 G 5^2 als 54 201 bis 54 386 erfaßt. Davon waren die 54 324, die 54 343, die 54 344, die 54 353 und die 54 368 bis 54 386 in Deutschland stehengebliebene Lokomotiven der ehemaligen Reichseisenbahnen Elsaß-Lothringen.

B. M. A. G. 1899/2612. Halle 1263; ab 1901 Halle 1213; ab 1905 G 5 Halle 4160; nach 1920 G 5 Dresden 4160; DRG 54 261. Als G 5 Halle 4160. Wechselschieber Bauart Dultz, Druckluftbremse Bauart Westinghouse, Handsandstreuer. Die Anordnung der Schilder weicht vom üblichen ab.
Foto: Sammlung Siebert

Direktionsbezirk	Bahnnummern	DRG-Nummern	Hersteller	Baujahr	Fabriknummern	Bemerkungen/ Ausmusterung
1895/1896						
Altona	1000 und 1001	54 216 und 54 217	B. M. A. G.	1897	2437 und 2438	
	1002 und 1003	–	B. M. A. G.	1897	2439 und 2440	
	1004 bis 1007	–	HANOMAG	1897	2996 bis 2999	
	1008	54 211	HANOMAG	1897	3000	
	1009 bis 1011	–	B. M. A. G.	1899	2683 bis 2685	
	1012 und 1013	54 273, –	B. M. A. G.	1899	2686 und 2687	
	1014 und 1015	54 274 und 54 275	B. M. A. G.	1899	2688 und 2689	
	1016 bis 1018	–	B. M. A. G.	1899	2690 bis 2692	
Berlin	1380 und 1381	–	B. M. A. G.	1896	2261 und 2262	
	1382 und 1383	–	B. M. A. G.	1896	2272 und 2273	
	1384 und 1385	– , 54 255	B. M. A. G.	1898	2597 und 2598	
	1386	54 276	B. M. A. G.	1899	2693	
	1387 bis 1390	–	B. M. A. G.	1899	2694 bis 2697	
	1391 bis 1393	54 286 bis 54 288	Borsig	1900	4849 bis 4851	
	1394	–	Borsig	1900	4852	
	1395 bis 1397	–	Borsig	1901	4895 bis 4897	
	1398	54 357	B. M. A. G.	1901	2895	
Breslau	762 und 763	–	B. M. A. G.	1897	2365 und 2366	
	764	54 212	B. M. A. G.	1897	2367	
	765 und 766	–	B. M. A. G.	1897	2368 und 2369	
	767 bis 771	–	B. M. A. G.	1897	2387 bis 2391	

Direktionsbezirk	Bahnnummern	DRG-Nummern	Hersteller	Baujahr	Fabriknummern	Bemerkungen/ Ausmusterung
	772 und 773	– , 54 218	B. M. A. G.	1897	2441 und 2442	
	774 bis 776	–	B. M. A. G.	1897	2443 bis 2445	
	777 bis 780	–	B. M. A. G.	1897	2468 bis 2471	
	781 und 782	54 224 und 54 225	B. M. A. G.	1897	2472 und 2473	
	783 und 784	– , 54 226	B. M. A. G.	1897	2474 und 2475	
	785 und 786	54 227, –	B. M. A. G.	1897	2476 und 2477	
	787 bis 789	–	B. M. A. G.	1898	2555 bis 2557	
	790 und 791	54 243, –	B. M. A. G.	1898	2558 und 2559	
	792	54 253	B. M. A. G.	1898	2582	
	793 bis 800	–	B. M. A. G.	1899	2708 bis 2715	
	801 bis 804	–	HANOMAG	1900	3391 bis 3394	
	805 und 806	54 294, –	HANOMAG	1900	3395 und 3396	
	807 und 808	– , 54 295	HANOMAG	1900	3397 und 3398	
	809 bis 814	–	B. M. A. G.	1900	2866 bis 2871	
	820 und 821	–	B. M. A. G.	1901	2900 und 2901	
	822	54 358	B. M. A. G.	1901	2902	
	823 und 824	–	B. M. A. G.	1901	2903 und 2904	
Bromberg	1131 und 1132	–	B. M. A. G.	1901	2955 und 2956	
	1133 und 1134	54 361, –	B. M. A. G.	1901	2957 und 2958	
	1375 und 1376	–	Schichau	1900	1100 und 1101	
	1377 und 1378	54 320 und 54 321	Schichau	1900	1102 und 1103	
	1379 bis 1382	–	Schichau	1900	1104 bis 1107	
	1383 und 1384	54 322, –	Schichau	1900	1108 und 1109	
	1385	54 323	Schichau	1900	1110	
	1386	54 354	B. M. A. G.	1901	2877	
Cassel	1313 und 1314	54 205 und 54 206	B. M. A. G.	1896	2274 und 2275	
	1315	–	B. M. A. G.	1896	2276	
	1316 und 1317	– , 54 235	HANOMAG	1898	3140 und 3141	
	1359 und 1360	–	HANOMAG	1899	3312 und 3313	
	1361 und 1362	54 338 und 54 339	HANOMAG	1901	3691 und 3692	
Coeln	1305 und 1306	–	HANOMAG	1898	3142 und 3143	
	1309 bis 1311	–	HANOMAG	1895	2691 bis 2693	
	1312	54 201	HANOMAG	1895	2694	
	1313 und 1314	–	HANOMAG	1895	2695 und 2696	
	1315 und 1316	54 236 und 54 237	HANOMAG	1898	3144 und 3145	
	1317 und 1318	– , 54 238	HANOMAG	1898	3146 und 3147	
	1360 und 1361	–	HANOMAG	1898	3148 und 3149	
	1362 und 1363	54 239, –	HANOMAG	1898	3150 und 3151	
Danzig	1395 bis 1399	–	Schichau	1899	1039 bis 1043	
	1391 bis 1394	–	Schichau	1900	1062 bis 1065	
Elberfeld	700 und 701	–	B. M. A. G.	1897	2446 und 2447	
	720 bis 723	–	B. M. A. G.	1897	2483 bis 2486	
Erfurt	1217 bis 1219	–	Grafenstaden	1901	5098 bis 5100	
	1330 und 1331	–	Grafenstaden	1901	5201 und 5202	
	1332 und 1333	54 327 und 54 328	Grafenstaden	1901	5203 und 5204	
	1334	–	Grafenstaden	1901	5205	
	1383	–	Borsig	1901	4898	
	1384 und 1385	– , 54 326	Grafenstaden	1900	5080 und 5081	
	1386	–	Grafenstaden	1900	5082	
	1387 und 1388	54 305, –	HANOMAG	1900	3518 und 3519	
	1389 und 1390	54 306, –	HANOMAG	1900	3520 und 3521	
	1396	–	HANOMAG	1898	3135	
	1397	–	B. M. A. G.	1899	2609	
Essen	495 bis 497	–	B. M. A. G.	1896	2265 bis 2267	
	498	54 202	B. M. A. G.	1896	2268	
	571 und 572	– , 54 232	HANOMAG	1898	3096 und 3097	
	573 bis 580	–	HANOMAG	1898	3098 bis 3105	

Direktionsbezirk	Bahnnummern	DRG-Nummern	Hersteller	Baujahr	Fabriknummern	Bemerkungen/ Ausmusterung
	681 bis 684	–	HANOMAG	1898	3136 bis 3139	
Frankfurt	1005 und 1006	–	B. M. A. G.	1896	2263 und 2264	
	1009 bis 1013	–	B. M. A. G.	1899	2604 bis 2608	
	1014 bis 1017	–	B. M. A. G.	1899	2620 bis 2623	
	1018	–	B. M. A. G.	1899	2603	
	1019	54 265	HANOMAG	1899	3298	
	1020 bis 1026	–	HANOMAG	1899	3299 bis 3305	
Halle	1218	54 290	Borsig	1900	4857	
	1219 bis 1226	–	Borsig	1900	4858 bis 4865	
	1227 bis 1229	54 291 bis 54 293	Borsig	1900	4866 bis 4868	
	1230 und 1231	54 345 und 54 346	Henschel	1901	5581 und 5582	
	1232 und 1233	– , 54 347	Henschel	1901	5583 und 5584	
	1234 und 1235	54 348, –	Henschel	1901	5585 und 5586	
	1236 und 1237	54 349, –	Henschel	1901	5587 und 5588	
	1238 und 1239	54 350, –	Henschel	1901	5589 und 5590	
	1240 und 1241	54 351 und 54 352	Henschel	1901	5591 und 5592	
	1254	–	B. M. A. G.	1897	2478	
	1255 bis 1258	54 228 bis 54 231	B. M. A. G.	1897	2479 bis 2482	
	1259 und 1260	–	B. M. A. G.	1898	2568 und 2569	
	1261 und 1262	– , 54 260	B. M. A. G.	1899	2610 und 2611	
	1263 und 1264	54 261, –	B. M. A. G.	1899	2612 und 2613	
	1265 und 1266	54 262 und 54 263	B. M. A. G.	1899	2614 und 2615	
	1267 bis 1269	–	B. M. A. G.	1899	2616 bis 2618	
	1270	54 264	B. M. A. G.	1899	2619	
	1266^{II} bis 1268^{II}	54 362 bis 54 364	B. M. A. G.	1901	2959 bis 2961	
	1269^{II} und 1270^{II}	–	B. M. A. G.	1901	2962 und 2963	
	1271 und 1272	–	B. M. A. G.	1901	2964 und 2965	
	1273	54 365	B. M. A. G.	1901	2966	
	1274 bis 1277	–	B. M. A. G.	1901	2967 bis 2970	
	1278 und 1279	54 366, –	B. M. A. G.	1901	2971 und 2972	
	1280	54 367	B. M. A. G.	1901	2973	
	1363 und 1364	54 329 und 54 330	Grafenstaden	1901	5206 und 5207	
	1365 und 1366	– , 54 331	Grafenstaden	1901	5208 und 5209	
Hannover	800 und 801	– , 54 207	HANOMAG	1897	2988 und 2989	
	802 und 803	54 208, –	HANOMAG	1897	2990 und 2991	
	804 und 805	– , 54 209	HANOMAG	1897	2992 und 2993	
	806 und 807	– , 54 210	HANOMAG	1897	2994 und 2995	
	808	–	HANOMAG	1898	3106	
	809 und 810	54 233 und 54 234	HANOMAG	1898	3107 und 3108	
	811 bis 814	54 266 bis 54 269	HANOMAG	1899	3314 bis 3317	
	815 bis 818	–	HANOMAG	1899	3318 bis 3321	
	819 und 820	54 270 und 54 271	HANOMAG	1899	3322 und 3323	
	821 bis 825	–	HANOMAG	1900	3399 bis 3403	
	826	–	HANOMAG	1900	3506	
	827 und 828	54 297, –	HANOMAG	1900	3507 und 3508	
	829 und 830	54 298 und 54 299	HANOMAG	1900	3509 und 3510	
	831 und 832	–	Schichau	1900	1095 und 1096	
	833 und 834	54 318, –	Schichau	1900	1097 und 1098	
	835	54 319	Schichau	1900	1099	
	836 und 837	– , 54 325	Grafenstaden	1900	5074 und 5075	
	838 und 839	– , 54 307	HANOMAG	1901	3588 und 3589	
	840 und 841	–	HANOMAG	1901	3590 und 3591	
	842 und 843	54 308 und 54 309	HANOMAG	1901	3592 und 3593	
	844 und 845	– , 54 310	HANOMAG	1901	3594 und 3595	
	846 und 847	–	HANOMAG	1901	3596 und 3597	
	848	–	HANOMAG	1901	3690	
Kattowitz	1308 und 1309	– , 54 245	B. M. A. G.	1898	2570 und 2571	

Direktionsbezirk	Bahnnummern	DRG-Nummern	Hersteller	Baujahr	Fabriknummern	Bemerkungen/ Ausmusterung
	1310 und 1311	–	B. M. A. G.	1897	2448 und 2449	
	1312 und 1313	54 219, –	B. M. A. G.	1897	2450 und 2451	
	1314 und 1315	54 220 und 54 221	B. M. A. G.	1897	2452 und 2453	
	1316 bis 1318	–	B. M. A. G.	1897	2454 bis 2456	
	1319 und 1320	54 246, –	B. M. A. G.	1898	2572 und 2573	
	1321 und 1322	54 248 und 54 249	B. M. A. G.	1898	2574 und 2575	
	1323 und 1324	–	B. M. A. G.	1898	2576 und 2577	
	1325 bis 1327	54 250 bis 54 252	B. M. A. G.	1898	2578 bis 2580	
	1328	–	B. M. A. G.	1898	2581	
	1381 bis 1384	54 256 bis 54 259	B. M. A. G.	1899	2599 und 2602	
	1385 und 1386	– , 54 277	B. M. A. G.	1899	2698 und 2699	
	1387 und 1388	–	B. M. A. G.	1899	2700 und 2701	
	1389 und 1390	54 278, –	B. M. A. G.	1899	2702 und 2703	
	1391	54 279	B. M. A. G.	1899	2704	
	1392 und 1393	– , 54 247	B. M. A. G.	1899	2705 und 2706	
	1394	–	B. M. A. G.	1899	2707	
	1395 bis 1397	–	Schichau	1900	1058 bis 1060	
	1398	54 317	Schichau	1900	1061	
	1400	–	Schichau	1899	988	
	1401 bis 1403	54 280 bis 54 282	Schichau	1899	989 bis 991	
	1404 und 1405	– , 54 283	Schichau	1899	992 und 993	
Königsberg	1351 bis 1354	–	B. M. A. G.	1901	2896 bis 2899	
	1355 und 1356	–	Schichau	1900	1127 und 1128	
Magdeburg	820 bis 823	–	B. M. A. G.	1900	2872 bis 2875	
	824	54 315	B. M. A. G.	1900	2876	
	825 bis 828	–	Grafenstaden	1900	5076 bis 5079	
Mainz	1050 bis 1052	54 213 bis 54 215	B. M. A. G.	1897	2370 bis 2372	
	1053	54 254	B. M. A. G.	1898	2583	
	1054 und 1055	–	B. M. A. G.	1898	2584 und 2585	
Münster	1100 bis 1102	54 335 bis 54 337	Grafenstaden	1901	5216 bis 5218	
	1103	–	Grafenstaden	1901	5219	
	1153	54 240	HANOMAG	1898	3152	
	1154 bis 1159	–	HANOMAG	1898	3133 bis 3158	
	1160 und 1161	54 203, –	B. M. A. G.	1896	2269 und 2270	
	1162	54 204	B. M. A. G.	1896	2271	
	1160ᴵᴵ und 1161ᴵᴵ	– , 54 241	HANOMAG	1898	3159 und 3160	
	1162ᴵᴵ	–	HANOMAG	1899	3306	
	1163 bis 1167	–	HANOMAG	1899	3307 bis 3311	
	1168	–	HANOMAG	1900	3404	
	1169 und 1170	54 296, –	HANOMAG	1900	3405 und 3406	
	1171 und 1172	–	Henschel	1900	5308 und 5309	
	1173	–	HANOMAG	1900	3511	
	1174 bis 1176	54 300 bis 54 302	HANOMAG	1900	3512 bis 3514	
	1177	–	HANOMAG	1900	3515	
	1178 und 1179	54 303 und 54 304	HANOMAG	1900	3516 und 3517	
	1180 und 1181	54 359, –	B. M. A. G.	1901	2950 und 2951	
	1182	54 360	B. M. A. G.	1901	2952	
	1183 und 1184	–	B. M. A. G.	1901	2953 und 2954	
	1185 bis 1188	–	HANOMAG	1901	3693 bis 3696	
	1189 und 1190	54 340 und 54 341	HANOMAG	1901	3697 und 3698	
	1191 und 1192	–	HANOMAG	1901	3699 und 3700	
	1193	54 342	HANOMAG	1901	3701	
	1194 und 1195	– , 54 322	Grafenstaden	1901	5210 und 5211	
	1196 und 1197	–	Grafenstaden	1901	5212 und 5213	
	1198 und 1199	54 333 und 54 334	Grafenstaden	1901	5214 und 5215	
Posen	900 und 901	–	HANOMAG	1901	3598 und 3599	
	902	54 311	HANOMAG	1901	3600	

Direktionsbezirk	Bahnnummern	DRG-Nummern	Hersteller	Baujahr	Fabriknummern	Bemerkungen/ Ausmusterung
	903 bis 905	–	HANOMAG	1901	3601 bis 3603	
	1379 und 1380	–	B. M. A. G.	1898	2560 und 2561	
	1381	54 284	Schichau	1899	1031	
	1382 bis 1385	–	Schichau	1899	1032 bis 1035	
	1386	54 285	Schichau	1899	1036	
	1387 und 1388	–	Schichau	1899	1037 und 1038	
	1389	54 315	Schichau	1900	1053	
	1390 und 1391	–	Schichau	1900	1054 und 1055	
	1392 und 1393	54 316, –	Schichau	1900	1056 und 1057	
	1394 und 1395	–	B. M. A. G.	1901	2878 und 2879	
	1396 und 1397	54 355, –	B. M. A. G.	1901	2880 und 2881	
	1398 und 1399	– , 54 356	B. M. A. G.	1901	2882 und 2883	
Saarbrücken	1304 und 1305	– , 54 242	HANOMAG	1898	3161 und 3162	
	1306 bis 1309	–	HANOMAG	1898	3163 bis 3166	
	1310 bis 1313	–	HANOMAG	1899	3324 bis 3327	
	1314	54 272	HANOMAG	1899	3328	
	1315 bis 1318	–	HANOMAG	1895	2687 bis 2690	
	1315^{II} und 1317^{II}	–	HANOMAG	1899	3329 bis 3331	
	1318^{II}	–	Henschel	1900	5310	
	1319 und 1320	– , 54 312	Henschel	1900	5311 und 5312	
	1321 und 1322	– , 54 313	Henschel	1900	5313 und 5314	
	1323 und 1324	–	HANOMAG	1900	3504 und 3505	
Stettin	800 und 801	54 222, –	B. M. A. G.	1897	2457 und 2458	
	802 und 803	– , 54 223	B. M. A. G.	1897	2459 und 2460	
	804 und 805	– , 54 244	B. M. A. G.	1898	2562 und 2563	
	806 bis 809	–	B. M. A. G.	1898	2564 bis 2567	
	810	54 289	Borsig	1900	4853	
	811 bis 813	–	Borsig	1900	4854 bis 4856	

G 5^3

3/4 G. L. dr. kr.
DRG-Baureihe 54^6
(→ EFA 1.2)

1'C n2

1903

Techn. Daten: Seite 202

Die Bogenlaufeigenschaften der G 5^1 und der G 5^2 befriedigten zwar vollauf, aber in geraden Streckenabschnitten liefen die Lokomotiven bereits bei 50 bis 55 km/h sehr unruhig. Störend wirkte sich das im Personenzugdienst aus, wo mit 60 km/h gefahren werden mußte. Ab 1901 verwendete man deshalb statt der Adamsachse das Krauss-Lenkgestell, von dem man sich eine Verbesserung der Laufeigenschaften erhoffte.

Den Entwurf für eine 1'C-Güterzuglokomotive mit Krauss-Lenkgestell arbeitete die B. M. A. G. aus. Zunächst erschien sie in Verbundausführung, die seit 1901 gebaut wurde. Der Bau der als G 5^3 bezeichneten Lokomotiven für die Preußisch-Hessischen Staatsbahnen begann erst 1903 und endete bereits 1906, in dieser Zeit wurden 206 Lokomotiven dieses Typs nach dem Musterblatt III 31 beschafft. Gegenüber der G 5^1 waren die Achsstände geändert. Wegen der engen Radien in Anschlußgleisen hatte man den Achsstand der Kuppelradsätze verkürzt. Der Kessel lag höher, und statt der innenliegenden Allan-Steuerung hatte man die außenliegende Heusinger-Steuerung mit auf den Zylindern angeordneten

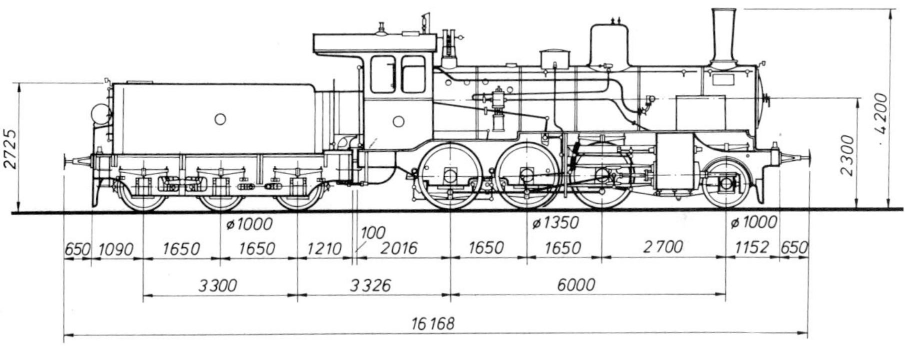

Hohenzollern 1905. Lieferzustand. Druckluftbremse Bauart Westinghouse.
Tender: 3 T 12 nach Musterblatt III 5 b.
Zeichnung: Taege

Borsig 1904/5406. Kattowitz 1004; ab 1907 G 5 Kattowitz 4005. Lieferzustand. Druckluftbremse Bauart Westinghouse.
Foto: Werkaufnahme, Archiv Töpelmann

Schieberkästen gewählt. Bis auf die Dampfbremse waren an den G 5^3 dieselben Bremseinrichtungen wie an der G 5^1 anzutreffen. Einige Maschinen erhielten Bedienungseinrichtung für Seilbremse.
Im Leistungsvermögen unterschied sich die G 5^3 nicht von der G 5^1, im Betriebsmaschinendienst kaum. Viele G 5^3 sind bereits für den Einsatz im leichten Güterzugdienst und im Nebenbahndienst beschafft worden.
Im Laufe der Zeit zeigte sich, daß das Krauss-Lenkgestell auch Mängel, nämlich starke Spurkranzabnutzung und unruhigeren Lauf in Gleisbögen als die Adamsachse aufwies. Das schmälerte den Vorteil des ruhigeren Laufs in geraden Streckenabschnitten.
Ab 1905 erhielten die 3/4 G. L. dr. kr. das Gruppenzeichen G 5 und Bahnnummern aus der Reihe 4001 bis 4150.
Die DRG übernahm in den 2. Umzeichnungsplan aus dem Jahre 1923 108 G 5^3 als 54 601 bis 54 708, in den 3. Umzeichnungsplan aus dem Jahre 1925 nur noch 71 G 5^3 als 54 601 bis 54 671.

Sonderausführungen

Einige nach 1904 gebaute Lokomotiven
Kessel: Gewölbte Feuerbüchsdecke.

Direktionsbezirk	Bahnnummern	DRG-Nummern	Hersteller	Baujahr	Fabriknummern	Bemerkungen/ Ausmusterung
1895/1896						
Altona	1032	54 601	HANOMAG	1903	4065	
	1033 bis 1035	–	HANOMAG	1903	4066 bis 4068	
	1036	54 602	HANOMAG	1903	4069	
	1037 bis 1040	54 620 bis 54 623	HANOMAG	1903	4109 bis 4112	
	1041	–	HANOMAG	1903	4113	
Berlin	800 und 801	–	Henschel	1903	6473 und 6474	
	802	54 613	Henschel	1903	6475	
	803 und 804	54 614, –	B. M. A. G.	1903	3234 und 3235	
Cassel	1313 bis 1317	54 625 bis 54 629	Henschel	1904	6536 bis 6540	
Coeln	710 und 711	– , 54 615	Humboldt	1903	174 und 175	
	712 und 713	– , 54 616	Humboldt	1903	176 und 177	
	714 und 715	– , 54 617	Humboldt	1903	178 und 179	
	716 und 717	–	Humboldt	1903	180 und 181	
	718 und 719	54 660 und 54 661	Borsig	1905	5609 und 5610	
	720 und 721	– , 54 662	Borsig	1905	5611 und 5612	
	722 und 723	– , 54 663	Borsig	1905	5613 und 5614	
	724	54 664	Borsig	1905	5615	
	725 bis 727	–	Borsig	1905	5806 bis 5808	
	728 und 729	54 670 und 54 671	Borsig	1905	5809 und 5810	
	730	–	Borsig	1905	5811	
Danzig	1314 bis 1345	–	HANOMAG	1904	4114 bis 4118	
Elberfeld	702	–	Humboldt	1904	212	
	703 und 704	54 648 und 54 649	Humboldt	1904	213 und 214	
	705 bis 709	–	Humboldt	1904	215 bis 219	
	711 bis 717	–	Humboldt	1904	199 bis 205	
	771 und 772	–	Humboldt	1903	182 und 183	
	773	54 603	HANOMAG	1903	4070	
	774 bis 778	–	HANOMAG	1903	4071 bis 4075	
Erfurt	1231 und 1232	– , 54 642	B. M. A. G.	1904	3378 und 3379	
	1233	–	B. M. A. G.	1904	3380	
Essen	612 und 613	–	Humboldt	1903	184 und 185	
	614 und 615	54 618 und 54 619	Humboldt	1903	186 und 187	
	616	–	Humboldt	1903	188	
	617	–	Humboldt	1904	193	
	618 bis 621	54 644 bis 54 647	Humboldt	1904	194 bis 197	
	622	–	Humboldt	1904	198	

Direktionsbezirk	Bahnnummern	DRG-Nummern	Hersteller	Baujahr	Fabriknummern	Bemerkungen/ Ausmusterung
	677	–	Borsig	1905	5617	
	678 und 679	54 666 und 54 667	Borsig	1905	5618 und 5619	
	680	–	Borsig	1906	5812	
Frankfurt	1027 bis 1029	–	Henschel	1903	6459 bis 6461	
	1030 bis 1032	54 610 bis 54 612	Henschel	1903	6462 bis 6464	
	1033 bis 1035	–	Henschel	1903	6465 bis 6467	
	1036 und 1037	– , 54 630	Henschel	1904	6541 und 6542	
	1038 bis 1042	–	Henschel	1904	6543 bis 6547	
	1043 und 1044	54 631, –	Henschel	1904	6548 und 6549	
	1045 bis 1047	–	Hohenzollern	1905	1772 bis 1774	
	1050 und 1051	54 668, –	Borsig	1905	5620 und 5621	
	1052 und 1053	54 669, –	Borsig	1905	5622 und 5623	
	1054 und 1055	–	Borsig	1906	5813 und 5814	
Halle	1300 und 1301	–	HANOMAG	1903	4076 und 4077	
	1302 und 1303	54 604, –	HANOMAG	1903	4078 und 4079	
	1304 und 1305	54 605 und 54 606	HANOMAG	1903	4080 und 4081	
	1306 und 1307	– , 54 607	HANOMAG	1903	4082 und 4083	
	1308 und 1309	54 632 und 54 633	Henschel	1904	6550 und 6551	
	1310 und 1311	–	Henschel	1904	6552 und 6553	
	1312 und 1313	54 634, –	Henschel	1904	6554 und 6555	
	1314	54 635	Henschel	1904	6556	
	1315 und 1316	54 656 und 54 657	Humboldt	1904	230 und 231	
	1317 und 1318	–	Humboldt	1904	232 und 233	
	1319 und 1320	54 658 und 54 659	Humboldt	1904	234 und 235	
Hannover	1304 und 1305	–	Humboldt	1904	220 und 221	
	1306 und 1307	54 650, –	Humboldt	1904	222 und 223	
	1308 bis 1311	54 651 bis 54 654	Humboldt	1904	224 bis 227	
	1312 und 1313	– , 54 655	Humboldt	1904	228 und 229	
	1314	–	HANOMAG	1903	4084	
	1315 und 1316	54 608 und 54 609	HANOMAG	1903	4085 und 4086	
	1317 und 1318	–	HANOMAG	1903	4087 und 4088	
Kattowitz	1000 bis 1005	–	Borsig	1904	5402 bis 5407	
Königsberg	1310 bis 1314	–	Henschel	1904	6530 bis 6534	
Magdeburg	843 bis 845	–	B. M. A. G.	1903	3231 bis 3233	
	846 bis 848	–	HANOMAG	1904	4119 bis 4121	
Münster	1007 bis 1011	–	Henschel	1903	6468 bis 6472	
	1012 bis 1016	–	HANOMAG	1904	4122 bis 4126	
	1017 und 1018	–	Hohenzollern	1904	1768 und 1769	
	1019 und 1020	–	Hohenzollern	1905	1770 und 1771	
Posen	984	54 624	Henschel	1904	6535	
	985	54 640	B. M. A. G.	1904	3368	
	986 bis 989	–	B. M. A. G.	1904	3369 bis 3372	
	990	54 641	B. M. A. G.	1904	3373	
	991 bis 994	–	B. M. A. G.	1904	3374 bis 3377	
	995 bis 999	–	B. M. A. G.	1904	3381 bis 3385	
	1000	54 643	B. M. A. G.	1904	3386	
	1001	54 665	Borsig	1905	5616	
Stettin	615	–	Borsig	1904	5408	
	616 und 617	54 636 und 54 637	Borsig	1904	5409 und 5410	
	618 und 619	– , 54 638	Borsig	1904	5411 und 5412	
	620 und 621	– , 54 639	Borsig	1904	5413 und 5414	

G 5^{4}

3/4 G. L. dr. kr. v.
DRG-Baureihe 54$^{8-10}$
(→ EFA 1.2)

1'C n2v (h2v)

1901

Techn. Daten: Seite 203

Die G 5^{4} (1'C n2v) wurde nicht nur über einen längeren Zeitraum, sondern auch in wesentlich höherer Stückzahl gebaut als die G 5^{3}. Von 1901 bis 1910 beschafften die Preußisch-Hessischen Staatsbahnen 750 Lokomotiven der Verbundausführung, die bis auf die Abweichungen, die sich aus dem Verbundsystem ergaben, der Zwillingsausführung glichen.

Das für die G 5^{4} verbindliche Musterblatt trug die Bezeichnung III 3k. Als Tender verwendete man den 3 T 12 nach Musterblatt III 5b, den 3 T 15 nach Musterblatt III 5c und den 4 T 16 nach Musterblatt III 5f.

Der Zylinderdurchmesser war gegenüber der G 5^{2} von 480/680 mm auf 500/750 mm vergrößert worden. Das ergab zwar eine höhere Zugkraft, es zeigte sich aber in vielen Direktionsbezirken, daß die G 5^{4} mehr Wasser und Kohle verbrauchten als die G 5^{2}, weil sie oft nicht voll ausgenutzt wurden. Um wirtschaftlich arbeiten zu können,

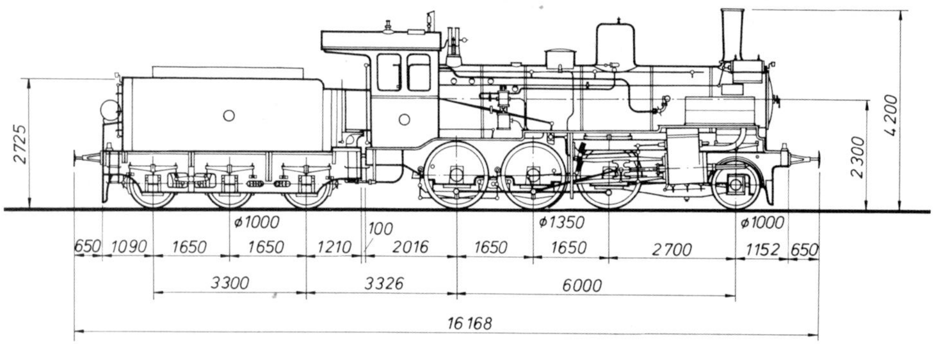

Bauform mit Druckluftbremse Bauart Westinghouse und Wechselschieber Bauart Dultz.
Tender: 3 T 12 nach Musterblatt III 5 b.
Zeichnung: Taege

Borsig 1902/5030. Kattowitz 831; ab 1907 G 5 Kattowitz 4206; ab 1920 G 5 Oppeln 4206; DRG 54 819; 1925 Bw Groschowitz. Lieferzustand. Druckluftbremse Bauart Westinghouse.
Foto: Werkaufnahme, Archiv Töpelmann

Henschel 1907/8741. G 5 Halle 4305. Als G 5 Halle 4305. Druckluftbremse Bauart Westinghouse.
Foto: Hubert, Sammlung Franz

mußte ihr Leistungsvermögen ausgeschöpft werden. Sie waren besonders für die Beförderung schwerer, längere Strecken ohne Halt durchfahrender Güterzüge auf Bahnen ohne stärkere Steigungen geeignet. Auf ebener Strecke konnten sie einen Güterzug von 590 t Masse mit einer Geschwindigkeit von 40 km/h ziehen. Auf der Steigung 1 : 100 beförderten sie einen Güterzug von 420 t Masse mit der Reibungsgeschwindigkeit von 30 km/h.
Ansonsten trifft für den Betriebsmaschinendienst und den Verbleib der ab 1905 in die Gruppe G 5 und die Bahnnummernreihe 4151 bis 4400 eingeordneten G 5^4 das gleiche zu wie für die anderen Lokomotiven der Gruppe G 5.

Im 2. Umzeichnungsplan der DRG aus dem Jahre 1923 sind 341 Lokomotiven als G 5^4 unter den Betriebsnummern 54 801 bis 54 1143 aufgeführt, darunter allerdings auch die G 5^5. In den 3. Umzeichnungsplan von 1925 übernahm die DRG noch 274 G 5^4, die die Betriebsnummern 54 801 bis 54 982, 54 985 bis 54 1066 und 54 1070 bis 54 1079 erhielten.
Einige Maschinen hatte man ab 1920 mit Rauchrohr-Überhitzer Bauart Schmidt ausgerüstet.

Sonderausführungen

Einige nach 1904 gebaute Lokomotiven
Kessel: Gewölbte Feuerbüchsdecke.

Henschel 1906/7697 G 5 Halle 4255; Reparationsabgabe 1919 (SDZ 665)
Henschel 1906/7698 G 5 Halle 4256; DRG 54 915
Henschel 1906/7699 G 5 Halle 4257
Henschel 1906/7700 G 5 Halle 4258; Reparationsabgabe 1919 an Polen, ab 1927 PKP Ti 4-107
Henschel 1906/7701 G 5 Halle 4259; DRG 54 916
Triebwerk: Zylinderdurchmesser 480/680 mm.

Durch die Preußisch-Hessischen Staatsbahnen beschaffte Lokomotiven

Direktionsbezirk	Bahnnummern	DRG-Nummern	Hersteller	Baujahr	Fabriknummern	Bemerkungen/ Ausmusterung
1895/1896						
Altona	1022 bis 1024	–	HANOMAG	1903	3944 bis 3946	
	1025 und 1026	54 841, –	HANOMAG	1903	3947 und 3948	
	1027 und 1028	54 842 und 54 843	HANOMAG	1903	3949 und 3950	
	1029 und 1030	–	HANOMAG	1903	3951 und 3952	
	1031	54 844	HANOMAG	1903	3953	
	1037 bis 1041	–	HANOMAG	1903	4109 bis 4113	
	1042	–	Henschel	1905	7135	
	1043 und 1044	54 877, –	Henschel	1905	7136 und 7137	
	1045	–	Borsig	1905	5815	
	1046 und 1047	54 890, –	Henschel	1906	7358 und 7359	
	1048	54 891,	Henschel	1906	7360	
	G 5 4187 und 4188	– , 54 913	Henschel	1906	7686 und 7687	
	G 5 4189 bis 4191	54 930 bis 54 932	Henschel	1906	7841 bis 7843	
	G 5 4192 bis 4194	54 964 bis 54 966	Henschel	1907	8010 bis 8012	
	G 5 4195	–	Henschel	1907	8013	
	G 5 4196 bis 4200	54 967 bis 54 971	Henschel	1907	8014 bis 8018	
	G 5 4201 bis 4204	–	Henschel	1907	8019 bis 8022	
	G 5 4205 und 4206	– , 54 957	Borsig	1907	6322 und 6323	
	G 5 4207 und 4208	–	Borsig	1907	6324 und 6325	
	G 5 4209 bis 4214	54 1001 bis 54 1006	Henschel	1908	8753 bis 8758	
	G 5 4215 bis 4217	–	Henschel	1908	8759 bis 8761	
	G 5 4218 bis 4221	54 1007 bis 54 1010	Henschel	1908	8762 bis 8765	
	G 5 4222	–	Henschel	1908	8766	
	G 5 4223 und 4224	54 1029 und 54 1030	Henschel	1908	9036 und 9037	
	G 5 4225 und 4226	–	Humboldt	1908	509 und 510	
	G 5 4227 und 4228	–	Borsig	1909	7039 und 7040	
	G 5 4229 und 4230	–	Borsig	1909	7209 und 7210	
	G 5 4231 bis 4235	54 1031 bis 54 1035	Borsig	1909	7211 bis 7215	
	G 5 4236 bis 4238	–	Borsig	1909	7216 bis 7218	
	G 5 4239 und 4240	–	Humboldt	1909	581 und 582	
	G 5 4241 und 4242	54 1037, –	Humboldt	1909	583 und 584	
	G 5 4243	54 1042	Borsig	1909	7289	
	G 5 4244 bis 4246	–	Borsig	1909	7290 bis 7292	
	G 5 4247 und 4248	–	Humboldt	1910	633 und 634	
	G 5 4249 und 4250	54 1059 und 54 1060	Humboldt	1910	635 und 636	
	G 5 4251 und 4252	–	Humboldt	1910	637 und 638	
	G 5 4253 und 4254	54 1061, –	Humboldt	1910	639 und 640	639 U: h2v
	G 5 4255 und 4256	54 1062, –	Humboldt	1910	641 und 642	
Berlin	800 bis 803	–	B. M. A. G.	1901	3027 bis 3030	
	804	54 826	Borsig	1902	5081	
	805 bis 808	–	Borsig	1902	5082 bis 5085	
	809	54 827, –	Borsig	1902	5086	
	810 und 811	–	Borsig	1902	5087 und 5088	
	812 und 813	54 828 und 54 829	Borsig	1902	5089 und 5090	
Breslau	815 bis 817	–	B. M. A. G.	1901	2884 bis 2886	
	818 und 819	54 801	B. M. A. G.	1901	2887 und 2888	
	825	–	Borsig	1902	5020	
	826 bis 830	–	Henschel	1906	7688 bis 7692	
	G 5 4242 und 4243	–	Borsig	1906	6005 und 6006	
	G 5 4244 und 4245	54 883 und 54 884	Borsig	1906	6007 und 6008	4245 U: h2v
	G 5 4246	–	Borsig	1906	6009	
	G 5 4247 bis 4251	–	Humboldt	1906	341 bis 346	
	G 5 4252	54 906	Borsig	1906	6083	U: h2v
	G 5 4253 und 4254	–	Henschel	1906	7844 und 7845	
	G 5 4255 und 4256	54 933 und 54 934	Henschel	1906	7846 und 7847	

Direktionsbezirk	Bahnnummern	DRG-Nummern	Hersteller	Baujahr	Fabriknummern	Bemerkungen/ Ausmusterung
	G 5 4257	–	Henschel	1906	7848	
	G 5 4258	–	Henschel	1907	7890	
	G 5 4259	54 949	Humboldt	1907	391	
	G 5 4260 und 4261	54 958, –	Borsig	1907	6326 und 6327	
	G 5 4262 und 4263	54 959, –	Borsig	1907	6328 und 6329	
	G 5 4264 und 6265	– , 54 960	Borsig	1907	6330 und 6331	
	G 5 4266 bis 4269	–	Borsig	1907	6332 bis 6335	
	G 5 4270	54 961	Borsig	1907	6336	
Bromberg	1135 und 1136	–	Henschel	1906	7693 und 7694	
	G 5 4174 und 4175	–	Borsig	1906	6075 und 6076	
	G 5 4176 und 4177	54 907, –	Borsig	1907	6084 und 6085	6084 U: h2v
	G 5 4178	54 908	Borsig	1907	6086	U: h2v
	G 5 4179 und 4180	–	Borsig	1907	6087 und 6088	
	G 5 4181 und 4182	54 926 und 54 927	Borsig	1907	6224 und 6225	
	G 5 4183 bis 4185	–	Borsig	1907	6230 bis 6232	
	G 5 4190 bis 4192	–	Borsig	1909	7219 bis 7221	
	G 5 4193	54 1036	Borsig	1909	7222	
	G 5 4194 und 4195	–	Borsig	1909	7223 und 7224	
	G 5 4196 bis 4200	–	Borsig	1909	7293 bis 7297	
Cassel	1363 und 1364	–	HANOMAG	1903	3939 und 3940	
	1365 und 1366	54 839, –	HANOMAG	1903	3941 und 3942	
	1367	54 840	HANOMAG	1903	3943	
	1368 und 1369	– , 54 862	Humboldt	1905	277 und 278	
	1370 und 1371	– , 54 863	Humboldt	1905	279 und 280	
	1372 und 1373	54 885, –	Henschel	1906	7349 und 7350	
	1374 und 1375	–	Henschel	1906	7361 und 7362	
	G 5 4214 bis 4216	–	Henschel	1906	7838 bis 7840	
	G 5 4217 und 4218	–	Henschel	1907	8023 und 8024	
	G 5 4219 und 4220	54 972, –	Henschel	1907	8025 und 8026	
	G 5 4221 und 4222	54 973, –	Henschel	1907	8027 und 8028	
	G 5 4223	54 974	Henschel	1907	8029	
	G 5 4218^{II}	–	Grafenstaden	1909	5994	
	G 5 4219^{II} und 4220^{II}	54 1050, –	Grafenstaden	1909	5995 und 5996	
	G 5 4221^{II}	–	Grafenstaden	1910	6048	
	G 5 4222^{II} und 4223^{II}	54 1065 und 54 1066	Grafenstaden	1910	6049 und 6050	
Coeln	700 und 701	– , 54 847	Hohenzollern	1902	1550 und 1551	
	702 bis 705	–	Hohenzollern	1902	1552 bis 1555	
	706 und 707	– , 54 848	Hohenzollern	1903	1556 und 1557	
	708 und 709	54 849, –	Hohenzollern	1903	1558 und 1559	
	G 5 4156 und 4157	–	Henschel	1908	8774 und 8775	
	G 5 4158 bis 4162	54 1012 bis 54 1016	Henschel	1908	8776 bis 8780	8777, 8779 U: h2v
	G 5 4163	54 1018	Humboldt	1908	511	U: h2v
	G 5 4180	54 1019	Humboldt	1908	512	
Danzig	1365 und 1366	54 892 und 54 893	Henschel	1906	7363 und 7364	
	1367 bis 1369	–	Henschel	1906	7365 bis 7367	
	1370	54 894	Henschel	1906	7368	U: h2v
	1371 und 1372	– , 54 830	Borsig	1902	5091 und 5092	
	1373 und 1374	–	Borsig	1902	5093 und 5094	
	1375 bis 1377	54 831 bis 54 833	Borsig	1902	5095 bis 5097	
	1378 bis 1382	–	Borsig	1902	5098 bis 5102	
	1383 und 1384	–	Henschel	1905	7138 und 7139	
	1385	54 878	Henschel	1905	7140	U: h2v
	1386 bis 1388	–	Borsig	1905	5816 bis 5818	
	G 5 4237 und 4238	– , 54 903	Borsig	1906	6077 und 6078	
	G 5 4239 und 4240	–	Borsig	1906	6079 und 6080	
	G 5 4241 bis 4247	–	Borsig	1907	6233 bis 6239	
	G 5 4248 bis 4250	–	Henschel	1907	7891 bis 7893	

Direktionsbezirk	Bahnnummern	DRG-Nummern	Hersteller	Baujahr	Fabriknummern	Bemerkungen/ Ausmusterung
	G 5 4251 und 4252	54 962, –	Borsig	1907	6337 und 6338	
	G 5 4253	54 963	Borsig	1907	6339	
	G 5 4254 bis 4256	–	Borsig	1907	6340 bis 6342	
	G 5 4257 und 4258	54 985, –	Borsig	1908	6723 und 6724	
	G 5 4259	–	Borsig	1909	7047	
	G 5 4260 und 4261	–	Grafenstaden	1909	5997 und 5998	
	G 5 4262	–	Borsig	1909	7304	
	G 5 4263	–	Grafenstaden	1910	6051	
Elberfeld	G 5 4171	54 1011	Henschel	1908	8767	
	G 5 4172 bis 4177	–	Henschel	1908	8768 bis 8773	
	G 5 4178 bis 4180	–	Humboldt	1908	513 bis 515	
	G 5 4181 bis 4184	–	Humboldt	1909	585 bis 588	
	G 5 4185 und 4186	54 1038, –	Humboldt	1909	589 und 590	
	G 5 4187	–	Borsig	1909	7303	
	G 5 4188 und 4189	54 1063 und 54 1064	Humboldt	1909	643 und 644	
	G 5 4190	–	Humboldt	1909	645	
Erfurt	1225 und 1226	54 834, –	HANOMAG	1903	3918 und 3919	
	1227	54 835	HANOMAG	1903	3920	
	1228 bis 1230	–	HANOMAG	1903	3921 bis 3923	
	1234 bis 1236	–	Henschel	1905	7143 bis 7145	
	1237 und 1238	54 914, –	Henschel	1906	7695 und 7696	
	G 5 4180	–	Henschel	1907	7858	
	G 5 4181 und 4182	54 909, –	Borsig	1907	6089 und 6090	
	G 5 4183 und 4184	– , 54 910	Borsig	1907	6091 und 6092	
	G 5 4185 bis 4188	–	Humboldt	1907	392 bis 395	
	G 5 4189 und 4190	–	Borsig	1908	6757 und 6758	
	G 5 4191	–	Borsig	1909	7048	
Essen	602 und 603	–	Grafenstaden	1902	5295 und 5296	
	604 bis 607	–	Hohenzollern	1902	1560 bis 1563	
	608 und 609	54 850 und 54 851	Hohenzollern	1903	1564 und 1565	
	610 und 611	–	Hohenzollern	1903	1566 und 1567	
	670 bis 673	–	Henschel	1905	6943 bis 6949	
Frankfurt	1048 und 1049	54 864 und 54 865	Humboldt	1905	285 und 286	
	1056 und 1057	54 879 und 54 880	Humboldt	1906	296 und 297	
	1058	–	Humboldt	1906	298	
	G 5 4184 bis 4186	–	Humboldt	1906	335 bis 337	
	G 5 4187 bis 4189	54 900 bis 54 902	Humboldt	1906	338 bis 340	
	G 5 4190 und 4191	– , 54 921	Humboldt	1907	362 und 363	
	G 5 4192 bis 4197	–	Henschel	1907	8030 bis 8035	
	G 5 4198 und 4199	54 975, –	Henschel	1907	8036 und 8037	
	G 5 4200	54 976	Henschel	1907	8038	
	G 5 4201 und 4202	–	Henschel	1907	8039 und 8040	
	G 5 4203	54 1023	Borsig	1909	7049	
	G 5 4204 bis 4206	–	Grafenstaden	1909	6010 bis 6012	
	G 5 4207 bis 4210	54 1053 bis 54 1056	Grafenstaden	1909	6013 bis 6016	
	G 5 4211	–	Grafenstaden	1909	6017	
	G 5 4212 und 4213	–	Grafenstaden	1910	6055 und 6056	
	G 5 4217	–	Grafenstaden	1910	6057	
	G 5 4218	54 1071	Grafenstaden	1910	6063	
	G 5 4219 und 4220	–	Grafenstaden	1910	6064 und 6065	
	G 5 4221	–	Humboldt	1910	649	
	G 5 4222 bis 4225	54 1076 bis 54 1079	Humboldt	1910	650 bis 653	
Halle	1281 und 1282	54 803 und 54 804	HANOMAG	1902	3793 und 3794	
	1283 bis 1285	54 813 bis 54 815	Borsig	1902	5021 bis 5023	
	1286 bis 1289	–	Hohenzollern	1902	1500 bis 1503	
	1290 bis 1293	–	Borsig	1902	5062 bis 5065	
	1294 bis 1297	54 820 bis 54 823	Borsig	1902	5066 bis 5069	

Direktionsbezirk	Bahnnummern	DRG-Nummern	Hersteller	Baujahr	Fabriknummern	Bemerkungen/ Ausmusterung
	1298 und 1299	–	Grafenstaden	1902	5297 und 5298	
	1321 und 1322	54 859, –	Humboldt	1905	246 und 247	246 U: h2v
	1323 und 1324	54 860, –	Humboldt	1905	248 und 249	
	1325 und 1326	– , 54 861	Humboldt	1905	250 und 251	
	1327 und 1328	–	Henschel	1905	7107 und 7108	
	1329 und 1330	54 868, –	Henschel	1905	7109 und 7110	
	1331 und 1332	– , 54 869	Henschel	1905	7111 und 7112	
	1333 bis 1336	–	Henschel	1905	7113 bis 7116	
	1337 bis 1339	54 870 bis 54 872	Henschel	1905	7117 bis 7119	
	1340	–	Henschel	1905	7146	
	1341	–	Borsig	1905	5819	
	1342 und 1343	–	Henschel	1906	7351 und 7352	
	1344 und 1345	54 895, –	Henschel	1906	7369 und 7370	
	G 5 4255 und 4256	– , 54 915	Henschel	1906	7697 und 7698	
	G 5 4257 und 4258	–	Henschel	1906	7699 und 7700	
	G 5 4259	54 916	Henschel	1906	7701	
	G 5 4360 und 4261	54 935 und 54 936	Henschel	1907	7849 und 7850	
	G 5 4262 bis 4264	–	Henschel	1907	7851 bis 7853	
	G 5 4265 bis 4267	54 937 bis 54 939	Henschel	1907	7854 bis 7856	
	G 5 4268	–	Henschel	1907	7857	
	G 5 4269 und 4270	54 928, –	Borsig	1907	6226 und 6227	
	G 5 4271 und 4272	54 929, –	Borsig	1907	6228 und 6229	
	G 5 4273 bis 4275	54 977 bis 54 979	Henschel	1907	8041 bis 8043	
	G 5 4276 und 4277	–	Henschel	1907	8044 und 8045	
	G 5 4278 und 4279	54 980 und 54 981	Henschel	1907	8046 und 8047	
	G 5 4297 und 4298	54 987 und 54 988	Borsig	1908	6743 und 6744	
	G 5 4299 und 4300	– , 54 989	Borsig	1908	6745 und 6746	
	G 5 4301 und 4302	–	Borsig	1908	6747 und 6748	
	G 5 4303 und 4304	– , 54 996	Henschel	1908	8739 und 8740	
	G 5 4305 bis 4310	–	Henschel	1908	8741 und 8746	
	G 5 4311 und 4312	54 997 und 54 998	Henschel	1908	8747 und 8748	
	G 5 4313 und 4314	– , 54 999	Henschel	1908	8749 und 8750	
	G 5 4315 und 4316	54 1000, –	Henschel	1908	8751 und 8752	
	G 5 4317 und 4318	54 1027, –	Henschel	1908	8753 und 8754	
	G 5 4319 bis 4321	–	Borsig	1909	7041 bis 7043	
	G 5 4322 bis 4324	54 1020 bis 54 1022	Borsig	1909	7044 bis 7046	
	G 5 4325	54 1051	Grafenstaden	1909	5999	
	G 5 4326 bis 4332	–	Grafenstaden	1909	6000 bis 6006	
	G 5 4333	54 1052	Grafenstaden	1909	6007	
	G 5 4334 und 4335	–	Grafenstaden	1909	6008 und 6009	
	G 5 4336 bis 4339	54 1043 bis 54 1046	Borsig	1909	7298 bis 7301	
Hannover	850 bis 859	–	HANOMAG	1902	3781 bis 3790	
	860 und 861	54 802, –	HANOMAG	1902	3791 und 3792	
	862 bis 866	–	HANOMAG	1903	3924 bis 3928	
	867 und 868	54 836, –	HANOMAG	1903	3929 und 3930	
	869 und 870	54 837, –	HANOMAG	1903	3931 und 3932	
	871	54 838	HANOMAG	1903	3933	
	872 bis 875	–	HANOMAG	1903	3934 bis 3937	
	876 und 877	– , 54 873	Henschel	1905	7120 und 7121	
	878 bis 882	–	Henschel	1905	7122 bis 7126	
	883	54 874	Henschel	1905	7127	
	884 und 885	–	Henschel	1905	7128 und 7129	
	886 und 887	– , 54 866	Humboldt	1905	287 und 288	
	888	–	HANOMAG	1905	4378	
	889 und 890	54 852 und 54 853	HANOMAG	1905	4379 und 4380	
	891 bis 893	54 886 bis 54 888	Henschel	1906	7353 bis 7355	
	894 und 895	– , 54 889	Henschel	1906	7356 und 7357	

Direktionsbezirk	Bahnnummern	DRG-Nummern	Hersteller	Baujahr	Fabriknummern	Bemerkungen/ Ausmusterung
	896 bis 898	54 854 bis 54 856	Henschel	1905	6928 bis 6930	
	G 5 4246 und 4247	–	Henschel	1906	7681 und 7682	
	G 5 4248 und 4249	54 911 und 54 912	Henschel	1906	7683 und 7684	
	G 5 4250	–	Henschel	1906	7685	
	G 5 4251	54 940	Henschel	1907	7859	
	G 5 4252 bis 4254	–	Humboldt	1906	356 bis 358	
	G 5 4255 und 4256	54 918 und 54 919	Humboldt	1906	359 und 360	
	G 5 4266 und 4267	– , 54 923	Humboldt	1907	366 und 367	
	G 5 4268 und 4269	– , 54 924	Humboldt	1907	368 und 369	
	G 5 4270 und 4271	– , 54 925	Humboldt	1907	370 und 371	
	G 5 4272 und 4273	– , 54 947	Humboldt	1907	385 und 386	
	G 5 4274 bis 4276	–	Humboldt	1907	387 bis 389	
	G 5 4277	54 948	Humboldt	1907	390	
	G 5 4278 und 4279	54 950, –	Humboldt	1907	398 und 399	
	G 5 4280 und 4281	– , 54 951	Humboldt	1907	400 und 401	
	G 5 4282 und 4283	54 952, –	Humboldt	1907	402 und 403	
	G 5 4284 und 4285	–	Henschel	1908	8734 und 8735	
	G 5 4286	54 995	Henschel	1908	8736	
	G 5 4287 und 4288	–	Henschel	1908	8737 und 8738	
	G 5 4289	–	Henschel	1908	9038	
	G 5 4290	54 1024	Borsig	1909	7050	
	G 5 4291 und 4292	54 1057 und 54 1058	Grafenstaden	1909	6018 und 6019	
	G 5 4293 bis 4295	–	Grafenstaden	1909	6020 bis 6022	
	G 5 4296	54 1070	Grafenstaden	1910	6062	
	G 5 4297 bis 4300	54 1072 bis 54 1075	Grafenstaden	1910	6066 bis 6069	
Kattowitz	826 bis 830	54 808 bis 54 812	B. M. A. G.	1902	3031 bis 3035	
	831	54 819	Borsig	1902	5030	
	832	65 875	Henschel	1905	7130	
	833 und 834	–	Henschel	1905	7131 und 7132	
	835 und 836	54 876, –	Henschel	1905	7133 und 7134	
	837 und 838	–	Borsig	1905	5820 und 5821	
	839	54 867	Borsig	1905	5822	
	G 5 4215 und 4216	54 944 und 54 945	Henschel	1907	7894 und 7895	
	G 5 4217 und 4218	–	Humboldt	1907	410 und 411	
	G 5 4219 und 4220	–	Borsig	1908	6725 und 6726	
	G 5 4221	–	Henschel	1908	9039	
	G 5 4222 und 4223	54 1039 und 54 1040	Humboldt	1909	591 und 592	
	G 5 4224 und 4225	–	Humboldt	1909	593 und 594	
	G 5 4226	–	Borsig	1909	7305	
	G 5 4227 bis 4229	54 1047 und 54 1049	Borsig	1909	7306 bis 7308	
Königsberg	G 5 1315 und 1316	54 896 und 54 897	Henschel	1906	7371 und 7372	
	G 5 4173 und 4174	54 904 und 54 905	Borsig	1906	6081 und 6082	
	G 5 4180 bis 4184	–	Borsig	1908	6727 bis 6731	
	G 5 4185	54 986	Borsig	1908	6732	
	G 5 4186 bis 4195	–	Borsig	1908	6733 bis 6742	
	G 5 4196 und 4197	–	Henschel	1908	8781 und 8782	
	G 5 4198	54 1017	Henschel	1908	8783	
	G 5 4199 bis 4201	–	Borsig	1909	7051 bis 7053	
	G 5 4202 bis 4207	–	Henschel	1908	9021 bis 9026	
	G 5 4208 und 4209	54 1025 und 54 1026	Henschel	1908	9027 und 9028	
	G 5 4210	–	Henschel	1908	9029	
	G 5 4211 bis 4213	–	Grafenstaden	1910	6052 bis 6054	
Magdeburg	829 und 830	– , 54 805	Hohenzollern	1902	1504 und 1505	
	831 und 832	54 806, –	Hohenzollern	1902	1506 und 1507	
	833 und 834	54 807, –	Hohenzollern	1902	1508 und 1509	
	835 bis 839	–	B. M. A. G.	1902	3128 bis 3132	
	840 und 841	54 845, –	HANOMAG	1903	3954 und 3955	
	842	54 846	HANOMAG	1903	3956	U: h2v

Direktionsbezirk	Bahnnummern	DRG-Nummern	Hersteller	Baujahr	Fabriknummern	Bemerkungen/ Ausmusterung
	G 5 4174 bis 4176	54 941 bis 54 943	Henschel	1907	7860 bis 7862	7860 U: h2v
Mainz	1070 und 1071	–	Grafenstaden	1902	5293 und 5294	
	1075 bis 1078	–	Humboldt	1905	281 bis 284	
	1079 und 1080	54 881 und 54 882	Humboldt	1906	299 und 300	
	1081 und 1082	–	Henschel	1906	7373 und 7374	
	1083 und 1084	–	Henschel	1906	7702 und 7703	
	1085	54 917	Henschel	1906	7704	
	G 5 4170 und 4171	54 922, –	Humboldt	1907	364 und 365	
	G 5 4172	54 920	Humboldt	1907	361	
	G 5 4173 und 4174	–	Humboldt	1907	396 und 397	
	G 5 4175	–	Humboldt	1907	404	
	G 5 4176 und 4177	54 953 und 54 954	Humboldt	1907	405 und 406	406 U: h2v
Münster	1104	–	HANOMAG	1903	3938	
	1105	–	Henschel	1905	6947	
Posen	878	–	Henschel	1905	7375	
	879 und 800	54 898 und 54 899	Henschel	1905	7376 und 7377	7376 U: h2v
	881 bis 885	–	Henschel	1905	6931 bis 6935	
	886	54 857	Henschel	1905	6936	
	887 bis 890	–	Henschel	1905	6937 bis 6940	
	891 und 892	54 858, –	Henschel	1905	6941 und 6942	
	893 und 894	–	Henschel	1905	7141 und 7142	
	906 und 907	54 816 und 54 817	Borsig	1902	5024 und 5025	
	908 und 909	– , 54 818	Borsig	1902	5026 und 5027	
	910 und 911	–	Borsig	1902	5028 und 5029	
	912 und 913	– , 54 824	Borsig	1902	5070 und 5071	
	914 bis 916	–	Borsig	1902	5072 bis 5074	
	917	54 825	Borsig	1902	5075	U: h2v
	918 und 919	–	Borsig	1902	5076 und 5077	
	G 5 4242	54 994	Borsig	1908	6759	
	G 5 4243 bis 4245	–	Borsig	1908	6760 bis 6762	
	G 5 4246 und 4247	54 1028, –	Henschel	1908	9032 und 9033	
Saarbrücken	G 5 4301	–	Grafenstaden	1909	6023	
	G 5 4302	–	Grafenstaden	1910	6070	
Stettin	622 und 623	–	Henschel	1905	6948 und 6949	
	814 bis 816	–	Borsig	1902	5078 bis 5080	
	G 5 4206 bis 4208	–	Henschel	1907	7896 bis 7898	
	G 5 4209 und 4210	54 946, –	Henschel	1907	7899 und 7900	
	G 5 4211 und 4212	54 955 und 54 956	Humboldt	1907	407 und 408	
	G 5 4213	–	Humboldt	1907	409	
	G 5 4214 und 4215	– , 54 990	Borsig	1908	6749 und 6750	6750 U: h2v
	G 5 4216 und 4217	– , 54 991	Borsig	1908	6751 und 6752	
	G 5 4218 und 4219	– , 54 992	Borsig	1908	6753 und 6754	
	G 5 4220 und 4221	54 993, –	Borsig	1908	6755 und 6756	
	G 5 4222 und 4223	–	Henschel	1908	9034 und 9035	

Durch die Königlich Preußische Militär-Eisenbahn beschaffte Lokomotive

Bahnnummer Kgl. Mil. E.	Übernehmende Staatsbahn-Direktion	Bahnnummer	Hersteller	Baujahr	Fabriknummer	Bemerkungen/ Ausmusterung
105	–	–	Borsig	1905	5856	

G 5^5

3/4 G. L. v.
Bauart 1910
DRG-Baureihe 54^{10}
(→ EFA 1.2)

1'C n2v
1910
Techn. Daten: Seite 203

Einige der letztgebauten 1'C-Güterzuglokomotiven wurden wieder mit Adamsachse statt mit Krauss-Lenkgestell ausgestattet. Der Grund dafür ließ sich nicht eindeutig feststellen, doch kann angenommen werden, daß es sich dabei um eine verbesserte Ausführung der Adamsachse handelte, die man erproben und mit der man die Mängel der alten Adamsachse und des Krauss-Lenkgestells vermeiden wollte.
In den ersten Jahren nach der Jahrhundertwende hatte es ständig Diskussionen um das Für und Wider von Adamsachsen, Bissel-Gestell, Laufdrehgestell und Krauss-Lenkgestell gegeben. Mehrere Projekte für verbesserte Bissel-Gestelle und verbesserte Krauss-Lenkgestelle waren ausgearbeitet und diskutiert worden. In der Praxis liefen Versuche zur Verbesserung des Krauss-Lenkgestells, so unter anderem mit verschiedenen Rückstelleinrichtungen. Auch die Anwendung des 1910 bei den Kaiserlich-königlich österreichischen Staatsbahnen eingeführten Zara-Lenkgestells wurde erwogen. Besonders Robert Garbe trat für die Aufgabe des Krauss-Lenkgestells ein und schlug vor, statt dessen Lokomotiven mit Laufdrehgestell und Lokomotiven mit verbessertem Bissel-Deichselgestell zu beschaffen.
Die als G 5^5 bezeichneten Maschinen unterschieden sich bis auf die Adamsachse und die glatt durchgehenden Rahmenwangen nicht von der 3/4 G. L. dr. kr (G 5^4). Die Adamsachse war ± 45 mm radial verschiebbar, die Rückstellung erfolgte durch Schraubenfedern. Das für die G 5^5 aufgestellte Musterblatt erhielt die Bezeichnung III 3n.
Unsicher ist, ob es sich bei den G 5 Halle 4340 bis 4344 um G 5^5 handelt, möglicherweise gehören diese Lokomotiven zu den G 5^4.
Nach dem ersten Weltkrieg gelangten sieben Maschinen zu den Polnischen Staatsbahnen und fünf Maschinen zu den Belgischen Staatsbahnen. 13 bzw. 16 G 5^5 übernahm die DRG in den 3. Umzeichnungsplan aus dem Jahre 1925.

Direktionsbezirk	Bahnnummern	DRG-Nummern	Hersteller	Baujahr	Fabriknummern	Bemerkungen/ Ausmusterung
1895/1896						
Halle	G 5 4340	–	Borsig	1909	7302	[1])
	G 5 4341 und 4342	54 1067 und 54 1068	Grafenstaden	1910	6058 und 6059	[1])
	G 5 4343 und 4344	– , 54 1069	Grafenstaden	1910	6060 und 6061	[1])
	G 5 4345 und 4346	54 1083 und 54 1084	Borsig	1910	7512 und 7513	
	G 5 4347	–	Borsig	1910	7514	
Hannover	G 5 4301 bis 4305	54 1085 bis 54 1089	Borsig	1910	7515 bis 7519	
	G 5 4306 und 4307	– , 54 1090	Borsig	1910	7520 und 7521	
	G 5 4308 und 4309	– , 54 1091	Borsig	1910	7522 und 7523	
	G 5 4310 bis 4314	–	Borsig	1910	7524 bis 7528	
	G 5 4315	54 1092	Borsig	1910	7529	
	G 5 4316 und 4317	54 1080, –	Humboldt	1910	654 und 655	
	G 5 4318 und 4319	54 1081 und 54 1082	Humboldt	1910	656 und 657	657 U: h2v
	G 5 4320	–	Humboldt	1910	658	

[1]) möglicherweise G5^4

G 7^1

4/4 G. L.
Normalbauart
DRG-Baureihe 55^{0-6}
(→ EFA 1.2)

D n2

1893

Techn. Daten: Seite 203

Anfang der neunziger Jahre war das Bedürfnis nach leistungsfähigeren Güterzuglokomotiven für Strecken mit starken und langen Steigungen entstanden, die den unwirtschaftlichen Vorspann- und Schiebebetrieb auf ein Mindestmaß senken und eine bessere Auslastung der Güterzüge erreichen konnten. Es kam bei diesen Lokomotiven auf möglichst hohe Zugkraft, weniger auf höhere Geschwindigkeit an. Die Wahl eines großen Zylinderdurchmessers war eine Maßnahme, dieser Forderung gerecht zu werden. Ein weitere Zugkrafterhöhung war durch die Wahl eines kleinen Kuppelraddurchmessers von nur 1 250 mm gegeben. Um eine ausreichend hohe Reibungszugkraft zu erzielen, mußten vier gekuppelte Radsätze vorgesehen werden. Zunächst konnte noch keine Einigung über einen einheitlichen nach diesen Grundsätzen konzipierten Lokomotivtyp erlangt werden, sodaß man zu Vergleichszwecken drei verschiedene Lokomotivtypen

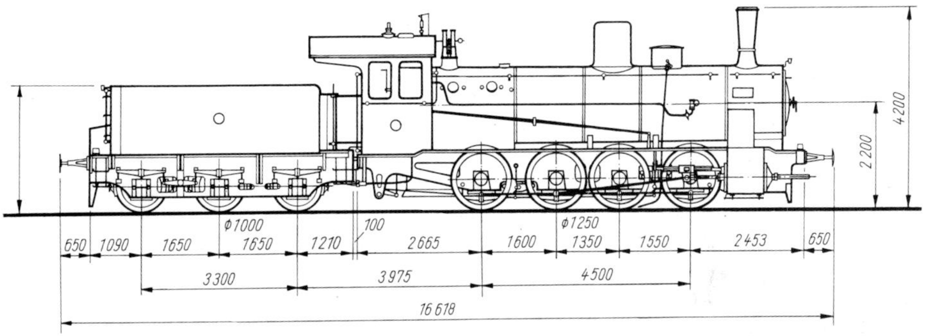

Bauform 1897. Lieferzustand. Dampfbremse, langes Führerhausdach.
Tender: 3 T 12 nach Musterblatt III 5 b.
Zeichnung: Taege

HANOMAG 1894/2614. Hannover 2007; ab 1. April 1895 Cassel 2007; ab 1899 Cassel 2205; ab 1906 G 7 Cassel 4406; DRG 55 011. Lieferzustand. Nichtsaugende Dampfstrahlpumpen, Dampfbremse und kurzes Führerhausdach.
Foto: Werkaufnahme, Sammlung Franz

beschaffte. Einer davon war die D n2 Normalbauart (G 7[1]), deren Konstruktionszeichnungen die Lokomotivfabrik Vulcan ausgearbeitet hatte.
Die ersten vier Maschinen waren 1893 geliefert worden, 1894 folgten weitere 18. Sie wurden auf stark belasteten Hauptbahnen, meist auf Strecken mit starken und langen Steigungen wie im rheinisch-westfälischen Kohlerevier, auf der Moselbahn und auf der Strecke Erfurt – Grimmenthal, aber auch auf beiden Rheinlinien eingesetzt.
Die Entscheidung über den zweckmäßigsten und daher künftig weiter zu beschaffenden Lokomotivtyp fiel schließlich zugunsten der G 7[1], weil diese den Vorteil hoher Leistungsfähigkeit und Zugkraft mit dem Vorteil größtmöglicher Einfachheit und niedriger Beschaffungs- und Unterhaltungskosten vereinte. Sie wurde unter der Musterblatt-Bezeichnung III 3d in die Normalien aufgenommen.
Bis Ende des Jahres 1895 wurden insgesamt 28 G 7[1] Normalbauart gebaut. Bis Ende des Jahres 1900 hatte sich die Stückzahl auf 159 Maschinen, bis Ende des Jahres 1905 auf 564 Maschinen erhöht. Voraussetzung für den Einsatz dieser Lokomotiven war die Oberbauvergrößerung von Drehscheiben und Lokomotivschuppen. Insgesamt sind für die Preußische Staatsbahn bzw. die Preußisch-Hessischen Staatsbahnen bis 1910 1001 G 7[1] Normalbauart gebaut worden. Den größten Anteil bezogen die K. E. D. Essen mit 347 Lokomotiven, die K. E. D. Coeln mit 197 Lokomotiven und die K. E. D. Breslau mit 84 Lokomotiven. Die Eisenbahn-Direktionen Berlin, Halle, Königsberg und Posen hatten keine Lokomotiven dieses Typs beschafft.
Zunächst fast ausnahmslos für den schweren Güterzugdienst auf Steigungsstrecken beschafft, dehnte sich der Einsatzraum der G 7[1] Normalbauart infolge steigender Zugmassen auch auf Strecken mit geringen Steigungen und auf Flachlandstrecken, auf den Anschlußbahndienst und, da eine D-Tenderlokomotive für den Rangierdienst fehlte, auf den schweren Rangierdienst, besonders auf großen Verschiebebahnhöfen, aus. Einsätze im Personenzugdienst kamen vor, ebenso Vorspanndienst und Nachschiebedienst auf Steilrampen. Die Ausrüstung einiger G 7[1] Normalbauart mit Bedienungseinrichtung für Seilbremse weist darauf hin, daß sie für den Nebenbahndienst beschafft wurden.
Wie auch bei der G 5[1] und der G 5[2] war die Steuerung bei der G 7[1] als innenliegende Allan-Steuerung mit senkrecht innerhalb der Rahmenwangen angeordneten Schieberkästen ausgeführt. Der Kessel unterschied sich bis auf die größere Rohrlänge nur wenig vom Kessel der G 5[1]. Größtenteils waren die Lokomotiven mit Dampfbremse, etwa seit der Jahrhundertwende in geringem Umfang mit Druckluftbremse Bauart Westinghouse oder Schleifer, später auch Knorr ausgerüstet.

HANOMAG 1908/5134, G 7 Essen 4738; DRG 55 467. Als G 7 Essen 4738. Saugende Dampfstrahlpumpen, Druckluftbremse mit später hinzukommender zweistufiger Luftpumpe, langes Führerhausdach. *Foto: Archiv Töpelmann*

HANOMAG 1916/7936. G 7 Altona 4502; 1918 an Belgien (SNCB 7101). Lieferzustand. Kriegsbauform.
Foto: Werkaufnahme, Archiv Töpelmann

Die Räder des 2. und 4. Kuppelradsatzes wurden von vorn abgebremst. Die Luftpumpe befand sich bei einem Teil der mit Druckluftbremse ausgerüsteten Maschinen rechts neben dem 2. Kesselschuß, beim anderen Teil rechts neben dem Hinterkessel. Die Tragfedern lagen zunächst oberhalb der Achslager, bei den ab 1894/1895 oder den ab 1898 gebauten Lokomotiven unterhalb der Achslager. Die bei den ersten Lokomotiven vorhandene Führerhausrückwand entfiel spätestens ab 1898, als die neugebauten G 7[1] Normalbauart Führerhäuser mit langem, die Tenderbrücke überragendem Dach bekamen. Bis 1904 wurden die Lokomotiven mit Ventilregler mit zwei Doppelsitzventilen ausgestattet, die sich aber wegen häufigen Undichtwerdens nicht bewährten und daher 1904 dem üblichen Flachschieberregler wichen. Um der G 7[1] ausreichende Kurvenbeweglichkeit zu verleihen, gab man dem 2. Kuppelradsatz ±8 mm Seitenverschiebbarkeit und schwächte die Spurkränze der Räder des 3. Kuppelradsatzes um 5 mm. Nachdem sich die seit etwa 1900 im Direktionsbezirk Erfurt angewendete Variante, dem 2. und 4. Kuppelradsatz unter Beibehaltung der Spurkranzschwächung des 3. Kuppelradsatzes ±10 mm Seitenspiel zu geben, besser bewährt hatte, führte man sie 1906 allgemein ein.

Im Reihenplan aus dem Jahre 1905 war für die D n2-Güterzuglokomotive Normalbauart das Gruppenzeichen G 7 und Bahnnummernreihe 4401 bis 4600 vorgesehen. Da diese Nummernreihe aufgrund der hohen Stückzahlen in den Direktionsbezirken Coeln und Essen nicht ausreichten, erhielt ein Teil der dort beheimateten D n2 Normalbauart Bahnnummern aus der ursprünglich nur den Verbundlokomotiven der Gruppe G 7 vorbehaltenen Nummernreihe 4601 bis 4800 und aus der den Lokomotiven der Gruppe G 7 nachträglich zugewiesenen Nummernreihe 5801 bis 6000.

Zusammen mit den Lokomotiven der Gruppe G 5 und den D n2v (G 7[2]) Normalbauart bildete die G 7[1] Normalbauart bis zum ersten Weltkrieg das Rückgrat des Güterzugdienstes bei den Preußisch-Hessischen Staatsbahnen. Im schweren Güterzugdienst liefen ihr allerdings bereits die G 8, die G 8[1] und die G 10 den Rang ab. In der Ebene konnte die G 7[1] Normalbauart einen Güterzug von 1 615 t Wagenzugmasse mit einer Geschwindigkei von 40 km/h befördern. Über die Steigung 1:100 konnte sie einen Güterzug von 710 Masse mit ihrer Reibungsgeschwindigkeit von 15 km/h ziehen. Die indizierte Höchsleistung betrug 615 kW (820 PS) bei einer Geschwindigkeit von 48 km/h.

Im ersten Weltkrieg spielte die G 7[1] eine bedeutende Rolle bei der Deutschen Heeresbahn. Eine Aufstellung nennt für den Stichtag 31. Dezember 1917 die Anzahl von 1 576 im Heeresbahndienst stehenden Lokomotiven der Gruppe G 7. Damit stellten die Zwillings- und

Verbundlokomotiven der Gruppe G 7 den höchsten Anteil aller im Heeresbahndienst eingesetzten Lokomotivtypen.
Von 1916 bis 1918 wurden nochmals 200 G 7^1 gebaut, die zwar von den Eisenbahn-Direktionen der Preußisch-Hessischen Staatsbahnen bestellt worden waren, aber nach Anlieferung der Heeresbahn zur Verfügung gestellt werden mußten. Diese Lokomotiven hatten statt der kupfernen Feuerbüchse flußeiserne Feuerbüchsen erhalten, waren mit Ventilregler Bauart Schmidt & Wagner, Dampfbremse, Handsandstreuer und zwei Sandkästen ausgerüstet worden. Alle Kuppelräder wurden von vorn besandet. Die 1916 bis 1918 gebauten Lokomotiven waren mit dem Tender 3 T 16,5 nach Musterblatt III 5 n gekuppelt. Die bis 1910 gebauten G 7^1 hatten meist den 3 T 12 nach Musterblatt III 5 b, in geringem Umfang den 4 T 16 nach Musterblatt III 5 f erhalten.
Am Ende des ersten Weltkrieges waren viele G 7^1 durch die Kriegsereignisse verlorengegangen, in abgetrennten Gebieten stehengeblieben oder mußten als Reparationsleistung an die Siegermächte abgegeben werden. Einige wenige G 7^1 hatte man ausgemustert.
Die DRG übernahm in den 2. Umzeichnungsplan aus dem Jahre 1923 noch 680 G 7^1 als 55 001 bis 55 680. Bis zur Aufstellung des 3. Umzeichnungsplanes im Jahre 1925 hatte sich die Anzahl um 20 Maschinen reduziert, so daß nur noch die Betriebsnummern 55 001 bis 55 660 besetzt wurden. Die 55 382 war eine der umgebauten 4/4 G. L. Bauart Brotan.

Sonderausführungen

Einige nach 1904 gebaute Lokomotiven
Kessel: Gewölbte Feuerbüchsdecke.

Einige während des ersten Weltkrieges bei der Deutschen Heeresbahn eingesetzte Lokomotiven
Während des ersten Weltkrieges in Panzerzuglokomotiven umgebaut.

Sondereinrichtungen: Verkleidung durch Panzerplatten.

Direktionsbezirk	Bahnnummern	DRG-Nummern	Hersteller	Baujahr	Fabriknummern	Bemerkungen/ Ausmusterung
1880...1884						
Coeln linksrh.	1305 bis 1307	–	Vulcan	1894	1408 bis 1410	
	1308	55 001	Vulcan	1894	1411	
Coeln rechtsrh.	1903 und 1904	–	Vulcan	1893	1341 und 1342	
	1907 bis 1909	–	Vulcan	1894	1412 bis 1414	
	1910 und 1911	55 002, –	Vulcan	1894	1415 und 1416	
	1912	55 003	Vulcan	1894	1417	
Erfurt	1352 und 1353	–	HANOMAG	1894	2615 und 2616	
Hannover	2000 und 2001	–	Vulcan	1893	1306 und 1307	
	2002	–	HANOMAG	1894	2609	
	2003 und 2004	55 008, –	HANOMAG	1894	2610 und 2611	
	2005 bis 2007	55 009 bis 55 011	HANOMAG	1894	2612 bis 2614	
1895/1896						
Altona	1124 und 1125	– , 55 208	Schichau	1904	1357 und 1358	
	1126 und 1127	55 209, –	Schichau	1904	1359 und 1360	
	1128 und 1129	55 210, –	Schichau	1904	1361 und 1362	
	G 7 4501	55 594	HANOMAG	1916	7935	
	G 7 4502 und 4503	–	HANOMAG	1916	7936 und 7937	
	G 7 4504 und 4505	55 595, –	HANOMAG	1916	7938 und 7939	
	G 7 4506 und 4507	55 596 und 55 597	HANOMAG	1916	7940 und 7941	
Breslau	746 und 747	– , 55 131	Linke	1903	164 und 165	
	748 und 749	55 132, –	Linke	1903	166 und 167	
	750	55 133	Linke	1903	168	
	841 und 842	– , 55 172	Linke	1903	201 und 202	
	843 und 844	–	Linke	1903	203 und 204	
	845	55 173	Linke	1903	205	

Direktionsbezirk	Bahnnummern	DRG-Nummern	Hersteller	Baujahr	Fabriknummern	Bemerkungen/ Ausmusterung
	846 bis 849	–	Linke	1903	206 bis 209	
	850	–	Schichau	1904	1295	
	851 bis 853	55 159 bis 55 161	Schichau	1904	1296 bis 1298	
	854 und 855	–	Schichau	1904	1299 und 1300	
	856 bis 860	–	Linke	1904	249 bis 253	
	861 und 862	55 269, –	Linke	1904	254 und 255	
	863	55 270	Linke	1904	256	
	864 und 865	55 276, –	Linke	1904	263 und 264	
	866 und 867	55 277 und 55 278	Linke	1904	265 und 266	
	868 und 869	– , 55 279	Linke	1904	267 und 268	
	870 und 871	55 228, –	Hartmann	1904	2888 und 2889	
	872 und 873	– , 55 314	Linke	1905	324 und 325	
	874 und 875	55 315, –	Linke	1905	326 und 327	
	880 und 881	–	B. M. A. G.	1905	3560 und 3561	
	882 und 883	–	B. M. A. G.	1906	3565 und 3566	
	G 7 4445 und 4446	– , 55 350	B. M. A. G.	1906	3644 und 3645	
	G 7 4447 und 4448	– , 55 380	B. M. A. G.	1907	3720 und 3721	
	G 7 4449 und 4450	55 411 und 55 412	B. M. A. G.	1907	3814 und 3815	
	G 7 4451 und 4452	– , 55 413	B. M. A. G.	1907	3816 und 3817	
	G 7 4453 und 4454	–	Schichau	1907	1585 und 1586	
	G 7 4455 und 4456	55 447, –	Schichau	1907	1587 und 1588	
	G 7 4457 und 4458	55 448 und 55 449	Schichau	1907	1589 und 1590	
	G 7 4459 bis 4461	–	Schichau	1907	1591 bis 1593	
	G 7 4462 und 4463	55 450, –	Schichau	1907	1594 und 1595	
	G 7 4464 bis 4468	–	Henschel	1908	8692 bis 8696	
	G 7 4469 bis 4472	55 475 bis 55 478	Henschel	1908	8697 bis 8700	
	G 7 4473 bis 4475	–	B. M. A. G.	1908	4197 bis 4199	
	G 7 4476 und 4477	55 545 und 55 546	B. M. A. G.	1909	4233 und 4234	
	G 7 4478	–	Linke	1909	639	
	G 7 4479 und 4480	55 578, –	B. M. A. G.	1909	4340 und 4341	
	G 7 4481 und 4482	55 579, –	B. M. A. G.	1909	4342 und 4343	
	G 7 4483 und 4484	55 568, –	Henschel	1909	9556 und 9557	
	G 7 4485 und 4486	– , 55 655	Linke	1916	1365 und 1366	
	G 7 4487 bis 4489	–	Linke	1916	1367 bis 1369	
	G 7 4490	55 656	Linke	1916	1370	
	G 7 4491 bis 4493	–	Linke	1916	1371 bis 1373	
	G 7 4499	55 657	Linke	1916	1374	
Bromberg	799	–	Linke	1905	331	
	800	–	Vulcan	1900	1836	
	801 bis 804	55 071 bis 55 074	Vulcan	1900	1837 bis 1840	
	805 bis 807	55 189 bis 55 191	Vulcan	1904	2106 bis 2108	
	808 und 809	–	Vulcan	1904	2109 und 2110	
	G 7 4412	–	Vulcan	1916	3156	
	G 7 4413 und 4414	55 645 und 55 646	Vulcan	1916	3157 und 3158	
	G 7 4415 bis 4418	–	Vulcan	1916	3159 bis 3162	
Cassel	2206 bis 2209	55 027 bis 55 030	B. M. A. G.	1899	2716 bis 2719	
	2210 bis 2215	–	B. M. A. G.	1899	2720 bis 2725	
	2216 bis 2218	55 065 bis 55 067	Vulcan	1899	1789 bis 1791	
	2219	–	Vulcan	1899	1792	
	2220 und 2221	– , 55 068	Vulcan	1900	1829 und 1830	
	2222 und 2223	–	Vulcan	1900	1831 und 1832	
	2224 und 2225	55 069, –	Vulcan	1900	1833 und 1834	
	2226	55 070	Vulcan	1900	1835	
	2227 und 2228	55 087 und 55 088	B. M. A. G.	1900	2851 und 2852	
	2229	–	B. M. A. G.	1900	2853	
	2230 und 2231	55 150, –	Vulcan	1904	2061 und 2062	
	2232 und 2233	55 151, –	Vulcan	1904	2063 und 2064	

Direktionsbezirk	Bahnnummern	DRG-Nummern	Hersteller	Baujahr	Fabriknummern	Bemerkungen/ Ausmusterung
	2234	55 152	Vulcan	1904	2065	
	2235 bis 2238	55 262 bis 55 265	Vulcan	1904	2111 bis 2114	
	2239 und 2240	–	Hartmann	1904	2884 und 2885	
	2237II und 2238II	55 281 und 55 282	Henschel	1905	7147 und 7148	
	2239II	–	Henschel	1905	7149	
	2240II	55 286	Henschel	1905	7418	
	2241 und 2242	55 219, –	Hartmann	1904	2886 und 2887	
Coeln	600	55 095	Vulcan	1901	1863	
	601 bis 603	–	Vulcan	1901	1864 bis 1866	
	604	55 114	Vulcan	1901	1908	
	605 bis 607	–	Vulcan	1901	1909 bis 1911	
	608 und 609	–	B. M. A. G.	1901	2993 und 2994	
	610 und 611	55 115, –	B. M. A. G.	1901	2995 und 2996	
	612 und 613	– , 55 116	B. M. A. G.	1901	2997 und 2998	
	614 und 615	–	B. M. A. G.	1903	3213 und 3214	
	616 und 617	55 121 und 55 122	B. M. A. G.	1903	3215 und 3216	
	618 bis 621	55 174 bis 55 177	HANOMAG	1904	4127 bis 4130	
	622 bis 625	55 229 bis 55 232	Henschel	1904	6785 bis 6788	
	626	–	Henschel	1904	6789	
	627 und 628	55 233, –	Henschel	1904	6790 und 6791	
	629 bis 632	55 211 bis 55 214	HANOMAG	1904	4229 bis 4232	
	633 und 634	– , 55 215	HANOMAG	1904	4233 und 4234	
	635 und 636	55 299, –	B. M. A. G.	1905	3468 und 3469	
	637 und 638	55 300, –	B. M. A. G.	1905	3470 und 3471	
	639 bis 643	55 301 bis 55 305	B. M. A. G.	1905	3472 bis 3476	
	644	55 339	B. M. A. G.	1905	3564	
	645 bis 649	55 342 bis 55 346	B. M. A. G.	1906	3571 bis 3575	
	650	–	B. M. A. G.	1906	3576	
	658 und 659	55 316 und 55 317	HANOMAG	1906	4652 und 4653	
	668 und 670	55 318 und 55 320	HANOMAG	1906	4654 bis 4656	
	1342 und 1343	55 012 und 55 013	B. M. A. G.	1898	2497 und 2498	
	1344 und 1345	– , 55 014	B. M. A. G.	1898	2499 und 2500	
	1346 und 1347	55 015, –	B. M. A. G.	1898	2501 und 2502	
	1348 bis 1351	55 016 bis 55 019	B. M. A. G.	1898	2503 bis 2506	
	1352 bis 1358	55 020 bis 55 026	B. M. A. G.	1899	2586 bis 2592	
	1359	–	B. M. A. G.	1899	2593	
	1364 und 1365	55 033, –	B. M. A. G.	1899	2730 und 2731	
	1366	55 034	B. M. A. G.	1899	2732	
	1367 und 1368	–	B. M. A. G.	1899	2733 und 2734	
	1369 bis 1371	55 035 bis 55 037	B. M. A. G.	1899	2735 bis 2737	
	1372 und 1373	55 089 und 55 090	B. M. A. G.	1900	2854 und 2855	
	1374 und 1375	–	B. M. A. G.	1900	2856 und 2857	
	1376	–	B. M. A. G.	1900	2764	
	1377 bis 1380	55 038 bis 55 041	B. M. A. G.	1900	2765 bis 2768	
	1381	55 064	Vulcan	1900	1786	
	1382 und 1383	–	Vulcan	1900	1787 und 1788	
	1384 und 1385	– , 55 091	B. M. A. G.	1900	2858 und 2859	
	1386 und 1387	55 092, –	B. M. A. G.	1900	2860 und 2861	
	1388 und 1389	– , 55 093	B. M. A. G.	1900	2862 und 2863	
	1390 und 1391	55 094, –	B. M. A. G.	1900	2864 und 2865	
	1392 bis 1394	55 096 bis 55 098	Vulcan	1901	1867 bis 1869	
	1395 bis 1398	–	Vulcan	1901	1870 bis 1873	
	1399	55 099	B. M. A. G.	1901	2905	
	G 7 4518 und 4519	55 351, –	B. M. A. G.	1906	3648 und 3649	
	G 7 4520 und 4521	– , 55 352	B. M. A. G.	1906	3650 und 3651	
	G 7 4522	–	B. M. A. G.	1906	3695	
	G 7 4523 und 4524	55 365, –	B. M. A. G.	1906	3696 und 3697	

Direktionsbezirk	Bahnnummern	DRG-Nummern	Hersteller	Baujahr	Fabriknummern	Bemerkungen/ Ausmusterung
	G 7 4525 und 4526	–	Henschel	1906	7863 und 7864	
	G 7 4527 bis 4529	55 330 bis 55 332	Henschel	1906	7865 bis 7867	
	G 7 4530 und 4531	55 377 und 55 378	B. M. A. G.	1907	3716 und 3717	
	G 7 4532 und 4533	– , 55 379	B. M. A. G.	1907	3718 und 3719	
	G 7 4534 bis 4537	55 388 bis 55 391	HANOMAG	1907	4830 bis 4833	
	G 7 4538 bis 4542	55 398 bis 55 402	B. M. A. G.	1907	3763 bis 3767	
	G 7 4545 und 4546	54 454, –	HANOMAG	1908	5116 und 5117	
	G 7 4547 bis 4550	55 455 bis 55 458	HANOMAG	1908	5118 bis 5121	
	G 7 4552	–	B. M. A. G.	1907	3861	
	G 7 4553 und 4554	55 423 und 55 424	B. M. A. G.	1907	3862 und 3863	
	G 7 4555 bis 4557	55 420 bis 55 422	Vulcan	1907	2331 bis 2333	
	G 7 4558	–	Vulcan	1907	2334	
	G 7 4564 bis 4567	55 479 bis 55 482	Henschel	1908	8701 bis 8704	
	G 7 4568 und 4569	– , 55 483	Henschel	1908	8705 und 8706	
	G 7 4570 und 4571	–	Henschel	1908	8707 und 8708	
	G 7 4572	55 484	Henschel	1908	8709	
	G 7 4573 und 4574	55 519 und 55 520	B. M. A. G.	1908	4200 und 4201	
	G 7 4575	–	Henschel	1909	9146	
	G 7 4576 bis 4580	55 528 bis 55 532	Henschel	1909	9147 bis 9151	
	G 7 4584 und 4585	55 556, –	Henschel	1909	9445 und 9446	
	G 7 4586 bis 4589	55 557 bis 55 560	Henschel	1909	9447 bis 9450	
	G 7 4590 und 4591	–	Henschel	1909	9451 und 9452	
	G 7 4592	55 561	Henschel	1909	9453	
	G 7 4593 bis 4596	–	Henschel	1909	9454 bis 9457	
	G 7 4597 und 4598	55 562 und 55 563	Henschel	1909	9458 und 9459	
	G 7 4599 und 4600	–	Henschel	1909	9460 und 9461	
	G 7 5801	55 564	Henschel	1909	9462	
	G 7 5802 und 5803	–	Henschel	1909	9463 und 9464	
	G 7 5804 und 5805	55 565, –	Henschel	1909	9465 und 9466	
	G 7 5806	55 580	B. M. A. G.	1909	4344	
	G 7 5807 und 5808	55 569 und 55 570	Henschel	1909	9558 und 9559	
	G 7 5809 und 5810	–	Henschel	1909	9560 und 9561	
	G 7 5811 und 5812	55 571, –	Henschel	1909	9562 und 9563	
	G 7 5813 bis 5815	55 572 bis 55 574	Henschel	1909	9564 bis 9566	
	G 7 5819 bis 5822	55 608 bis 55 611	Henschel	1916	14022 bis 14025	
	G 7 5823 und 5824	– , 55 632	Hohenzollern	1916	3579 und 3580	
	G 7 5825 und 5826	–	Hohenzollern	1916	3581 und 3582	
	G 7 5827 und 5828	55 633 und 55 634	Hohenzollern	1916	3583 und 3584	
	G 7 5829	–	Hohenzollern	1916	3585	
	G 7 5830 und 5831	55 635 und 55 636	Hohenzollern	1916	3586 und 3587	
	G 7 5832 und 5833	–	Hohenzollern	1916	3588 und 3589	
Danzig	800 und 801	– , 55 169	Linke	1903	177 und 178	
	802 und 803	55 170, –	Linke	1903	179 und 180	
	804	55 171	Linke	1903	181	
	805 und 806	–	Linke	1905	328 und 329	
	807	–	B. M. A. G.	1906	3581	
	G 7 4409 und 4410	–	B. M. A. G.	1906	3646 und 3647	
	G 7 4411	–	B. M. A. G.	1907	3799	
	G 7 4412 bis 4414	–	Vulcan	1907	2328 bis 2330	
	G 7 4415 bis 4417	55 451 bis 55 453	Schichau	1907	1596 bis 1598	
	G 7 4731 bis 4740	–	B. M. A. G.	1916	6023 bis 6032	
	G 7 4741 und 4742	55 644, –	B. M. A. G.	1916	6033 und 6034	
Elberfeld	800 bis 802	55 005 bis 55 007	Vulcan	1895	1420 bis 1422	
	803	–	Vulcan	1895	1423	
	804 und 805	55 139, –	B. M. A. G.	1904	3270 und 3271	
	806 und 807	– , 55 140	B. M. A. G.	1904	3272 und 3273	
	808 bis 810	–	B. M. A. G.	1904	3274 bis 3276	

Direktionsbezirk	Bahnnummern	DRG-Nummern	Hersteller	Baujahr	Fabriknummern	Bemerkungen/ Ausmusterung
	811	55 141	B. M. A. G.	1904	3277	
	812	–	B. M. A. G.	1905	3477	
	813 und 814	55 306 und 55 307	B. M. A. G.	1905	3478 und 3479	
	815 und 816	–	B. M. A. G.	1905	3480 und 3481	
	817	–	Linke	1905	330	
	818 bis 820	–	B. M. A. G.	1906	3577 bis 3579	
	821	55 347	B. M. A. G.	1906	3580	
	G 7 4423 und 4424	55 386, –	Vulcan	1906	2262 und 2263	
	G 7 4425	55 387	Vulcan	1906	2264	
	G 7 4426 bis 4428	–	Vulcan	1906	2265 bis 2267	
Erfurt	1326 bis 1330	55 134 bis 55 138	HANOMAG	1903	4089 bis 4093	
	1347 und 1348	55 062 und 55 063	Vulcan	1899	1783 und 1784	
	1349	–	Vulcan	1899	1785	
	1350 und 1351	55 004, –	Vulcan	1895	1418 und 1419	
	1396	–	Vulcan	1904	2115	
	1397 bis 1399	55 266 bis 55 268	Vulcan	1904	2116 bis 2118	
Essen	2038	–	Vulcan	1899	1733	
	2039 bis 2043	55 051 bis 55 055	Vulcan	1899	1734 bis 1738	
	2044	–	Vulcan	1899	1739	
	2045 bis 2047	55 056 bis 55 058	Vulcan	1899	1740 bis 1742	
	2048	–	Vulcan	1899	1743	
	2049 bis 2051	55 059 bis 55 061	Vulcan	1899	1744 bis 1746	
	2052	55 042	B. M. A. G.	1900	2769	
	2053 und 2054	–	B. M. A. G.	1900	2770 und 2771	
	2055 und 2056	55 043 und 55 044	B. M. A. G.	1900	2772 und 2773	
	2057 und 2058	–	B. M. A. G.	1900	2774 und 2775	
	2059 bis 2061	55 045 bis 55 047	B. M. A. G.	1900	2776 bis 2778	
	2062 und 2063	– , 55 031	B. M. A. G.	1899	2726 und 2727	
	2064 und 2065	55 032, –	B. M. A. G.	1899	2728 und 2729	
	2066 und 2067	55 075, –	B. M. A. G.	1900	2831 und 2832	
	2068 und 2069	– , 55 076	B. M. A. G.	1900	2833 und 2834	
	2070 und 2071	– , 55 077	B. M. A. G.	1900	2835 und 2836	
	2072 und 2073	–	B. M. A. G.	1900	2837 und 2838	
	2074 bis 2079	55 078 bis 55 083	B. M. A. G.	1900	2839 bis 2844	
	2083 und 2084	– , 55 084	B. M. A. G.	1900	2845 und 2846	
	2085 und 2086	– , 55 085	B. M. A. G.	1900	2847 und 2848	
	2087 und 2088	55 086, –	B. M. A. G.	1900	2849 und 2850	
	2089 bis 2092	55 100 bis 55 103	B. M. A. G.	1901	2906 bis 2909	
	2093 und 2094	–	B. M. A. G.	1901	2910 und 2911	
	2095 bis 2098	55 104 bis 55 107	B. M. A. G.	1901	2912 bis 2915	
	2099 und 2100	55 108, –	Vulcan	1901	1898 und 1899	
	2101 und 2102	55 109, –	Vulcan	1901	1900 und 1901	
	2103 und 2104	55 110, –	Vulcan	1901	1902 und 1903	
	2105 und 2106	55 111 und 55 112	Vulcan	1901	1904 und 1905	
	2107 und 2108	– , 55 113	Vulcan	1901	1906 und 1907	
	2109 bis 2111	–	B. M. A. G.	1901	3021 bis 3023	
	2112	55 120	B. M. A. G.	1901	3024	
	2113 und 2114	–	B. M. A. G.	1901	3025 und 3026	
	2135 und 2136	– , 55 125	B. M. A. G.	1903	3220 und 3221	
	2137 und 2138	– , 55 126	B. M. A. G.	1903	3222 und 3223	
	2139 und 2140	– , 55 148	Vulcan	1903	2057 und 2058	
	2141 und 2142	– , 55 149	Vulcan	1903	2059 und 2060	
	2143 bis 2146	–	Henschel	1904	6792 bis 6795	
	2147 bis 2150	55 234 bis 55 237	Henschel	1904	6796 bis 6799	
	2151	–	Henschel	1904	6800	
	2152 bis 2157	55 238 bis 55 243	Henschel	1904	6801 bis 6806	
	2158 und 2159	–	Henschel	1904	6807 und 6808	

Direktionsbezirk	Bahnnummern	DRG-Nummern	Hersteller	Baujahr	Fabriknummern	Bemerkungen/ Ausmusterung
	2160 bis 2162	55 244 bis 55 246	Henschel	1904	6809 bis 6811	
	2163	–	Henschel	1904	6812	
	2164 und 2165	55 247, –	Henschel	1904	6813 und 6814	
	2166 bis 2169	55 248 bis 55 251	Henschel	1904	6815 bis 6818	
	2170	–	Henschel	1904	6819	
	2171 und 2172	55 252, –	Henschel	1904	6820 und 6821	
	2173 und 2174	55 253, –	Henschel	1904	6822 und 6823	
	2175 und 2176	55 254, –	Henschel	1904	6824 und 6825	
	2179 bis 2182	55 292 bis 55 295	B. M. A. G.	1905	3456 bis 3459	
	2183 und 2184	– , 55 296	B. M. A. G.	1905	3460 und 3461	
	2185 und 2186	– , 55 297	B. M. A. G.	1905	3462 und 3463	
	2187 und 2188	– , 55 298	B. M. A. G.	1905	3464 und 3465	
	2189 und 2190	–	B. M. A. G.	1905	3466 und 3467	
	2191 und 2192	55 339, –	B. M. A. G.	1905	3564 und 3565	
	2193 und 2194	– , 55 340	B. M. A. G.	1905	3566 und 3567	
	2195 und 2196	–	B. M. A. G.	1906	3568 und 3569	
	2197	55 341	B. M. A. G.	1906	3570	
	2198	55 321	HANOMAG	1906	4657	
	2199 bis 2202	–	HANOMAG	1906	4658 bis 4661	
	2203 bis 2207	55 322 bis 55 326	HANOMAG	1906	4662 bis 4666	
	2208 und 2209	– , 55 327	HANOMAG	1906	4667 und 4668	
	2210 und 2211	55 328, –	HANOMAG	1906	4669 und 4670	
	2212	55 329	HANOMAG	1906	4671	
	G 7 4551 und 4552	55 359 und 55 360	B. M. A. G.	1906	3688 und 3689	
	G 7 4553	–	B. M. A. G.	1906	3690	
	G 7 4554 bis 4557	55 361 bis 55 364	B. M. A. G.	1906	3691 bis 3694	
	G 7 4558 und 4559	55 383 und 55 384	Vulcan	1906	2237 und 2238	
	G 7 4560 und 4561	–	Vulcan	1906	2239 und 2240	
	G 7 4562	55 385	Vulcan	1906	2241	
	G 7 4563 und 4564	55 336, –	Henschel	1906	7874 und 7875	
	G 7 4565	55 337	Henschel	1906	7876	
	G 7 4566 und 4567	55 366 und 55 367	B. M. A. G.	1907	3698 und 3699	
	G 7 4568 und 4569	– , 55 368	B. M. A. G.	1907	3700 und 3701	
	G 7 4570 und 4571	55 369, –	B. M. A. G.	1907	3702 und 3703	
	G 7 4572 und 4573	55 370, –	B. M. A. G.	1907	3704 und 3705	
	G 7 4574 bis 4577	55 371 bis 55 374	B. M. A. G.	1907	3706 bis 3709	
	G 7 4578 und 4579	– , 55 375	B. M. A. G.	1907	3710 und 3711	
	G 7 4580 und 4581	– , 55 376	B. M. A. G.	1907	3712 und 3713	
	G 7 4582 und 4583	–	B. M. A. G.	1907	3714 und 3715	
	G 7 4584 und 4585	– , 55 392	HANOMAG	1907	4834 und 4835	
	G 7 4586 und 4587	55 393, –	HANOMAG	1907	4836 und 4837	
	G 7 4588 und 4589	55 394, –	HANOMAG	1907	4838 und 4839	
	G 7 4590 bis 4592	55 395 bis 55 397	HANOMAG	1907	4840 bis 4842	
	G 7 4593	–	B. M. A. G.	1907	3818	
	G 7 4594 und 4595	55 414, –	B. M. A. G.	1907	3819 und 3820	
	G 7 4596 bis 4598	55 415 bis 55 417	B. M. A. G.	1907	3821 bis 3823	
	G 7 4599 und 4600	– , 55 418	B. M. A. G.	1907	3824 und 3825	
	G 7 4701	55 419	B. M. A. G.	1907	3826	
	G 7 4702 bis 4704	55 425 bis 55 427	B. M. A. G.	1907	3864 bis 3866	
	G 7 4705	–	B. M. A. G.	1907	3867	
	G 7 4706 und 4707	55 428 und 55 429	B. M. A. G.	1907	3868 und 3869	
	G 7 4708 und 4709	–	B. M. A. G.	1907	3870 und 3871	
	G 7 4710 und 4711	55 430 und 55 431	B. M. A. G.	1907	3872 und 3873	
	G 7 4712 und 4713	–	B. M. A. G.	1907	3874 und 3875	
	G 7 4714 bis 4719	55 432 bis 55 437	B. M. A. G.	1907	3876 bis 3881	
	G 7 4720 und 4721	– , 55 438	B. M. A. G.	1907	3882 und 3883	
	G 7 4722	–	B. M. A. G.	1907	3884	

Direktionsbezirk	Bahnnummern	DRG-Nummern	Hersteller	Baujahr	Fabriknummern	Bemerkungen/ Ausmusterung
	G 7 4723 und 4724	55 439 und 55 440	B. M. A. G.	1907	3885 und 3886	
	G 7 4725	–	B. M. A. G.	1907	3899	
	G 7 4726 und 4727	–	B. M. A. G.	1908	5122 und 5123	
	G 7 4728 und 4729	55 459, –	HANOMAG	1908	5124 und 5125	
	G 7 4730 und 4731	55 460 und 55 461	HANOMAG	1908	5126 und 5127	
	G 7 4732	–	HANOMAG	1908	5128	
	G 7 4733 bis 4738	55 462 bis 55 467	HANOMAG	1908	5129 bis 5134	
	G 7 4739	–	HANOMAG	1908	5135	
	G 7 4740 bis 4743	55 468 bis 55 471	HANOMAG	1908	5136 bis 5139	
	G 7 4744 und 4745	–	HANOMAG	1908	5140 und 5141	
	G 7 4746 bis 4748	55 472 bis 55 474	HANOMAG	1908	5142 bis 5144	
	G 7 4749	–	HANOMAG	1908	5145	
	G 7 4750 bis 4752	55 553 bis 55 555	Linke	1909	640 bis 642	
	G 7 4755 bis 4757	55 485 bis 55 487	Henschel	1908	8710 bis 8712	
	G 7 4758	–	Henschel	1908	8713	
	G 7 4759 und 4760	55 488 und 55 489	Henschel	1908	8714 und 8715	
	G 7 4761 bis 4763	–	Henschel	1908	8716 bis 8718	
	G 7 4764	55 490	Henschel	1908	8719	
	G 7 4765 bis 4767	–	Henschel	1908	8720 bis 8722	
	G 7 4768 und 4769	55 491 und 55 492	Henschel	1908	8723 und 8724	
	G 7 4770 und 4771	– , 55 493	Henschel	1908	8725 und 8726	
	G 7 4772 und 4773	–	Henschel	1908	8727 und 8728	
	G 7 4774 bis 4776	55 494 bis 55 496	Henschel	1908	8729 bis 8731	
	G 7 4777	–	B. M. A. G.	1908	4054	
	G 7 4778 bis 4780	55 498 bis 55 500	B. M. A. G.	1908	4055 bis 4057	
	G 7 4781 und 4782	–	B. M. A. G.	1908	4058 und 4059	
	G 7 4783 und 4784	55 501 und 55 502	B. M. A. G.	1908	4060 und 4061	
	G 7 4785 bis 4788	–	B. M. A. G.	1908	4062 bis 4065	
	G 7 4789 und 4790	55 503, –	B. M. A. G.	1908	4066 und 4067	
	G 7 4791	55 504	B. M. A. G.	1908	4068	
	G 7 4792 bis 4798	–	B. M. A. G.	1908	4069 bis 4075	
	G 7 4799 und 4800	55 505 und 55 506	B. M. A. G.	1908	4076 und 4077	
	G 7 5801 und 5802	55 507, –	B. M. A. G.	1908	4078 und 4079	
	G 7 5803 bis 5806	55 508 bis 55 511	B. M. A. G.	1908	4080 bis 4083	
	G 7 5807	–	B. M. A. G.	1908	4084	
	G 7 5808 bis 5814	55 512 bis 55 518	B. M. A. G.	1908	4085 bis 4091	
	G 7 5815 bis 5817	55 521 bis 55 523	B. M. A. G.	1908	4202 bis 4204	
	G 7 5818	–	B. M. A. G.	1908	4205	
	G 7 5819 bis 5821	55 524 bis 55 526	B. M. A. G.	1908	4206 bis 4208	
	G 7 5822	–	B. M. A. G.	1908	4209	
	G 7 5823 und 5824	55 527, –	B. M. A. G.	1908	4210 und 4211	
	G 7 5825 und 5826	55 533 und 55 534	Henschel	1909	9152 und 9153	
	G 7 5827	–	B. M. A. G.	1909	4218	
	G 7 5828 bis 5831	55 535 bis 55 538	B. M. A. G.	1909	4219 bis 4222	
	G 7 5832 und 5833	– , 55 539	B. M. A. G.	1909	4223 und 4224	
	G 7 5834 und 5835	–	B. M. A. G.	1909	4225 und 4226	
	G 7 5836 und 5837	55 540, –	B. M. A. G.	1909	4227 und 4228	
	G 7 5838 bis 5841	55 541 bis 55 544	B. M. A. G.	1909	4229 bis 4232	
	G 7 5842 und 5843	–	Vulcan	1908	2473 und 2474	
	G 7 5844 bis 5849	55 547 bis 55 552	Vulcan	1908	2475 bis 2480	
	G 7 5877 bis 5880	55 622 bis 55 625	Henschel	1916	14041 bis 14044	
	G 7 5881 bis 5883	–	Henschel	1916	14045 bis 14047	
	G 7 5884 und 5885	55 626 und 55 627	Henschel	1916	14048 und 14049	
	G 7 5886	–	Henschel	1916	14050	
Frankfurt	1165 und 1166	55 048 und 55 049	B. M. A. G.	1900	2779 und 2780	
	1167	–	B. M. A. G.	1900	2781	
	1168 und 1169	55 050, –	B. M. A. G.	1900	2782 und 2783	

Direktionsbezirk	Bahnnummern	DRG-Nummern	Hersteller	Baujahr	Fabriknummern	Bemerkungen/ Ausmusterung
Halle	G 7 4401	–	Henschel	1916	14026	
	G 7 4402 und 4403	55 612, –	Henschel	1916	14027 und 14028	
	G 7 4404 bis 4406	55 613 bis 55 615	Henschel	1916	14029 bis 14031	
	G 7 4407 und 4408	– , 55 616	Henschel	1916	14032 und 14033	
	G 7 4409 und 4410	–	Henschel	1916	14034 und 14035	
	G 7 4411 bis 4415	55 617 bis 55 621	Henschel	1916	14036 bis 14040	
	G 7 4416 und 4417	–	B. M. A. G.	1916	6035 und 6036	
Hannover	1320 und 1321	–	HANOMAG	1904	4131 und 4132	
	1322 und 1323	55 178, –	HANOMAG	1904	4133 und 4134	
	1324	–	Schichau	1904	1316	
	G 7 4406 bis 4411	55 584 bis 55 589	HANOMAG	1916	7918 bis 7923	
	G 7 4412 und 4413	–	HANOMAG	1916	7924 und 7925	
	G 7 4414	55 590	HANOMAG	1916	7926	
	G 7 4415 und 4416	–	HANOMAG	1916	7927 und 7928	
	G 7 4417 und 4418	55 591 und 55 592	HANOMAG	1916	7929 und 7930	
	G 7 4419 bis 4421	–	HANOMAG	1916	7931 bis 7933	
	G 7 4422	55 593	HANOMAG	1916	7934	
Kattowitz	600	–	B. M. A. G.	1903	3217	
	601 und 602	55 123 und 55 124	B. M. A. G.	1903	3218 und 3219	
	603 und 604	55 167 und 55 168	Linke	1903	174 und 175	
	605	–	Linke	1903	176	
	606	55 162	Schichau	1904	1301	
	607 bis 609	–	Schichau	1904	1302 bis 1304	
	610	55 163	Schichau	1904	1305	
	611	55 280	Schichau	1904	1333	
	612 bis 616	55 192 bis 55 196	Schichau	1904	1334 bis 1338	
	617 und 618	–	Schichau	1904	1339 und 1340	
	619 bis 622	55 224 bis 55 227	Hartmann	1904	2880 bis 2883	
	G 7 4424	–	HANOMAG	1916	7942	
	G 7 4425 bis 4427	55 598 bis 55 600	HANOMAG	1916	7943 bis 7945	
	G 7 4428 und 4429	–	HANOMAG	1916	7946 und 7947	
	G 7 4430 bis 4433	55 601 bis 55 604	Henschel	1916	13996 bis 13999	
	G 7 4434 und 4435	–	Henschel	1916	14000 und 14001	
	G 7 4436 bis 4438	55 605 bis 55 607	Henschel	1916	14002 bis 14004	
	G 7 4439	–	Henschel	1916	14005	
	G 7 4440	55 637	B. M. A. G.	1916	6007	
	G 7 4441 und 4442	55 658 und 55 659	Linke	1916	1375 und 1376	
	G 7 4443 und 4444	–	Orenstein	1917	8183 und 8184	
	G 7 4445	55 660	Orenstein	1917	8185	
	G 7 4446 bis 4448	–	Orenstein	1917	8186 bis 8188	
Königsberg	G 7 4401 bis 4406	–	Borsig	1916	9576 bis 9581	
	G 7 4407	55 581	Borsig	1916	9582	
	G 7 4408 bis 4415	–	Borsig	1916	9583 bis 9590	
	G 7 4416	55 582	Borsig	1916	9591	
	G 7 4417 bis 4419	–	Borsig	1916	9592 bis 9594	
	G 7 4420	55 583	Borsig	1916	9595	
	G 7 4421 bis 4425	–	Borsig	1916	9596 bis 9600	
Magdeburg	1327	55 127	B. M. A. G.	1903	3224	
	1328 bis 1330	–	B. M. A. G.	1903	3225 bis 3227	
	1331 und 1332	–	Schichau	1904	1311 und 1312	
	1333 und 1334	55 165, –	Schichau	1904	1313 und 1314	
	1335	55 166	Schichau	1904	1315	
	1336 und 1337	55 187, –	Vulcan	1904	2102 und 2103	
	1338 und 1339	– , 55 188	Vulcan	1904	2104 und 2105	
	1340 bis 1344	55 271 bis 55 275	Linke	1904	257 bis 261	
	1345	–	Linke	1904	262	
	1346 bis 1349	55 308 bis 55 311	Linke	1905	317 bis 320	

Direktionsbezirk	Bahnnummern	DRG-Nummern	Hersteller	Baujahr	Fabriknummern	Bemerkungen/ Ausmusterung
	1350	–	Linke	1905	321	
	1351 und 1352	55 312 und 55 313	Linke	1905	322 und 323	
	1353 und 1354	55 348 und 55 349	B. M. A. G.	1905	3582 und 3583	
	G 7 4429	55 353	B. M. A. G.	1906	3652	
	G 7 4430 und 4431	–	B. M. A. G.	1906	3653 und 3654	
	G 7 4432 und 4433	55 354, –	B. M. A. G.	1906	3655 und 3656	
	G 7 4434 und 4435	55 355 und 55 356	B. M. A. G.	1906	3657 und 3658	
	G 7 4436 und 4437	55 333, –	Henschel	1906	7868 und 7869	
	G 7 4438 und 4439	55 334 und 55 335	Henschel	1906	7870 und 7871	
	G 7 4440 und 4441	–	Henschel	1907	7872 und 7873	
	G 7 4442	55 381	B. M. A. G.	1907	3722	
	G 7 4443 bis 4446	–	B. M. A. G.	1907	3803 bis 3806	
	G 7 4447 und 4448	55 407 und 55 408	B. M. A. G.	1907	3807 und 3808	
	G 7 4449 und 4450	–	B. M. A. G.	1907	3809 und 3810	
	G 7 4451 und 4452	55 409 und 55 410	B. M. A. G.	1907	3811 und 3812	
	G 7 4453	–	B. M. A. G.	1907	3813	
	G 7 4454 und 4455	–	B. M. A. G.	1907	3889 und 3890	
	G 7 4456 und 4457	55 443, –	B. M. A. G.	1907	3891 und 3892	
	G 7 4458	55 444	B. M. A. G.	1907	3893	
	G 7 4459 bis 4463	–	Henschel	1916	14051 bis 14055	
	G 7 4464	55 628	Henschel	1916	14056	
	G 7 4465 bis 4468	–	Henschel	1916	14057 bis 14060	
Mainz	1229 bis 1231	–	B. M. A. G.	1903	3228 bis 3230	
	1232 und 1233	– , 55 216	HANOMAG	1904	4235 und 4236	
	1234 und 1235	55 217, –	HANOMAG	1904	4237 und 4238	
	1236 und 1237	55 218, –	HANOMAG	1904	4239 und 4240	
	1238 und 1239	55 220, –	Hartmann	1904	2875 und 2876	
	1240 bis 1242	55 221 bis 55 223	Hartmann	1904	2877 bis 2879	
	1243 und 1244	55 283 und 55 284	Henschel	1905	7151 und 7152	
	1245 und 1246	– , 55 285	Henschel	1905	7153 und 7154	
	1247	–	Henschel	1905	7155	
	1248 bis 1250	55 287 bis 55 289	Henschel	1905	7422 bis 7424	
	1251	–	Henschel	1905	7425	
	1252 und 1253	55 290 und 55 291	Henschel	1905	7426 und 7427	
	1254 und 1255	–	B. M. A. G.	1906	3659 und 3660	
	1256 und 1257	55 357, –	B. M. A. G.	1906	3661 und 3662	
	1258	55 358	B. M. A. G.	1906	3663	
	G 7 4431 und 4432	–	Henschel	1907	7877 und 7878	
	G 7 4433 und 4434	55 338, –	Henschel	1907	7879 und 7880	
	G 7 4435	–	B. M. A. G.	1907	3800	
	G 7 4436 und 4437	55 405 und 55 406	B. M. A. G.	1907	3801 und 3802	
	G 7 4438 und 4439	55 441 und 55 442	B. M. A. G.	1907	3887 und 3888	
	G 7 4440 und 4441	55 445, –	B. M. A. G.	1907	3894 und 3895	
	G 7 4442	55 446	B. M. A. G.	1907	3896	
	G 7 4443 und 4444	– , 55 497	Henschel	1908	8732 und 8733	
	G 7 4445	–	Henschel	1909	9467	
	G 7 4446 und 4447	55 566 und 55 567	Henschel	1909	9468 und 9469	
	G 7 4448	–	Henschel	1909	9567	
	G 7 4449 und 4450	– , 55 651	Jung	1918	2436 und 2437	
	G 7 4451 und 4452	–	Jung	1918	2438 und 2439	
	G 7 4453 und 4454	55 652 und 55 653	Jung	1918	2440 und 2441	
Münster	1206	55 142	B. M. A. G.	1904	3278	
	1207 und 1208	–	B. M. A. G.	1904	3279 und 3280	
	1209 bis 1213	55 143 bis 55 147	B. M. A. G.	1904	3281 bis 3285	
	1214 und 1215	55 153, –	Vulcan	1904	2066 und 2067	
	1216 und 1217	55 154, –	Vulcan	1904	2068 und 2069	
	1218 bis 1221	55 155 bis 55 158	Vulcan	1904	2070 bis 2073	

Direktionsbezirk	Bahnnummern	DRG-Nummern	Hersteller	Baujahr	Fabriknummern	Bemerkungen/ Ausmusterung
	1222	–	Vulcan	1904	2074	
	1223 und 1224	–	HANOMAG	1904	4135 und 4136	
	1225 und 1226	55 179, –	HANOMAG	1904	4137 und 4138	
	1227 und 1228	55 180 und 55 181	HANOMAG	1904	4139 und 4140	
	1229	–	HANOMAG	1904	4141	
	1230 bis 1232	55 182 bis 55 184	HANOMAG	1904	4142 bis 4144	
	1233	–	HANOMAG	1904	4145	
	1234	–	Schichau	1904	1341	
	1235 bis 1238	55 197 bis 55 200	Schichau	1904	1342 bis 1345	
	1239 und 1240	– , 55 200	Schichau	1904	1346 und 1347	
	1241 und 1242	55 202, –	Schichau	1904	1348 und 1349	
	1243 bis 1245	55 203 bis 55 205	Schichau	1904	1350 bis 1352	
	1246 und 1247	– , 55 206	Schichau	1904	1353 und 1354	
	1248 und 1249	– , 55 207	Schichau	1904	1355 und 1356	
	G 7 4451 und 4452	–	Henschel	1916	14061 und 14062	
	G 7 4453	55 629	Henschel	1916	14063	
	G 7 4454 bis 4458	–	Henschel	1916	14064 bis 14068	
Posen	G 7 4459 und 4460	55 630 und 55 631	Henschel	1916	14069 und 14070	
	G 7 4688 bis 4691	–	B. M. A. G.	1916	6008 bis 6011	
	G 7 4692 und 4693	55 638 und 55 639	B. M. A. G.	1916	6012 und 6013	
	G 7 4694 und 4695	–	B. M. A. G.	1916	6014 und 6015	
	G 7 4696 und 4697	55 640 und 55 641	B. M. A. G.	1916	6016 und 6017	
	G 7 4698 und 4699	–	B. M. A. G.	1916	6018 und 6019	
	G 7 4700 und 4701	55 642 und 55 643	B. M. A. G.	1916	6020 und 6021	
	G 7 4702	–	B. M. A. G.	1916	6022	
Saarbrücken	2002 und 2003	– , 55 117	B. M. A. G.	1901	3001 und 3002	
	2004 bis 2006	–	B. M. A. G.	1901	3003 bis 3005	
	2007	55 118	B. M. A. G.	1901	3006	
	2008 bis 2010	–	B. M. A. G.	1901	3007 bis 3009	
	2011	55 119	B. M. A. G.	1901	3010	
	2012 und 2013	55 185, –	HANOMAG	1904	4146 und 4147	
	2014 und 1015	– , 55 186	HANOMAG	1904	4148 und 4149	
	2016	–	B. M. A. G.	1904	3360	
	2017 und 2018	55 256, –	B. M. A. G.	1904	3361 und 3362	
	2019 bis 2023	55 267 bis 55 261	B. M. A. G.	1904	3363 bis 3367	
	2024	55 255	Henschel	1904	6826	
	2025 und 2026	–	Henschel	1904	6827 und 6828	
	2027		Henschel	1905	7150	
	2028 bis 2030	–	B. M. A. G.	1905	3482 bis 3484	
	2037 bis 2039	–	Henschel	1905	7419 bis 7421	
	G 7 4442 und 4443	55 403 und 55 404	B. M. A. G.	1907	3797 und 3798	
	G 7 4444 bis 4447	–	Henschel	1909	9470 bis 9473	
	G 7 4448	55 575	Henschel	1909	9474	
	G 7 4449 und 4450	55 576 und 55 577	Henschel	1909	9568 und 9569	
	G 7 4451 bis 4453	–	Jung	1918	2442 bis 2444	
	G 7 4454	55 654	Jung	1918	2445	
Stettin	913 und 914	55 128 und 55 129	Linke	1903	159 und 160	
	915 und 916	–	Linke	1903	161 und 162	
	917	55 130	Linke	1903	163	
	918	55 164	Schichau	1904	1306	
	919 bis 922	–	Schichau	1904	1307 bis 1310	
	G 7 4401 und 4402	– , 55 647	Vulcan	1916	3163 und 3164	
	G 7 4403 bis 4406	–	Vulcan	1916	3165 bis 3168	
	G 7 4407 und 4408	55 648, –	Vulcan	1916	3169 und 3170	
	G 7 4409 und 4410	55 649 und 55 650	Vulcan	1916	3171 und 3172	

G 7^2

4/4 G. L. v.
Normalbauart
DRG-Baureihe 55^{7-13}
(→ EFA 1.2)

D n2v

1895

Techn. Daten: Seite 203

Als mit dem Erlaß des Ministeriums der öffentlichen Arbeiten aus dem Jahre 1895 die Entscheidung über den Weiterbau von Verbundlokomotiven herbeigeführt worden war, wurde auch die vierfach gekuppelte Güterzuglokomotive ab 1895 mit Verbund-Triebwerk beschafft (D n2v).
Die Stückzahl stieg von 27 bis Ende des Jahres 1895 gebauten Lokomotiven auf 367 bis Ende des Jahres 1900, auf 746 bis Ende des Jahres 1905 und auf 1610 bis Ende des Jahres 1910. Die letzten G 7^2 Normalbauart wurden 1911 gebaut. Damit standen bei den Preußisch-Hessischen Staatsbahnen insgesamt 1642 Maschinen dieses Typs im Dienst, die sich auf alle Direktionsbezirke mit Ausnahme des Direktionsbezirks Berlin verteilten. Die meisten Lokomotiven waren durch die Eisenbahn-Direktionen Cassel (196 Maschinen), Erfurt (128 Maschinen), Frankfurt (120 Maschinen), Bromberg (104 Maschinen) und Münster (100 Maschinen) beschafft worden.
Das für die G 7^2 Normalbauart gültige Musterblatt trug die Bezeichnung III 3 i. Abweichungen zur D n2

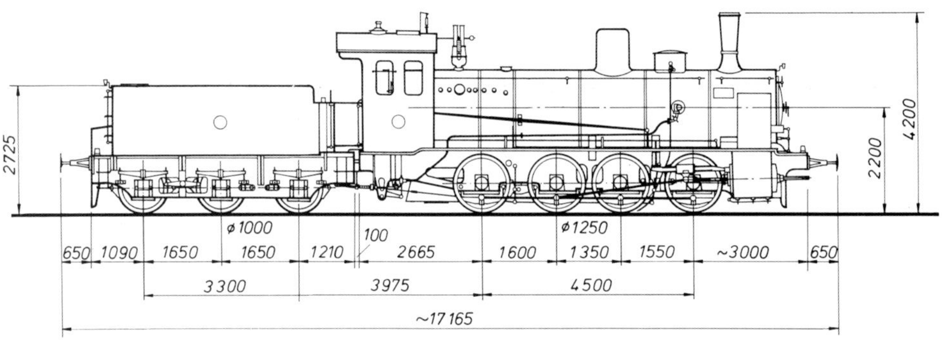

HANOMAG 1895. Lieferzustand. Wechselvorrichtung Bauart Mallet/ v. Borries, Dampfbremse, kurzes Führerhausdach.
Tender: 3 T 12 nach Musterblatt III 5 b.
Zeichnung: Taege

HANOMAG 1895/2686. Cassel 2017; ab 1906 G 7 Cassel 4627. Lieferzustand. Nichtsaugende Dampfstrahlpumpen, Wechselvorrichtung Bauart Mallet/v. Borries, Dampfbremse und kurzes Führerhausdach. Die Lokomotive entstammt dem ersten Baulos der 4/4 G. L. v. Normalbauart, das geschlossen in den Direktionsbezirk Cassel ging (Cassel 2008 bis 2017).
Foto: Werkaufnahme, Archiv transpress

Schichau 1904/1369. Bromberg 813; ab 1905 Essen 2136; ab 1907 G 7 Essen 4662; ab 1910 G 7 Cassel 4514; DRG 55 969. Lieferzustand. Saugende Dampfstrahlpumpen, Wechselschieber Bauart Dultz, Dampfbremse, Bedienungseinrichtung für Seilbremse und langes Führerhausdach.
Foto: Werkaufnahme, Archiv Töpelmann

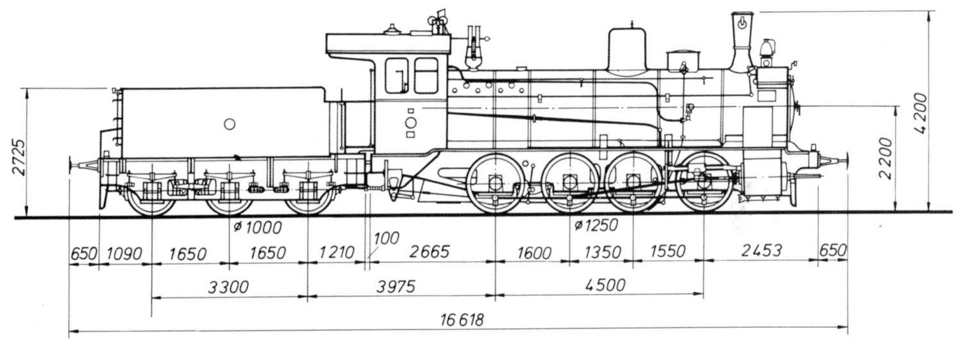

Schichau 1904. Lieferzustand. Wechselschieber Bauart Dultz, Dampfbremse, Bedienungseinrichtung für Seilbremse, langes Führerhausdach.
Tender: 3 T 12 nach Musterblatt III 5 b.
Zeichnung: Taege

Normalbauart (G 7¹) bestanden in den durch das Verbundsystem erforderlichen Änderungen. Die Rohrlänge war, um die Massezunahme durch die schwerere Dampfmaschine auszugleichen, 400 mm kürzer, die Rauchkammer, um den Verbinder aufnehmen zu können, länger (1 434 mm statt 1 260 mm), und die Zylinder waren wegen des größeren Durchmessers des ND-Zylinders 1:20 statt 1:40 geneigt. Die Tragfedern lagen vermutlich bereits bei den ersten Maschinen unterhalb der Achslager. Ab 1897 erhielten die G 7² fast ausschließlich den Wechselschieber Bauart Dultz, die neugebauten Lokomotiven vom gleichen Jahre an längere, die Tenderbrücke überragende Führerhausdächer. Einige der ersten in den Direktionsbezirk Hannover gelieferten Lokomotiven wiesen teilweise abweichende Abmessungen auf. Zumindest eine dieser Lokomotiven stattete man später mit einer Speisewasser-Vorwärmanlage aus (Foto S. 82).

Ansonsten entsprachen die G 7² Normalbauart der Zwillingsausführung, es wurden die gleichen konstruktiven Änderungen vorgenommen, und auch der Betriebsmaschinendienst und der Verbleib beider Lokomotivtypen unterschied sich bis auf die Einschränkung, daß die Verbundausführung weniger gut für den Rangierdienst und für Zugfahrten mit dem Tender voran geeignet war, kaum voneinander.

In der Ebene konnte die G 7² Normalbauart einen Güterzug von 1 715 t Masse mit 40 km/h ziehen. Über die Steigung 1:100 konnte sie einen Güterzug von 530 t Masse mit

Henschel 1907/8225. G 7 Stettin 4624. Als Lokomotive des M. G. D.-Bezirks Warschau, M. E. D.-Bezirk Riga, Feld-Betriebswerkstatt Riga. Die Speisewasser-Vorwärmeranlage ist nachträglich eingebaut worden.
Foto: Sammlung Siebert

ihrer Reibungsgeschwindigkeit von 19 km/h befördern. Ihre größte indizierte Leistung betrug 650 kW (870 PS), die zugehörige günstigste Geschwindigkeit 50 km/h.
Ab 1905 ordnete man die Maschinen in die Gruppe G 7 und die für die Verbundlokomotiven dieser Gruppe vorgesehene Bahnnummernreihe 4601 bis 4800 ein. Da diese Nummern aufgrund der hohen Stückzahlen in einigen Direktionsbezirken nicht ausreichten, wies man den Lokomotiven der Gruppe G 7 später zusätzlich die Bahnnummernreihe 5801 bis 6000 zu.
Die DRG übernahm mit 691 G 7^2 eine Maschine dieser Gattung weniger in den 3. Umzeichnungsplan aus dem Jahre 1925 als in den 2. Umzeichnungsplan von 1923. Sie erhielten die Betriebsnummern 55 702 bis 55 1392. Die 55 965 war die inzwischen umgebaute G 7^2 Bauart Lentz.

Sonderausführungen

Einige nach 1904 gebaute Lokomotiven
Kessel: Gewölbte Feuerbüchsdecke.
Einige während des ersten Weltkrieges bei der Deutschen Heeresbahn eingesetzte Lokomotiven
Während des ersten Weltkrieges in Panzerzuglokomotiven umgebaut.
Sonderausführungen: Verkleidung durch Panzerplatten.

Direktionsbezirk	Bahnnummern	DRG-Nummern	Hersteller	Baujahr	Fabriknummern	Bemerkungen/ Ausmusterung
1895/1896						
Altona	1100 und 1101	– , 55 772	Vulcan	1898	1687 und 1688	
	1102 und 1103	–	Vulcan	1898	1689 und 1690	
	1104	55 773	Vulcan	1898	1691	
	1105 und 1106	55 790 und 55 791	HANOMAG	1900	3522 und 3523	
	1107 und 1108	– , 55 792	HANOMAG	1900	3524 und 3525	
	1109 und 1110	55 793, –	HANOMAG	1900	3526 und 3527	
	1111	55 872	Henschel	1901	5607	
	1112 bis 1114	–	Henschel	1901	5608 bis 5610	
	1115 und 1116	55 873, –	Henschel	1901	5611 und 5612	
	1117 und 1118	– , 55 874	Henschel	1901	5613 und 5614	
	1119 und 1120	–	Henschel	1901	5931 und 5932	
	1121	55 885	Henschel	1901	5933	
	1122 und 1123	55 899 und 55 900	HANOMAG	1902	3800 und 3801	
Breslau	710 und 711	–	Vulcan	1900	1841 und 1842	

Direktionsbezirk	Bahnnummern	DRG-Nummern	Hersteller	Baujahr	Fabriknummern	Bemerkungen/ Ausmusterung
	712 und 713	55 847, –	Vulcan	1900	1843 und 1844	
	714 und 715	55 848, –	Vulcan	1900	1845 und 1846	
	716	55 849	Vulcan	1900	1847	
	717 bis 719	–	Henschel	1900	5560 bis 5562	
	720	55 875	Henschel	1901	5747	
	721 und 722	–	Henschel	1901	5748 und 5749	
	723 und 724	55 876, –	Henschel	1901	5750 und 5751	
	725	–	Linke	1902	101	
	726 und 727	55 929 und 55 930	Linke	1902	102 und 103	
	728 bis 730	–	Linke	1902	104 bis 106	
	731 bis 733	55 931 bis 55 933	Linke	1902	107 bis 109	
	734	–	Linke	1902	110	
	735	55 892	Vulcan	1901	1912	
	736 und 737	–	Linke	1902	127 und 128	
	738 bis 745	–	Linke	1902	131 bis 138	
	G 7 4637	–	Henschel	1907	8243	
	G 7 4638 und 4639	55 1165 und 55 1166	Henschel	1907	8244 und 8245	
	G 7 4640 bis 4647	–	Henschel	1907	8246 bis 8253	
	G 7 4648	55 1338	Linke	1906	715	
	G 7 4649 bis 4655	–	Linke	1910	716 bis 722	
	G 7 4656	55 1339	Linke	1910	723	
	G 7 4657 und 4658	–	Linke	1910	724 und 725	
Bromberg	810 und 811	55 967, –	Schichau	1904	1366 und 1367	
	812 bis 814	55 968 bis 55 970	Schichau	1904	1368 bis 1370	
	820 bis 823	–	Vulcan	1901	1913 bis 1916	
	824	55 893	Vulcan	1901	1917	
	825	–	Linke	1902	118	
	826 und 827	–	Linke	1902	121 und 122	
	828	–	Linke	1902	126	
	829 bis 832	–	Vulcan	1902	1963 bis 1966	
	833 bis 835	–	Linke	1902	141 bis 143	
	836	–	Linke	1903	148	
	837 bis 840	–	Schichau	1905	1413 bis 1416	
	841	55 984	Schichau	1905	1417	
	842 bis 846	–	Schichau	1905	1418 bis 1422	
	847 bis 850	–	Schichau	1905	1437 bis 1440	
	851 und 852	55 990, –	Schichau	1905	1441 und 1442	
	G 7 4650 bis 4655	–	HANOMAG	1907	4890 bis 4895	
	G 7 4656	–	Hohenzollern	1907	2200	
	G 7 4657	–	Linke	1907	481	
	G 7 4658 und 4659	55 1181, –	Linke	1907	482 und 483	
	G 7 4660	–	Schichau	1907	1584	
	G 7 4661 bis 4665	–	Linke	1907	493 bis 497	
	G 7 4666 und 4667	–	Henschel	1907	8228 und 8229	
	G 7 4668 bis 4673	–	HANOMAG	1908	5315 bis 5320	
	G 7 4674	–	Henschel	1908	8656	
	G 7 4675 und 4676	55 1191 und 55 1192	Henschel	1908	8657 und 8658	
	G 7 4677 bis 4683	–	Henschel	1908	8659 bis 8665	
	G 7 4684 bis 4686	–	B. M. A. G.	1908	4214 bis 4216	
	G 7 4687	–	Linke	1909	628	
	G 7 4688 und 4689	55 1251 und 55 1252	Linke	1909	629 und 630	
	G 7 4690	–	Union	1909	1708	
	G 7 4691	55 1301	Union	1909	1740	
	G 7 4692 bis 4696	–	Union	1909	1741 bis 1745	
	G 7 4697 und 4698	55 1340, –	Linke	1910	726 und 727	
	G 7 4699 und 4700	– , 55 1341	Linke	1910	728 und 729	
	G 7 4703 und 4704	–	Linke	1910	760 und 761	

Direktionsbezirk	Bahnnummern	DRG-Nummern	Hersteller	Baujahr	Fabriknummern	Bemerkungen/ Ausmusterung
	G 7 4705 bis 4708	–	Orenstein	1910	3918 bis 3921	
	G 7 4709	55 1365	Linke	1910	782	
	G 7 4710 bis 4712	–	Linke	1910	783 bis 785	
	G 7 4713	–	Linke	1911	837	
	G 7 4714 bis 4718	–	Orenstein	1911	4608 bis 4612	
	G 7 4719	55 1392	Orenstein	1911	4613	
Cassel	2008 und 2009	–	HANOMAG	1895	2677 und 2678	
	2010	55 706	HANOMAG	1895	2679	
	2011 bis 2017	–	HANOMAG	1895	2680 bis 2686	
	2018 bis 2021	–	HANOMAG	1896	2801 bis 2804	
	2022 bis 2024	–	Henschel	1897	4568 bis 4570	
	2025 bis 2032	–	Henschel	1897	4720 bis 4727	
	2033 und 2034	55 755, –	Henschel	1898	4924 und 4925	
	2035 und 2036	– , 55 756	Henschel	1898	4926 und 4927	
	2037 und 2038	55 783, –	HANOMAG	1898	3189 und 3190	
	2039 und 2040	55 784, –	HANOMAG	1898	3191 und 3192	
	2041 und 2042	55 785, –	HANOMAG	1898	3193 und 3194	
	2057	55 789	Vulcan	1899	1756	
	2058 bis 2060	–	Vulcan	1899	1757 bis 1759	
	2061 und 2062	– , 55 807	Henschel	1900	5458 und 5459	
	2063 und 2064	–	Henschel	1900	5460 und 5461	
	2065 und 2066	55 808, –	Henschel	1900	5462 und 5463	
	2067 und 2068	55 836, –	Henschel	1900	5558 und 5559	
	2069	–	Henschel	1901	5603	
	2070 bis 2072	55 844 bis 55 846	Henschel	1901	5604 bis 5606	
	2073 und 2074	–	Henschel	1901	5752 und 5753	
	2075 und 2076	55 877 und 55 878	Henschel	1901	5754 und 5755	
	2077 und 2078	– , 55 879	Henschel	1901	5756 und 5757	
	2079 und 2080	55 880, –	Henschel	1901	5758 und 5759	
	2081 und 2082	55 881, –	Henschel	1901	5760 und 5761	
	2083 und 2084	– , 55 882	Henschel	1901	5762 und 5763	
	2085 und 2086	55 883, –	Henschel	1901	5764 und 5765	
	2087	55 884	Henschel	1901	5766	
	2088 bis 2090	55 938 bis 55 940	Henschel	1902	6153 bis 6155	
	2091 bis 2093	–	Henschel	1902	6156 bis 6158	
	2094 und 2095	– , 55 941	Henschel	1903	6159 und 6160	
	2096 und 2097	– , 55 942	Henschel	1903	6161 und 6162	
	2098 und 2099	–	Henschel	1903	6163 und 6164	
	2100 und 2101	–	HANOMAG	1905	4381 und 4382	
	2102 und 2103	55 971 und 55 972	HANOMAG	1905	4383 und 4384	
	2104 bis 2106	55 995 bis 55 997	Henschel	1905	7393 bis 7395	
	G 7 4717 und 4718	55 1004 und 55 1005	Henschel	1906	7407 und 7408	
	G 7 4719 und 4720	–	Henschel	1906	7409 und 7410	
	G 7 4721	55 1006	Henschel	1906	7411	
	G 7 4722 bis 4724	–	Henschel	1906	7412 bis 7414	
	G 7 4725 und 4726	55 1023 und 55 1024	Henschel	1906	7727 und 7728	
	G 7 4727	–	Henschel	1906	7729	
	G 7 4728 bis 4730	55 1025 bis 55 1027	Henschel	1906	7730 bis 7732	
	G 7 4731 und 4732	– , 55 1028	Henschel	1906	7733 und 7734	
	G 7 4733 und 4734	–	Henschel	1906	7735 und 7736	
	G 7 4735 und 4736	– , 55 1012	Schichau	1906	1503 und 1504	
	G 7 4737 und 4738	55 1031 und 55 1032	Union	1907	1507 und 1508	
	G 7 4739 und 4740	– , 55 1033	Union	1907	1509 und 1510	
	G 7 4741 und 4742	55 1034, –	Union	1907	1511 und 1512	
	G 7 4743 und 4744	55 1035, –	Union	1907	1513 und 1514	
	G 7 4745	55 1036	Union	1907	1515	
	G 7 4746 bis 4749	55 1065 bis 55 1068	Henschel	1907	7978 bis 7981	
	G 7 4750	–	Henschel	1907	7982	

Direktionsbezirk	Bahnnummern	DRG-Nummern	Hersteller	Baujahr	Fabriknummern	Bemerkungen/ Ausmusterung
	G 7 4751 bis 4753	55 1069 bis 55 1071	Henschel	1907	7983 bis 7985	
	G 7 4754 und 4755	– , 55 1129	Henschel	1907	8153 und 8154	
	G 7 4756 und 4757	–	Henschel	1907	8155 und 8156	
	G 7 4758 und 4759	55 1130, –	Henschel	1907	8157 und 8158	
	G 7 4760 und 4761	55 1131, –	Henschel	1907	8159 und 8160	
	G 7 4768 bis 4771	55 1197 bis 55 1200	Henschel	1908	8675 bis 8678	
	G 7 4772 und 4773	– , 55 1201	Henschel	1908	8679 und 8680	
	G 7 4774 und 4775	– , 55 1202	Henschel	1908	8681 und 8682	
	G 7 4776 bis 4782	–	Henschel	1908	8683 bis 8689	
	G 7 4783 und 4784	55 1203, –	Henschel	1908	8690 und 8691	
	G 7 4785	55 1269	Henschel	1909	9117	
	G 7 4786 bis 4788	–	Henschel	1909	9118 bis 9120	
	G 7 4789 und 4790	55 1270 und 55 1271	Henschel	1909	9121 und 9122	
	G 7 4791	–	Union	1909	1711	
	G 7 4792 bis 4794	55 1289 bis 55 1291	Henschel	1909	9424 bis 9426	9426 U: h2v
	G 7 4795 und 4796	– , 55 1292	Henschel	1909	9427 und 9428	
	G 7 4797 und 4798	55 1293, –	Henschel	1909	9429 und 9430	9429 U: h2v
	G 7 4799 und 4800	55 1294, –	Henschel	1909	9431 und 9432	
	G 7 5801 und 5802	55 1295, –	Henschel	1909	9433 und 9434	
	G 7 5803 und 5804	– , 55 1296	Henschel	1909	9435 und 9436	
	G 7 5805 und 5806	55 1324, –	Henschel	1909	9600 und 9601	
	G 7 5807 bis 5809	55 1325 bis 55 1327	Henschel	1909	9602 bis 9604	
	G 7 5810 und 5811	– , 55 1328	Henschel	1909	9605 und 9606	
	G 7 5812 und 5813	55 1329, –	Henschel	1909	9607 und 9608	
	G 7 5814 und 5815	55 1330, –	Henschel	1909	9609 und 9610	
	G 7 5816	55 1258	HANOMAG	1910	5791	
	G 7 5817 bis 5819	–	HANOMAG	1910	5792 bis 5794	
	G 7 5820	55 1259	HANOMAG	1910	5795	
	G 7 5821 und 5822	–	HANOMAG	1910	5796 und 5797	
	G 7 5823 und 5824	55 1260, –	HANOMAG	1910	5798 und 5799	
	G 7 5825 und 5826	55 1261 und 55 1262	HANOMAG	1910	5802 und 5803	
	G 7 5827 und 5828	55 1372, –	Henschel	1910	10180 und 10181	
	G 7 5829 und 5830	55 1373, –	Henschel	1910	10182 und 10183	
	G 7 5831 und 5832	55 1374, –	Henschel	1910	10184 und 10185	
	G 7 5833	55 1375	Henschel	1910	10186	
Coeln	660	55 961	HANOMAG	1903	3977	
	661 bis 663	–	HANOMAG	1903	3978 bis 3980	
	664	55 962	HANOMAG	1903	3981	
	665 bis 667	–	HANOMAG	1903	3982 bis 3984	
	1319	–	Vulcan	1895	1454	
	1320 bis 1322	55 702 bis 55 704	Vulcan	1895	1455 bis 1457	
	1323 und 1324	– , 55 705	Vulcan	1895	1458 und 1459	
	1325 und 1326	55 712, –	HANOMAG	1896	2796 und 2797	
	1327 und 1328	55 713, –	HANOMAG	1896	2798 und 2799	
	1329	55 714	HANOMAG	1896	2800	
	1330 bis 1333	55 717 bis 55 720	HANOMAG	1897	2841 bis 2844	
	1334	–	HANOMAG	1897	2845	
	1336 bis 1339	–	HANOMAG	1897	2949 bis 2952	
	1340 und 1341	55 728, –	HANOMAG	1897	2953 und 2954	
	G 7 4632 und 4633	55 1123 und 55 1124	Henschel	1907	8143 und 8144	
	G 7 4634 bis 4637	–	Henschel	1907	8145 bis 8148	
	G 7 4638 bis 4641	55 1125 bis 55 1128	Henschel	1907	8149 bis 8152	
	G 7 4642 und 4643	–	HANOMAG	1908	5107 und 5108	
	G 7 4644 und 4645	55 1119 und 55 1120	HANOMAG	1908	5109 und 5110	
	G 7 4646	–	HANOMAG	1907	8214	
	G 7 4647 bis 4649	55 1150 bis 55 1152	HANOMAG	1907	8215 bis 8217	
	G 7 4650	–	HANOMAG	1907	8218	
	G 7 4655 und 4656	–	Henschel	1911	10458 und 10459	

Direktionsbezirk	Bahnnummern	DRG-Nummern	Hersteller	Baujahr	Fabriknummern	Bemerkungen/ Ausmusterung
Danzig	G 7 4601 und 4602	– , 55 1157	Henschel	1907	8230 und 8231	
	G 7 4603 bis 4606	–	Henschel	1908	8639 bis 8642	
	G 7 4607	55 1187	Henschel	1908	8643	
	G 7 4608 bis 4612	–	Henschel	1908	8644 bis 8648	
	G 7 4613 bis 4615	–	Linke	1908	591 bis 593	
	G 7 4616	55 1272	Henschel	1909	9123	
	G 7 4617	–	Linke	1909	660	
	G 7 4618 und 4619	55 1302, –	Union	1909	1746 und 1747	
	G 7 4620 bis 4622	–	Linke	1909	678 bis 680	
	G 7 4623 bis 4625	–	Linke	1910	732 bis 734	
	G 7 4626	55 1342	Linke	1910	735	
Elberfeld	820 bis 822	–	Vulcan	1895	1460 bis 1462	
	823	55 707	Vulcan	1895	1463	
	824	–	Vulcan	1896	1530	
	825 und 826	55 715 und 55 716	Vulcan	1896	1531 und 1532	
	827 bis 829	–	Henschel	1897	4565 bis 4567	
	830 und 831	– , 55 751	Henschel	1898	4912 und 4913	
	832 bis 834	–	Henschel	1898	4914 bis 4916	
	835	55 752	Henschel	1898	4917	
	836 und 837	–	HANOMAG	1898	3167 und 3168	
	838 und 839	55 774, –	HANOMAG	1898	3169 und 3170	
	840 und 841	– , 55 775	HANOMAG	1898	3171 und 3172	
	842 und 843	– , 55 776	HANOMAG	1898	3173 und 3174	
	844 und 845	–	HANOMAG	1898	3175 und 3176	
	846	–	Vulcan	1899	1747	
	847 und 848	55 786, –	Vulcan	1899	1748 und 1749	
	849 und 850	55 787, –	Vulcan	1899	1750 und 1751	
	851 bis 853	–	Vulcan	1900	1793 bis 1795	
	854 und 855	55 826 und 55 827	Vulcan	1900	1796 und 1797	
	856 und 857	–	Vulcan	1900	1798 und 1799	
	858 und 859	55 828, –	Vulcan	1900	1800 und 1801	
	860	55 829	Vulcan	1900	1802	
	861	–	Vulcan	1900	1818	
	862 bis 864	55 794 bis 55 796	HANOMAG	1900	3528 bis 3530	
	865 und 866	–	HANOMAG	1900	3531 und 3532	
	867 und 868	55 797, –	HANOMAG	1900	3533 und 3534	
	869 und 870	– , 55 798	HANOMAG	1900	3535 und 3536	
	871	–	HANOMAG	1900	3537	
	880 und 881	55 799, –	HANOMAG	1900	3538 und 3539	
	882 und 883	55 800, –	HANOMAG	1900	3540 und 3541	
	884	55 801	HANOMAG	1900	3542	
	885 bis 888	–	Linke	1901	57 bis 60	
	889 und 890	–	Linke	1902	66 und 67	
	891	–	Linke	1902	73	
	892	–	HANOMAG	1901	3702	
	893 und 894	–	Henschel	1901	5934 und 5935	
	895 und 896	55 886 und 55 887	Henschel	1901	5936 und 5937	
	897 bis 899	–	Henschel	1901	5938 bis 5940	
	900 und 901	55 901 und 55 902	B. M. A. G.	1902	3092 und 3093	
	902	–	B. M. A. G.	1902	3094	
	903 bis 905	55 903 bis 55 905	B. M. A. G.	1902	3095 bis 3097	
	906 bis 910	–	B. M. A. G.	1902	3098 bis 3102	
Erfurt	1320 und 1321	55 1022, –	Henschel	1906	7712 und 7713	
	1324 und 1325	55 1013, –	Linke	1906	357 und 358	
	1331 und 1332	55 906, –	B. M. A. G.	1902	3103 und 3104	
	1333 und 1334	55 907 und 55 908	B. M. A. G.	1902	3105 und 3106	
	1335 und 1336	–	B. M. A. G.	1902	3107 und 3108	
	1337	55 909	B. M. A. G.	1902	3109	

Direktionsbezirk	Bahnnummern	DRG-Nummern	Hersteller	Baujahr	Fabriknummern	Bemerkungen/ Ausmusterung
	1338	–	Vulcan	1902	1975	
	1339 bis 1342	55 922 bis 55 925	Vulcan	1902	1976 bis 1979	
	1343 und 1344	–	Vulcan	1902	1980 und 1981	
	1345 und 1346	55 926 und 55 927	Vulcan	1902	1982 und 1983	
	1354 und 1355	55 708, –	Vulcan	1895	1464 und 1465	
	1356 bis 1358	–	Henschel	1897	4634 bis 4636	
	1359	55 743	Henschel	1897	4637	
	1360 bis 1362	55 760 bis 55 762	Vulcan	1898	1660 bis 1662	
	1363	–	Vulcan	1898	1663	
	1364 und 1365	55 763, –	Vulcan	1898	1664 und 1665	
	1366	55 777	HANOMAG	1898	3177	
	1367 und 1368	–	Vulcan	1898	1682 und 1683	
	1369 und 1370	55 770 und 55 771	Vulcan	1898	1684 und 1685	
	1371	–	Vulcan	1898	1686	
	1372 und 1373	55 809, –	Henschel	1900	5464 und 5465	
	1374 bis 1377	55 810 bis 55 813	Henschel	1900	5466 bis 5469	
	1378 und 1379	–	Henschel	1900	5470 und 5471	
	1380 bis 1382	–	Henschel	1901	5941 bis 5943	
	1383 und 1384	55 888, –	Henschel	1901	5944 und 5945	
	1385	–	Linke	1902	114	
	1386 und 1387	55 934 und 55 935	Linke	1902	115 und 116	
	1388 und 1389	– , 55 936	Linke	1902	123 und 124	
	1390	–	Henschel	1905	7400	
	1391	55 973	HANOMAG	1905	4385	
	1392 bis 1394	–	HANOMAG	1905	4386 bis 4388	
	1395	55 974	HANOMAG	1905	4389	
	G 7 4663	55 1044	Linke	1907	395	
	G 7 4664 und 4665	–	Schichau	1907	1507 und 1508	
	G 7 4666 und 4667	55 1039 und 55 1040	Schichau	1907	1509 und 1510	
	G 7 4668 und 4669	–	Schichau	1907	1511 und 1512	
	G 7 4670	55 1041	Schichau	1907	1513	
	G 7 4671 und 4672	55 1087, –	Hohenzollern	1907	2188 und 2189	
	G 7 4673	55 1088	Hohenzollern	1907	2190	
	G 7 4674 bis 4678	–	Hohenzollern	1907	2191 bis 2195	
	G 7 4679	55 1089	Hohenzollern	1907	2196	
	G 7 4680 bis 4682	–	Hohenzollern	1907	2197 bis 2199	
	G 7 4683 und 4684	–	HANOMAG	1908	5060 und 5061	
	G 7 4685 und 4686	55 1109, –	HANOMAG	1908	5062 und 5063	
	G 7 4687 und 4688	55 1100, –	HANOMAG	1908	5064 und 5065	
	G 7 4689 und 4690	– , 55 1167	Henschel	1907	8254 und 8255	
	G 7 4691 und 4692	–	Henschel	1907	8256 und 8257	
	G 7 4693	–	HANOMAG	1908	5261	
	G 7 4694 und 4695	55 1216 und 55 1217	HANOMAG	1908	5262 und 5263	
	G 7 4696 bis 4698	–	HANOMAG	1908	5264 bis 5266	
	G 7 4699	55 1218	HANOMAG	1908	5267	
	G 7 4700	55 1244	HANOMAG	1909	5434	
	G 7 4701	55 1248	B. M. A. G.	1909	4217	
	G 7 4702	55 1273	Henschel	1909	9124	
	G 7 4703 und 4704	– , 55 1285	Henschel	1909	9415 und 9416	
	G 7 4705 und 4706	– , 55 1286	Henschel	1909	9417 und 9418	
	G 7 4707 und 4708	55 1287, –	Henschel	1909	9419 und 9420	
	G 7 4709	55 1311	Linke	1909	687	
	G 7 4710	–	Henschel	1909	9570	
	G 7 4711 und 4712	55 1312, –	Henschel	1909	9571 und 9572	
	G 7 4713 und 4714	55 1313, –	Henschel	1909	9573 und 9574	
	G 7 4715 und 4716	55 1314, –	Henschel	1909	9575 und 9576	
	G 7 4717 und 4718	55 1349 und 55 1350	B. M. A. G.	1910	4513 und 4514	
	G 7 4719 bis 4721	–	B. M. A. G.	1910	4515 bis 4517	

Direktionsbezirk	Bahnnummern	DRG-Nummern	Hersteller	Baujahr	Fabriknummern	Bemerkungen/ Ausmusterung
	G 7 4722	55 1361	Orenstein	1910	3922	
	G 7 4723 bis 4725	55 1376 bis 55 1378	Henschel	1910	10187 bis 10189	
	G 7 4726	–	Henschel	1910	10190	
	G 7 4727 und 4728	55 1379, –	Henschel	1911	10460 und 10461	
Essen	499 und 500	–	Vulcan	1895	1469 und 1470	
	510 und 511	–	Henschel	1897	4560 und 4561	
	512 und 513	55 734, –	Henschel	1897	4562 und 4563	
	514	55 735	Henschel	1897	4564	
	518 bis 523	–	HANOMAG	1897	2955 bis 2960	
	524 bis 526	55 729 bis 55 731	HANOMAG	1897	2961 bis 2963	
	527 bis 530	–	HANOMAG	1897	2964 bis 2967	
	531 und 532	55 732 und 55 733	HANOMAG	1897	2968 und 2969	
	533	55 764	Vulcan	1898	1666	
	534 bis 538	–	Vulcan	1898	1667 bis 1671	
	539	55 765	Vulcan	1898	1672	
	540 und 541	– , 55 768	Vulcan	1898	1677 und 1678	
	542 und 543	–	Vulcan	1898	1679 und 1680	
	544	55 769	Vulcan	1898	1681	
	545 und 546	– ,– 55 778	HANOMAG	1898	3178 und 3179	
	547 und 548	55 779, –	HANOMAG	1898	3180 und 3181	
	2115 und 2116	55 953, –	HANOMAG	1903	3957 und 3958	
	2117	55 954	HANOMAG	1903	3959	
	2118 bis 2120	–	HANOMAG	1903	3960 bis 3962	
	2121 und 2122	55 955 und 55 956	HANOMAG	1903	3963 und 3964	
	2123 bis 2125	–	HANOMAG	1903	3965 bis 3967	
	2126 und 2127	55 957, –	HANOMAG	1903	3968 und 3969	
	2128 und 2129	55 958, –	HANOMAG	1903	3970 und 3971	
	2130	55 959	HANOMAG	1903	3972	
	2131 und 2132	–	HANOMAG	1903	3973 und 3974	
	2133 und 2134	55 960, –	HANOMAG	1903	3975 und 3976	
Frankfurt	1160 bis 1162	55 709 bis 55 711	Vulcan	1905	1471 bis 1473	
	1163 und 1164	55 749 und 55 750	HANOMAG	1898	3114 und 3115	
	1170 und 1171	– , 55 814	Henschel	1900	5472 und 5473	
	1172 und 1173	55 815, –	Henschel	1900	5474 und 5475	
	1174 und 1175	– , 55 816	Henschel	1900	5476 und 5477	
	1176 und 1177	55 817,	Henschel	1900	5478 und 5479	
	1178 bis 1180	55 818 bis 55 820	Henschel	1900	5480 bis 5482	
	1181	–	Henschel	1900	5483	
	1182 und 1183	– , 55 855	Grafenstaden	1900	5052 und 5053	
	1184 und 1185	55 856, –	Grafenstaden	1900	5054 und 5055	
	1186	55 857	Grafenstaden	1900	5056	
	1187 bis 1189	55 841 bis 55 843	Henschel	1900	5600 bis 5602	
	1190 bis 1192	–	HANOMAG	1901	3703 bis 3705	
	1193 bis 1196	55 860 bis 55 863	HANOMAG	1901	3706 bis 3709	
	1197	–	HANOMAG	1901	3710	
	1198	–	B. M. A. G.	1902	3110	
	1199 bis 1202	55 910 bis 55 913	B. M. A. G.	1902	3111 bis 3114	
	1203	–	B. M. A. G.	1902	3115	
	1204 und 1205	55 914, –	B. M. A. G.	1902	3116 und 3117	
	1206 und 1207	55 915, –	B. M. A. G.	1902	3118 und 3119	
	1215 und 1216	55 975, –	HANOMAG	1905	4390 und 4391	
	1217 und 1218	55 976, –	HANOMAG	1905	4392 und 4393	
	1219 und 1220	55 998, –	Henschel	1905	7396 und 7397	
	1221 und 1222	55 999 und 55 1000	Henschel	1905	7398 und 7399	
	G 7 4657 bis 4659	55 1007 bis 55 1009	Henschel	1906	7415 bis 7417	
	G 7 4660 und 4661	55 1049, –	HANOMAG	1907	4804 und 4805	
	G 7 4662 und 4663	55 1050, –	HANOMAG	1907	4806 und 4807	
	G 7 4664 bis 4666	55 1051 bis 55 1053	HANOMAG	1907	4808 bis 4810	

Direktionsbezirk	Bahnnummern	DRG-Nummern	Hersteller	Baujahr	Fabriknummern	Bemerkungen/ Ausmusterung
	G 7 4667 bis 4671	55 1096 bis 55 1100	HANOMAG	1907	4896 bis 4900	
	G 7 4672 und 4673	–	HANOMAG	1907	4901 und 4902	
	G 7 4674 und 4675	55 1101, –	HANOMAG	1907	4903 und 4904	
	G 7 4676	55 1102	HANOMAG	1907	4905	
	G 7 4677 bis 4680	55 1132 bis 55 1135	Henschel	1907	8161 bis 8164	
	G 7 4681	–	Henschel	1907	8165	
	G 7 4682 und 4683	55 1136 und 55 1137	Henschel	1907	8166 und 8167	
	G 7 4684 und 4685	55 1168 und 55 1169	Henschel	1908	8258 und 8259	
	G 7 4686	–	Henschel	1908	8260	
	G 7 4687 und 4688	– , 55 1245	HANOMAG	1909	5435 und 5436	
	G 7 4689 bis 4693	55 1274 bis 55 1278	Henschel	1909	9125 bis 9129	
	G 7 4694	–	Union	1909	1712	
	G 7 4695 und 4696	55 1253, –	Grafenstaden	1909	6024 und 6025	
	G 7 4697 bis 4699	55 1254 bis 55 1256	Grafenstaden	1909	6026 bis 6028	
	G 7 4700 und 4701	– , 55 1257	Grafenstaden	1909	6029 und 6030	
	G 7 4702 und 4703	– , 55 1321	Henschel	1909	9594 und 9595	
	G 7 4704 und 4705	– , 55 1322	Henschel	1909	9596 und 9597	
	G 7 4706	–	Henschel	1909	9598	
	G 7 4707 bis 4714	55 1224 bis 55 1231	HANOMAG	1908	5284 bis 5291	
	G 7 4715 und 4716	– , 55 1232	HANOMAG	1908	5292 und 5293	
	G 7 4717 und 4718	–	HANOMAG	1908	5294 und 5295	
	G 7 4719 und 4720	55 1233, –	HANOMAG	1908	5296 und 5297	
	G 7 4721 und 4722	55 1234 und 55 1235	HANOMAG	1908	5298 und 5299	
	G 7 4723	55 1323	Henschel	1909	9599	
	G 7 4724	55 1263	HANOMAG	1910	5804	
	G 7 4725	55 1366	Linke	1910	786	
Halle	1450 bis 1454	–	Linke	1906	352 bis 356	
	G 7 4606 und 4607	55 1011, –	Schichau	1906	1501 und 1502	
	G 7 4608 und 4609	55 1037 und 55 1038	Schichau	1907	1505 und 1506	
	G 7 4610 und 4611	– , 55 1075	Henschel	1907	7992 und 7993	
	G 7 4612	–	Hohenzollern	1907	2201	
	G 7 4613 und 4614	–	HANOMAG	1908	5066 und 5067	
	G 7 4615 und 4616	55 1111 und 55 1112	HANOMAG	1908	5068 und 5069	
	G 7 4617	–	HANOMAG	1908	5070	
	G 7 4618 und 4619	55 1113, –	HANOMAG	1908	5071 und 5072	
	G 7 4620 und 4621	55 1114 und 55 1115	HANOMAG	1908	5073 und 5074	
Hannover	1350 bis 1355	–	Vulcan	1896	1520 bis 1525	
	1356 bis 1361	55 721 bis 55 726	Vulcan	1897	1542 bis 1547	
	1362 und 1363	55 737, –	Vulcan	1897	1569 und 1570	
	1364 bis 1368	55 738 bis 55 742	Vulcan	1897	1571 bis 1575	
	1369 und 1370	–	HANOMAG	1898	3109 und 3110	
	1371 bis 1373	55 746 bis 55 748	HANOMAG	1898	3111 bis 3113	
	1374	55 780	HANOMAG	1898	3182	
	1375 bis 1377	–	HANOMAG	1898	3183 bis 3185	
	1378 und 1379	55 781 und 55 782	HANOMAG	1898	3186 und 3187	
	1380	–	HANOMAG	1898	3188	
	1381	–	HANOMAG	1900	3543	
	1382 und 1383	55 802, –	HANOMAG	1900	3544 und 3545	
	1384 und 1385	55 803 und 55 804	HANOMAG	1900	3546 und 3547	
	1386	55 898	HANOMAG	1902	3795	
	1387 bis 1390	–	HANOMAG	1902	3796 bis 3799	
	1391 und 1392	–	HANOMAG	1905	4394 und 4395	
	1393	55 978	HANOMAG	1905	4405	
	1394	–	HANOMAG	1906	4543	
	1395 und 1396	55 993 und 55 994	HANOMAG	1906	4554 und 4555	
	G 7 4649	55 1017	HANOMAG	1906	4714	
	G 7 4650 bis 4652	–	HANOMAG	1906	4715 bis 4717	
	G 7 4653	55 1018	HANOMAG	1906	4718	

Direktionsbezirk	Bahnnummern	DRG-Nummern	Hersteller	Baujahr	Fabriknummern	Bemerkungen/ Ausmusterung
	G 7 4654 bis 4657	–	HANOMAG	1906	4719 bis 4722	
	G 7 4658 und 4659	55 1019 und 55 1020	HANOMAG	1906	4723 und 4724	
	G 7 4660	–	HANOMAG	1907	4795	
	G 7 4661 und 4662	55 1045, –	HANOMAG	1907	4796 und 4797	
	G 7 4663 und 4664	55 1046 und 55 1047	HANOMAG	1907	4798 und 4799	
	G 7 4665 und 4666	55 1056, –	Henschel	1907	7907 und 7908	
	G 7 4667 und 4668	55 1057 und 55 1058	Henschel	1907	7909 und 7910	
	G 7 4669	–	Henschel	1907	7911	
	G 7 4670 bis 4672	–	Henschel	1907	7973 bis 7975	
	G 7 4673 und 4674	55 1064, –	Henschel	1907	7976 und 7977	
	G 7 4675 und 4676	55 1103 und 55 1104	HANOMAG	1908	5051 und 5052	
	G 7 4677 und 4678	–	HANOMAG	1908	5053 und 5054	
	G 7 4679 und 4680	55 1116 und 55 1117	HANOMAG	1908	5075 und 5076	
	G 7 4681 und 4682	– , 55 1118	HANOMAG	1908	5077 und 5078	
	G 7 4683 und 4684	–	HANOMAG	1908	5079 und 5080	
	G 7 4685 und 4686	55 1121 und 55 1122	HANOMAG	1908	5111 und 5112	
	G 7 4687 bis 4689	–	HANOMAG	1908	5113 bis 5115	
	G 7 4690 bis 4692	–	HANOMAG	1908	5268 bis 5270	
	G 7 4693	55 1220	HANOMAG	1908	5276	
	G 7 4694 und 4695	–	HANOMAG	1908	5277 und 5278	
	G 7 4696 bis 4698	55 1221 und 55 1223	HANOMAG	1908	5279 bis 5281	
	G 7 4699 und 4700	–	HANOMAG	1908	5282 und 5283	
	G 7 4701	–	HANOMAG	1908	5300	
	G 7 4702 bis 4704	55 1236 bis 55 1238	HANOMAG	1908	5301 bis 5303	
	G 7 4705	–	HANOMAC	1908	5304	
	G 7 4706 und 4707	– , 55 1246	HANOMAG	1909	5437 und 5438	
	G 7 4708 und 4709	55 1247, –	HANOMAG	1909	5439 und 5440	
	G 7 4710 und 4711	55 1279 und 55 1280	Henschel	1909	9130 und 9131	
	G 7 4712 und 4713	–	Henschel	1909	9437 und 9438	
	G 7 4714	55 1297	Henschel	1909	9439	
	G 7 4715 und 4716	– , 55 1331	Henschel	1909	9611 und 9612	
	G 7 4717	–	HANOMAG	1910	5805	
	G 7 4718 bis 4720	55 1264 bis 55 1266	HANOMAG	1910	5806 bis 5808	
	G 7 4721	–	HANOMAG	1910	5809	
	G 7 4722 und 4723	55 1363 und 55 1364	Linke	1910	779 und 780	
	G 7 4724	–	Linke	1910	781	
	G 7 4725 bis 4728	–	Henschel	1911	10462 bis 10465	
	G 7 4729 bis 4731	55 1380 bis 55 1382	Henschel	1911	10466 bis 10468	
Kattowitz	518	55 952	Linke	1902	147	
	519 und 520	– , 55 950	Linke	1902	129 und 130	
	521 und 522	–	Linke	1902	139 und 140	
	523 und 524	–	Linke	1902	143 und 144	
	525	55 951	Linke	1902	146	
	526	–	Schichau	1904	1363	
	527 und 528	55 966, –	Schichau	1904	1364 und 1365	
	529	–	Henschel	1906	7401	
	530 und 531	55 001 und 55 1002	Henschel	1906	7402 und 7403	
	532	55 977	HANOMAG	1905	4396	
	533 bis 537	–	HANOMAG	1906	4397 bis 4401	
	538 und 539	–	Henschel	1906	7404 und 7405	
	540	55 1003	Henschel	1906	7406	
	1406 und 1407	–	Vulcan	1900	1851 und 1852	
	1408 und 1409	55 852, –	Vulcan	1900	1853 und 1854	
	1410	55 853	Vulcan	1900	1855	
	1411 bis 1414	–	Vulcan	1900	1856 bis 1859	
	1415	55 854	Vulcan	1900	1860	
	1416 und 1417	–	Linke	1901	62 und 63	
	1418 und 1419	–	Linke	1902	68 und 69	

Direktionsbezirk	Bahnnummern	DRG-Nummern	Hersteller	Baujahr	Fabriknummern	Bemerkungen/ Ausmusterung
	1420	–	Linke	1902	74	
	1421	55 891	Vulcan	1901	1918	
	1422 und 1423	–	Vulcan	1901	1919 und 1920	
	G 7 4642	–	Linke	1906	387	
	G 7 4643 bis 4645	–	Linke	1907	388 bis 390	
	G 7 4646	55 1043	Linke	1907	391	
	G 7 4647 bis 4649	–	Linke	1907	392 bis 394	
	G 7 4650 und 4651	– , 55 1094	Linke	1906	409 und 410	
	G 7 4652 und 4653	–	Linke	1906	411 und 412	
	G 7 4654	55 1095	Linke	1906	413	
	G 7 4655 und 4656	–	Linke	1906	414 und 415	
	G 7 4657 bis 4659	–	Schichau	1906	1497 bis 1499	
	G 7 4660	55 1010	Schichau	1906	1500	
	G 7 4661 und 4662	– , 55 1029	Union	1907	1502 und 1503	
	G 7 4663 und 4664	–	Union	1907	1504 und 1505	
	G 7 4665	55 1030	Union	1907	1506	
	G 7 4666 und 4667	–	Schichau	1907	1514 und 1515	
	G 7 4668	55 1042	Schichau	1907	1516	
	G 7 4669 und 4670	–	Schichau	1907	1517 und 1518	
	G 7 4671 und 4672	55 1176, –	Linke	1907	472 und 473	
	G 7 4673 und 4674	55 1177, –	Linke	1907	474 und 475	
	G 7 4675 und 4676	55 1178, –	Linke	1907	476 und 477	
	G 7 4677 und 4678	55 1179 und 55 1180	Linke	1907	478 und 479	
	G 7 4679	–	Linke	1907	480	
	G 7 4680 und 4681	– , 55 1182	Linke	1907	484 und 485	
	G 7 4682 und 4683	55 1183, –	Linke	1907	486 und 487	
	G 7 4684 und 4685	55 1184, –	Linke	1907	488 und 489	
	G 7 4686 und 4687	55 1170 und 55 1171	Henschel	1908	8261 und 8262	
	G 7 4688	–	Henschel	1908	8263	
	G 7 4689 und 4690	–	Henschel	1908	8649 und 8650	
	G 7 4691 und 4692	55 1188, –	Henschel	1908	8651 und 8652	
	G 7 4693 und 4694	55 1189 und 55 1190	Henschel	1908	8653 und 8654	
	G 7 4695	–	Henschel	1908	8655	
	G 7 4696 und 4697	– , 55 1204	Linke	1908	565 und 566	
	G 7 4698 bis 4704	–	Linke	1908	567 bis 573	
	G 7 4705 und 4706	55 1205, –	Linke	1908	574 und 575	
	G 7 4707 und 4708	55 1206, –	Linke	1908	576 und 577	
	G 7 4709 bis 4712	55 1209 bis 55 1212	Linke	1908	594 bis 597	
	G 7 4713 und 4714	55 1249, –	Linke	1909	623 und 624	
	G 7 4715	55 1250,	Linke	1909	625	
	G 7 4716 und 4717	55 1214, –	Linke	1909	626 und 627	
	G 7 4718	–	Union	1909	1710	
	G 7 4719 und 4720	55 1307, –	Linke	1909	674 und 675	
	G 7 4721	55 1308	Linke	1909	676	
	G 7 4722	55 1215	Linke	1909	677	
	G 7 4723	55 1337	Linke	1909	712	
	G 7 4724 und 4725	–	Linke	1910	713 und 714	
	G 7 4726 bis 4729	55 1343 bis 55 1346	Linke	1910	736 bis 739	
	G 7 4730 bis 4736	55 1354 bis 55 1360	Linke	1910	762 bis 768	
	G 7 4737	–	Linke	1910	769	
	G 7 4738	55 1362	Linke	1910	775	
	G 7 4739 bis 4741	–	Linke	1910	776 bis 778	
	G 7 4744 und 4745	55 1389 und 55 1390	Linke	1911	838 und 839	
	G 7 4746	–	Linke	1911	840	
	G 7 4747 und 4748	55 1391, –	Linke	1911	841 und 842	
Königsberg	1360	55 979	Schichau	1905	1400	
	1361 und 1362	–	Schichau	1905	1401 und 1402	
	1363 und 1364	55 980 und 55 981	Schichau	1905	1403 und 1404	

Direktionsbezirk	Bahnnummern	DRG-Nummern	Hersteller	Baujahr	Fabriknummern	Bemerkungen/ Ausmusterung
	1365 und 1366	– , 55 982	Schichau	1905	1405 und 1406	
	1367 bis 1370	–	Schichau	1905	1407 bis 1410	
	1371 und 1372	55 983, –	Schichau	1905	1411 und 1412	
	1373	55 987	Schichau	1905	1431	
	1374 bis 1376	–	Schichau	1905	1432 bis 1434	
	1377 und 1378	55 988 und 55 989	Schichau	1905	1435 und 1436	
	G 7 4630 und 4631	55 1076 und 55 1077	Hohenzollern	1907	2169 und 2170	
	G 7 4632	–	Hohenzollern	1907	2171	
	G 7 4633 bis 4636	55 1078 bis 55 1081	Hohenzollern	1907	2172 bis 2175	
	G 7 4637	–	Hohenzollern	1907	2176	
	G 7 4638 und 4639	55 1090, –	B. M. A. G.	1907	3827 und 3828	
	G 7 4640 und 4641	– , 55 1091	B. M. A. G.	1907	3829 und 3830	
	G 7 4642 und 4643	55 1092, –	B. M. A. G.	1907	3831 und 3832	
	G 7 4644 bis 4649	–	Schichau	1907	1575 bis 1580	
	G 7 4650	55 1093	Schichau	1907	1581	
	G 7 4651 und 4652	–	Schichau	1907	1582 und 1583	
Magdeburg	1300 und 1301	55 766, –	Vulcan	1898	1673 und 1674	
	1302 und 1303	– , 55 767	Vulcan	1898	1675 und 1676	
	1304 bis 1307	–	Henschel	1900	5451 bis 5454	
	1308 und 1309	55 805 und 55 806	Henschel	1900	5455 bis 5456	
	1310	–	Henschel	1900	5457	
	1311 und 1312	55 894 und 55 895	Linke	1901	55 und 56	
	1313	–	Linke	1901	61	
	1314 und 1315	55 896, –	Linke	1902	64 und 65	
	1316	55 897	Linke	1902	70	
	1317 und 1318	–	Linke	1902	71 und 72	
	1319 bis 1324	–	Vulcan	1902	1967 bis 1972	
	1325 und 1326	55 920 und 55 921	Vulcan	1902	1973 und 1974	
	G 7 4628 bis 4630	55 1138 bis 55 1140	Henschel	1907	8168 bis 8170	
	G 7 4631 und 4632	–	Henschel	1907	8171 und 8172	
	G 7 4633 und 4634	55 1158 und 55 1159	Henschel	1907	8232 und 8233	
	G 7 4635	–	Henschel	1907	8234	
	G 7 4636	–	Linke	1909	681	
	G 7 4637 und 4638	55 1309 und 55 1310	Linke	1909	682 und 683	
	G 7 4639 bis 4641	–	Linke	1909	684 bis 686	
	G 7 4642 bis 4646	55 1332 bis 55 1336	Henschel	1909	9613 bis 9617	
	G 7 4647 bis 4649	–	B. M. A. G.	1910	4518 bis 4520	
	G 7 4650 und 4651	55 1351 und 55 1352	B. M. A. G.	1910	4521 und 4522	
	G 7 4652 und 4653	– , 55 1353	B. M. A. G.	1910	4523 und 4524	
	G 7 4654 bis 4656	55 1367 bis 55 1369	Orenstein	1911	4308 bis 4310	
	G 7 4657	–	Orenstein	1911	4311	
Mainz	1200 bis 1203	–	Henschel	1900	5216 bis 5219	
	1204 bis 1207	–	Henschel	1900	5490 bis 5493	
	1208	55 824	Henschel	1900	5494	
	1209	55 825	Henschel	1900	5593	
	1210 und 1211	55 837, –	Henschel	1900	5594 und 5595	
	1212 und 1213	55 864 und 55 865	HANOMAG	1901	3711 und 3712	
	1214 bis 1217	–	HANOMAG	1901	3713 bis 3716	
	1218	55 866	HANOMAG	1901	3717	
	1219 und 1220	– , 55 916	B. M. A. G.	1902	3120 und 3121	
	1221 und 1222	– , 55 917	B. M. A. G.	1902	3122 und 3123	
	1223 und 1224	55 918, –	B. M. A. G.	1902	3124 und 3125	
	1225 und 1226	55 919, –	B. M. A. G.	1902	3126 und 3127	
	1227 und 1228	–	Henschel	1903	6190 und 6191	
	G 7 4630 bis 4632	55 1083 bis 55 1085	Hohenzollern	1907	2179 bis 2181	
	G 7 4633	–	Hohenzollern	1907	2182	
	G 7 4634 und 4635	55 1086, –	Hohenzollern	1907	2183 und 2184	
	G 7 4636 und 4637	55 1145, –	Henschel	1907	8185 und 8186	

Direktionsbezirk	Bahnnummern	DRG-Nummern	Hersteller	Baujahr	Fabriknummern	Bemerkungen/ Ausmusterung
	G 7 4638 bis 4640	55 1146 bis 55 1148	Henschel	1907	8187 bis 8189	
	G 7 4641 und 4642	– , 55 1149	Henschel	1907	8190 und 8191	
	G 7 4643 und 4644	–	Henschel	1908	8264 und 8265	
	G 7 4645	55 1219	HANOMAG	1908	5271	
	G 7 4646 bis 4649	–	HANOMAG	1908	5272 bis 5275	
	G 7 4650 und 4651	–	Henschel	1909	9132 und 9133	
	G 7 4652	55 1281	Henschel	1909	9134	
	G 7 4653	55 1300	Union	1909	1713	
	G 7 4654 bis 4656	–	Grafenstaden	1909	6031 und 6033	
	G 7 4657 und 4658	– , 55 1298	Henschel	1909	9440 und 9441	
	G 7 4659 und 4660	–	Henschel	1909	9442 und 9443	
	G 7 4661	55 1299	Henschel	1909	9444	
	G 7 4662	–	Henschel	1909	9586	
	G 7 4663 bis 4666	55 1316 bis 55 1319	Henschel	1909	9587 bis 9590	
	G 7 4667 und 4668	55 1267 und 55 1268	HANOMAG	1910	5810 und 5811	
	G 7 4669 und 4670	55 1370 und 55 1371	Orenstein	1911	4312 und 4113	
	G 7 4674 bis 4676	55 1383 bis 55 1385	Henschel	1911	10469 bis 10471	
Münster	1250 bis 1252	–	Vulcan	1895	1466 bis 1468	
	1253 bis 1256	–	Vulcan	1896	1526 bis 1529	
	1257 bis 1260	–	Vulcan	1897	1564 bis 1567	
	1261	55 736	Vulcan	1897	1568	
	1262	–	HANOMAG	1897	2946	
	1263 und 1264	55 727, –	HANOMAG	1897	2947 und 2948	
	1265 und 1266	–	Henschel	1897	4714 und 4715	
	1267 und 1268	55 744, –	Henschel	1897	4716 und 4717	
	1269 und 1270	55 745, –	Henschel	1897	4718 und 4719	
	1271	–	Henschel	1898	4918	
	1272 und 1273	55 753 und 55 754	Henschel	1898	4919 und 4920	
	1274 bis 1276	–	Henschel	1898	4921 bis 4923	
	1277 und 1278	–	Vulcan	1899	1752 und 1753	
	1279 und 1280	55 788, –	Vulcan	1899	1754 und 1755	
	1281 und 1282	–	Henschel	1900	5484 und 5485	
	1283 bis 1285	55 821 bis 55 823	Henschel	1900	5486 bis 5488	
	1286	–	Henschel	1900	5489	
	1287 und 1288	55 838 und 55 839	Henschel	1900	5596 und 5597	
	1289 und 1290	– , 55 840	Henschel	1900	5598 und 5599	
	1320 bis 1322	–	HANOMAG	1901	3718 bis 3720	
	1323 bis 1325	55 867 bis 55 869	HANOMAG	1901	3721 bis 3723	
	1326 und 1327	–	HANOMAG	1901	3724 und 3725	
	1328 und 1329	55 870 und 55 871	HANOMAG	1901	3726 und 3727	
	1330 und 1331	–	Henschel	1901	5946 und 5947	
	1332 und 1333	55 889 und 55 890	Henschel	1901	5948 und 5949	
	1334	–	Henschel	1901	5950	
	1335 und 1336	– , 55 943	Henschel	1902	6165 und 6166	
	1337 und 1338	55 944, –	Henschel	1903	6167 und 6168	
	1339 und 1340	– , 55 945	Henschel	1903	6169 und 6170	
	1341 und 1342	55 946, –	Henschel	1903	6171 und 6172	
	1343 und 1344	55 947, –	Henschel	1903	6173 und 6174	
	1345 und 1346	– , 55 963	HANOMAG	1903	3985 und 3986	
	1347 und 1348	– , 55 964	HANOMAG	1903	3987 und 3988	
	G 7 4674 bis 4679	–	HANOMAG	1906	4701 bis 4706	
	G 7 4680	55 1014 –	HANOMAG	1906	4707	
	G 7 4681 bis 4684	–	HANOMAG	1906	4708 bis 4711	
	G 7 4685 und 4686	55 1015 und 55 1016	HANOMAG	1906	4712 und 4713	
	G 7 4674^{II} bis 4676^{II}	55 1105 bis 55 1107	HANOMAG	1908	5055 bis 5057	
	G 7 4677^{II} und 4678^{II}	– , 55 1108	HANOMAG	1908	5058 und 5059	
	G 7 4679^{II} und 4680^{II}	55 1160 und 55 1161	Henschel	1907	8235 und 8236	
	G 7 4681^{II} und 4682^{II}	– 55 1162	Henschel	1907	8237 und 8238	

Direktionsbezirk	Bahnnummern	DRG-Nummern	Hersteller	Baujahr	Fabriknummern	Bemerkungen/ Ausmusterung
	G 7 4683[II] und 4684[II]	– , 55 1163	Henschel	1907	8239 und 8240	
	G 7 4685[II] und 4686[II]	55 1164, –	Henschel	1907	8241 und 8242	
	G 7 4687 und 4688	55 1386, –	Henschel	1911	10472 und 10473	
	G 7 4689 und 4690	55 1387 und 55 1388	Henschel	1911	10474 und 10475	
Posen	700	55 985	Schichau	1905	1423	
	701 bis 706	–	Schichau	1905	1424 bis 1429	
	707	55 986	Schichau	1905	1430	
	708	–	HANOMAG	1905	4402	
	709 bis 711	–	HANOMAG	1906	4556 bis 4558	
	712 und 713	– , 55 991	Schichau	1905	1443 und 1444	
	714 und 715	– , 55 992	Schichau	1905	1445 und 1446	
	G 7 4617 bis 4620	–	Henschel	1906	7705 bis 7708	
	G 7 4621	55 1021	Henschel	1906	7709	
	G 7 4622 und 4623	–	Henschel	1906	7710 und 7711	
	G 7 4624	–	Union	1907	1516	
	G 7 4625 und 4626	55 1072, –	Henschel	1907	7986 und 7987	
	G 7 4627 und 4628	55 1073 und 55 1074	Henschel	1907	7988 und 7989	
	G 7 4629 und 4630	–	Henschel	1907	7990 und 7991	
	G 7 4631 und 4632	– , 55 1175	Linke	1907	466 und 467	
	G 7 4633 bis 4636	–	Linke	1907	468 bis 471	
	G 7 4637 und 4638	–	Henschel	1907	8228 und 8229	
	G 7 4639 und 4640	55 1185, –	Linke	1907	490 und 491	
	G 7 4641	55 1186	Linke	1907	492	
	G 7 4642 bis 4646	–	Henschel	1908	8266 bis 8270	
	G 7 4647 und 4648	– , 55 1207	Linke	1908	578 und 579	
	G 7 4649 bis 4653	–	Linke	1908	580 bis 584	
	G 7 4654 und 4655	55 1208, –	Linke	1908	585 und 586	
	G 7 4556	55 1213	Linke	1908	598	
	G 7 4657	–	Henschel	1909	9135	
	G 7 4658 und 4659	55 1282, –	Henschel	1909	9136 und 9137	
	G 7 4660	–	Union	1909	1709	
	G 7 4661 bis 4663	55 1303 bis 55 1305	Linke	1909	661 bis 663	
	G 7 4664 bis 4670	–	Linke	1909	664 bis 670	
	G 7 4671	55 1306	Linke	1909	671	
	G 7 4672 und 4673	–	Linke	1909	672 und 673	
	G 7 4674 und 4675	– , 55 1315	Henschel	1909	9577 und 9578	
	G 7 4676 bis 4682	–	Henschel	1909	9579 bis 9585	
	G 7 4683 und 4684	–	Orenstein	1910	3581 und 3582	
Saarbrücken	1307 und 1308	55 757, –	Henschel	1898	4928 und 4929	
	1309 und 1310	– , 55 758	Henschel	1898	4930 und 4931	
	1311 und 1312	– , 55 759	Henschel	1898	4932 und 4933	
	2056 bis 2058	55 830 bis 55 832	Henschel	1900	5548 bis 5550	
	2059 und 2060	– , 55 833	Henschel	1900	5551 und 5552	
	2061 bis 2063	–	Henschel	1900	5553 bis 5555	
	2064 bis 2065	55 834 und 55 835	Henschel	1900	5556 und 5557	
	2066 und 2067	–	Grafenstaden	1900	5057 und 5058	
	2068 und 2069	55 858, –	Grafenstaden	1900	5059 und 5060	
	2070	55 859	Grafenstaden	1900	5061	
	2071 bis 2079	–	Henschel	1902	6175 bis 6183	
	2080 und 2081	55 948, –	Henschel	1902	6184 und 6185	
	2082 und 2083	– , 55 949	Henschel	1902	6186 und 6187	
	2084 und 2085	–	Henschel	1902	6188 und 6189	
	G 7 4637 bis 4639	–	HANOMAG	1907	4800 bis 4802	
	G 7 4640	55 1048	HANOMAG	1907	4803	
	G 7 4641 bis 4643	–	Henschel	1907	7901 bis 7903	
	G 7 4644 und 4645	55 1054 und 55 1055	Henschel	1907	7904 und 7905	
	G 7 4646	–	Henschel	1907	7906	
	G 7 4647 bis 4650	55 1059 bis 55 1062	Henschel	1907	7964 bis 7967	

Direktionsbezirk	Bahnnummern	DRG-Nummern	Hersteller	Baujahr	Fabriknummern	Bemerkungen/ Ausmusterung
	G 7 4651 und 4652	–	Henschel	1907	7968 und 7969	
	G 7 4653	55 1063	Henschel	1907	7970	
	G 7 4654 und 4655	–	Henschel	1907	7971 und 7972	
	G 7 4656 bis 4662	–	Henschel	1907	8173 bis 8179	
	G 7 4663 bis 4665	55 1141 bis 55 1143	Henschel	1907	8180 bis 8182	
	G 7 4666 und 4667	– , 55 1144	Henschel	1907	8183 und 8184	
	G 7 4668 und 4669	–	Henschel	1908	8271 und 8272	
	G 7 4670 und 4671	55 1172, –	Henschel	1908	8273 und 8274	
	G 7 4672 und 4673	55 1173 und 55 1174	Henschel	1908	8275 und 8276	
	G 7 4674 und 4675	–	Henschel	1908	8277 und 8278	
	G 7 4676 und 4677	–	Henschel	1908	8666 und 8667	
	G 7 4678	55 1193	Henschel	1908	8668	
	G 7 4679 und 4680	–	Henschel	1908	8669 und 8670	
	G 7 4681 und 4682	55 1194, –	Henschel	1908	8671 und 8672	
	G 7 4683 und 4684	55 1195 und 55 1196	Henschel	1908	8673 und 8674	
	G 7 4685 und 4686	–	HANOMAG	1909	5451 und 5452	
	G 7 4687 bis 4689	–	Henschel	1909	9138 bis 9140	
	G 7 4690 und 4691	–	Henschel	1909	9591 und 9592	
	G 7 4692	55 1320	Henschel	1909	9593	
Stettin	900 und 901	55 850 und 55 851	Vulcan	1900	1848 und 1849	
	902	–	Vulcan	1900	1850	
	903 bis 905	–	Linke	1902	117 bis 119	
	906	55 937	Linke	1902	125	
	907 bis 910	–	Vulcan	1902	1984 bis 1987	
	911 und 912	55 928, –	Vulcan	1902	1988 und 1989	
	923 und 924	–	HANOMAG	1905	4403 und 4404	
	G 7 4616 und 4617	55 1082, –	Hohenzollern	1907	2177 und 2178	
	G 7 4618 und 4619	–	Henschel	1909	8219 und 8220	
	G 7 4620 und 4621	55 1153 und 55 1154	Henschel	1907	8221 und 8222	
	G 7 4622	–	Henschel	1907	8223	
	G 7 4623 und 4624	55 1155 und 55 1156	Henschel	1907	8224 und 8225	
	G 7 4625 und 4626	–	Henschel	1907	8226 und 8227	
	G 7 4627	55 1239	HANOMAG	1908	5305	
	G 7 4628 bis 4630	–	HANOMAG	1908	5306 bis 5308	
	G 7 4631 und 4632	55 1240, –	HANOMAG	1908	5309 und 5310	
	G 7 4633 und 4634	55 1241, –	HANOMAG	1908	5311 und 5312	
	G 7 4635 und 4636	55 1242 und 55 1243	HANOMAG	1908	5313 und 5314	
	G 7 4637	–	Henschel	1909	9141	
	G 7 4638 und 4639	55 1283 und 55 1284	Henschel	1909	9142 und 9143	
	G 7 4640 und 4641	–	Henschel	1909	9144 und 9145	
	G 7 4642	55 1288	Henschel	1909	9421	
	G 7 4643 und 4644	–	Henschel	1909	9422 und 9423	
	G 7 4645 und 4646	55 1347 und 55 1348	Orenstein	1910	3583 und 3584	
	G 7 4647	–	Orenstein	1910	3585	

G 7^1

4/4 G. L.
Bauart Brotan
DRG-Baureihe 55^{0-6}
(→ EFA 1.2)

D n2

1906 bis 1929

Techn. Daten: Seite 203

Um 1902 hatte der Vorsteher der Eisenbahn-Werkstatt Gmünd in Österreich, Brotan, den nach ihm benannten Wasserrohrkessel entwickelt, der an den zwei C n2-Güterzuglokomotiven mit den Bahnnummern 4706 und 4745 der Kaiserlich-Königlichen österreichischen Staatsbahnen erprobt wurde. Bei den Preußisch-Hessischen Staatsbahnen erwog man gleiche Versuche und ließ zunächst Zeichnungen für eine S 3 und eine G 7 mit Brotan-Wasserrohrkessel anfertigen. Nachdem auf Anordnung des Ministeriums der öffentlichen Arbeiten Vertreter der Eisenbahn-Direktion Berlin, Erfurt und Hannover die beiden mit Brotan-Wasserrohrkessel ausgestatteten Lokomotiven der Kaiserlich-Königlichen Staatsbahnen in Triest besichtigt und an einer Probefahrt teilgenommen hatten und ihr Bericht günstig ausgefallen war, wurden zwei G 7^1 mit dieser Kesselbauart bestellt. Die ursprünglich vorgesehene Beschaffung von zwei S 3 mit Wasserrohrkessel Bauart Brotan unterblieb.

Im Juni 1906 lieferte die Lokomotivfabrik Vulcan die erste der beiden G 7^1 unter der Bahnnummer 1323 in den Direktionsbezirk Erfurt. Sie wurde in der Betriebswerkstatt

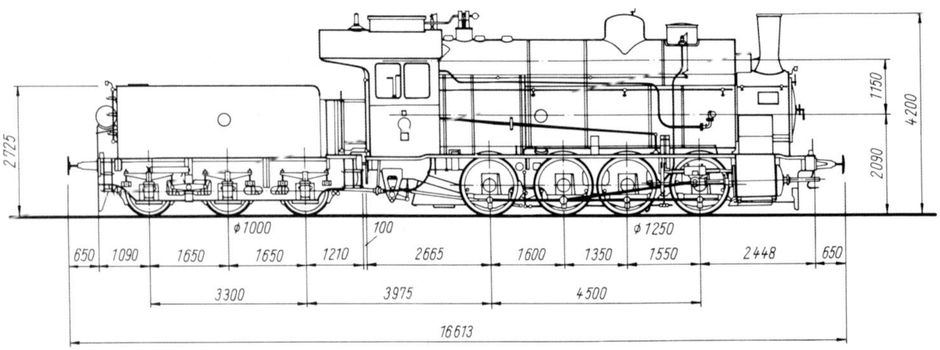

Vulcan 1906. Lieferzustand.
Zeichnung: Dietmann

Eine der beiden 4/4 G. L. Bauart Brotan mit falschem Nummernschild „Erfurt 4663“. Die G 7 Erfurt 4663 war jedoch eine 4/4 G. L. v. Normalbauart und wurde 1906 von der Firma Linke gebaut.
Foto: Werkaufnahme, Sammlung Rammelt

Suhl stationiert und kurz nach der Anlieferung in G 7 Erfurt 4417 umgezeichnet.
Die zweite Lokomotive, ursprünglich als G 7 Elberfeld 4663 bestellt, kam ebenfalls in den Direktionsbezirk Erfurt und erhielt die Bahnnummer G 7 Erfurt 4418.
Beide Maschinen waren aus der 4/4 G. L. Normalbauart (G 7[1]) abgeleitet.
Im Betriebsdienst zeigte sich, daß sich die Wasserrohre mit Kesselstein zusetzten, der von dort nur schwer zu entfernen war. Zudem erforderten die Maschinen häufige Reparaturen. Die G 7 Erfurt 4417 mußte zwischen 1906 und 1908 zweimal, die G 7 Erfurt 4418 im gleichen Zeitraum dreimal zu Ausbesserungsarbeiten am Kessel der Hauptwerkstatt Erfurt zugeführt werden. Deshalb brach man die Erprobung ab, und die beiden Lokomotiven erhielten im Jahre 1909 Ersatzkessel, die dem Kessel der G 7[1] Normalbauart entsprachen. Den Umbau der G 7 Erfurt 4417 führte die Hauptwerkstatt Erfurt, den Umbau der G 7 Erfurt 4418 die Lokomotivfabrik Hagans aus.
Im Jahre 1917 war die G 7 Erfurt 4417 in der Maschinenstation Treffurt beheimatet. Im Juni 1917 wurde sie in der Hauptwerkstatt Erfurt in eine Panzerzuglokomotive umgebaut und anschließend dem M. G. D-Bezirk Warschau zugeteilt. Sie blieb nach Kriegsende in Polen.
Die G 7 Erfurt 4418 wurde im Anschluß an den Umbau in der Betriebswerkstatt Arnstadt beheimatet, wo sie bis 1911 verblieb. Dann gab man sie in den Direktionsbezirk Saarbrücken ab und zeichnete sie in G 7 Saarbrücken 4441 um. 1920 erhielt sie die Bahnnummer G 7 Trier 4421, 1925 die DRG-Betriebsnummer 55 382. Ausgemustert wurde sie im Jahre 1929 im Bw Hilbersdorf.

Direktionsbezirk	Bahnnummern	DRG-Nummern	Hersteller	Baujahr	Fabriknummern	Bemerkungen/ Ausmusterung
1895/1896						
Erfurt	1323	–	Vulcan	1906	2223	Kriegsverlust 1918
	G 7 4418	55 382	Vulcan	1907	2224	+ 1929

Konstruktive Merkmale

Kessel: Bauart Brotan.
Wasserrohrfeuerbüchse Bauart Brotan. Feuerbüchsseitenwände und Feuerbüchsrückwand aus senkrechten Reihen von insgesamt 56 eisernen Wasserrohren (Durchmesser 85/95 mm) gebildet, die oben in ein längs angeordnetes, bis zum vorderen Ende des Langkessels reichendes Dampfsammelrohr und unten in einen zwischen den Rahmenwangen liegenden, nach vorn geneigten Grundring münden. Seitliche Rohrreihen unten zwischen den Rahmenwangen eingezogen, oben zum Sammelrohr hin gekrümmt. Verbindung zwischen Grundring und Langkessel durch zwei Rohrkrümmer. 2 275 mm langer, 921 mm breiter, geneigter, in Höhe des Grundrings angeordneter Rost. Abdichtung der Wasserrohr-Zwischenräume durch Asbestschnüre. Ummantelung des Hinterkessels durch senkrechte Rückwand, senkrechte Vorderwand und zwischen den Rahmenwangen eingezogene Seitenwände, die aus durch feuerfeste Masse gegen die Hitzeeinwirkung geschützten Blechen bestehen.
Dampfsammelrohr aus einem über dem Hinterkessel liegenden zylindrischen Schuß und drei über dem Langkessel liegenden zylindrischen Schüssen zusammengesetzt. Größter innerer Durchmesser des Dampfsammelrohres 800 mm.
Langkessel aus drei zylindrischen Schüssen zusammengesetzt. Verbindung zum Dampfsammelrohr durch drei Verbindungsstutzen mit 400 mm weiter Durchgangsöffnung. Dampfdom auf dem 2. Schuß des Dampfsammelrohres.
Dampfsammelrohr auch als Oberkessel, Langkessel als Unterkessel bezeichnet.
1 312 mm lange, stark erweiterte, durch Winkelring mit dem Langkessel verbundene Rauchkammer. Prüsmann-Schornstein.
Kesselausrüstung: Zwei saugende Dampfstrahlpumpen. Speiseventile in Höhe Langkesselmitte am 1. Langkesselschuß. Kesselsicherheitsventil Bauart Ramsbottom auf dem Scheitel des hinteren Dampfsammelrohrschusses. Flachschieberregler. Reglerwelle im Dampfsammelrohr.
Rahmen: Innenliegender Blechrahmen mit 30 mm dicken Wangen.
Fahrwerk: Vierpunktabstützung. Tragfedern der Kuppelradsätze unterhalb der Achslager, zwischen 1. und 2. Kuppelradsatz sowie zwischen 3. und 4. Kuppelradsatz jeweils durch waagerechte Längsausgleichhebel verbunden. 2. und

4. Kuppelradsatz ±10 mm seitenverschiebbar. Spurkränze der Räder des 3. Kuppelradsatzes um 5 mm geschwächt.
Triebwerk: Naßdampf-Zwillings-Triebwerk. Zylinder außen 1:40 geneigt vor dem 1. Kuppelradsatz angeordnet. Einschienige Kreuzkopfführung. Antrieb auf den 3. Kuppelradsatz. Einströmrohre durch die Rauchkammer geführt.
Steuerung: Innenliegende Allan-Steuerung. Schieberkästen innerhalb der Rahmenwangen. Flachschieber.
Bremsausrüstung: Handbremse am Tender. Dampfbremse. 2. und 4. Kuppelradsatz einseitig von vorn abgebremst.
Allgemeine Einrichtungen: Langes, die Tenderbrücke überragendes Führerhausdach mit Lüftungsaufsatz. Handsandstreuer, die Räder des 2. Kuppelradsatzes von vorn besandend. Viereckiger Sandkasten auf dem 1. Schuß des Dampfsammelrohres.
Tender: ...

G 7^2

4/4 G. L. v.
Bauart Lentz
DRG-Baureihe 55^{7-13}
(→ EFA 1.2)

D n2v

1903

Techn. Daten: Seite 204

Obwohl das Ministerium der öffentlichen Arbeiten im Jahre 1894 den Weiterbetrieb der Lokomotiven mit Wellrohrkesseln untersagt hatte und die Erprobung von Wellrohrkesseln an Lokomotiven daraufhin abgebrochen worden war, beschäftigte man sich bei den Preußisch-Hessischen Staatsbahnen auch weiterhin mit derartigen Sonderkesseln. Das blieb jedoch vorerst auf theoretische Erwägungen, Diskussionen im Ausschuß für Lokomotiven und die Beobachtungen von gleichen Versuchen im Ausland beschränkt.

Nach der Jahrhundertwende unterbreitete die Firma Schultz-Knaudt in Essen, – eine Fabrik, die Wellrohre baute, – den Preußisch-Hessischen Staatsbahnen mehrere Vorschläge, die Versuche mit Wellrohrkesseln im Lokomotivbetrieb wieder aufzunehmen. Die Wellrohrkessel waren in der Zwischenzeit verbessert worden. Man hoffte, daß die in den neunziger Jahren aufgetretenen Mängel dadurch beseitigt wären.

Das Ministerium der öffentlichen Arbeiten ließ sich deshalb dazu bewegen, die vom Ausschuß für Lokomotiven beantragte Beschaffung einer G 7^2 mit Wellrohrkessel Bauart Lentz zu genehmigen. Die im September 1903 von der HANOMAG an die Betriebswerkstatt Leinhausen gelieferte Lokomotive wich bis auf den Wellrohrkessel kaum von der G 7^2 Normalbauart ab. Sie erhielt die Bahnnummer Hannover 1302.

HANOMAG 1903/3989. Hannover 1302. Lieferzustand.
Foto: Werkaufnahme, Archiv Töpelmann

Direktions-bezirk	Bahn-nummer	DRG-Nummer	Hersteller	Bau-jahr	Fabriknummer	Bemerkungen/ Ausmusterung
1895/1896 Hannover	1302	55 965	HANOMAG	1903	3989	

Bereits nach einem Jahr Betriebszeit stellte sich heraus, daß das Wellrohr abgeflacht war. Die Lokomotive wurde außer Dienst gestellt und erhielt 1906 in der Hauptwerkstatt Leinhausen einen dem Kessel der G 7² Normalbauart entsprechenden Ersatzkessel.
1905 wurde sie in G 7 Hannover 4601 umgezeichnet und 1925 unter der Betriebsnummer 55 965 in den 3. Umzeichnungsplan der DRG übernommen.

Konstruktive Merkmale

Kessel: Wellrohrkessel Bauart Lentz.
Ausführung vermutlich nahezu gleich den Wellrohrkesseln der G 3, G 4¹ (C n2) Bauart Lentz, Bauform ab 1892, jedoch mit Detailverbesserungen und größeren Abmessungen.
Kesselausrüstung: Zwei saugende Dampfstrahlpumpen. Speiseventile in Höhe Kesselmitte am 1. Kesselschuß. Kesselsicherheitsventil Bauart Ramsbottom auf dem Kesselscheitel vor dem Dampfdom.
Rahmen: Innenliegender Blechrahmen mit 26 mm dicken Wangen.
Fahrwerk: Vierpunktabstützung. Tragfedern der Kuppelradsätze unterhalb der Achslager, zwischen 1. und 2. Kuppelradsatz sowie zwischen 3. und 4. Kuppelradsatz jeweils durch waagerechte Längsausgleichhebel verbunden. 2. Kuppelradsatz ±8 mm seitenverschiebbar. Spurkränze der Räder des 3. Kuppelradsatzes um 5 mm geschwächt.
Triebwerk: Naßdampf-Zweizylinder-Verbund-Triebwerk. Zylinder außen 1:20 geneigt vor dem 1. Kuppelradsatz angeordnet. Einschienige Kreuzkopfführung. Antrieb auf den 3. Kuppelradsatz. Einströmrohr und Verbinder durch die Rauchkammer geführt. Wechselschieber Bauart Dultz.
Steuerung: Innenliegende Allan-Steuerung. Schieberkästen senkrecht innerhalb der Rahmenwangen. Flachschieber.
Bremsausrüstung: Handbremse am Tender. Dampfbremse. 2. und 4. Kuppelradsatz einseitig von vorn abgebremst.
Allgemeine Einrichtungen: Langes, die Tenderbrücke überragendes Führerhausdach. Handsandstreuer, den 2. Kuppelradsatz von vorn besandend. Viereckiger Sandkasten auf dem vorderen Teil des Langkesselscheitels.
Tender: ...

G 7³

4/5 G. L. v.
DRG-Baureihe 56⁰
(→ EFA 1.2)

1'D n2v

1893

Techn. Daten: Seite 204

Die 1'D n2v-Güterzuglokomotive war für den gleichen Zweck wie die G 7¹ Normalbauart bestimmt: Im Güterzugdienst auf Hauptstrecken mit starken und langen Steigungen und umfangreichem Verkehrsaufkommen eine bessere Auslastung der Güterzüge und die Beschränkung des Vorspann- und Schiebebetriebs auf ein Mindestmaß zu ermöglichen.
August v. Borries hatte auf einer Studienreise nach Nordamerika die 1'D-Lokomotive als Standardlokomotive für den Güterzugdienst kennengelernt. Nach einer von ihm festgelegten Konzeption arbeitete die HANOMAG die Konstruktionszeichnungen für den neuen Lokomotivtyp (G 7³) aus. Die notwendige hohe Reibungszugkraft erforderte vier gekuppelte Radsätze. Um die zulässige Achsfahrmasse auf der Strecke Paderborn-Holzminden, auf der die Lokomotiven unter anderem eingesetzt werden sollten, nicht zu überschreiten und trotzdem eine leistungsfähigen Kessel unterbringen zu können, und um die Laufeigenschaften zu verbessern, sah man einen vorderen Laufradsatz vor, der als Adamsachse mit Keilrückstellung und ±75 mm

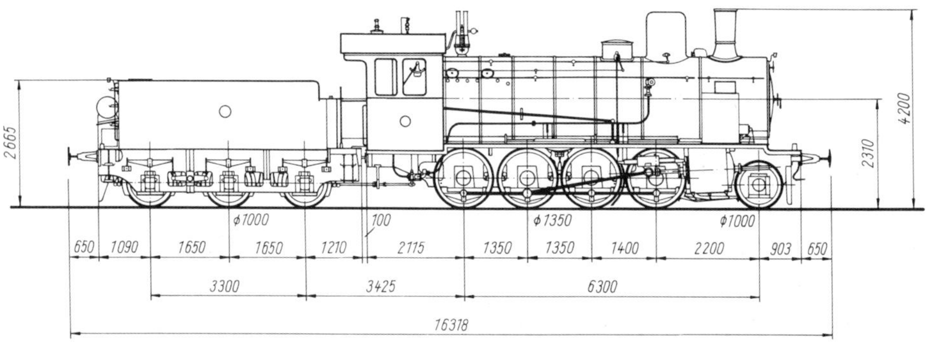

HANOMAG 1893. Lieferzustand. Tender: 3T12 nach Musterblatt III 5 b.
Zeichnung: Dietmann

radialer Verschiebbarkeit ausgebildet wurde. Durch die Anwendung des Verbundsystems sollte die Verdampfungsleistung des Kessels soweit als möglich ausgenutzt werden. Der 2. Kuppelradsatz war ±5 mm, später ±8 mm seitenverschiebbar, der untere Teil des Hinterkessels zwischen den Rahmenwangen eingezogen, die Feuerbüchsdecke gewölbt, der Regler als Ventilregler mit zwei Doppelsitz-Ventilen ausgeführt, der Rahmen als Blechrahmen gestaltet und der Kreuzkopf einschienig geführt. Als Wechselvorrichtung verwendete man die Bauart Mallet/v. Borries. Eine Dampfbremse bremst die Räder des 2. und des 3. Kuppelradsatzes von oben ab. Das Führerhaus hatte eine Rückwand erhalten. Gekuppelt waren die Maschinen mit dem 3T12 nach Musterblatt III 5 b.

Die ersten beiden Lokomotiven, Hannover 2000 und 2001, wurden im Oktober 1893 an die Betriebswerkstatt Altenbeken für den Einsatz auf der Strecke Holzwickede – Paderborn – Holzminden geliefert und zur Beförderung schwerer Kohlezüge verwendet. 1894 folgten die Lokomotiven Hannover 2002 bis 2006, die zur Betriebswerkstatt Paderborn für den Einsatz im Güterzugdienst auf der Strecke Paderborn – Holzminden kamen. Neben der Eisenbahn-Direktion Hannover bezog auch die Eisenbahn-Direktion Coeln rechtsrheinisch 1893 und 1894 insgesamt acht Lokomotiven dieses Typs, von denen die Coeln rechtsrheinisch 501 bis 503 in der Betriebswerkstatt Duisburg, die Coeln rechtsrheinisch 1900 bis 1902

HANOMAG 1893/2500. Hannover 2001. Lieferzustand. Speiseventile in Höhe Kesselmitte, Doppelsitz-Ventilregler mit Seitenzubetätigung, Wechselvorrichtung Bauart Mallet/ v. Borries.
Foto: Werkaufnahme, Archiv Töpelmann

HANOMAG 1894/2670. Als G 7 Frankfurt 4604 nach Umbauten, die Speiseventile liegen oberhalb der Kesselmitte, die Maschine hat einen Flachschieberregler und einen Wechselschieber Bauart Dultz erhalten.
Foto: Sammlung Siebert

für den Einsatz auf der Strecke Betzdorf–Siegen in der Betriebswerkstatt Betzdorf und die Coeln rechtsrheinisch 1913 und 1914 in der Betriebswerkstatt Dillenburg stationiert wurden.
Bei den später gebauten Lokomotiven befanden sich die Speiseventile oberhalb der Kesselmitte am 1. Kesselschuß, bei den 1894 gebauten Lokomotiven waren die Räder des 2. und des 3. Kuppelradsatzes von vorn abgebremst. Die vorher gelieferten Maschinen baute man nachträglich dementsprechend um. Nach 1897 erhielt die G 7³ – zumindest zum großen Teil – den Wechselschieber Bauart Dultz. Schließlich ersetzte man nach 1904 den Regler mit zwei Doppelsitzventilen durch den gewöhnlichen Flachschieberregler mit Betätigung durch eine innerhalb des Kessels liegende Reglerwelle.
Insgesamt hatte man nur 15 G 7³ beschafft. Der Bau wurde eingestellt, weil die umfassende Oberbauverstärkung auf den Hauptstrecken den Einsatz der einfacheren und gleich leistungsfähigen G 7² Normalbauart ermöglichte. Die Laufachse war damit entbehrlich, sie war ohnedies nur mit 6,5 t belastet und brachte bei den geringen gefahrenen Geschwindigkeiten auch keinen wesentlichen Nutzen für die Laufeigenschaften.
Trotzdem gab es für die G 7¹ ein Musterblatt mit der Bezeichnung III 3 e.
Die Lokomotiven Hannover 2000 bis 2006 kamen durch die Neubildung der Direktionsbezirke am 1. April 1895 zum Direktionsbezirk Münster und wurden in Münster 1350 bis 1356 umgezeichnet. Ab 1. April 1899 gehörten sie zum Direktionsbezirk Cassel, trugen hier zunächst die Bahnnummern Cassel 2350 bis 2356 und ab 1907 die Bahnnummern Cassel 4601 bis 4607 und das Gruppenzeichen G 7.
Die Lokomotiven Coeln rechtsrheinisch 501 bis 503 gelangten am 1. April 1895 in den Bestand des Direktionsbezirkes Essen, erhielten dort zunächst die Bahnnummern Essen 501 bis 503, am 1. April 1899 die Bahnnummern 2080 bis 2082 und wurden 1907 unter den Bahnnummern Essen 4601 bis 4603 der Gruppe G 7 zugeordnet.
Die Lokomotiven Coeln rechtsrheinisch 1900 bis 1902, 1913 und 1914 übernahm am 1. April 1895 die Eisenbahn-Direktion Frankfurt, zeichnete sie in Frankfurt 1190 bis 1194 und 1902 nochmals in Frankfurt 1100 bis 1104 um und gab ihnen 1905 die Bahnnummern Frankfurt 4601 bis 4605 und das Gruppenzeichen G 7.
Im ersten Weltkrieg benötigte die Deutsche Heeresbahn einen Lokomotivtyp mit niedriger Achsfahrmasse. Auf die Überhitzung sollte wegen der beschränkten Unterhaltungsmöglichkeiten in den besetzten Gebieten und der anderen Schwierigkeiten, die die Heißdampflokomotiven in den Kriegsjahren mit sich brachten, verzichtet werden. Die Deutsche Heeresbahn griff auf die G 7³ zurück, sie be-

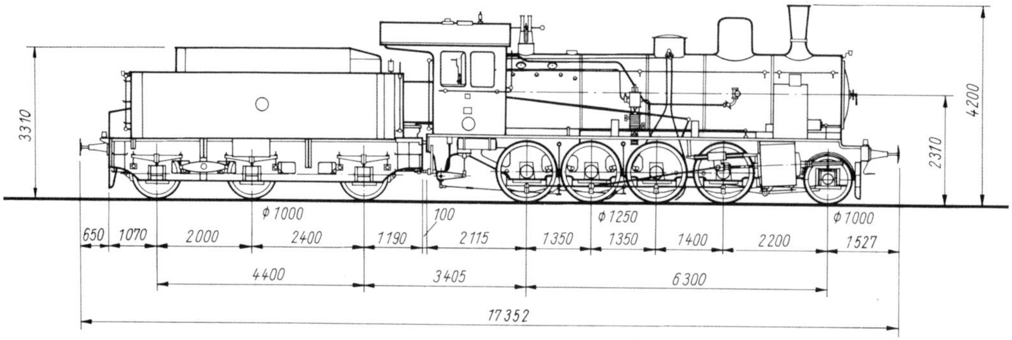

Bauform der Deutschen Heeresbahn. Lieferzustand.
Tender: 3 T 16,5 nach Musterblatt III 5 n.
Zeichnung: Taege

schaffte 1917 weitere 70 Lokomotiven dieses Typs in veränderter, teilweise verbesserter Bauform. Der Dampfüberdruck betrug 1,4 MPa statt 1,2 MPa bei der ersten Bauform. Anstelle der kupfernen Feuerbüchsen verwendete man flußeiserne Feuerbüchsen mit gewölbter Decke. Die Ausrüstung mit Speisewasser-Vorwärmer verlieh den Maschinen ein höheres Leistungsvermögen. Aus Gründen der Betriebssicherheit hatte man sie trotzdem mit zwei Dampfstrahlpumpen ausgestattet, auf der linken Kesselseite befanden sich daher zwei hintereinanderliegende Speiseventile. Von Anfang an erhielten die G 7^3 der Deutschen Heeresbahn Flachschieberregler. Weitere Abweichungen zu den 1893 und 1894 gebauten G 7^3 waren die Ausrüstung mit Druckluftbremse Bauart Knorr, das Führerhaus ohne Rückwand mit langem, die Tenderbrücke überragendem Dach und die Verwendung des Tenders 3 T 16,5 nach Musterblatt III 5 n. Als Wechselvorrichtung wählte man wieder die Bauart Mallet/ v. Borries.

Zunächst trugen die Lokomotiven Nummernschilder mit den Initialen „Kgl. M. E." unter der Bahnnummer, dann Nummernschilder mit der Aufschrift „Warschau" unter der Bahnnummer. Später wurden sie in der Reihenfolge ihrer ersten Bahnnummern in Warschau 4401 bis 4470 umgezeichnet. An den Führerhausseitenwänden waren Gattungsschilder mit dem Gattungszeichen G 7^3 angebracht.

Diese Lokomotiven sollen ursprünglich für den Einsatz auf den umgespurten russischen Breitspur-

Esslingen 1917/3808. G 7^3 Warschau 64, später G 7^3 Warschau 4464, Maschinenamt Warschau; ab 1919 G 7^3 Königsberg 4464; DRG 56 003. Lieferzustand. Bauform der Deutschen Heeresbahn.
Foto: Sammlung Siebert

Esslingen 1917/3810. G 7^3 Warschau 66, später G 7^3 Warschau 4466; nach 1918 an Lettland (Sn 552). Als G 7^3 Warschau 66. Bauform der Deutschen Heeresbahn.
Foto: Werkaufnahme, Sammlung Glanert

Durch die Preußische Staatsbahn beschaffte Lokomotiven

Direktionsbezirk	Bahnnummern	DRG-Nummern	Hersteller	Baujahr	Fabriknummern	Bemerkungen/ Ausmusterung
1880...1884						
Coeln rechtsrh.	501 und 502	–	HANOMAG	1894	2667 und 2668	
	503	55 701	HANOMAG	1894	2669	
	1900 bis 1902	–	HANOMAG	1893	2545 bis 2547	
	1913 und 1914	56 001 und 56 002	HANOMAG	1894	2670 und 2671	
Hannover	2000 und 2001	–	HANOMAG	1893	2499 und 2500	
	2002 bis 2006	–	HANOMAG	1894	2672 bis 2676	

Durch die Deutsche Heeresbahn beschaffte Lokomotiven

M.G.D.-Bezirk	Bahnnummern	DRG-Nummern	Hersteller	Baujahr	Fabriknummern	Bemerkungen/ Ausmusterung
Warschau	G 7^3 1 bis 21	–	Maffei	1917	4705 bis 4725	
	G 7^3 22	56 005	Maffei	1917	4726	
	G 7^3 23 bis 39	–	Maffei	1917	4727 bis 4740	
	G 7^3 40 bis 43	–	Krauss	1917	7225 bis 7228	
	G 7^3 44	56 004	Krauss	1917	7229	
	G 7^3 45 bis 48	–	Krauss	1917	7230 bis 7233	
	G 7^3 49 bis 52	–	Krauss	1917	7265 bis 7268	
	G 7^3 53 bis 55	–	Esslingen	1917	3897 bis 3899	
	G 7^3 56 bis 63	–	Esslingen	1917	3800 bis 3807	
	G 7^3 64	56 003	Esslingen	1917	3808	
	G 7^3 65 bis 70	–	Esslingen	1917	3809 bis 3814	

strecken bestimmt gewesen sein. Sie wurden aber auch in den Bezirken der Militär-Generaldirektionen Brüssel und Bukarest eingesetzt.
Von den 1893 und 1894 gebauten G 7³ waren nach Kriegsende drei Lokomotiven zu den Belgischen Staatsbahnen und einige Lokomotiven zu den Polnischen Staatsbahnen gekommen, von sechs Lokomotiven konnte der Verbleib nicht ermittelt werden, drei übernahm die DRG als 55 701 und als 56 001 und 56 002 in den 3. Umzeichnungsplan vom Jahre 1925, wobei die 55 701 falsch als G 7² eingeordnet wurde; die übrigen Maschinen hatte man bis 1925 ausgemustert.
Von den G 7³ der Deutschen Heeresbahn war ein großer Teil in den ehemals besetzten und in den abgetrennten Gebieten stehengeblieben oder mußte als Reparationsleistung an die Siegermächte abgegeben werden. Davon lieten nach dem Krieg 14 Lokomotiven in Belgien, vier in Lettland und eine unbekannte Anzahl in Polen. Vier der in Deutschland verbliebenen Maschinen übernahm die Lübeck-Büchener Eisenbahn, fünf die Mecklenburgische Friedrich-Franz-Eisenbahn, die restlichen kamen zu den Preußisch-Hessischen Staatsbahnen. Von den letzteren wurden drei in den 3. Umzeichnungsplan der DRG aus dem Jahre 1925 aufgenommen, sie erhielten die Betriebsnummern 56 003 bis 56 005.

G 8

4/4 H. G. L.
Bauart 1902/Normalbauart
DRG-Baureihe 55$^{16-22}$
(→ EFA 1.2)

D h2

1902

Techn. Daten: Seite 205

Erster ausschließlich für den Güterzugdienst bestimmter Heißdampf-Lokomotivtyp war die im nach der Jahrhundertwende aufgestellten Typenprogramm für Heißdampflokomotiven enthaltene D h2-Güterzuglokomotive (G 8).
Die Konstruktionszeichnungen hatte die Firma Vulcan nach Maßgaben Robert Garbes ausgearbeitet. In den Jahren von 1902 bis 1904 wurden die ersten 41 Maschinen in die Direktionsbezirke Cassel, Frankfurt, Münster und Saarbrücken geliefert. Davon kamen die Lokomotiven Cassel 2300 und 2304 zur Betriebswerkstatt Cassel, die Lokomotiven Cassel 2305 bis 2310 zur Betriebswerkstatt Sangerhausen, die Lokomotiven Münster 1500 bis 1505 zur Betriebswerkstatt Rheine Rangierbahnhof, die Lokomotiven Saarbrücken 2101 bis 2112 zur Betriebswerkstatt Cochem (Mosel) und die Lokomotiven Saarbrücken 2113 bis 2116 zur Betriebswerkstatt Trier. Sie wurden im schweren Güterzugdienst unter anderem auf der Moselbahn Koblenz–Trier, auf der Eifelbahn Coeln–Euskirchen–Trier und auf beiden Rheinlinien eingesetzt. Auf den Rheinlinien und auf der Eifelbahn beförderten die G 8 vor allem schwere Kokszüge, auf der Moselbahn Erzzüge. Sie liefen mit den G 7¹ und den G 7² in gleichen Dienstplänen, weil man anhand langfristigen Vergleichs im Betriebsdienst Erkenntnisse über die Eignung des Heißdampfes für Lokomotivbetrieb gewinnen wollte. In der Leistungsfähigkeit zeigten sie sich den D n2- und D n2v-Lokomotiven erheblich überlegen, sie beförderten auf der Moselbahn Erzzüge bis zu einer Stärke von 110 Achsen, während es die G 7¹ und die G 7² nur auf 90 Achsen brachten, waren aber mit den der Heißdampflokomotive in den ersten Betriebsjahren eigenen Nachteilen behaftet.
Die G 8 wurde daher zunächst nur für solche Strecken weiterbeschafft, auf denen besonders hohe Leistungen gefordert waren. Sie ersetzte dort ältere Naßdampflokomotiven. Die Auslastung der Güterzüge konnte verbessert, der Vorspann- und Nachschiebebetrieb eingespart oder auf das unbedingt notwendige Maß reduziert werden.
1905 wies man der D h2-Lokomotive das Gruppenzeichen G 8 und die Bahnnummernreihe 4801 bis 5000 zu.
Erst ab 1909/1910 erlangte sie größere Verbreitung, die Stückzahl erhöhte sich von 64 Maschinen im Jahre 1905 auf 591 Maschinen im Jahre 1910. Insgesamt beschafften die Preußisch-Hessischen Staatsbahnen bis 1913 1 054 G 8 Bauart 1902/Normalbauart. Das Einsatzgebiet erweiterte sich, als genügend leistungsfähige Güterzuglokomotiven zur Verfügung standen, auf den Nahgüterzugdienst, den Rangierdienst und später auch auf untergeordnete Dienste verschiedener Art.

Vulcan 1902/1941. Saarbrücken 2111; ab 1907 G 8 Saarbrücken 4812; ab 1920 SAAR. Lieferzustand. Rauchkammer-Überhitzer. Erste Bauform der 4/4 H. G. L.
Foto: Werkaufnahme, Sammlung Siebert

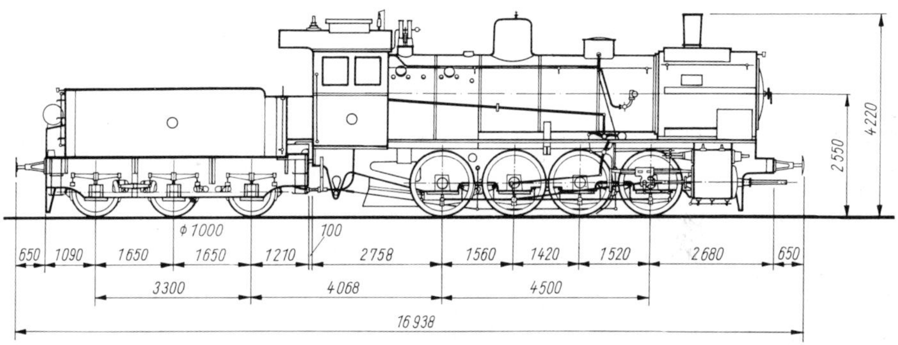

Vulcan 1903. Lieferzustand. Zweite Bauform mit Rauchkammer-Überhitzer. Dampfbremse.
Tender: 3 T 12 nach Musterblatt III 5 b.
Zeichnung: Taege

Vulcan 1903/2036. Cassel 2302; ab 1906 G 8 Cassel 4803; DRG 55 1602; ausgemustert 1929. Lieferzustand. Rauchkammer-Überhitzer. Zweite Bauform der 4/4 H. G. L.
Foto: Werkaufnahme, Sammlung Glanert

Der Kessel der G 8 Bauart 1902 war gegenüber dem Kessel der G 7[1] Normalbauart vergrößert worden und lag höher. Die höhere Lage hatte es ermöglicht, den Hinterkessel tiefer herabzuziehen. Den Kuppelraddurchmesser hatte man auf 1 350 mm erhöht. Als größte zulässige Achsfahrmasse waren 14 t vorgegeben worden, damit die Lokomotiven, besonders für militärische Zwecke, freizügiger eingesetzt werden konnten. Deshalb waren viele Teile recht schwach ausgefallen, so daß öfter Schäden, besonders Rahmenrisse, auftraten. Der Langkessel bestand aus zwei zylindrischen Schüssen, der Rahmen war als Blechrahmen, die Steuerung als Heusinger-Steuerung mit Hängeeisen ausgeführt. Im Dampfdom befand sich ein Wasserabscheider. Als Tender verwendete man den 3 T 12 nach Musterblatt III 5 b, den 3 T 15 nach Musterblatt III 5c, später auch den 4 T 16 nach Musterblatt III 5 f und den 4 T 16 nach Musterblatt III 5k. Nachträglich bekamen einzelne G 8 den 3 T 16,5, nach Musterblatt III 5 n.

Von der 14., 1903 gebauten Lokomotive an war der Dampfdom vom vorderen Ende auf das hintere Ende des 2. Kesselschusses versetzt, die Rauchkammer von 1 500 mm auf 2 000 mm verlängert worden. Statt des stark konischen Schornsteines wurde ein engerer, nur noch schwach konischer Schornstein verwendet, der sich nicht mehr kurz hinter der Mitte des Rauchkammerscheitels befand. Der Umlauf lag höher, die Radkästen waren entfallen.

Ab oder nach 1903 erhielten einige G 8 statt der sonst üblichen Dampfbremse Druckluftbremse der Bauart Westinghouse bzw. Knorr. Von der 153., 1906 gebauten Lokomotive an wurde die G 8 mit dreireihigem Rauchrohr-Überhitzer ausgestattet; die Rostlänge stieg von 2 250 mm auf 2 350 mm, die Rauchkammer war nur noch 1 500 mm lang, der Schornstein saß auf dem vorderen Teil des Rauchkammerscheitels, das Führerhausdach überragte die Tenderbrücke, und der Kessel lag höher. In dieser Ausführung nahm man die G 8 unter der Musterblatt-Bezeichnung XIV 3 um 1910 in die Normalien auf. Die ursprünglich mit Rauchkammer-Überhitzer ausgerüsteten Maschinen bekamen, zumindest zum größten Teil, nachträglich den Rauchrohr-Überhitzer.

Ab 1908/1909 verwendete man statt der bis dahin üblichen Flachschieberregler Ventilregler der Bauart Schmidt & Wagner. Einige G 8 stattete man nach 1913 mit Speisewasser-Vorwärmanlage aus, der zylindrische Abdampf-Oberflächenvorwärmer Bauart Knorr lag links auf dem Umlauf neben dem 2. Kesselschuß, die Speisepumpe Bauart Knorr befand sich links neben dem Hinterkessel.

Die G 8 Normalbauart erreichte mit einem Güterzug von 1 140 t Masse in der Ebene eine Beharrungsgeschwindigkeit von 60 km/h. Über

Henschel 1912/11243. G 8 Stettin 4842; DRG 55 2153. Rauchrohr-Überhitzer. Letzte Bauform der 4/4 H. G. L., druckluftgesteuerte Luftsaugeventile Bauart Knorr auf den Einströmrohren, Druckluftbremse mit zweistufiger Luftpumpe. Der Schornstein mit vergrößertem Durchmesser ist eine nächträgliche Änderung.
Foto: Sammlung Glanert

Vulcan 1908/2459. G 8 Frankfurt 4825. Lieferzustand. Sonderausführung mit Gleichstromzylindern Bauart Stumpf.
Foto: Werkaufnahme, Sammlung Rammelt

die Steigung 1:100 konnte sie mit ihrer Reibungsgeschwindigkeit von 24 km/h einen Güterzug von 760 t Masse befördern.
Bei der Deutschen Heeresbahn spielte die G 8 im Verhältnis zu den G 5 und G 7 nur eine geringe Rolle. 336 Maschinen gelangten infolge der Ergebnisse des ersten Weltkrieges zu ausländischen Eisenbahnen, 18 in den Bestand der Saarbahnen. Die DRG übernahm 656 G 8 als 55 1601 bis 55 2256 in den 3. Umzeichnungsplan.

Sonderausführungen

Schichau 1907/1605 G 8 Breslau 4820, DRG 55 1799
Kessel: Ab 1908 Wasserumlaufeinrichtung Bauart Kuhnert, 1913 in der Hauptwerkstatt Breslau wieder ausgebaut.

HANOMAG 1907/4888 und 4889 G 8 Frankfurt 4820 und 4821; DRG 55 1783 und 55 1784
HANOMAG 1911/5988 bis 5992 G 8 Halle 4804 bis 4808; G 8 Halle 5404, 5405, 5407 und 5408 DRG 55 1982 bis 55 1985
HANOMAG 1911/5993 bis 5996 G 8 Hannover 4815 bis 4818; DRG 55 1986 bis 55 1988
HANOMAG 1911/5997 G 8 Posen 4812
Steuerung: Ventilsteuerung Bauart Lentz.

Vulcan 1908/2446 G 8 Magdeburg 4809; DRG 55 1848; 1932 ausgemustert
Kesselausrüstung: Zeitweise zu

Vulcan 1910/2572. G 8 Frankfurt 4841. Lieferzustand. Sonderausführung mit Gleichstromzylindern Bauart Stumpf.
Foto: Werkaufnahme, Sammlung Siebert

HANOMAG 1907/4889. G 8 Frankfurt 4821. Lieferzustand. Sonderausführung mit Ventilsteuerung Bauart Lentz.
Foto: Werkaufnahme, Archiv Töpelmann

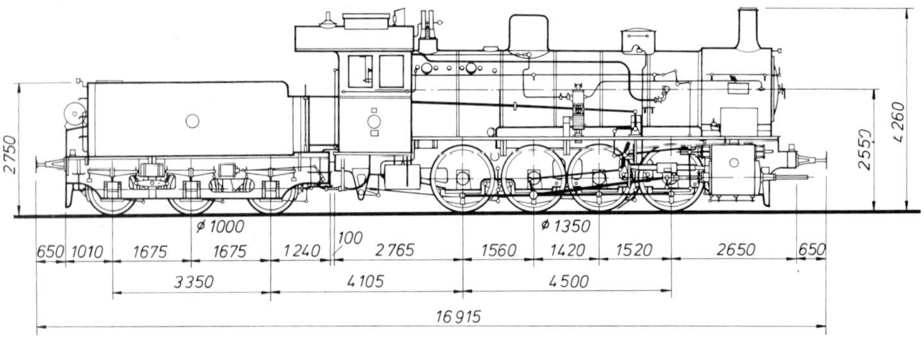

Vulcan 1907. Normalbauart. Rauchrohr-Überhitzer. Späterer Zustand, Druckluftbremse mit zweistufiger Luftpumpe.
Tender: 3 T 15 nach Musterblatt III 5 c.
Zeichnung: Taege

Probezwecken Speisewasserreiniger Bauart Pecz-Retjö auf dem Scheitel des 2. Kesselschusses vor dem Dampfdom.

Vulcan 1908/2459 und 2460 G 8 Frankfurt 4825 und 4826; geliefert an die Betriebswerkstatt Grunewald; G 8 Frankfurt 4826 DRG 55 1858, 1929 ausgemustert
Vulcan 1910/2672 G 8 Frankfurt 4841
Vulcan 1910/2629 bis 2633 G 8 Essen 4836 bis 4840; G 8 Essen 4838 DRG 55 1991, 1926 ausgemustert; G 8 Essen 4839 DRG 55 1992, 1928 ausgemustert
Triebwerk: Gleichstromzylinder Bauart Stumpf.
Steuerung: Ventilsteuerung Bauart Stumpf.
Etwa 1914/1915 Gleichstromzylinder durch Wechselstromzylinder normaler Bauart und Ventilsteuerung durch Schiebersteuerung (Kolbenschieber Bauart Schichau mit schmalen federnden Ringen, 220 mm Durchmesser) ersetzt.

HANOMAG 1912/6586 G 8 Magdeburg 4816; DRG 55 2145
Steuerung: Kammerschieber vereinfachte Bauart Hochwald mit einfacher innerer Einströmung und schmalen federnden Ringen, 220 mm Durchmesser. Etwa 1915 durch Kolbenschieber Bauart Schichau mit schmalen federnden Ringen, 220 mm Durchmesser, ersetzt.

Schichau 1912/2046 G 8 Posen 4875; ab 1920 G 8 Osten 4875; DRG 55 2252

Kesselausrüstung: Speisewasser-Kolbenpumpe Bauart Atlas, waagerecht auf dem linken Umlaufblech vor dem Führerhaus angeordnet. Flacher Abdampf-Oberflächenvorwärmer Bauart Atlas quer auf dem Rahmen über den Kreuzkopfgleitbahnen.

Einige während des ersten Weltkrieges bei der Deutschen Heeresbahn eingesetzte Lokomotiven Während des ersten Weltkrieges in Panzerzuglokomotiven umgebaut. Sondereinrichtungen: Verkleidung durch Panzerplatten.

Direktionsbezirk	Bahnnummern	DRG-Nummern	Hersteller	Baujahr	Fabriknummern	Bemerkungen/ Ausmusterung
1895/1896						
Altona	G 8 4801 und 4802	55 2124 und 55 2125	HANOMAG	1912	6478 und 6479	
	G 8 4803 bis 4806	55 2186 bis 55 2189	HANOMAG	1913	6688 bis 6691	
Breslau	876 und 877	55 1636 und 55 1637	Vulcan	1905	2166 und 2167	
	878	–	Vulcan	1905	2178	
	879	–	Vulcan	1906	2181	
	884 und 885	55 1648 und 55 1649	Schichau	1906	1460 und 1461	
	886	–	Schichau	1906	1490	
	G 8 4808 und 4809	55 1703 und 55 1704	Schichau	1906	1519 und 1520	
	G 8 4810 bis 4813	–	Schichau	1907	1555 bis 1558	
	G 8 4814	55 1758	Schichau	1907	1559	
	G 8 4815 bis 4819	–	Schichau	1907	1560 bis 1564	
	G 8 4820	55 1799	Schichau	1907	1605	
	G 8 4821 und 4822	–	Schichau	1907	1606 und 1607	
	G 8 4823 bis 4826	–	Schichau	1908	1675 bis 1678	
	G 8 4827 und 4828	55 1828 und 55 1829	Schichau	1908	1679 und 1680	
	G 8 4829 und 4830	–	Schichau	1908	1681 und 1682	
	G 8 4831 und 4832	55 1880, –	Schichau	1909	1717 und 1718	
	G 8 4833	–	Vulcan	1909	2524	
	G 8 4834 bis 4836	55 1914 bis 55 1916	Schichau	1909	1775 bis 1777	
	G 8 4837 bis 4841	55 1943 bis 55 1947	Vulcan	1909	2540 bis 2544	
	G 8 4842	55 1950	Schichau	1909	1778	
	G 8 4843 bis 4846	55 1965 bis 55 1968	Vulcan	1910	2593 bis 2596	
	G 8 4847 und 4848	–	Vulcan	1910	2597 und 2598	
	G 8 4849 und 4850	55 1973 und 55 1974	HANOMAG	1910	5970 und 5971	
	G 8 4851 und 4852	–	HANOMAG	1910	5972 und 5973	
	G 8 4853 und 4854	55 1975 und 55 1956	HANOMAG	1910	5974 und 5975	
	G 8 4855 bis 4857	–	HANOMAG	1910	5976 bis 5978	
	G 8 4858 und 4859	–	Vulcan	1911	2696 und 2697	
	G 8 4860 und 4861	55 2032, –	Vulcan	1911	2698 und 2699	
	G 8 4862 und 4863	–	HANOMAG	1911	6374 und 6375	
	G 8 4864 bis 4867	55 2046 bis 55 2049	HANOMAG	1911	6376 bis 6379	
	G 8 4868	–	HANOMAG	1911	6380	
	G 8 4869 bis 4871	55 2058 bis 55 2060	HANOMAG	1912	6393 bis 6395	
	G 8 4872 und 4873	55 2161 und 55 2162	Schichau	1912	1992 und 1993	
	G 8 4874 bis 4877	–	Schichau	1912	1994 bis 1997	
	G 8 4878 und 4879	–	HANOMAG	1912	6588 und 6589	
	G 8 4880 bis 4883	–	Orenstein	1913	5912 bis 5915	
	G 8 4884 bis 4886	–	HANOMAG	1913	6692 bis 6694	
	G 8 4887	55 2242	Vulcan	1913	2799	
Bromberg	600 und 601	55 1681 und 55 1682	Schichau	1906	1495 und 1496	
	G 8 4803	–	HANOMAG	1912	6590	
	G 8 4804 und 4805	–	Schichau	1912	1998 und 1999	
	G 8 4806	55 2163	Schichau	1912	2000	
	G 8 4807 bis 4810	–	Schichau	1912	2001 bis 2004	
	G 8 4811 bis 4813	55 2175 bis 55 2177	Schichau	1912	2024 bis 2026	

Direktionsbezirk	Bahnnummern	DRG-Nummern	Hersteller	Baujahr	Fabriknummern	Bemerkungen/ Ausmusterung
	G 8 4814 und 4815	– , 55 2238	Vulcan	1912	2770 und 2771	
	G 8 4816 und 4817	55 2239, –	Vulcan	1912	2772 und 2773	
	G 8 4818 und 4819	55 2240 und 55 2241	Vulcan	1912	2774 und 2775	
	G 8 4820 und 4821	–	Vulcan	1912	2776 und 2777	
	G 8 4822 und 4823	–	Orenstein	1913	5910 und 5911	
	G 8 4824	–	Vulcan	1913	2800	
	G 8 4830 und 4831	55 2198, –	HANOMAG	1913	6710 und 6711	
	G 8 4832 und 4833	55 2199 und 55 2200	HANOMAG	1913	6712 und 6713	
	G 8 4834	–	HANOMAG	1913	6714	
	G 8 4835 und 4836	55 2201 und 55 2202	HANOMAG	1913	6715 und 6716	
	G 8 4837	55 2243	Vulcan	1913	2801	
Cassel	2300 bis 2304	55 1602 bis 55 1606	Vulcan	1903	2034 bis 2038	
	2305 bis 2308	55 1620 bis 55 1623	Vulcan	1904	2130 bis 2133	
	2309	55 1635	Vulcan	1905	2165	
	2310	–	Vulcan	1906	2182	
	2311 und 2312	55 1646 und 55 1647	Schichau	1906	1458 und 1459	
	2313	55 1652	Schichau	1906	1464	
Coeln	651 und 652	55 1653, –	Vulcan	1906	2197 und 2198	
	653 und 654	55 1654 und 55 1655	Vulcan	1906	2199 und 2200	
	G 8 4805 bis 4807	55 1692 bis 55 1694	Vulcan	1907	2259 bis 2261	
	G 8 4808 bis 4810	55 1767 bis 55 1769	HANOMAG	1907	4843 bis 4845	
	G 8 4811 und 4812	55 1723 und 55 1724	Vulcan	1907	2286 und 2287	
	G 8 4813	–	Vulcan	1907	2288	
	G 8 4814 bis 4816	55 1725 bis 55 1727	Vulcan	1907	2289 bis 2291	
	G 8 4817 bis 4822	55 1752 bis 55 1757	Schichau	1907	1549 bis 1554	
	G 8 4823 bis 4827	55 1837 bis 55 1841	Vulcan	1908	2432 bis 2436	
	G 8 4828 bis 4830	55 1842 bis 55 1844	Vulcan	1908	2437 bis 2439	
	G 8 4831 und 4832	–	Schichau	1908	1683 und 1684	
	G 8 4833 und 4834	– , 55 1881	Schichau	1909	1719 und 1720	
	G 8 4835 und 4836	– , 55 1882	Schichau	1909	1721 und 1722	
	G 8 4837	55 1894	Vulcan	1909	2492	
Danzig	G 8 4801 bis 4803	–	Vulcan	1911	2700 bis 2702	
	G 8 4804 bis 4806	–	Schichau	1911	1941 bis 1943	
	G 8 4807 und 4808	55 2093 und 55 2094	Schichau	1911	1944 und 1945	
	G 8 4809	–	Schichau	1911	1946	
	G 8 4810 bis 4814	–	Schichau	1912	2005 bis 2009	
	G 8 4815 bis 4819	–	Schichau	1912	2034 bis 2038	
	G 8 4820	–	Vulcan	1913	2798	
Elberfeld	G 8 4801 und 4802	55 1660, –	Vulcan	1906	2205 und 2206	
	G 8 4803	55 1661	Vulcan	1906	2207	
	G 8 4805 und 4806	55 1663 und 55 1664	Vulcan	1906	2227 und 2228	
	G 8 4807 und 4808	– , 55 1665	Vulcan	1906	2229 und 2230	
	G 8 4809	–	Vulcan	1906	2231	
	G 8 4810 und 4811	55 1695 und 55 1696	Vulcan	1907	2268 und 2269	
	G 8 4812	–	Vulcan	1907	2270	
	G 8 4813 und 4814	55 1773, –	HANOMAG	1907	4868 und 4869	
	G 8 4815 und 4816	55 1774, –	HANOMAG	1907	4870 und 4871	
	G 8 4817 und 4818	55 1775 und 55 1776	HANOMAG	1907	4872 und 4873	
	G 8 4819 und 4820	– , 55 1777	HANOMAG	1907	4874 und 4875	
	G 8 4821 und 4822	– , 55 1778	HANOMAG	1907	4876 und 4877	
	G 8 4823 bis 4825	–	HANOMAG	1907	4878 bis 4880	
	G 8 4826	55 1779	HANOMAG	1907	4881	
	G 8 4827 und 4828	–	HANOMAG	1907	4882 und 4883	
	G 8 4829 und 4830	55 1780, –	HANOMAG	1907	4884 und 4885	
	G 8 4831 bis 4838	55 1744 bis 55 1751	Schichau	1907	1541 bis 1548	
	G 8 4839	–	Schichau	1907	1568	
	G 8 4840 bis 4843	55 1762 bis 55 1765	Schichau	1907	1569 bis 1572	
	G 8 4844 und 4845	– , 55 1766	Schichau	1907	1573 und 1574	

Direktionsbezirk	Bahnnummern	DRG-Nummern	Hersteller	Baujahr	Fabriknummern	Bemerkungen/ Ausmusterung
	G 8 4846 bis 4851	55 1785 bis 55 1790	Vulcan	1907	2335 bis 2340	
	G 8 4852	–	Vulcan	1907	2341	
	G 8 4853 und 4854	55 1791 und 55 1792	Vulcan	1907	2342 und 2343	
	G 8 4855 und 4856	– , 55 1793	Vulcan	1907	2344 und 2345	
	G 8 4857 bis 4860	–	Schichau	1907	1608 bis 1611	
	G 8 4861 und 4862	– , 55 1800	Vulcan	1908	2393 und 2394	
	G 8 4863 und 4864	–	Vulcan	1908	2395 und 2396	
	G 8 4865 und 4866	55 1801 und 55 1802	Vulcan	1908	2397 und 2398	
	G 8 4867 bis 4869	–	Vulcan	1908	2399 und 2401	
	G 8 4870 und 4871	55 1803 und 55 1804	Vulcan	1908	2402 und 2403	
	G 8 4872	–	Vulcan	1908	2404	
	G 8 4873 bis 4877	55 1805 bis 55 1809	Vulcan	1908	2405 bis 2409	
	G 8 4878	–	Vulcan	1908	2410	
	G 8 4879 und 4880	55 1850, –	Vulcan	1908	2448 und 2449	
	G 8 4881	55 1851	Vulcan	1908	2450	
	G 8 4882 bis 4882	55 1859 bis 55 1861	Vulcan	1908	2461 bis 2463	
	G 8 4885 und 4886	– , 55 1862	Vulcan	1908	2464 und 2465	
	G 8 4887 bis 4890	–	Vulcan	1908	2466 bis 2469	
	G 8 4891 und 4892	55 1863 und 55 1864	Vulcan	1908	2470 und 2471	
	G 8 4893	–	Vulcan	1908	2472	
	G 8 4894	–	HANOMAG	1909	5591	
	G 8 4895 bis 4903	55 1885 bis 55 1893	HANOMAG	1909	5592 bis 5600	
	G 8 4904 bis 4910	55 1917 bis 55 1923	HANOMAG	1909	5634 bis 5640	
	G 8 4911 und 4912	– , 55 1924	HANOMAG	1909	5641 und 5642	
	G 8 4913 und 4914	–	HANOMAG	1909	5643 und 5644	
	G 8 4915 und 4916	55 1925, –	HANOMAG	1909	5645 und 5946	
	G 8 4917	55 1926	HANOMAG	1909	5647	
	G 8 4918 und 4919	55 1955 und 55 1956	HANOMAG	1910	5818 und 5819	
	G 8 4920 und 4921	– , 55 1957	HANOMAG	1910	5820 und 5821	
	G 8 4922 und 4923	55 1977, –	HANOMAG	1910	5979 und 5980	
	G 8 4924	55 1989	HANOMAG	1911	6000	
	G 8 4925 und 4926	– , 55 1978	HANOMAG	1910	5981 und 5982	
	G 8 4927	–	HANOMAG	1910	5983	
	G 8 4928 und 4929	55 2147, –	Henschel	1912	11225 und 11226	
Erfurt	G 8 4801 und 4802	–	HANOMAG	1913	6695 und 6696	
	G 8 4803	55 2190	HANOMAG	1913	6697	
	G 8 4804	–	Henschel	1913	11687	
Essen	1900 und 1901	55 1624 und 55 1625	Vulcan	1905	2154 und 2155	
	1902	55 1644	Vulcan	1906	2183	
	1903 und 1904	55 1656 und 55 1657	Vulcan	1906	2201 und 2202	
	G 8 4806 und 4807	55 1658 und 55 1659	Vulcan	1906	2203 und 2204	
	G 8 4808 bis 4811	55 1697 bis 55 1700	Vulcan	1907	2271 bis 2274	
	G 8 4812 und 4813	55 1883 und 55 1884	HANOMAG	1909	5589 und 5590	
	G 8 4814 bis 4817	55 1898 bis 55 1901	Vulcan	1909	2513 bis 2516	
	G 8 4818 und 4819	–	HANOMAG	1909	5648 und 5649	
	G 8 4820 bis 4824	55 1927 bis 55 1931	HANOMAG	1909	5650 bis 5654	
	G 8 4825	–	HANOMAG	1909	5655	
	G 8 4826	–	HANOMAG	1910	5822	
	G 8 4827 bis 4831	55 1958 bis 55 1962	HANOMAG	1910	5823 bis 5827	
	G 8 4832	–	HANOMAG	1910	5984	
	G 8 4833 bis 4835	55 1979 bis 55 1981	HANOMAG	1910	5985 bis 5987	
	G 8 4836 und 4837	–	Vulcan	1910	2629 und 2630	
	G 8 4838 und 4839	55 1991 und 55 1992	Vulcan	1910	2631 und 2632	
	G 8 4840	–	Vulcan	1910	2633	
	G 8 4841	–	HANOMAG	1911	6170	
	G 8 4842 bis 4847	55 2012 bis 55 2017	HANOMAG	1911	6171 bis 6176	
	G 8 4848	–	Grafenstaden	1911	6284	
	G 8 4849 und 4850	55 1996 und 55 1997	Grafenstaden	1911	6285 und 6286	

Direktionsbezirk	Bahnnummern	DRG-Nummern	Hersteller	Baujahr	Fabriknummern	Bemerkungen/ Ausmusterung
	G 8 4851 und 4852	–	Grafenstaden	1911	6287 und 6288	
	G 8 4853 und 4854	55 1998, –	Grafenstaden	1911	6289 und 6290	
	G 8 4855 bis 4859	55 1999 bis 55 2003	Grafenstaden	1911	6291 bis 6295	
	G 8 4860 und 4861	– , 55 2004	Grafenstaden	1911	6296 und 6297	
	G 8 4862	55 2127	HANOMAG	1912	6488	
	G 8 4863 und 4864	–	HANOMAG	1912	6489 und 6490	
	G 8 4865 und 4866	55 2128, –	HANOMAG	1912	6491 und 6492	
	G 8 4867 bis 4869	55 2129 bis 55 2131	HANOMAG	1912	6493 bis 6495	
	G 8 4870 und 4871	– , 55 2132	HANOMAG	1912	6496 und 6497	
	G 8 4872	–	HANOMAG	1912	6498	
	G 8 4873 bis 4875	55 2133 bis 55 2135	HANOMAG	1912	6499 bis 6501	
	G 8 4876	–	HANOMAG	1912	6502	
	G 8 4877 und 4878	55 2113, –	Grafenstaden	1912	6421 und 6422	
	G 8 4879 bis 4881	55 2114 bis 55 2116	Grafenstaden	1912	6423 bis 6425	
	G 8 4882 und 4883	55 2117 und 55 2118	Grafenstaden	1912	6415 und 6416	
	G 8 4884 und 4885	–	Grafenstaden	1912	6417 und 6418	
	G 8 4886 und 4887	55 2119 und 55 2120	Grafenstaden	1912	6419 und 6420	
	G 8 4888	–	HANOMAG	1913	6675	
	G 8 4889 bis 4892	55 2179 bis 55 2182	HANOMAG	1913	6676 bis 6679	
	G 8 4893 und 4894	– , 55 2183	HANOMAG	1913	6680 und 6681	
	G 8 4895	55 2216	Henschel	1912	11426	
	G 8 4896 bis 4898	–	Henschel	1912	11427 bis 11429	
	G 8 4899 und 4900	55 2217, –	Henschel	1912	11430 und 11431	
	G 8 4901 und 4902	55 2218 und 55 2219	Henschel	1912	11432 und 11433	
	G 8 4903 und 4904	– , 55 2220	Henschel	1912	11434 und 11435	
	G 8 4905	–	Henschel	1912	11436	
	G 8 4906 und 4907	55 2221 und 55 2222	Henschel	1912	11437 und 11438	
	G 8 4908	–	Vulcan	1912	2765	
	G 8 4909 bis 4912	55 2234 bis 55 2237	Vulcan	1912	2766 bis 2769	
	G 8 4913	55 2244	Schichau	1912	2027	
	G 8 4914 bis 4919	–	Schichau	1912	2028 bis 2033	
Frankfurt	1208 bis 1214	55 1613 bis 55 1619	Vulcan	1904	2123 bis 2129	
	G 8 4808 und 4809	– , 55 1679	Schichau	1906	1491 und 1492	
	G 8 4810 und 4811	– , 55 1680	Schichau	1906	1493 und 1494	
	G 8 4812 und 4813	55 1721 und 55 1713	Schichau	1907	1531 und 1532	
	G 8 4814	–	Schichau	1907	1533	
	G 8 4815 bis 4817	55 1770 bis 55 1772	HANOMAG	1907	4846 bis 4848	
	G 8 4818 bis 4821	55 1781 bis 55 1784	HANOMAG	1907	4886 bis 4889	
	G 8 4822 bis 4824	55 1759 bis 55 1761	Schichau	1907	1565 bis 1567	
	G 8 4825 und 4826	– , 55 1858	Vulcan	1908	2459 und 2460	
	G 8 4827	55 1907	Vulcan	1909	2525	
	G 8 4828 und 4829	55 1932 und 55 1933	HANOMAG	1909	5656 und 5657	
	G 8 4835 und 4836	55 1845 und 55 1846	Vulcan	1908	2440 und 2441	
	G 8 4841	–	Vulcan	1910	2572	
Halle	G 8 4801 und 4802	55 1963, –	HANOMAG	1910	5828 und 5829	
	G 8 4803	–	Vulcan	1910	2599	
	G 8 4804 und 4805	55 1982 und 55 1983	HANOMAG	1911	5988 und 5989	
	G 8 4806	–	HANOMAG	1911	5990	
	G 8 4807 und 4808	55 1984 und 55 1985	HANOMAG	1911	5991 und 5992	
	G 8 4809 bis 4811	–	HANOMAG	1911	6177 bis 6179	
	G 8 4812 und 4813	55 2050, –	HANOMAG	1912	6381 und 6382	
	G 8 4814 und 4815	55 2051 und 55 2052	HANOMAG	1912	6383 und 6384	
	G 8 4816 und 4817	– , 55 2053	HANOMAG	1912	6385 und 6386	
	G 8 4818	–	HANOMAG	1912	6387	
	G 8 4819 bis 4822	55 2054 bis 55 2057	HANOMAG	1912	6388 bis 6391	
	G 8 4823	–	HANOMAG	1912	6392	
	G 8 4824 und 4825	55 2061 und 55 2026	Henschel	1912	10922 und 10923	
	G 8 4826 und 4827	– , 55 2063	Henschel	1912	10924 und 10925	

Direktionsbezirk	Bahnnummern	DRG-Nummern	Hersteller	Baujahr	Fabriknummern	Bemerkungen/ Ausmusterung
	G 8 4828 und 4829	55 2148, –	Henschel	1912	11227 und 11228	
	G 8 4830	55 2149	Henschel	1912	11229	
	G 8 4831 und 4832	–	Henschel	1912	11230 und 11231	
	G 8 4833 und 4834	55 2150, –	Henschel	1912	11232 und 11233	
	G 8 4835 und 4836	55 2164 und 55 2165	Schichau	1912	2010 und 2011	
	G 8 4837 bis 4839	–	HANOMAG	1913	6698 bis 6700	
	G 8 4840 und 4841	55 2191, –	HANOMAG	1913	6701 und 6702	
	G 8 4842 bis 4845	55 2192 bis 55 2195	HANOMAG	1913	6703 bis 6706	
	G 8 4846 und 4847	55 2232, –	Henschel	1913	11688 und 11689	
Hannover	1304	–	Vulcan	1905	2169	
	4001	55 1645	Vulcan	1906	2184	
	4002	–	Vulcan	1906	2209	
	G 8 4804 bis 4806	–	HANOMAG	1907	4675 bis 4677	
	G 8 4807 und 4808	55 1714 und 55 1715	HANOMAG	1907	4678 und 4679	
	G 8 4809	–	HANOMAG	1907	4680	
	G 8 4810 und 4811	55 1701 und 55 1702	Vulcan	1907	2275 und 2276	
	G 8 4812	–	Vulcan	1907	2277	
	G 8 4813 und 4814	– , 55 1964	HANOMAG	1910	5830 und 5831	
	G 8 4815 und 4816	55 1986, –	HANOMAG	1911	5993 und 5994	
	G 8 4817 und 4818	55 1987 und 55 1988	HANOMAG	1911	5995 und 5996	
	G 8 4819	–	HANOMAG	1910	6165	
	G 8 4820 und 4821	55 2010 und 55 2011	HANOMAG	1910	6166 und 6167	
	G 8 4822 und 4823	–	HANOMAG	1911	6359 und 6360	
	G 8 4824 und 4825	55 2039 und 55 2040	HANOMAG	1911	6361 und 6362	
	G 8 4826 bis 4831	–	HANOMAG	1912	6480 bis 6485	
	G 8 4832 und 4833	55 2126, –	HANOMAG	1912	6486 und 6487	
	G 8 4834 und 4835	–	HANOMAG	1913	6671 und 6672	
	G 8 4836 und 4837	55 2178, –	HANOMAG	1913	6673 und 6674	
	G 8 4838 und 4839	55 2184 und 55 2185	HANOMAG	1913	6682 und 6683	
	G 8 4840 bis 4843	–	HANOMAG	1913	6684 bis 6687	
	G 8 4844 und 4845	–	HANOMAG	1913	6826 und 6827	
Kattowitz	G 8 4801	55 2095	Schichau	1911	1947	
	G 8 4802 bis 4806	–	Schichau	1911	1948 bis 1952	
	G 8 4807 und 4808	55 2096 und 55 2097	Schichau	1911	1953 und 1954	
Königsberg	G 8 4801 bis 4803	55 1909 bis 55 1911	Schichau	1909	1768 bis 1770	
	G 8 4804 und 4805	– , 55 1912	Schichau	1909	1771 und 1772	
	G 8 4806 und 4807	– , 55 1913	Schichau	1909	1773 und 1774	
	G 8 4808 bis 4811	–	Schichau	1909	1779 bis 1782	
	G 8 4812 und 4813	55 1951 und 55 1952	Schichau	1909	1783 und 1784	
	G 8 4814 bis 4816	–	Schichau	1909	1785 bis 1787	
	G 8 4817 und 4818	55 1953 und 55 1954	Schichau	1909	1789 und 1790	
	G 8 4819 und 4820	55 1970 und 55 1971	Schichau	1910	1849 und 1850	
	G 8 4821	–	Schichau	1910	1876	
	G 8 4822 und 4823	55 1993 und 55 1994	Schichau	1910	1877 und 1878	
	G 8 4824 und 4825	– , 55 2033	Schichau	1911	1931 und 1932	
	G 8 4826 und 4827	– , 55 2034	Schichau	1911	1933 und 1934	
	G 8 4828 und 4829	– , 55 2035	Schichau	1911	1935 und 1936	
	G 8 4830 und 4831	55 2036 und 55 2037	Schichau	1911	1937 und 1938	
	G 8 4832 bis 4835	55 2064 bis 55 2067	Henschel	1912	10926 bis 10929	
	G 8 4836 und 4837	– , 55 2068	Henschel	1912	10930 und 10931	
	G 8 4838 und 4839	– , 55 2069	Henschel	1912	10932 und 10933	
	G 8 4840	55 2098	Schichau	1911	1955	
	G 8 4841 und 4842	–	Schichau	1911	1956 und 1957	
	G 8 4843 bis 4848	55 2099 bis 55 2104	Schichau	1911	1958 bis 1963	
	G 8 4849 und 4850	–	Schichau	1911	1964 und 1965	
	G 8 4851	55 2105	Schichau	1911	1966	
	G 8 4852 bis 4857	–	Schichau	1911	1967 bis 1972	
	G 8 4858 bis 4860	55 2106 bis 55 2108	Schichau	1911	1973 bis 1975	

Direktionsbezirk	Bahnnummern	DRG-Nummern	Hersteller	Baujahr	Fabriknummern	Bemerkungen/ Ausmusterung
	G 8 4961	–	Schichau	1911	1976	
	G 8 4862 bis 4865	55 2109 bis 55 2112	Schichau	1911	1977 bis 1980	
	G 8 4866 bis 4871	55 2245 bis 55 2250	Schichau	1912	2039 bis 2044	
Magdeburg	G 8 4801 und 4802	55 1650 und 55 1651	Schichau	1906	1462 und 1463	
	G 8 4803 und 4804	55 1826 und 55 1827	Schichau	1908	1670 und 1671	
	G 8 4805 bis 4807	–	Schichau	1908	1672 bis 1674	
	G 8 4808 bis 4810	55 1847 bis 55 1849	Vulcan	1908	2445 bis 2447	
	G 8 4811	55 1852	Vulcan	1908	2452	
	G 8 4812	55 1895	Vulcan	1909	2493	
	G 8 4813 bis 4815	55 2005 bis 55 2007	Grafenstaden	1912	6298 bis 6300	
	G 8 4816 und 4817	55 2145 und 55 2146	HANOMAG	1912	6586 und 6587	
	G 8 4818 und 4819	55 2008 und 55 2009	Grafenstaden	1912	6431 und 6432	
	G 8 4820 bis 4822	55 2154 bis 55 2156	Schichau	1912	1981 bis 1983	
	G 8 4823 und 4824	–	Schichau	1912	1984 und 1985	
	G 8 4825 und 4826	55 2157 und 55 2158	Schichau	1912	1986 und 1987	
	G 8 4827 und 4828	– , 55 2159	Schichau	1912	1988 und 1989	
	G 8 4829 und 4830	– , 55 2160	Schichau	1912	1990 und 1991	
	G 8 4831	–	HANOMAG	1913	6707	
	G 8 4832 und 4833	55 2196 und 55 2197	HANOMAG	1913	6708 und 6709	
Mainz	G 8 4801 und 4802	55 1908, –	Vulcan	1909	2526 und 2527	
	G 8 4803 bis 4806	–	HANOMAG	1909	5658 bis 5661	
	G 8 4807 und 4808	–	HANOMAG	1910	6168 und 6169	
	G 8 4809	55 2070	Henschel	1912	10934	
	G 8 4810 und 4811	55 2121, –	Grafenstaden	1912	6426 und 6427	
	G 8 4812 und 4813	55 2122 und 55 2123	Grafenstaden	1912	6428 und 6429	
	G 8 4814	–	Grafenstaden	1912	6430	
	G 8 4815 und 4816	– , 55 2230	Henschel	1912	11446 und 11447	
	G 8 4817 bis 4819	–	Henschel	1912	11448 bis 11450	
	G 8 4820	55 2231	Henschel	1912	11451	
Münster	1200 bis 1202	55 1607 bis 55 1609	Vulcan	1903	2039 bis 2041	
	1203 bis 1205	55 1610 bis 55 1612	Schichau	1903	1292 bis 1294	
	1506 bis 1514	55 1626 bis 55 1634	Vulcan	1905	2156 bis 2164	
	1515 und 1516	55 1638, –	Vulcan	1905	2174 und 2175	
	1517 bis 1521	55 1639 bis 55 1643	Vulcan	1905	2176 bis 2180	
	G 8 4823 bis 4828	55 1667 bis 55 1672	Schichau	1906	1477 bis 1482	
	G 8 4829	–	Schichau	1906	1483	
	G 8 4830 bis 4835	55 1673 bis 55 1678	Schichau	1906	1484 und 1489	
	G 8 4836 und 4837	–	HANOMAG	1907	4681 und 4682	
	G 8 4838 bis 4844	55 1716 bis 55 1722	HANOMAG	1907	4683 bis 4689	
	G 8 4845 bis 4847	55 1705 bis 55 1707	Schichau	1906	1521 bis 1523	
	G 8 4848 und 4849	– , 55 1708	Schichau	1906	1524 und 1525	
	G 8 4850 und 4851	– , 55 1709	Schichau	1906	1526 und 1527	
	G 8 4852 und 4853	– , 55 1710	Schichau	1906	1528 und 1529	
	G 8 4854	55 1683	Vulcan	1906	2248	
	G 8 4855	55 1711	Schichau	1906	1530	
	G 8 4856	55 1662	Vulcan	1906	2226	
	G 8 4857 bis 4865	55 1728 bis 55 1736	Vulcan	1907	2292 bis 2300	
	G 8 4866 und 4867	–	Vulcan	1907	2301 und 2302	
	G 8 4868 und 4869	55 1737, –	Vulcan	1907	2303 und 2304	
	G 8 4870 bis 4872	55 1738 bis 55 1740	Vulcan	1907	2305 bis 2307	
	G 8 4873	–	Vulcan	1907	2308	
	G 8 4874 bis 4876	55 1741 bis 55 1743	Vulcan	1907	2309 bis 2311	
	G 8 4877 bis 4880	55 1794 bis 55 1797	Schichau	1907	1599 bis 1602	
	G 8 4881 und 4882	– , 55 1798	Schichau	1907	1603 und 1604	
	G 8 4883 bis 4887	55 1821 bis 55 1825	Schichau	1908	1665 bis 1669	
	G 8 4888 bis 4891	55 1810 bis 55 1813	Vulcan	1908	2411 bis 2414	
	G 8 4892	–	Vulcan	1908	2415	
	G 8 4893 bis 4899	55 1814 bis 55 1820	Vulcan	1908	2416 bis 2422	

Direktionsbezirk	Bahnnummern	DRG-Nummern	Hersteller	Baujahr	Fabriknummern	Bemerkungen/ Ausmusterung
	G 8 4900 und 4901	–	Vulcan	1908	2423 und 2424	
	G 8 4902 bis 4906	55 1830 bis 55 1834	Vulcan	1908	2425 bis 2429	
	G 8 4907 und 4908	55 1865 und 55 1866	Schichau	1908	1685 und 1686	
	G 8 4909	–	Schichau	1908	1687	
	G 8 4910 und 4911	55 1867 und 55 1868	Schichau	1908	1688 und 1689	
	G 8 4912	–	Vulcan	1908	2453	
	G 8 4913 bis 4917	55 1853 bis 55 1857	Vulcan	1908	2454 bis 2458	
	G 8 4918 und 4919	55 1869, –	Schichau	1908	1705 und 1706	
	G 8 4920 bis 4925	55 1870 bis 55 1875	Schichau	1908	1707 bis 1712	
	G 8 4926 bis 4929	55 1876 bis 55 1879	Schichau	1909	1713 bis 1716	
	G 8 4930 und 4931	55 1896 und 55 1897	Vulcan	1909	2495 und 2496	
	G 8 4932 bis 4934	55 1902 bis 55 1904	Vulcan	1909	2517 bis 2519	
	G 8 4935 und 4936	– , 55 1905	Vulcan	1909	2520 und 2521	
	G 8 4937 und 4938	– , 55 1906	Vulcan	1909	2522 und 2523	
	G 8 4939 und 4940	55 1934 und 55 1935	HANOMAG	1909	5662 und 5663	
	G 8 4941 und 4942	55 1936 und 55 1937	Vulcan	1909	2531 und 2532	
	G 8 4943	–	Vulcan	1909	2533	
	G 8 4944 bis 4946	55 1938 bis 55 1940	Vulcan	1909	2534 bis 2536	
	G 8 4947	–	Vulcan	1909	2537	
	G 8 4948 und 4949	55 1941 und 55 1942	Vulcan	1909	2538 und 2539	
	G 8 4950 und 4951	55 2018, –	HANOMAG	1911	6180 und 6181	
	G 8 4952 und 4953	55 2119 und 55 2020	HANOMAG	1911	6182 und 6183	
	G 8 4954 bis 4959	55 2071 bis 55 2076	Henschel	1912	10935 bis 10940	
	G 8 4960	–	Henschel	1912	10941	
	G 8 4961 bis 4964	55 2077 bis 55 2080	Henschel	1912	10942 bis 10945	
	G 8 4965 bis 4970	55 2136 bis 55 2141	HANOMAG	1912	6503 bis 6508	
	G 8 4971 und 4972	–	HANOMAG	1912	6509 und 6510	
	G 8 4973 und 4974	55 2142 und 55 2143	HANOMAG	1912	6511 und 6512	
	G 8 4975 und 4976	– , 55 2144	HANOMAG	1912	6513 und 6514	
	G 8 4977 und 4978	55 2203, –	HANOMAG	1913	6717 und 6718	
	G 8 4979 und 4980	– , 55 2204	HANOMAG	1913	6719 und 6720	
	G 8 4981 und 4982	–	HANOMAG	1913	6721 und 6722	
	G 8 4983 bis 4986	55 2205 bis 55 2208	HANOMAG	1913	6723 bis 6726	
	G 8 4987	–	HANOMAG	1913	6727	
	G 8 4988 bis 4994	55 2209 bis 55 2215	HANOMAG	1913	6728 bis 6734	
	G 8 4995 und 4996	55 2255 und 55 2256	HANOMAG	1913	6828 und 6829	
Posen	G 8 4801 bis 4803	–	Vulcan	1909	2590 bis 2592	
	G 8 4804 bis 4806	–	Schichau	1910	1851 bis 1853	
	G 8 4807	55 1972	Schichau	1910	1854	
	G 8 4808 bis 4811	–	Schichau	1910	1855 bis 1858	
	G 8 4812	–	HANOMAG	1911	5997	
	G 8 4813 bis 4816	–	Vulcan	1910	2620 bis 2623	
	G 8 4817 und 4818	55 1990, –	Vulcan	1910	2624 und 2625	
	G 8 4819 bis 4823	–	Schichau	1910	1879 bis 1883	
	G 8 4824 und 4825	55 1995, –	Schichau	1910	1884 und 1885	
	G 8 4826 und 4827	55 2021, –	HANOMAG	1911	6184 und 6185	
	G 8 4828 und 4829	–	Vulcan	1911	2686 und 2687	
	G 8 4830 bis 4836	55 2025 bis 55 2031	Vulcan	1911	2688 bis 2694	
	G 8 4837	–	Vulcan	1911	2695	
	G 8 4838 und 4839	– , 55 2038	Schichau	1911	1939 und 1940	
	G 8 4840	–	HANOMAG	1911	6363	
	G 8 4841 und 4842	55 2041 und 55 2042	HANOMAG	1911	6364 und 6365	
	G 8 4843 und 4844	– , 55 2043	HANOMAG	1911	6366 und 6367	
	G 8 4845 und 4846	– , 55 2044	HANOMAG	1911	6368 und 6369	
	G 8 4847 bis 4849	–	HANOMAG	1911	6370 bis 6372	
	G 8 4850	55 2045	HANOMAG	1911	6373	
	G 8 4851 und 4852	–	Vulcan	1911	2703 und 2704	
	G 8 4853 und 4854	55 2081 und 55 2082	Vulcan	1911	2705 und 2706	

Direktionsbezirk	Bahnnummern	DRG-Nummern	Hersteller	Baujahr	Fabriknummern	Bemerkungen/ Ausmusterung
	G 8 4855	–	Vulcan	1911	2707	
	G 8 4856 bis 4860	55 2166 bis 55 2170	Schichau	1912	2012 bis 2016	
	G 8 4861 und 4862	– , 55 2171	Schichau	1912	2017 und 2018	
	G 8 4863 und 4864	55 2172, –	Schichau	1912	2019 und 2020	
	G 8 4865 und 4866	55 2173 und 55 2174	Schichau	1912	2021 und 2022	
	G 8 4867 bis 4873	55 2223 bis 55 2229	Henschel	1912	11439 bis 11445	
	G 8 4874 bis 4876	55 2251 bis 55 2253	Schichau	1912	2045 bis 2047	
	G 8 4877 und 4878	– , 55 2254	Schichau	1912	2048 und 2049	
	G 8 4879	–	Schichau	1912	2050	
	G 8 4880 und 4881	55 2233, –	Henschel	1913	11690 und 11691	
Saarbrücken	2100	55 1601	Vulcan	1902	1930	
	2101 bis 2112	–	Vulcan	1902	1931 bis 1942	
	2113 bis 2116	–	Vulcan	1903	2042 bis 2045	
	2117 und 2118	–	Vulcan	1905	2170 und 2171	
	2119	–	Vulcan	1906	2185	
	2120 und 2121	–	Vulcan	1906	2232 und 2233	
	2122	55 1666	Vulcan	1906	2234	
	2123 und 2124	–	Vulcan	1906	2235 und 2236	
	G 8 4909	–	Vulcan	1906	2249	
	G 8 4910 bis 4912	55 1684 bis 55 1686	Vulcan	1906	2250 bis 2252	
	G 8 4913 und 4914	55 1687 und 55 1688	Vulcan	1907	2253 und 2254	
	G 8 4915 und 4916	– , 55 1689	Vulcan	1907	2255 und 2256	
Stettin	G 8 4801 und 4802	55 1690 und 55 1691	Vulcan	1907	2257 und 2258	
	G 8 4803 und 4804	55 1835 und 55 1836	Vulcan	1908	2430 und 2431	
	G 8 4805	–	Vulcan	1909	2494	
	G 8 4806 bis 4808	–	Vulcan	1909	2528 bis 2530	
	G 8 4809 und 4810	55 1948, –	Vulcan	1909	2545 und 2546	
	G 8 4811 und 4812	55 1949, –	Vulcan	1909	2547 und 2548	
	G 8 4813	55 1969	Vulcan	1910	2600	
	G 8 4814 bis 4816	–	Vulcan	1910	2626 bis 2628	
	G 8 4817 und 4818	– , 55 2022	Vulcan	1911	2681 und 2682	
	G 8 4819 und 4820	55 2023, –	Vulcan	1911	2683 und 2684	
	G 8 4821	55 2024	Vulcan	1911	2685	
	G 8 4822 bis 4826	55 2083 bis 55 2087	Vulcan	1911	2708 bis 2712	
	G 8 4827	–	Vulcan	1911	2713	
	G 8 4828 bis 4832	55 2088 bis 55 2092	Vulcan	1911	2714 bis 2718	
	G 8 4833	55 2151	Henschel	1912	11234	
	G 8 4834 bis 4839	–	Henschel	1912	11235 bis 11240	
	G 8 4840 und 4841	55 2152, –	Henschel	1912	11241 und 11242	
	G 8 4842	55 2153	Henschel	1912	11243	

G 8^{1}

D–H. G. L.
Verstärkte Normalbauart
DRG-Baureihe 55$^{25-56}$
(→ EFA 1.2)

D h2

1913

Techn. Daten: Seite 206

An der G 8 hatten sich im Laufe der Betriebszeit verschiedene grundlegende Mängel gezeigt: Wegen der schwachen Ausführung des Rahmens traten häufig Rahmenschäden auf, und das Leistungsprogramm war so angesetzt, daß man im Bereich hoher Zugkräfte nicht ohne Sandstreuen auskam. Zudem reichte die Kesselnenndampfleistung infolge der gestiegenen Anforderungen im schweren Güterzugdienst oft nicht mehr aus.
Um 1910 planten die Preußisch-Hessischen Staatsbahnen eine Verstärkung des Oberbaus auf den wichtigsten Hauptstrecken, die eine Heraufsetzung der zulässigen Achsfahrmasse auf 17 t erlauben sollte. Das bot die Möglichkeit, die D h2-Güterzuglokomotive in verstärkter Ausführung bauen zu lassen. Der erste Entwurf für einen solchen Lokomotivtyp lag bereits 1911 vor. Nachdem die Oberbauverstärkung auf einigen Strecken abgeschlossen war, konnten 1913 die ersten D h2-Lokomotiven Verstärkte Normalbauart (G 8^{1}) in Dienst gestellt werden. Das für diesen Lokomotivtyp verbindliche Musterblatt trug die Bezeichnung XIV 3 b.
Gegenüber der G 8 Bauart 1902/Normalbauart hatte man den Rahmen verstärkt, die Rostfläche sowie die Verdampfungsheizfläche vergrößert und den Kesseldruck auf

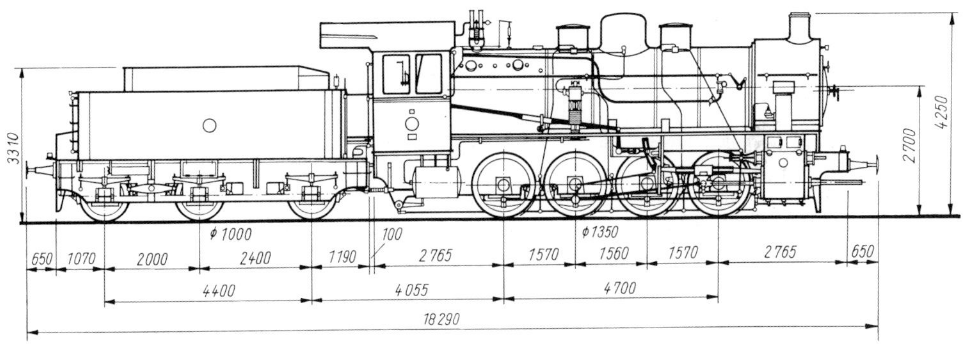

Bauform 1913. Lieferzustand. Tender: 3 T 16,5 nach Musterblatt III 5 n.
Zeichnung: Taege

Henschel 1913/11866. G 8 Essen 4967; DRG 55 2603. Lieferzustand. Druckluftgesteuerte Luftsaugeventile Bauart Knorr und Hahndruckausgleicher Bauart Schmidt.
Foto: Werkaufnahme, Sammlung Siebert

1,4 MPa erhöht. Zwecks Masseeinsparung, die anderen Bauteilen zugute kam, war die Stehkesselrückwand geneigt angeordnet. Die meisten Maschinen wurden mit Speisewasser-Vorwärmanlage ausgestattet. Zunächst verwendete man den flachen Abdampf-Oberflächenvorwärmer Bauart Schichau, der quer auf dem Rahmen über dem 3. Kuppelradsatz angeordnet wurde. Die üblichen zwei Dampfstrahlpumpen verblieben zunächst an den Maschinen. Ab Frühjahrslieferung 1914 bekamen die Lokomotiven anstelle des Vorwärmers Bauart Schichau den an gleicher Stelle untergebrachten flachen Abdampf-Oberflächenvorwärmer Bauart Knorr, ab Herbstlieferung 1914 den zylindrischen Abdampf-Oberflächenvorwärmer Bauart Knorr, der links auf den Umlauf neben dem 2. Kesselschuß lag. Eine der beiden Dampfstrahlpumpen entfiel ab Frühjahrslieferung 1914. Die Speisewasser-Kolbenpumpe Bauart Knorr befand sich bei den mit flachem Vorwärmer ausgerüsteten Lokomotiven links neben dem Hinterkessel. Alle G 8[1] erhielten Druckluftbremse Bauart Knorr oder Westinghouse, abgebremst wurden alle Kuppelräder von vorn. Die Steuerung war als Heusinger-Steuerung mit Kuhnscher Schleife ausgeführt. Der Rauchrohr-Überhitzer war vierreihig gestaltet. Sämtliche Kuppelräder konnten besandet werden, dazu standen zwei Sandkästen zur Verfügung. Die Dienstmasse war gegenüber der G 8 Normalbauart von 57 t auf 68 t gestiegen.

Als Tender verwendete man den eigens für die G 8[1] entwickelten 3 T 16,5 nach Musterblatt III 5 n, später auch den 3 T 20 nach Musterblatt III 50 o und vereinzelt den 4 T 31,5 nach Musterblatt III 5 m. Aus kriegsbedingtem Rohstoffmangel wurde die kupferne Feuerbüchse ab Baujahr 1915 durch die flußeiserne Feuerbüchse ersetzt. Die ab 1919 gebauten G 8[1] bekamen den Speisewasserreiniger Bauart E. Z. A. Der vordere Sandkasten mußte dadurch auf das vordere Ende des 1. Kesselschusses verlegt werden. Schließlich wich bei diesen Maschinen das doppelwandige Tonnendach ab 1920 dem einwandigen, durchgehend abgesetzten Führerhausdach mit seitlichen Lüftungsklappen.

Die G 8[1] Normalbauart war der in der höchsten Stückzahl beschaffte Lokomotivtyp der Preußisch-Hessischen Staatsbahnen. Bereits bis Ende 1915 stieg die Anzahl auf 1 874 Maschinen, bis 1921 sind insgesamt 4 958 Lokomotiven dieses Typs durch die Eisenbahn-Direktionen der Preußisch-Hessischen Staatsbahnen und die DRG bezogen worden.

Im großen und ganzen war die G 8[1] Normalbauart eine ausgereifte Konstruktion und ein beliebter Lokomotivtyp. Im Leistungsvermögen übertraf sie die G 8 Normalbauart erheblich: In der Ebene konnte sie einen Güterzug von 1 500 t Masse mit 60 km/h, auf einer Steigung 1:100 einen Güterzug von 900 t Masse mit ihrer Reibungsgeschwindigkeit von 23 km/h befördern. Die indizierte Höchstleistung betrug 1 160 kW (1 550 PS), die zugehörige günstigste Geschwindigkeit 64 km/h. Der Masseausgleich war besser als bei der G 8 Bauart 1902/ Normalbauart. Gegenüber der G 10 wies die G 8[1] die Vorteile besserer Laufruhe, ge-

Borsig 1918/10023. G 8 Halle 5174, geliefert an die Betriebswerkstatt Elsterwerda; DRG 55 4708, Bw Halle I. Als G 8 Halle 51/4. Speisewasser-Vorwärmanlage mit zylindrischem Abdampf-Oberflächenvorwärmer Bauart Knorr. *Foto: Sammlung Siebert*

G 8 ... 5273. Speisewasserreiniger Bauart E. Z. A., Dampfläutewerk.
Foto: Sammlung Siebert

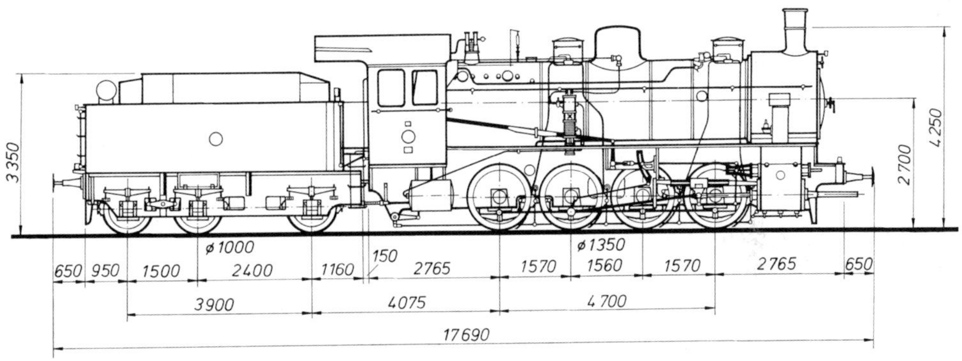

Bauform 1919. Lieferzustand. Speisewasserreiniger Bauart E. Z. A.
Tender: 3 T 20 nach Musterblatt 5 o.
Zeichnung: Taege

ringeren Laufwiderstandes, geringeren Spurkranzverschleißes und auch niedrigerer Beschaffungs- und Unterhaltungskosten auf, war aber wegen der hohen Achsfahrmasse von 17 t nicht so freizügig einsetzbar wie die G 10. Sie wurde im schweren Güterzugdienst, aber auch im Eilgüterdienst verwendet. Besonders nach 1920 setzte man sie auch im Verschubdienst großer Rangierbahnhöfe ein. Durch die G 8^1 konnte trotz schwerer werdender Züge auf vielen Strecken der Vorspann- und Nachschiebebetrieb eingespart werden.

Zunächst bekamen die G 8^1 wie die G 8 Bahnnummern aus der Reihe 4801 bis 5000, wobei sich die Bahnnummern übergangslos an die Bahnnummern der vorhandenen G 8 anschlossen. Zwecks Unterscheidung von der G 8 zeichneten die Eisenbahn-Direktionen Breslau, Erfurt, Frankfurt, Kattowitz und Mainz, als die für die G 8^1 bestimmten Bahnnummern 1914 oder 1915 auf die Reihe 5151 bis 5400 ausgedehnt wurden, ihre G 8^1 in der Reihenfolge der alten Nummern in Breslau 5151 bis 5179, Erfurt 5151 bis 5162, Frankfurt 5151 bis 5165, Kattowitz 5151 bis 5155 und Mainz 5151 bis 5170 um. In den Direktionsbezirken Berlin, Cassel und Königsberg erhielten die G 8^1 von Anfang an Bahnnummern aus der Reihe 5151 bis 5400. Aufgrund der hohen Stückzahlen sind in den Direktionsbezirken Essen, Hannover und Münster später gruppenfremde Bahnnummern in Anspruch genommen worden.

Im ersten Weltkrieg mußten die Preußisch-Hessischen Staatsbahnen einige G 8^1 der Deutschen Heeresbahn zur Verfügung stellen. Größere Bedeutung erlangte die G 8^1 dort jedoch nicht, sie konnte nicht freizügig eingesetzt werden, und als Heißdampflokomotive verur-

Sonderausführung mit Rauchgas-Vorwärmer. *Foto: Archiv Töpelmann*

sachte sie erhebliche Schwierigkeiten in Betrieb und Unterhaltung. Eine Aufstellung zum Stichtag 31. Dezember 1917 nennt 117 G 8 und G 8[1] der Preußisch-Hessischen Staatsbahnen im Heeresbahndienst. Hinzu kamen noch 50 G 8[1] Normalbauart, die die Deutsche Heeresbahn selbst beschafft hatte. Sie trugen dort zunächst die Bahnnummern 11 bis 60 und wurden 1918 in Brüssel bzw. Warschau 5161 bis 5210 umgezeichnet, jeweils in der Reihenfolge der ersten Bahnnummern.

1868 G 8[1] der Preußisch-Hessischen Staatsbahnen gingen infolge der Kriegsereignisse und der Ergebnisse des ersten Weltkrieges an die Siegermächte verloren oder wurden aufgrund von Kriegsschäden ausgemustert. Von den durch die Deutsche Heeresbahn beschafften G 8[1] kamen 35 Maschinen zu den Eisenbahnen der Siegermächte, 15 zu den Preußisch-Hessischen Staatsbahnen. Zwei Lokomotiven erhielt 1920 die Mecklenburgische Friedrich-Franz-Eisenbahn von den Preußisch-Hessischen Staatsbahnen. Einschließlich dieser 17 Maschinen, der umgebauten G 8[1] Bauart Stroomann und der durch die DRG selbst in Dienst gestellten G 8[1] übernahm die DRG von den Preußisch-Hessischen Staatsbahnen 3 119 G 8[1] Lokomotiven in den 3. Umzeichnungsplan aus dem Jahre 1925 und gab ihnen die Betriebsnummern 55 2501 bis 55 2857 und 55 2861 bis 55 5622.

Sonderausführungen

Einige 1913 gebaute Lokomotiven
Steuerung: Kammerschieber Bauart Trick, 220 mm Durchmesser. Etwa 1915 durch Kolbenschieber Bauart Schichau mit schmalen federnden Ringen, 220 mm Durchmesser, ersetzt.

Schichau 1913/2066 bis 2070 G 8 Posen 4882 bis 4886; G 8 Posen 4882 und 4886 ab 1920 G 8 Osten 4882 und 4886, DRG 55 2650 und 55 2651
Steuerung: Kammerschieber Bauart E. Z. A., 220 mm Durchmesser. Etwa 1915 durch Kolbenschieber Bauart Schichau mit schmalen federnden Ringen, 220 mm Durchmesser, ersetzt.

Schichau 1913/2132 bis 2145 G 8 Breslau 4903 bis 4916; ab 1914 oder 1915 G 8 Breslau 5166 bis 5179; Breslau 5166 bis 5169; 5171, 5172, und 5174 bis 5179 DRG 55 2870 bis 55 2881
Steuerung: Zu Probezwecken

Kolbenschieber Bauart Schichau mit einfacher innerer Einströmung und schmalen federnden Ringen, 220 mm Durchmesser.

Einige während des ersten Weltkrieges bei der Deutschen Heeresbahn eingesetzte Lokomotiven

Während des ersten Weltkrieges in Panzerzuglokomotiven umgebaut. Sondereinrichtungen: Verkleidung durch Panzerplatten.

Eine Lokomotive

Kesselausrüstung: Um 1920 zu Versuchszwecken mit einem dem Abdampf-Oberflächenvorwärmer nachgeschalteten Rauchgas-Vorwärmer ausgerüstet. Später wieder abgebaut.

Direktionsbezirk	Bahnnummern	DRG-Nummern	Hersteller	Baujahr	Fabriknummern	Bemerkungen/ Ausmusterung
1895/1896						
Altona	G 8 4807 bis 4809	55 2501 bis 55 2503	HANOMAG	1913	6846 bis 6848	
	G 8 4810	–	HANOMAG	1913	6849	
	G 8 4811 bis 4813	55 2504 bis 55 2506	HANOMAG	1913	6850 bis 6852	
	G 8 4814 und 4815	55 2620 und 55 2621	Vulcan	1913	2817 und 2818	
	G 8 4816	–	Henschel	1913	12074	
	G 8 4817	–	Orenstein	1914	6309	
	G 8 4818 bis 4822	55 2851 bis 55 2855	Orenstein	1914	6310 bis 6314	
	G 8 4823 und 4824	55 3040, –	Linke	1915	1114 und 1115	
	G 8 4825 und 4826	55 3041 und 55 3042	Linke	1915	1116 und 1117	
	G 8 4827	–	Linke	1915	1118	
	G 8 4828 bis 4830	55 3043 bis 55 3045	Linke	1915	1119 bis 1121	
	G 8 4831 bis 4833	55 3184 bis 55 3186	Vulcan	1914	2962 bis 2964	
	G 8 4834	–	Vulcan	1914	2965	
	G 8 4835 und 4836	55 3187 und 55 3188	Vulcan	1914	2966 und 2967	
	G 8 4837 bis 4840	55 3107 bis 55 3110	HANOMAG	1914	7400 bis 7403	
	G 8 4841 und 4842	– , 55 3111	HANOMAG	1914	7404 und 7405	
	G 8 4843 und 4844	– , 55 3270	Borsig	1915	9241 und 9242	
	G 8 4845 und 4846	55 3271, –	Borsig	1915	9243 und 9244	
	G 8 4847 und 4848	55 3272 und 55 3273	Borsig	1915	9245 und 9246	
	G 8 4849 und 4850	–	Borsig	1915	9247 und 9248	
	G 8 4851 bis 4854	55 3274 bis 55 3277	Borsig	1915	9249 bis 9252	
	G 8 4855 und 4856	– , 55 3278	Borsig	1915	9253 und 9254	
	G 8 4857 und 4858	– , 55 3279	Borsig	1915	9255 und 9256	
	G 8 4859 und 4860	– , 55 3476	Borsig	1915	9285 und 9286	
	G 8 4861 und 4862	– , 55 3477	Borsig	1915	9287 und 9288	
	G 8 4863 bis 4865	55 3478 bis 55 3480	Borsig	1915	9289 bis 9291	
	G 8 4866	–	Borsig	1915	9292	
	G 8 4867 bis 4870	55 3481 bis 55 3484	Borsig	1915	9293 bis 9296	
	G 8 4871	–	Borsig	1916	9411	
	G 8 4872 bis 4974	55 3706 bis 55 3708	Borsig	1916	9412 bis 9414	
	G 8 4875	–	Borsig	1916	9415	
	G 8 4876 bis 4879	55 3709 bis 55 3712	Borsig	1916	9416 bis 9419	
	G 8 4880 und 4881	– , 55 3713	Borsig	1916	9420 und 9421	
	G 8 4882 und 4883	– , 55 3714	Borsig	1916	9422 und 9423	
	G 8 4884 und 4885	55 3715, –	Borsig	1916	9424 und 9425	
	G 8 4886 bis 4890	55 3716 bis 55 3720	Borsig	1916	9426 bis 9430	
	G 8 4891 und 4892	55 3979, –	Borsig	1916	9484 und 9485	
	G 8 4893 bis 4895	55 3980 bis 55 3982	Borsig	1916	9486 bis 9488	
	G 8 4896	–	Borsig	1916	9489	
	G 8 4897 bis 4900	55 3983 bis 55 3986	Borsig	1916	9490 bis 9493	
	G 8 4901	–	Borsig	1916	9494	

Direktionsbezirk	Bahnnummern	DRG-Nummern	Hersteller	Baujahr	Fabriknummern	Bemerkungen/ Ausmusterung
	G 8 4902 und 4903	55 3987, –	Borsig	1916	9495 und 9496	
	G 8 4904 bis 4907	55 3988 bis 55 3991	Borsig	1916	9497 bis 9500	
	G 8 4908	–	HANOMAG	1917	8065	
	G 8 4909 und 4910	55 4266 und 55 4267	HANOMAG	1917	8066 und 8067	
	G 8 4911 bis 4913	–	HANOMAG	1917	8068 bis 8070	
	G 8 4914 und 4915	55 4268, –	HANOMAG	1917	8071 und 8072	
	G 8 4916 und 4917	55 4269, –	HANOMAG	1917	8073 und 8074	
	G 8 4918 bis 4922	55 4270 bis 55 4274	HANOMAG	1917	8075 bis 8079	
	G 8 4923 und 4924	–	HANOMAG	1917	8221 und 8222	
	G 8 4925 und 4926	55 4517 und 55 4518	HANOMAG	1917	8223 und 8224	
	G 8 4927	–	HANOMAG	1917	8225	
	G 8 4928 bis 4930	55 4519 bis 55 4521	HANOMAG	1917	8226 bis 8228	
	G 8 4931 und 4932	– , 55 4522	HANOMAG	1917	8229 und 8230	
	G 8 4933 und 4934	– , 55 4523	HANOMAG	1917	8231 und 8232	
	G 8 4935 und 4936	–	HANOMAG	1917	8233 und 8234	
	G 8 4837 und 4838	55 4524, –	HANOMAG	1917	8235 und 8236	
	G 8 4839 und 4840	– , 55 4525	HANOMAG	1917	8237 und 8238	
	G 8 4941 bis 4944	–	HANOMAG	1917	8239 bis 8242	
	G 8 4945 und 4946	55 4526 und 55 4527	HANOMAG	1917	8243 und 8244	
	G 8 4947	–	HANOMAG	1917	8245	
	G 8 4948 bis 4950	55 4528 bis 55 4530	HANOMAG	1917	8246 bis 8248	
	G 8 4951 bis 4953	–	Borsig	1917	10071 bis 10073	
	G 8 4954 bis 4956	55 4738 bis 55 4740	Borsig	1917	10074 bis 10076	
	G 8 4957	–	Borsig	1917	10077	
	G 8 4958 und 4959	55 4741, –	Borsig	1917	10078 und 10079	
	G 8 4960 bis 4962	55 4742 bis 55 4744	Borsig	1917	10080 bis 10082	
	G 8 4963	–	Borsig	1917	10083	
	G 8 4964 bis 4966	55 4745 bis 55 4747	Borsig	1917	10084 bis 10086	
	G 8 4967	–	Borsig	1917	10087	
	G 8 4968	55 4758	Borsig	1918	10112	
	G 8 4969 und 4970	–	Borsig	1918	10113 und 10114	
	G 8 4971 bis 4977	–	HANOMAG	1918	8608 bis 8614	
	G 8 4978 und 4979	55 5035 und 55 5036	HANOMAG	1918	8615 und 8616	
	G 8 4980 bis 4983	–	HANOMAG	1918	8617 bis 8620	
	G 8 4984 und 4985	–	Vulcan	1918	3404 und 3405	
	G 8 4986 und 4987	55 5056, –	Vulcan	1918	3406 und 3407	
	G 8 4988	55 5057	Vulcan	1918	3408	
	G 8 4989 bis 4991	–	Vulcan	1918	3409 bis 3411	
	G 8 4992 bis 5000	55 5058 bis 55 5066	Vulcan	1918	3412 bis 3420	
	G 8 5151 bis 5153	–	Vulcan	1918	3421 bis 3423	
	G 8 5154 bis 5156	55 5383 bis 55 5385	Vulcan	1920	3595 bis 3597	
	G 8 5157	–	Vulcan	1920	3598	
	G 8 5158 und 5159	55 5386 und 55 5387	Vulcan	1920	3599 und 3600	
	G 8 5160	55 5412	Hagans	1920	987	
	G 8 5161 bis 5167	55 5516 bis 55 5522	Jung	1920	3009 bis 3015	
	G 8 5168 bis 5173	55 5466 bis 55 5471	Orenstein	1920	8820 bis 8825	
	G 8 5174 bis 5183	55 5596 bis 55 5605	Orenstein	1921	8950 bis 8959	
	G 8 5184 bis 5186	55 5552 bis 55 5554	Orenstein	1921	8936 bis 8938	
Berlin	G 8 5151 und 5152	–	Orenstein	1919	8546 und 8547	
	G 8 5153 bis 5160	55 5309 bis 55 5316	Orenstein	1919	8548 bis 8555	
	G 8 5161 bis 5173	55 5447 bis 55 5459	Orenstein	1919	8801 bis 8813	
	G 8 5174 und 5175	55 5460 und 55 5461	Orenstein	1920	8814 und 8815	
	G 8 5176 bis 5178	55 5523 bis 55 5525	Orenstein	1920	8826 bis 8828	
	G 8 5179 und 5180	– , 55 5526	Orenstein	1920	8829 und 8830	
	G 8 5181 bis 5184	55 5527 bis 55 5530	Orenstein	1920	8911 bis 8914	
	G 8 5185 bis 5188	55 5462 bis 55 5465	Orenstein	1920	8816 bis 8819	
Breslau	G 8 4888 und 4889	55 2627 und 55 2628	Vulcan	1913	2826 und 2827	

Direktionsbezirk	Bahnnummern	DRG-Nummern	Hersteller	Baujahr	Fabriknummern	Bemerkungen/ Ausmusterung
	G 8 4890	–	Vulcan	1913	2828	
	G 8 4891 bis 4894	55 2629 bis 55 2632	Vulcan	1913	2829 bis 2832	
	G 8 4895 und 4896	– , 55 2633	Vulcan	1913	2833 und 2834	
	G 8 4897 und 4898	55 2634, –	Vulcan	1913	2835 und 2836	
	G 8 4899 und 4900	55 2635, –	Vulcan	1913	2837 und 2838	
	G 8 4901 und 4902	55 2636 und 55 2637	Vulcan	1913	2839 und 2840	
	G 8 4903 bis 4906	55 2870 bis 55 2873	Schichau	1913	2132 bis 2135	
	G 8 4907 und 4908	– , 55 2874	Schichau	1913	2136 und 2137	
	G 8 4909 und 4910	55 2875, –	Schichau	1913	2138 und 2139	
	G 8 4911 bis 4916	55 2876 bis 55 2881	Schichau	1913	2140 bis 2145	
	G 8 5180 und 5181	55 3046 und 55 3047	Linke	1915	1122 und 1123	
	G 8 5182	–	Linke	1915	1124	
	G 8 5183 bis 5185	55 3048 bis 55 3050	Linke	1915	1125 bis 1127	
	G 8 5186 und 5187	– , 55 3051	Linke	1915	1128 und 1129	
	G 8 5188 und 5189	55 3052, –	Linke	1915	1130 und 1131	
	G 8 5190 und 5191	55 3053 und 55 3054	Linke	1915	1132 und 1133	
	G 8 5192 bis 5194	55 3221 bis 55 3223	Linke	1915	1175 bis 1177	
	G 8 5195	–	Linke	1915	1178	
	G 8 5196 bis 5199	55 3224 bis 55 3227	Linke	1915	1179 bis 1182	
	G 8 5200 und 5201	– , 55 3228	Linke	1915	1183 und 1184	
	G 8 5202 und 5203	– , 55 3229	Linke	1915	1185 und 1186	
	G 8 5204	–	Linke	1915	1187	
	G 8 5205 bis 5207	55 3443 bis 55 3445	Linke	1915	1235 bis 1237	
	G 8 5208	–	Linke	1915	1238	
	G 8 5209 und 5210	55 3446, –	Linke	1915	1239 und 1240	
	G 8 5211 bis 5214	55 3447 bis 55 3450	Linke	1915	1241 bis 1244	
	G 8 5215 und 5216	– , 55 3451	Linke	1915	1245 und 1246	
	G 8 5217 und 5218	55 3452, –	Linke	1915	1247 und 1248	
	G 8 5219	55 3453	Linke	1915	1249	
	G 8 5220 und 5221	– , 55 3617	Vulcan	1915	3039 und 3040	
	G 8 5222 und 5223	55 3618, –	Vulcan	1915	3041 und 3042	
	G 8 5224 und 5225	55 3619 und 55 3620	Vulcan	1915	3043 und 3044	
	G 8 5226 und 5227	–	Vulcan	1915	3045 und 3046	
	G 8 5228 und 5229	55 3621 und 55 3622	Vulcan	1915	3047 und 3048	
	G 8 5230	–	Linke	1916	1275	
	G 8 5231 und 5234	55 3928 und 55 3931	Linke	1916	1276 bis 1279	
	G 8 5235	–	Linke	1916	1280	
	G 8 5236 und 5237	55 3932, –	Linke	1916	1281 und 1282	
	G 8 5238 bis 5141	55 3933 bis 55 3936	Linke	1916	1283 bis 1286	
	G 8 5242 und 5243	– , 55 3937	Linke	1916	1287 und 1288	
	G 8 5244 und 5245	55 3938, –	Linke	1916	1289 und 1290	
	G 8 5246	55 3939	Linke	1916	1291	
	G 8 5247 und 5248	– , 55 4181	Linke	1916	1327 und 1328	
	G 8 5249 und 5250	55 4182, –	Linke	1916	1329 und 1330	
	G 8 5251 bis 5254	55 4183 bis 55 4186	Linke	1916	1331 bis 1334	
	G 8 5255 und 5256	– , 55 4187	Linke	1916	1335 und 1336	
	G 8 5257 und 5258	55 4188, –	Linke	1916	1337 und 1338	
	G 8 5259 und 5260	55 4189, –	Linke	1916	1339 und 1340	
	G 8 5261 und 5262	55 4190 und 55 4191	Linke	1916	1341 und 1342	
	G 8 5263 und 5264	– , 55 4402	Linke	1917	1400 und 1401	
	G 8 5265 und 5266	–	Linke	1917	1402 und 1403	
	G 8 5267 und 5268	55 4403, –	Linke	1917	1404 und 1405	
	G 8 5269 bis 5271	55 4404 bis 55 4406	Linke	1917	1406 bis 1408	
	G 8 5272 und 5273	–	Linke	1917	1409 und 1410	
	G 8 5274 bis 5276	55 4407 bis 55 4409	Linke	1917	1411 bis 1413	
	G 8 5277 und 5278	– , 55 4664	Linke	1917	1454 und 1455	
	G 8 5279 und 5280	55 4665, –	Linke	1917	1456 und 1457	

Direktionsbezirk	Bahnnummern	DRG-Nummern	Hersteller	Baujahr	Fabriknummern	Bemerkungen/ Ausmusterung
	G 8 5281 und 5282	55 4666, –	Linke	1917	1458 und 1459	
	G 8 5283 bis 5286	55 4667 bis 55 4670	Linke	1917	1460 bis 1463	
	G 8 5287 und 5288	–	Linke	1917	1464 und 1465	
	G 8 5289 bis 5295	55 4671 bis 55 4677	Linke	1917	1466 bis 1472	
	G 8 5296	–	Linke	1917	1473	
	G 8 5297	–	Borsig	1917	9888	
	G 8 5298 und 5299	– , 55 4531	HANOMAG	1917	8257 und 8258	
	G 8 5300 und 5301	–	Linke	1917	1490 und 1491	
	G 8 5302	55 4678	Linke	1917	1492	
	G 8 5303 und 5304	–	Linke	1917	1493 und 1494	
	G 8 5305 und 5306	55 4679 und 55 4680	Linke	1917	1495 und 1496	
	G 8 5307 und 5308	55 4991, –	Linke	1917	1561 und 1562	
	G 8 5309 bis 5314	55 4992 bis 55 4997	Linke	1917	1563 bis 1568	
	G 8 5315	–	Linke	1917	1569	
	G 8 5316 und 5317	55 4998, –	Linke	1917	1570 und 1571	
	G 8 5318 bis 5329	55 4999 bis 55 5010	Linke	1917	1572 bis 1583	
	G 8 5330	–	Linke	1917	1584	
	G 8 5331 bis 5334	55 5011 bis 55 5014	Linke	1917	1585 bis 1588	
	G 8 5335 bis 5338	–	Linke	1917	1589 bis 1592	
	G 8 5339	55 5015	Linke	1917	1593	
	G 8 5340 und 5341	– , 55 4759	Borsig	1918	10115 und 10116	
	G 8 5342 bis 5346	55 1560 bis 55 5164	Linke	1918	1674 bis 1678	
	G 8 5347 bis 5356	–	Linke	1918	1679 bis 1688	
	G 8 5357	55 5165	Linke	1918	1689	
	G 8 5358 bis 5360	–	Linke	1918	1690 bis 1692	
	G 8 5361 bis 5366	–	Linke	1918	1693 bis 1698	
	G 8 5367 bis 5370	–	Vulcan	1918	3466 bis 3469	
	G 8 5371 bis 5373	55 5224 bis 55 5226	Vulcan	1919	3470 bis 3472	
	G 8 5374	–	Vulcan	1919	3473	
	G 8 5375 und 5376	55 5227 und 55 5228	Vulcan	1919	3474 und 3475	
	G 8 5283 und 5384	55 5390, –	Hagans	1920	964 und 965	
	G 8 5385 bis 5392	55 5391 bis 55 5398	Hagans	1920	966 bis 973	
	G 8 5653 bis 5656	55 5362 bis 55 5365	Vulcan	1920	3573 bis 3576	
	G 8 5657	–	Vulcan	1920	3577	
	G 8 5658 und 5659	55 5367 und 55 5368	Vulcan	1920	3578 und 3579	
	G 8 5660	–	Vulcan	1920	3580	
Bromberg	G 8 4875	55 3068	Schichau	1914	2197	
	G 8 4876 und 4877	–	Schichau	1914	2198 und 2199	
	G 8 4878 bis 4882	55 3069 bis 55 3073	Schichau	1914	2200 bis 2204	
	G 8 4883 und 4884	55 3253, –	Schichau	1914	2228 und 2229	
	G 8 4885 und 4886	55 3254 und 55 3255	Schichau	1914	2230 und 2231	
	G 8 4887 bis 4889	–	Schichau	1914	2232 bis 2234	
	G 8 4890 und 4891	55 3256, –	Schichau	1914	2235 und 2236	
	G 8 4892 bis 4894	55 3257 bis 55 3259	Schichau	1914	2237 bis 2239	
	G 8 4895 und 4896	– , 55 3392	B. M. A. G.	1915	5677 und 5678	
	G 8 4897 bis 4900	55 3464 bis 55 3467	Schichau	1915	2283 bis 2286	
	G 8 4901 bis 4904	–	Schichau	1915	2287 bis 2290	
	G 8 4905 und 4906	– , 55 3623	Vulcan	1915	3049 und 3050	
	G 8 4907 und 4908	– , 55 3624	Vulcan	1915	3051 und 3052	
	G 8 4909	–	Vulcan	1915	3053	
	G 8 4910 und 4911	55 3661, –	Schichau	1915	2313 und 2314	
	G 8 4912 bis 4915	55 3662 bis 55 3665	Schichau	1915	2315 bis 2318	
	G 8 4916 und 4917	– , 55 3666	Schichau	1915	2319 und 2320	
	G 8 4918	–	HANOMAG	1915	7631	
	G 8 4919 bis 4921	55 3721 bis 55 3723	HANOMAG	1915	7632 bis 7634	
	G 8 4922	–	HANOMAG	1915	7635	
	G 8 4923 bis 4925	55 3724 bis 55 3726	HANOMAG	1915	7636 bis 7638	

Direktionsbezirk	Bahnnummern	DRG-Nummern	Hersteller	Baujahr	Fabriknummern	Bemerkungen/ Ausmusterung
	G 8 4926	–	HANOMAG	1915	7639	
	G 8 4927 bis 4929	55 3727 bis 55 3729	HANOMAG	1915	7640 bis 7642	
	G 8 4930 und 4931	–	HANOMAG	1915	7643 und 7644	
	G 8 4932 und 4933	55 3730, –	HANOMAG	1915	7645 und 7646	
	G 8 4934 und 4935	– , 55 3731	HANOMAG	1915	7647 und 7648	
	G 8 4936 und 4937	–	HANOMAG	1915	7649 und 7650	
	G 8 4938 bis 4944	55 4085 bis 55 4091	B. M. A. G.	1916	5909 bis 5915	
	G 8 4945 bis 4948	–	B. M. A. G.	1916	5916 bis 5919	
	G 8 4949 und 4950	55 4092, –	B. M. A. G.	1916	5920 und 5921	
	G 8 4951 und 4952	55 4093, –	B. M. A. G.	1916	5922 und 5923	
	G 8 4953 und 4954	55 4094 und 55 4095	B. M. A. G.	1916	5924 und 5925	
	G 8 4955	55 4220	Schichau	1916	2442	
	G 8 4956	–	Vulcan	1917	3190	
	G 8 4957 bis 4961	55 4333 bis 55 4337	Vulcan	1917	3191 bis 3195	
	G 8 4962 bis 4966	–	Vulcan	1917	3196 bis 3200	
	G 8 4967 und 4968	55 4338 und 55 4339	Vulcan	1917	3201 und 3202	
	G 8 4969 und 4970	–	Vulcan	1917	3203 und 3204	
	G 8 4971 bis 4973	55 4340 bis 55 4342	Vulcan	1917	3205 bis 3207	
	G 8 4974	–	Vulcan	1917	3208	
	G 8 4975 und 4976	55 4343 und 55 4344	Vulcan	1917	3209 und 3210	
	G 8 4977 bis 4985	55 4317 bis 55 4325	B. M. A. G.	1917	6117 bis 6125	
	G 8 4986 und 4987	–	Hagans	1916	877 und 878	
	G 8 4988	–	Linke	1917	1434	
	G 8 5151 bis 5160	–	Borsig	1917	9697 bis 9706	
	G 8 5161 bis 5163	55 4419 bis 55 4421	Borsig	1917	9707 bis 9709	
	G 8 5164 und 5165	–	Borsig	1917	9710 und 9711	
	G 8 5166 bis 5169	55 4422 bis 55 4425	Borsig	1917	9712 bis 9715	
	G 8 5170	55 4616	Vulcan	1917	3258	
	G 8 5171 und 5172	55 4956 und 55 4957	Schichau	1917	2558 und 2559	
	G 8 5173 bis 5175	–	Schichau	1917	2560 bis 2562	
	G 8 5176	55 4958	Schichau	1917	2563	
	G 8 5177 bis 5180	–	Schichau	1917	2564 bis 2567	
	G 8 5181 bis 5184	55 4959 bis 55 4962	Schichau	1917	2568 bis 2571	
	G 8 5185 bis 5189	–	Schichau	1917	2572 bis 2576	
	G 8 5190	55 4963	Schichau	1917	2577	
	G 8 5191 bis 5193	–	Schichau	1917	2578 bis 2580	
	G 8 5194	55 4964	Schichau	1917	2581	
	G 8 5195 bis 5201	–	Schichau	1917	2582 bis 2588	
	G 8 5202 und 5203	55 4975 und 55 4976	Schichau	1917	2621 und 2622	
	G 8 5204 bis 5206	–	Schichau	1917	2623 bis 2625	
	G 8 5207 bis 5210	55 4977 bis 55 4980	Schichau	1917	2626 bis 2629	
	G 8 5211 bis 5216	–	Schichau	1917	2630 bis 2635	
	G 8 5217	55 4981	Schichau	1917	2636	
	G 8 5218 bis 5222	–	Schichau	1918	2674 bis 2678	
	G 8 5223 und 5224	55 5147 und 55 5148	Schichau	1918	2679 und 2680	
	G 8 5225 bis 5228	–	Schichau	1918	2681 bis 2684	
	G 8 5229 bis 5231	55 5237 bis 55 5239	Vulcan	1919	3488 bis 3490	
	G 8 5232 und 5233	– , 55 5298	Schichau	1918	2706 und 2707	
	G 8 5234 und 5235	–	Schichau	1918	2708 und 2709	
	G 8 5236 bis 5238	55 5299 bis 55 5301	Schichau	1918	2710 bis 2712	
Cassel	G 8 5151 und 5152	– , 55 3341	Henschel	1915	13346 und 13347	
	G 8 5153 bis 5155	–	Henschel	1915	13348 bis 13350	
	G 8 5156 bis 5161	55 3342 bis 55 3347	Henschel	1915	13351 bis 13356	
	G 8 5162 bis 5164	55 3538 bis 55 3540	Henschel	1915	13444 bis 13446	
	G 8 5165	–	Henschel	1915	13447	
	G 8 5166 bis 5172	55 3541 bis 55 3547	Henschel	1915	13448 bis 13454	
	G 8 5173 und 5174	–	Henschel	1915	13455 und 13456	

Direktionsbezirk	Bahnnummern	DRG-Nummern	Hersteller	Baujahr	Fabriknummern	Bemerkungen/ Ausmusterung
	G 8 5175	55 3548	Henschel	1915	13457	
	G 8 5176 und 5177	–	Henschel	1915	13458 und 13459	
	G 8 5178	55 3549	Henschel	1915	13460	
	G 8 5179 und 5180	–	Henschel	1915	13461 und 13462	
	G 8 5181 und 5182	– , 55 3800	Henschel	1915	13650 und 13651	
	G 8 5183 und 5184	–	Henschel	1915	13652 und 13653	
	G 8 5185 und 5186	55 3801, –	Henschel	1915	13654 und 13655	
	G 8 5187 bis 5194	55 3802 bis 55 3809	Henschel	1915	13656 bis 13663	
	G 8 5195	–	Henschel	1915	13664	
	G 8 5196 bis 5199	55 3810 bis 55 3813	Henschel	1915	13665 bis 13668	
	G 8 5200	55 3814	Henschel	1915	13722	
	G 8 5201 und 5202	–	Henschel	1915	13723 und 13724	
	G 8 5203 bis 5207	55 3815 bis 55 3819	Henschel	1915	13725 bis 13729	
	G 8 5208 und 5209	– , 55 3820	Henschel	1915	13730 und 13731	
	G 8 5210 und 5211	55 3821, –	Henschel	1915	13732 und 13733	
	G 8 5212 und 5213	55 4048, –	Henschel	1916	13914 und 13915	
	G 8 5214 und 5215	55 4049, –	Henschel	1916	13916 und 13917	
	G 8 5216 und 5217	– , 55 4050	Henschel	1916	13918 und 13919	
	G 8 5218	–	Henschel	1916	13920	
	G 8 5219 bis 5223	55 4051 bis 55 4055	Henschel	1916	13921 bis 13925	
	G 8 5224 und 5225	–	Henschel	1916	13926 und 13927	
	G 8 5226 bis 5230	55 4056 bis 55 4060	Henschel	1916	13928 bis 13932	
	G 8 5231 und 5232	55 4290, –	Henschel	1917	14373 und 14374	
	G 8 5233 bis 5237	55 4291 bis 55 4295	Henschel	1917	14375 bis 14379	
	G 8 5238	–	Henschel	1917	14380	
	G 8 5239	55 4554	Henschel	1917	14611	
	G 8 5240 und 5241	–	Henschel	1917	14612 und 14613	
	G 8 5242 bis 5244	55 4555 bis 55 4557	Henschel	1917	14614 bis 14616	
	G 8 5245 und 5246	– , 55 4558	Henschel	1917	14617 und 14618	
	G 8 5247 und 5248	55 4559, –	Henschel	1917	14619 und 14620	
	G 8 5249 bis 5251	55 4560 bis 55 4262	Henschel	1917	14621 bis 14623	
	G 8 5252 und 5253	– , 55 4563	Henschel	1917	14624 und 14625	
	G 8 5254	55 4564	Henschel	1917	14626	
	G 8 5255 bis 5259	–	Henschel	1917	14627 bis 14631	
	G 8 5260	55 4565	Henschel	1917	14632	
	G 8 5261 bis 5264	–	Henschel	1917	14633 bis 14636	
	G 8 5265	55 4566	Henschel	1917	14637	
	G 8 5266 und 5267	–	Henschel	1917	14638 und 14639	
	G 8 5268	55 4567	Henschel	1917	14640	
	G 8 5269 bis 5272	–	HANOMAG	1917	8259 bis 8262	
	G 8 5273 und 5274	55 4532, –	HANOMAG	1917	8263 und 8264	
	G 8 5275 bis 5277	55 4533 bis 55 4535	HANOMAG	1917	8265 bis 8267	
	G 8 5278 und 5279	–	Henschel	1917	15326 und 15327	
	G 8 5280 bis 5285	55 4833 bis 55 4838	Henschel	1917	15328 bis 15333	
	G 8 5286 und 5287	– , 55 4839	Henschel	1917	15334 und 15335	
	G 8 5288 und 5289	–	Henschel	1917	15336 und 15337	
	G 8 5290	55 4840	Henschel	1917	15338	
	G 8 5291 und 5292	–	Henschel	1917	15339 und 15340	
	G 8 5293 bis 5296	55 4841 bis 55 4844	Henschel	1917	15341 bis 15344	
	G 8 5297	–	Henschel	1917	15345	
	G 8 5298 bis 5300	55 4845 bis 55 4847	Henschel	1917	15346 bis 15348	
	G 8 5301 und 5302	– , 55 4848	Henschel	1917	15349 und 15350	
	G 8 5303 und 5304	55 4849, –	Henschel	1917	15351 und 15352	
	G 8 5305 bis 5309	55 4850 bis 55 4854	Henschel	1917	15353 bis 15357	
	G 8 5310 bis 5319	55 5542 bis 55 5551	Orenstein	1920	8926 bis 8935	
Coeln	G 8 4838	–	Henschel	1913	11876	
	G 8 4839 bis 4841	55 2610 bis 55 2612	Henschel	1913	11877 bis 11879	

Direktionsbezirk	Bahnnummern	DRG-Nummern	Hersteller	Baujahr	Fabriknummern	Bemerkungen/ Ausmusterung
	G 8 4842	–	Henschel	1913	11880	
	G 8 4843	55 2660	HANOMAG	1913	7010	
	G 8 4844 und 4845	–	HANOMAG	1913	7011 und 7012	
	G 8 4846 bis 4857	55 2661 bis 55 2672	HANOMAG	1913	7013 bis 7024	
	G 8 4858	–	HANOMAG	1913	7025	
	G 8 4859 bis 4871	55 2673 bis 55 2685	HANOMAG	1913	7026 bis 7038	
	G 8 4872	55 2928	HANOMAG	1914	7250	
	G 8 4873 und 4874	55 3007, –	Humboldt	1914	987 und 988	
	G 8 4875 bis 4887	55 3008 bis 55 3020	Humboldt	1914	989 bis 1001	
	G 8 4888	–	Humboldt	1914	1002	
	G 8 4889 bis 4891	55 3021 bis 55 3023	Humboldt	1914	1003 bis 1005	
	G 8 4892	–	Humboldt	1914	1006	
	G 8 4893	–	Humboldt	1914	1024	
	G 8 4894 bis 4896	55 3189 bis 55 3191	Humboldt	1914	1025 bis 1027	
	G 8 4897 und 4898	–	Humboldt	1914	1028 und 1029	
	G 8 4899 bis 4904	55 3192 bis 55 3197	Humboldt	1914	1030 bis 1035	
	G 8 4905 und 4906	–	Humboldt	1914	1036 und 1037	
	G 8 4907 und 4908	55 3198 und 55 3199	Humboldt	1914	1038 und 1039	
	G 8 4909 bis 4911	55 3200 bis 55 3202	Humboldt	1915	1040 bis 1042	
	G 8 4912	–	Humboldt	1915	1043	
	G 8 4913 bis 4916	55 3203 bis 55 3206	Humboldt	1915	1044 bis 1047	
	G 8 4917 und 4918	55 3418, –	Humboldt	1915	1068 und 1069	
	G 8 4919 bis 4935	55 3419 bis 55 3425	Humboldt	1915	1070 bis 1086	
	G 8 4936 und 4937	– , 55 3629	Humboldt	1915	1091 und 1092	
	G 8 4938	–	Humboldt	1915	1093	
	G 8 4939 und 4940	55 3630 und 55 3631	Humboldt	1915	1098 und 1099	
	G 8 4941 und 4942	–	Humboldt	1915	1100 und 1101	
	G 8 4943 und 4944	55 3632, –	Humboldt	1915	1102 und 1103	
	G 8 4945 und 4946	55 3633, –	Humboldt	1915	1104 und 1105	
	G 8 4947	55 3634	Humboldt	1915	1106	
	G 8 4948 bis 4952	–	Humboldt	1915	1107 bis 1111	
	G 8 4953 bis 4955	55 3635 bis 55 3637	Humboldt	1915	1112 bis 1114	
	G 8 4956	55 3866	Humboldt	1915	1119	
	G 8 4957 und 4958	–	Humboldt	1915	1120 und 1121	
	G 8 4959 bis 4979	55 3867 bis 55 3887	Humboldt	1915	1122 bis 1142	
	G 8 4980	–	Humboldt	1915	1143	
	G 8 4981 und 4982	55 3888 und 55 3889	Humboldt	1915	1144 und 1145	
	G 8 4983 und 4984	– , 55 3890	Humboldt	1915	1146 und 1147	
	G 8 4985 und 4986	– , 55 4158	Jung	1916	2409 und 2410	
	G 8 4987 und 4988	–	Jung	1916	2411 und 2412	
	G 8 4989	55 4159	Jung	1916	2413	
	G 8 4990 und 4991	55 4133 und 55 4134	Humboldt	1916	1168 und 1169	
	G 8 4992	–	Humboldt	1916	1170	
	G 8 4993 bis 4999	55 4135 bis 55 4141	Humboldt	1916	1171 bis 1177	
	G 8 5000	–	Humboldt	1916	1178	
	G 8 5151 und 5152	– , 55 4142	Humboldt	1916	1179 und 1180	
	G 8 5153 und 1554	– , 55 4143	Humboldt	1916	1181 und 1182	
	G 8 5155 und 5156	– , 55 4144	Humboldt	1916	1183 und 1184	
	G 8 5157 und 5158	– , 55 4145	Humboldt	1916	1185 und 1186	
	G 8 5159	–	Humboldt	1916	1187	
	G 8 5160 bis 5165	55 4146 bis 55 4151	Humboldt	1916	1188 bis 1193	
	G 8 5166 bis 5168	55 4353 bis 55 4355	Humboldt	1916	1212 bis 1214	
	G 8 5169 und 5170	–	Humboldt	1916	1215 und 1216	
	G 8 5171 und 5172	55 4356 und 55 4357	Humboldt	1916	1217 und 1218	
	G 8 5173 bis 5177	–	Humboldt	1916	1219 bis 1223	
	G 8 5178	55 4358	Humboldt	1916	1224	
	G 8 5179 bis 5183	–	Humboldt	1916	1225 bis 1229	

Direktionsbezirk	Bahnnummern	DRG-Nummern	Hersteller	Baujahr	Fabriknummern	Bemerkungen/ Ausmusterung
	G 8 5184 und 5185	55 4359 und 55 4360	Humboldt	1916	1230 und 1231	
	G 8 5186 und 5187	–	Humboldt	1916	1247 und 1248	
	G 8 5188	55 4361	Humboldt	1916	1249	
	G 8 5189 bis 5199	55 4362 bis 55 4372	Jung	1916	2484 bis 2494	
	G 8 5200	–	Jung	1916	2495	
	G 8 5201 und 5202	55 4593, –	Hohenzollern	1917	3682 und 3683	
	G 8 5203 und 5204	– , 55 4626	Humboldt	1917	1285 und 1286	
	G 8 5205 bis 5216	–	Humboldt	1917	1287 bis 1298	
	G 8 5217	55 4627	Humboldt	1917	1299	
	G 8 5218 bis 5222	–	Humboldt	1917	1300 bis 1304	
	G 8 5223 und 5224	55 4636 und 55 4637	Jung	1917	2621 und 2622	
	G 8 5225	–	Jung	1917	2623	
	G 8 5226 und 5227	55 4599, –	Hohenzollern	1917	3752 und 3753	
	G 8 5528	55 4600	Hohenzollern	1917	3754	
	G 8 5229 bis 5231	–	Humboldt	1917	1321 bis 1323	
	G 8 5232	55 4638	Jung	1917	2624	
	G 8 5233 bis 5235	–	Jung	1917	2625 bis 2627	
	G 8 5236	–	Humboldt	1917	1326	
	G 8 5237 bis 5242	55 4407 bis 55 4412	Humboldt	1917	1327 bis 1332	
	G 8 5243 bis 5247	–	Humboldt	1917	1333 bis 1337	
	G 8 5248 bis 5264	55 4913 bis 55 4929	Humboldt	1917	1338 bis 1354	
	G 8 5265	–	Humboldt	1918	1367	
	G 8 5266 bis 5276	55 4930 bis 55 4940	Humboldt	1918	1368 bis 1378	
	G 8 5277 bis 5282	–	Humboldt	1918	1379 bis 1384	
	G 8 5283 und 5284	55 4752, –	Borsig	1918	10097 und 10098	
	G 8 5285 und 5286	55 4753, –	Borsig	1918	10099 und 10100	
	G 8 5287 und 5288	55 4754, –	Borsig	1918	10101 und 10102	
	G 8 5289	55 4755	Borsig	1918	10103	
	G 8 5290 bis 5303	55 5096 bis 55 5109	Humboldt	1919	1414 bis 1427	
	G 8 5304	–	Humboldt	1919	1428	
	G 8 5305 bis 5320	55 5110 bis 55 5125	Humboldt	1919	1429 bis 1444	
	G 8 5321 bis 5327	–	Hohenzollern	1919	3892 bis 3898	
	G 8 5328 bis 5335	55 5184 bis 55 5191	Hohenzollern	1919	3899 bis 3906	
	G 8 5336 bis 5354	55 5256 bis 55 5274	Humboldt	1919	1447 bis 1465	
	G 8 5355 und 5356	– , 55 5275	Humboldt	1919	1466 und 1467	
	G 8 5357 und 5358	– , 55 5276	Humboldt	1919	1468 und 1469	
	G 8 5359 und 5360	–	Humboldt	1919	1470 und 1471	
Danzig	G 8 4821 bis 4829	–	Schichau	1913	2088 bis 2096	
	G 8 4830 und 4831	55 2654, –	Schichau	1913	2097 und 2098	
	G 8 4832 und 4833	– , 55 2866	Schichau	1913	2123 und 2124	
	G 8 4834 bis 4836	–	Schichau	1913	2125 bis 2127	
	G 8 4837	55 2867	Schichau	1913	2128	
	G 8 4838	55 2659	Schichau	1913	2129	
	G 8 4839 und 4840	55 2868 und 55 2869	Schichau	1913	2130 und 2131	
	G 8 4841 und 4842	55 3074 und 55 3075	Schichau	1914	2205 und 2206	
	G 8 4843 bis 4845	–	Schichau	1914	2207 bis 2209	
	G 8 4846 und 4847	55 3076, –	Schichau	1914	2210 und 2211	
	G 8 4848 bis 4850	–	Schichau	1914	2240 bis 2242	
	G 8 4851 und 4852	55 3260 und 55 3261	Schichau	1914	2243 und 2244	
	G 8 4853	–	Schichau	1914	2245	
	G 8 4854 bis 4857	55 3262 bis 55 3265	Schichau	1914	2246 bis 2249	
	G 8 4858 und 4859	–	Schichau	1915	2303 und 2304	
	G 8 4860	55 3474	Schichau	1915	2305	
	G 8 4861 bis 4863	–	Schichau	1915	2306 bis 2308	
	G 8 4864	55 3475	Schichau	1915	2309	
	G 8 4865 bis 4867	–	Schichau	1915	2310 bis 2312	
	G 8 4868 bis 4870	–	Schichau	1915	2321 bis 2323	

Direktionsbezirk	Bahnnummern	DRG-Nummern	Hersteller	Baujahr	Fabriknummern	Bemerkungen/ Ausmusterung
	G 8 4871 bis 4873	55 3667 bis 55 3669	Schichau	1915	2324 bis 2326	
	G 8 4874	–	Schichau	1915	2327	
	G 8 4875 und 4876	55 3955, –	Schichau	1915	2348 und 2349	
	G 8 4877 und 4878	– , 55 3956	Schichau	1915	2350 und 2351	
	G 8 4879 bis 4882	–	Schichau	1915	2352 bis 2355	
	G 8 4883	55 3957	Schichau	1915	2356	
	G 8 4884 bis 4888	–	Schichau	1915	2357 bis 2361	
	G 8 4889 und 4890	55 3958 und 55 3959	Schichau	1915	2362 und 2363	
	G 8 4891	–	Schichau	1915	2364	
	G 8 4892 bis 4894	–	Schichau	1916	2409 bis 2411	
	G 8 4895 bis 4897	55 4207 bis 55 4209	Schichau	1916	2412 bis 2414	
	G 8 4898 und 4899	– , 55 4210	Schichau	1916	2415 und 2416	
	G 8 4900 bis 4902	–	Schichau	1916	2417 bis 2419	
	G 8 4903 bis 4905	55 4211 bis 55 4213	Schichau	1916	2420 bis 2422	
	G 8 4906 bis 4909	–	Schichau	1916	2423 bis 2426	
	G 8 4910 bis 4915	–	Schichau	1916	2456 bis 2461	
	G 8 4916 und 4917	55 4383 und 55 4384	Schichau	1916	2462 und 2463	
	G 8 4918	–	Schichau	1916	2464	
	G 8 4919 bis 4921	55 4385 bis 55 4387	Schichau	1916	2465 bis 2467	
	G 8 4922 und 4923	– , 55 4388	Schichau	1916	2468 und 2469	
	G 8 4924 und 4925	–	Schichau	1916	2470 und 2471	
	G 8 4926 und 4927	55 4389, –	Schichau	1916	2472 und 2473	
	G 8 4928 und 4929	55 4390, –	Schichau	1916	2474 und 2475	
	G 8 4930 und 4931	– , 55 4641	Schichau	1917	2532 und 2533	
	G 8 4932 und 4933	– , 55 4642	Schichau	1917	2534 und 2535	
	G 8 4934 und 4935	–	Schichau	1917	2536 und 2537	
	G 8 4936 und 4937	55 4643, –	Schichau	1917	2538 und 2539	
	G 8 4938 bis 4940	55 4644 bis 55 4646	Schichau	1917	2540 bis 2542	
	G 8 4941 und 4942	–	Schichau	1917	2543 und 2544	
	G 8 4943	55 4647	Schichau	1917	2545	
	G 8 4944 bis 4947	–	Schichau	1917	2546 bis 2549	
	G 8 4948 und 4949	55 4648 und 55 4649	Schichau	1917	2550 und 2551	
	G 8 4950 bis 4955	–	Schichau	1917	2589 bis 2594	
	G 8 4956 und 4957	55 4965 und 55 4966	Schichau	1917	2595 und 2596	
	G 8 4958 bis 4964	–	Schichau	1917	2597 bis 2603	
	G 8 4965 und 4966	55 5149 und 55 5150	Schichau	1918	2685 und 2686	
	G 8 4967 bis 4969	–	Schichau	1918	2687 bis 2689	
	G 8 4970	55 5151	Schichau	1918	2690	
	G 8 4971 bis 4974	–	Schichau	1918	2691 bis 2694	
	G 8 4975 und 4976	–	Schichau	1918	2713 und 2714	
	G 8 4977 und 4978	55 5302, –	Schichau	1918	2715 und 2716	
	G 8 4979 und 4980	55 5303 und 55 5304	Schichau	1918	2717 und 2718	
	G 8 4981 und 4982	– , 55 5305	Schichau	1918	2719 und 2720	
	G 8 4983 und 4984	–	Schichau	1918	2721 und 2722	
Elberfeld	G 8 4930 und 4931	55 2507, –	HANOMAG	1913	6853 und 6854	
	G 8 4932 und 4933	55 2508, –	HANOMAG	1913	6855 und 6856	
	G 8 4934 und 4935	55 2819 und 55 2820	Vulcan	1913	2886 und 2887	
	G 8 4936 und 4937	– , 55 2821	Vulcan	1913	2888 und 2889	
	G 8 4938 und 4939	55 2822, –	Vulcan	1913	2890 und 2891	
	G 8 4940 und 4941	– , 55 2823	Vulcan	1913	2892 und 2893	
	G 8 4942 bis 4945	–	Vulcan	1913	2842 bis 2845	
	G 8 4946 bis 4949	–	Henschel	1913	12068 bis 12071	
	G 8 4950 und 4951	55 2774 und 55 2775	Henschel	1913	12072 und 12073	
	G 8 4952 bis 4958	55 2920 bis 55 2926	HANOMAG	1914	7242 bis 7248	
	G 8 4959	55 3027	Humboldt	1914	1011	
	G 8 4960 bis 4964	55 3028 bis 55 3032	Jung	1914	2100 bis 2104	
	G 8 4965	–	Jung	1914	2105	

Direktionsbezirk	Bahnnummern	DRG-Nummern	Hersteller	Baujahr	Fabriknummern	Bemerkungen/ Ausmusterung
	G 8 4966 bis 4970	55 3033 bis 55 3037	Jung	1914	2106 bis 2110	
	G 8 4971	–	Jung	1914	2111	
	G 8 4972 und 4973	55 3038, –	Jung	1914	2112 und 2113	
	G 8 4974 und 4975	55 3039, –	Jung	1914	2114 und 2115	
	G 8 4977 und 4978	55 3209, –	Jung	1915	2211 und 2212	
	G 8 4979 und 4980	– , 55 3210	Jung	1915	2213 und 2214	
	G 8 4981 und 4982	– , 55 3211	Jung	1915	2215 und 2216	
	G 8 4983 und 4984	– , 55 3312	Jung	1915	2217 und 2218	
	G 8 4985 und 4986	– , 55 3112	HANOMAG	1914	7406 und 7407	
	G 8 4987 bis 4989	–	HANOMAG	1914	7408 bis 7410	
	G 8 4990 und 4991	55 3113, –	HANOMAG	1914	7411 und 7412	
	G 8 4992 bis 4994	55 3114 bis 55 3116	HANOMAG	1914	7413 bis 7415	
	G 8 4995 und 4996	–	HANOMAG	1914	7416 und 7417	
	G 8 4997	55 3117	HANOMAG	1914	7418	
	G 8 4998 und 4999	–	HANOMAG	1914	7419 und 7420	
	G 8 5000	–	HANOMAG	1915	7521	
	G 8 5151 und 5152	55 3329, –	HANOMAG	1915	7522 und 7523	
	G 8 5153 bis 5155	55 3330 bis 55 3332	HANOMAG	1915	7524 bis 7526	
	G 8 5156 und 5157	– , 55 3333	HANOMAG	1915	7527 und 7528	
	G 8 5158 bis 5164	–	HANOMAG	1915	7529 bis 7535	
	G 8 5165 und 5166	55 3334 und 55 3335	HANOMAG	1915	7536 und 7537	
	G 8 5167 und 5168	–	HANOMAG	1915	7538 und 7539	
	G 8 5169	55 3336	HANOMAG	1915	7540	
	G 8 5170 und 5171	–	HANOMAG	1915	7541 und 7542	
	G 8 5172 und 5273	55 3436 und 55 3437	Humboldt	1915	1087 und 1088	
	G 8 5174 bis 5176	–	HANOMAG	1915	7649 bis 7651	
	G 8 5177 bis 5180	55 3732 bis 55 3735	HANOMAG	1915	7652 bis 7655	
	G 8 5181 bis 5184	–	Humboldt	1915	1093 bis 1096	
	G 8 5185 und 5186	55 3695, –	Borsig	1916	9392 und 9393	
	G 8 5187 und 5188	55 3696, –	Borsig	1916	9394 und 9395	
	G 8 5189 und 5190	– , 55 3697	Borsig	1916	9396 und 9397	
	G 8 5191 und 5192	– , 55 3698	Borsig	1916	9398 und 9399	
	G 8 5193 und 5194	–	Borsig	1916	9400 und 9401	
	G 8 5195 und 5196	55 3699, –	Borsig	1916	9402 und 9403	
	G 8 5197 und 5198	55 3700, –	Borsig	1916	9404 und 9405	
	G 8 5199 bis 5203	55 3701 bis 55 3705	Borsig	1916	9406 bis 9410	
	G 8 5204 und 5205	55 3759, –	Grafenstaden	1915	6865 und 6866	
	G 8 5206	55 3760	Grafenstaden	1915	6867	
	G 8 5207 und 5208	– , 55 4046	HANOMAG	1916	8103 und 8104	
	G 8 5209 und 5210	55 4047, –	HANOMAG	1916	8105 und 8106	
	G 8 5211 bis 5213	–	Jung	1916	2414 bis 2416	
	G 8 5214 und 5215	– , 55 3960	Borsig	1916	9448 und 9449	
	G 8 5216 und 5217	– , 55 3961	Borsig	1916	9450 und 9451	
	G 8 5218 und 5219	– , 55 3962	Borsig	1916	9452 und 9453	
	G 8 5220 bis 5223	–	Borsig	1916	9454 bis 9457	
	G 8 5224	55 3963	Borsig	1916	9458	
	G 8 5225 bis 5227	–	HANOMAG	1916	7846 bis 7848	
	G 8 5228 und 5229	55 4255, –	HANOMAG	1916	7849 und 7850	
	G 8 5230	55 4256	HANOMAG	1916	8036	
	G 8 5231 bis 5234	–	HANOMAG	1916	8037 bis 8040	
	G 8 5235 und 5236	55 4628, –	Jung	1917	2601 und 2602	
	G 8 5237 bis 5239	55 4629 bis 55 4631	Jung	1917	2603 bis 2605	
	G 8 5240 und 5241	– , 55 4632	Jung	1917	2606 und 2607	
	G 8 5242 und 5243	55 4633, –	Jung	1917	2608 und 2609	
	G 8 5244 und 5245	55 4634, –	Jung	1917	2610 und 2611	
	G 8 5246 und 5247	– , 55 4635	Jung	1917	2612 und 2613	
	G 8 5248 bis 5254	–	Jung	1917	2614 bis 2620	

Direktionsbezirk	Bahnnummern	DRG-Nummern	Hersteller	Baujahr	Fabriknummern	Bemerkungen/ Ausmusterung
	G 8 5255 bis 5257	–	HANOMAG	1917	8268 bis 8270	
	G 8 5258 und 5259	55 4836, –	HANOMAG	1917	8271 und 8272	
	G 8 5260 bis 5265	–	HANOMAG	1917	8395 bis 8400	
	G 8 5266 und 5267	–	HANOMAG	1918	8468 und 8469	
	G 8 5268 und 5269	55 4818, –	HANOMAG	1918	8470 und 8471	
	G 8 5270 und 5271	– , 55 4819	HANOMAG	1918	8472 und 8273	
	G 8 5272 bis 5282	–	HANOMAG	1918	8474 bis 8484	
	G 8 5283	55 4820	HANOMAG	1918	8485	
	G 8 5284 bis 5295	–	Humboldt	1918	1355 und 1366	
	G 8 5296 und 5297	–	Humboldt	1918	1409 und 1410	
	G 8 5298 und 5299	55 5094 und 55 5095	Humboldt	1918	1411 und 1412	
	G 8 5300	–	Humboldt	1918	1413	
Erfurt	G 8 4805 bis 4807	55 2607 bis 55 2609	Henschel	1913	11873 bis 11875	
	G 8 4808 und 4809	– , 55 2827	Jung	1913	1984 und 1985	
	G 8 4810 und 4811	55 2828 und 55 2829	Jung	1914	1986 und 1987	
	G 8 4812 und 4813	55 2927 und 55 2928	HANOMAG	1914	7249 und 7250	
	G 8 4814 und 4815	– , 55 2929	HANOMAG	1914	7251 und 7252	
	G 8 4816	55 2930	HANOMAG	1914	7253	
	G 8 5163 und 5164	–	Grafenstaden	1915	6809 und 6810	
	G 8 5165 und 5166	55 3129, –	Grafenstaden	1915	6811 und 6812	
	G 8 5167	55 3130	Grafenstaden	1915	6813	
	G 8 5168 und 5169	55 3280 und 55 3281	Borsig	1916	9257 und 9258	
	G 8 5170	–	Borsig	1916	9259	
	G 8 5171 und 5172	55 3282 und 55 3283	Borsig	1916	9260 und 9261	
	G 8 5173 und 5174	–	Borsig	1916	9262 und 9263	
	G 8 5175 bis 5177	55 3284 bis 55 3286	Borsig	1916	9264 bis 9266	
	G 8 5178 und 5179	– , 55 3550	Henschel	1915	13463 und 13464	
	G 8 5180 und 5181	– , 55 3551	Henschel	1915	13465 und 13466	
	G 8 5182 und 5183	–	Henschel	1915	13467 und 13468	
	G 8 5184 und 5185	55 3552, –	Henschel	1915	13469 und 13470	
	G 8 5186 bis 5195	55 3553 bis 55 3562	Henschel	1915	13471 bis 13480	
	G 8 5196	–	Henschel	1915	13481	
	G 8 5197	55 3485	Borsig	1915	9297	
	G 8 5198 bis 5200	55 3682 bis 55 3684	Borsig	1916	9376 bis 9378	
	G 8 5201	–	Borsig	1916	9379	
	G 8 5202 und 5203	55 3685, –	Borsig	1916	9380 und 9381	
	G 8 5204 bis 5210	55 3686 bis 55 3692	Borsig	1916	9382 bis 9388	
	G 8 5211	–	Borsig	1916	9389	
	G 8 5212 und 5213	55 3693 und 55 3694	Borsig	1916	9390 und 9391	
	G 8 5214 und 5215	–	Borsig	1916	9468 und 9469	
	G 8 5216 bis 5222	55 3968 bis 55 3974	Borsig	1916	9470 bis 9476	
	G 8 5223	–	Borsig	1916	9477	
	G 8 5224 und 5225	55 3975, –	Borsig	1916	9478 und 9479	
	G 8 5226 und 5227	55 3976 und 55 3977	Borsig	1916	9480 und 9481	
	G 8 5228 und 5229	– , 55 3978	Borsig	1916	9482 und 9483	
	G 8 5230 bis 5232	55 4348 bis 55 4350	Hagans	1917	866 bis 868	
	G 8 5233	–	Hagans	1917	869	
	G 8 5234 und 5235	55 4351 und 55 4352	Hagans	1917	870 und 871	
	G 8 5236 bis 5240	–	Hagans	1917	872 bis 876	
	G 8 5241	55 4440	Borsig	1917	9736	
	G 8 5242 bis 5245	–	Borsig	1917	9737 bis 9740	
	G 8 5246 und 5247	55 4441 und 55 4442	Borsig	1917	9741 und 9742	
	G 8 5248 und 5249	– , 55 4443	Borsig	1917	9743 und 9744	
	G 8 5250 und 5251	–	Borsig	1917	9745 und 9746	
	G 8 5252 und 5253	55 4588 und 55 4589	Henschel	1917	14702 und 14703	
	G 8 5254	–	Henschel	1917	14704	
	G 8 5255 bis 5257	55 4590 bis 55 4592	Henschel	1917	14705 bis 14707	

Direktionsbezirk	Bahnnummern	DRG-Nummern	Hersteller	Baujahr	Fabriknummern	Bemerkungen/ Ausmusterung
	G 8 5258 und 5259	– , 55 4621	Hagans	1917	886 und 887	
	G 8 5260 und 5261	–	Hagans	1917	888 und 889	
	G 8 5262 und 5263	55 4622 und 55 4623	Hagans	1917	890 und 891	
	G 8 5264 und 5265	–	Hagans	1917	892 und 893	
	G 8 5266	55 4624	Hagans	1917	894	
	G 8 5267 bis 5269	55 4625	Hagans	1917	895 bis 897	
	G 8 5270	–	Hagans	1917	898	
	G 8 5271	–	Vulcan	1918	3327	
	G 8 5272 bis 5274	–	Hagans	1918	902 bis 904	
	G 8 5275 und 5276	55 4894, –	Hagans	1918	905 und 906	
	G 8 5277 und 5278	55 4895 und 55 4896	Hagans	1918	907 und 908	
	G 8 5279 und 5280	– , 55 4897	Hagans	1918	909 und 910	
	G 8 5281 und 5282	55 4898, –	Hagans	1918	911 und 912	
	G 8 5283 und 5284	– , 55 4899	Hagans	1918	913 und 914	
	G 8 5285 und 5286	55 4900, –	Hagans	1918	915 und 916	
	G 8 5287 bis 5291	55 4901 bis 55 4905	Hagans	1918	917 bis 921	
	G 8 5292	–	Hagans	1918	922	
	G 8 5293 bis 5295	55 5067 bis 55 5069	Hagans	1918	925 bis 927	
	G 8 5296	–	Hagans	1918	928	
	G 8 5297 und 5298	55 5070 und 55 5071	Hagans	1918	929 und 930	
	G 8 5299	–	Vulcan	1919	3553	
	G 8 5300 bis 5310	55 5344 bis 55 5354	Vulcan	1919	3554 bis 3564	
Essen	G 8 4920 und 4921	55 2568, –	Henschel	1913	11819 und 11820	
	G 8 4922 und 4923	55 2569, –	Henschel	1913	11821 und 11822	
	G 8 4924 bis 4934	55 2570 bis 55 2580	Henschel	1913	11823 bis 11833	
	G 8 4935	–	Henschel	1913	11834	
	G 8 4936 bis 4938	55 2581 bis 55 2583	Henschel	1913	11835 bis 11837	
	G 8 4939 und 4940	–	Henschel	1913	11838 und 11839	
	G 8 4941 und 4942	55 2584, –	Henschel	1913	11840 und 11841	
	G 8 4946	55 2588 bis 55 2593	Henschel	1913	11845	
	G 8 4947 bis 4952	– , 55 2594	Henschel	1913	11846 bis 11851	
	G 8 4953 und 4954	–	Henschel	1913	11852 und 11853	
	G 8 4955 und 4956	55 2595 bis 55 2597	Henschel	1913	11854 und 11855	
	G 8 4957 bis 4959	–	Henschel	1913	11856 bis 11858	
	G 8 4960	55 2598 bis 55 2602	Henschel	1913	11859	
	G 8 4961 bis 4965	– , 55 2603	Henschel	1913	11860 bis 11864	
	G 8 4966 und 4967	–	Henschel	1913	11865 und 11866	
	G 8 4968 und 4969		Henschel	1913	11867 und 11868	
	G 8 4970 und 4971	55 2604 und 55 2605	Henschel	1913	11869 und 11870	
	G 8 4972 und 4973	– , 55 2606	Henschel	1913	11871 und 11872	
	G 8 4985 und 4986	55 2810, –	Vulcan	1913	2846 und 2847	
	G 8 4987 und 4988	55 2811 und 55 2812	Vulcan	1913	2848 und 2849	
	G 8 4989 und 4990	–	Vulcan	1913	2850 und 2851	
	G 8 4991 und 4992	55 2813, –	Vulcan	1913	2852 und 2853	
	G 8 4993 und 4994	55 2814, –	Vulcan	1913	2854 und 2855	
	G 8 4995 und 4998	55 2815 bis 55 2818	Vulcan	1913	2856 bis 2859	
	G 8 4999 und 5000	55 2749 und 55 2750	Henschel	1913	12034 und 12035	
	G 8 5151 bis 5153	55 2751 bis 55 2753	Henschel	1913	12036 bis 12038	
	G 8 5154	–	Henschel	1913	12039	
	G 8 5155 bis 5161	55 2754 bis 55 2760	Henschel	1913	12040 bis 12046	
	G 8 5162	–	Henschel	1913	12047	
	G 8 5163 und 5164	55 2761, –	Henschel	1913	12048 und 12049	
	G 8 5165 bis 5167	55 2762 bis 55 2764	Henschel	1913	12050 bis 12052	
	G 8 5168	–	Henschel	1913	12053	
	G 8 5169 und 5170	55 2765 und 55 2766	Henschel	1913	12054 und 12055	
	G 8 5171 bis 5173	–	Henschel	1913	12056 bis 12058	
	G 8 5174 bis 5177	55 2767 bis 55 2770	Henschel	1913	12059 bis 12062	

Direktionsbezirk	Bahnnummern		DRG-Nummern	Hersteller	Baujahr	Fabriknummern	Bemerkungen/ Ausmusterung
	G 8	5178	–	Henschel	1913	12063	
	G 8	5179 und 5180	55 2771 und 55 2772	Henschel	1913	12064 und 12065	
	G 8	5181 und 5182	– , 55 2773	Henschel	1913	12066 und 12067	
	G 8	5183 bis 5186	55 2776 bis 55 2779	Henschel	1913	12075 bis 12078	
	G 8	5187	–	Henschel	1913	12079	
	G 8	5188 und 5189	55 2780, –	Henschel	1913	12080 und 12081	
	G 8	5190 bis 5194	55 2781 bis 55 2785	Henschel	1913	12082 bis 12086	
	G 8	5195 und 5196	– , 55 2786	Henschel	1913	12087 und 12088	
	G 8	5197	–	Henschel	1913	12234	
	G 8	5198 bis 5200	55 2787 bis 55 2789	Henschel	1913	12235 bis 12237	
	G 8	5201 und 5202	–	Henschel	1913	12238 und 12239	
	G 8	5203 bis 5210	55 2790 bis 55 2797	Henschel	1913	12240 bis 12247	
	G 8	5211 und 5212	– , 55 2798	Henschel	1913	12248 und 12249	
	G 8	5213 und 5214	–	Henschel	1913	12406 und 12407	
	G 8	5215 und 5216	55 2799, –	Henschel	1913	12408 und 12409	
	G 8	5217 bis 5226	55 2955 bis 55 2964	Henschel	1914	12689 bis 12698	
	G 8	5227	–	Henschel	1914	12699	
	G 8	5228 bis 5233	55 2965 bis 55 2970	Henschel	1914	12700 bis 12705	
	G 8	5234	–	Henschel	1914	12706	
	G 8	5235 bis 5239	55 2971 bis 55 2975	Henschel	1914	12707 bis 12711	
	G 8	5240 und 5241	– , 55 2976	Henschel	1914	12712 und 12713	
	G 8	5242 und 5243	– , 55 2977	Henschel	1914	12714 und 12715	
	G 8	5244 und 5245	–	Henschel	1914	12716 und 12717	
	G 8	5246 und 5252	55 2978 bis 55 2984	Henschel	1914	12718 bis 12724	
	G 8	5253	–	Henschel	1914	12725	
	G 8	5254 bis 5257	55 2985 bis 55 2988	Henschel	1914	12726 bis 12729	
	G 8	5258 bis 5260	–	Henschel	1914	12730 bis 12732	
	G 8	5261 und 5262	55 2989 und 55 2990	Henschel	1914	12733 und 12734	
	G 8	5263	–	Henschel	1914	12735	
	G 8	5264 und 5265	55 3024 und 55 3025	Humboldt	1914	1007 und 1008	
	G 8	5266	–	Humboldt	1914	1009	
	G 8	5267 und 5268	55 3207, –	Humboldt	1915	1048 und 1049	
	G 8	5269	55 3208	Humboldt	1915	1050	
	G 8	5270 bis 5288	55 3131 bis 55 3149	Henschel	1915	13089 bis 13107	
	G 8	5289 und 5290	– , 55 3150	Henschel	1915	13108 und 13109	
	G 8	5291 und 5292	55 3151, –	Henschel	1915	13110 und 13111	
	G 8	5293 bis 5299	55 3152 bis 55 3158	Henschel	1915	13112 bis 13118	
	G 8	5300	–	Henschel	1915	13119	
	G 8	5301 bis 5303	55 3159 bis 55 3161	Henschel	1915	13120 bis 13122	
	G 8	5304 und 5305	–	Henschel	1915	13123 und 13124	
	G 8	5306 und 5307	55 3162, –	Henschel	1915	13125 und 13126	
	G 8	5308	55 3163	Henschel	1915	13127	
	G 8	5309 und 5310	–	Henschel	1915	13128 und 13129	
	G 8	5311	55 3164	Henschel	1915	13130	
	G 8	5312 und 5313	–	Henschel	1915	13131 und 13132	
	G 8	5314 bis 5318	55 3165 bis 55 3169	Henschel	1915	13133 bis 13137	
	G 8	5319 und 5320	–	Henschel	1915	13138 und 13139	
	G 8	5321 und 5322	55 3170 und 55 3171	Henschel	1915	13140 und 13141	
	G 8	5323 und 5324	– , 55 3172	Henschel	1915	13142 und 13143	
	G 8	5325 und 5326	55 3173, –	Henschel	1915	13144 und 13145	
	G 8	5327 bis 5332	55 3174 bis 55 3179	Henschel	1915	13146 bis 13151	
	G 8	5333 bis 5337	–	HANOMAG	1915	7543 bis 7547	
	G 8	5338	55 3337	HANOMAG	1915	7548	
	G 8	5339 bis 5341	55 3348 bis 55 3350	Henschel	1915	13357 bis 13359	
	G 8	5342	–	Henschel	1915	13360	
	G 8	5343 bis 5346	55 3351 bis 55 3354	Henschel	1915	13361 bis 13364	
	G 8	5347 und 5348	– , 55 3355	Henschel	1915	13365 und 13366	

Direktionsbezirk	Bahnnummern		DRG-Nummern	Hersteller	Baujahr	Fabriknummern	Bemerkungen/ Ausmusterung
	G 8	5349 und 5350	55 3356, –	Henschel	1915	13367 und 13368	
	G 8	5351 und 5352	55 3357 und 55 3358	Henschel	1915	13369 und 13370	
	G 8	5353 bis 5355	–	Henschel	1915	13371 bis 13373	
	G 8	5356 und 5357	55 3359 und 55 3360	Henschel	1915	13374 und 13375	
	G 8	5358	–	Henschel	1915	13376	
	G 8	5359 und 5360	55 3361, –	Henschel	1915	13377 und 13378	
	G 8	5361 bis 5365	55 3362 bis 55 3366	Henschel	1915	13379 bis 13383	
	G 8	5366 und 5367	– , 55 3367	Henschel	1915	13384 und 13385	
	G 8	5368 bis 5372	55 3563 bis 55 3567	Henschel	1915	13482 bis 13486	
	G 8	5373 und 5474	– , 55 3568	Henschel	1915	13487 und 13488	
	G 8	5375 und 5376	55 3569, –	Henschel	1915	13489 und 13490	
	G 8	5377 und 5385	55 3570 bis 55 3578	Henschel	1915	13491 bis 13499	
	G 8	5386 und 5387	– , 55 3579	Henschel	1915	13500 und 13501	
	G 8	5388 und 5389	55 3580, –	Henschel	1915	13502 und 13503	
	G 8	5390 und 5391	– , 55 3581	Henschel	1915	13504 und 13505	
	G 8	5392 und 5393	–	Henschel	1915	13506 und 13507	
	G 8	5394 bis 5400	55 3582 bis 55 3588	Henschel	1915	13508 bis 13514	
	G 8	5651 bis 5653	55 3589 bis 55 3591	Henschel	1915	13515 bis 13517	
	G 8	5654 und 5655	– , 55 3592	Henschel	1915	13518 und 13519	
	G 8	5656 und 5657	–	Henschel	1915	13520 und 13521	
	G 8	5658 bis 5661	55 3593 bis 55 3596	Henschel	1915	13522 bis 13525	
	G 8	5662 bis 5664	–	Henschel	1915	13526 bis 13528	
	G 8	5665 und 5666	55 3597 und 55 3598	Henschel	1915	13529 und 13530	
	G 8	5667 bis 5674	–	Henschel	1915	13531 bis 13538	
	G 8	5675 und 5676	55 3780, –	Henschel	1915	13615 und 13616	
	G 8	5677	55 3781	Henschel	1915	13617	
	G 8	5678 bis 5682	–	Henschel	1915	13618 bis 13622	
	G 8	5683 bis 5686	55 3782 bis 55 3785	Henschel	1915	13623 bis 13626	
	G 8	5687 und 5688	–	Henschel	1915	13627 und 13628	
	G 8	5689	55 3786	Henschel	1915	13629	
	G 8	5690 bis 5693	–	Henschel	1915	13630 bis 13633	
	G 8	5694 und 5695	55 3787, –	Henschel	1915	13634 und 13635	
	G 8	5696 bis 5699	55 3788 bis 55 3791	Henschel	1915	13636 bis 13639	
	G 8	5700 und 5701	– , 55 3792	Henschel	1915	13640 und 13641	
	G 8	5702 und 5703	55 3793, –	Henschel	1915	13642 und 13643	
	G 8	5704 bis 5709	55 3794 bis 55 3799	Henschel	1915	13644 bis 13649	
	G 8	5710 und 5711	55 4030, –	HANOMAG	1915	7776 und 7777	
	G 8	5712 und 5713	55 4031, –	HANOMAG	1916	7778 und 7779	
	G 8	5714 und 5715	55 4032, –	HANOMAG	1916	7780 und 7781	
	G 8	5716 und 5717	55 4033, –	HANOMAG	1916	7782 und 7783	
	G 8	5718 bis 5721	55 4034 bis 55 4037	HANOMAG	1916	7784 bis 7787	
	G 8	5722 und 5723	– , 55 4038	HANOMAG	1916	7788 und 7789	
	G 8	5724 und 5725	55 4039, –	HANOMAG	1916	7790 und 7791	
	G 8	5726	55 4040	HANOMAG	1916	8092	
	G 8	5727	–	Orenstein	1916	8120	
	G 8	5728 bis 5737	55 4192 bis 55 4201	Orenstein	1916	8121 bis 8130	
	G 8	5738	–	Orenstein	1916	8131	
	G 8	5739 bis 5741	55 4202 bis 55 4204	Orenstein	1916	8132 bis 8134	
	G 8	5742 und 5743	–	Orenstein	1916	8135 und 8136	
	G 8	5744 und 5745	55 4205, –	Orenstein	1916	8137 und 8138	
	G 8	5746	55 4206	Orenstein	1916	8139	
	G 8	5747 und 5748	–	HANOMAG	1917	8041 und 8042	
	G 8	5749 und 5750	55 4257 und 55 4258	HANOMAG	1917	8043 und 8044	
	G 8	5751 und 5752	– , 55 4259	HANOMAG	1917	8045 und 8046	
	G 8	5753	–	HANOMAG	1917	8047	
	G 8	5754 und 5755	– , 55 4296	HANOMAG	1917	14381 und 14382	
	G 8	5756 und 5757	55 4297, –	HANOMAG	1917	14383 und 14384	

Direktionsbezirk	Bahnnummern	DRG-Nummern	Hersteller	Baujahr	Fabriknummern	Bemerkungen/ Ausmusterung
	G 8 5758 bis 5762	55 4298 bis 55 4302	HANOMAG	1917	14385 bis 14389	
	G 8 5763	–	HANOMAG	1917	14390	
	G 8 5764 bis 5766	55 4303 bis 55 4305	HANOMAG	1917	14391 bis 14393	
	G 8 5767 und 5768	–	HANOMAG	1917	14394 und 14395	
	G 8 5769	55 4306	HANOMAG	1917	14396	
	G 8 5770 bis 5774	–	HANOMAG	1917	14397 bis 14401	
	G 8 5775 und 5776	–	Jung	1917	2515 und 2516	
	G 8 5777	–	HANOMAG	1917	8192	
	G 8 5778 und 5779	55 4505 und 55 4506	HANOMAG	1917	8193 und 8194	
	G 8 5780 bis 5783	–	HANOMAG	1917	8195 bis 8198	
	G 8 5784 und 5785	55 4507 und 55 4508	HANOMAG	1917	8199 und 8200	
	G 8 5786 und 5789	–	HANOMAG	1917	8201 bis 8204	
	G 8 5790 und 5791	55 4509, –	HANOMAG	1917	8205 und 8206	
	G 8 5792 und 5793	55 4510 und 55 4511	HANOMAG	1917	8207 und 8208	
	G 8 5794	–	HANOMAG	1917	8209	
	G 8 5795 und 5796	55 4512 und 55 4513	HANOMAG	1917	8210 und 8211	
	G 8 5797 bis 5799	–	HANOMAG	1917	8212 bis 8214	
	G 8 5800	55 4514	HANOMAG	1917	8215	
	G 8 5901 und 5902	– , 55 4515	HANOMAG	1917	8216 und 8217	
	G 8 5903 und 5904	–	HANOMAG	1917	8218 und 8219	
	G 8 5905	55 4516	HANOMAG	1917	8220	
	G 8 5906 und 5907	55 4594 und 55 4595	Hohenzollern	1917	3684 und 3685	
	G 8 5908 bis 5910	–	Hohenzollern	1917	3686 bis 3688	
	G 8 5911 bis 5913	55 4596 bis 55 4598	Hohenzollern	1917	3689 bis 3691	
	G 8 5914 bis 5916	–	Hohenzollern	1917	3692 bis 3694	
	G 8 5917 bis 5919	55 4537 bis 55 4539	HANOMAG	1917	8273 bis 8275	
	G 8 5920 und 5921	–	HANOMAG	1917	8276 und 8277	
	G 8 5922 und 5923	– , 55 4797	HANOMAG	1918	8345 und 8346	
	G 8 5924 und 5925	–	HANOMAG	1918	8347 und 8348	
	G 8 5926 bis 5932	55 4798 bis 55 4808	HANOMAG	1918	8349 bis 8355	
	G 8 5933 bis 5939	–	HANOMAG	1918	8356 bis 8362	
	G 8 5940	55 4805	HANOMAG	1918	8363	
	G 8 5941 bis 5945	–	HANOMAG	1918	8364 bis 8368	
	G 8 5946 bis 5947	55 4806, –	HANOMAG	1918	8369 und 8370	
	G 8 5948 bis 5950	55 4807 bis 55 4809	HANOMAG	1918	8371 bis 8373	
	G 8 5951 bis 5950	– , 55 4810	HANOMAG	1918	8374 und 8375	
	G 8 5953 und 5954	55 4811, –	HANOMAG	1918	8376 und 8377	
	G 8 5955 und 5956	– , 55 4812	HANOMAG	1918	8378 und 8379	
	G 8 5957 und 5960	–	HANOMAG	1918	8380 bis 8383	
	G 8 5961 und 5962	55 4813, –	HANOMAG	1918	8384 und 8385	
	G 8 5963 und 5964	– , 55 4814	HANOMAG	1918	8386 und 8387	
	G 8 5965 und 5966	55 4815, –	HANOMAG	1918	8388 und 8389	
	G 8 5967	55 4816	HANOMAG	1918	8390	
	G 8 5968 und 5969	–	HANOMAG	1918	8391 und 8392	
	G 8 5970 und 5971	55 4817, –	HANOMAG	1918	8393 und 8394	
	G 8 5972 und 5973	55 4880, –	Vulcan	1918	3328 und 3329	
	G 8 5974	55 4881	Vulcan	1918	3330	
	G 8 5975 bis 5979	–	Vulcan	1918	3331 bis 3335	
	G 8 5980	55 4882	Vulcan	1918	3336	
	G 8 5981 und 5982	–	Vulcan	1918	3337 und 3338	
	G 8 5983 bis 5991	55 4883 bis 55 4891	Vulcan	1918	3339 bis 3347	
	G 8 5992 bis 5995	–	Vulcan	1918	3348 bis 3351	
	G 8 5996 und 5997	55 4892 und 55 4893	Vulcan	1918	3352 und 3353	
	G 8 5998	–	Vulcan	1918	3354	
	G 8 5999	–	Vulcan	1918	3355	
	G 8 6000	55 5037	Hohenzollern	1918	3836	
	G 8 5451 bis 5453	–	Hohenzollern	1918	3837 bis 3839	

Direktionsbezirk	Bahnnummern	DRG-Nummern	Hersteller	Baujahr	Fabriknummern	Bemerkungen/ Ausmusterung
	G 8 5454 bis 5456	55 5038 bis 55 5040	Hohenzollern	1918	3840 bis 3842	
	G 8 5457 und 5458	– , 55 5041	Hohenzollern	1918	3843 und 3844	
	G 8 5459 und 5460	55 5042, –	Hohenzollern	1918	3845 und 3846	
	G 8 5461 und 5462	55 5043, –	Hohenzollern	1918	3847 und 3848	
	G 8 5463	55 5044	Hohenzollern	1918	3849	
	G 8 5464 bis 5473	–	Hohenzollern	1918	3850 bis 3859	
	G 8 5474 und 5475	55 5045, –	Hohenzollern	1918	3860 und 3861	
	G 8 5476	55 5046	Hohenzollern	1918	3862	
	G 8 5477 bis 5479	–	Hohenzollern	1918	3863 bis 3865	
	G 8 5480 und 5481	55 5047, –	Hohenzollern	1918	3866 und 3867	
	G 8 5482 und 5483	55 5126, –	Jung	1918	2778 und 2779	
	G 8 5484 bis 5486	55 5127 bis 55 5129	Jung	1918	2780 bis 2782	
	G 8 5487 und 5488	55 5192, –	Hohenzollern	1919	3907 und 3908	
	G 8 5489 bis 5503	55 5193 bis 55 5207	Hohenzollern	1919	3909 bis 3923	
	G 8 5504	–	Hohenzollern	1919	3924	
	G 8 5505 bis 5515	55 5208 bis 55 5218	Hohenzollern	1919	3925 bis 3935	
	G 8 5516 bis 5525	55 5288 bis 55 5297	Jung	1919	2918 bis 2927	
	G 8 5526	55 5298	Jung	1919	2928	
	G 8 5527 bis 5546	55 5566 bis 55 5585	Jung	1920	3101 bis 3120	
	G 8 5547 bis 5550	55 5586 bis 55 5589	Jung	1920	3201 bis 3204	
	G 8 6001 und 6002	55 5590 und 55 5591	Jung	1920	3205 und 3206	
	G 8 6003 bis 6006	55 5592 bis 55 5595	Jung	1921	3207 bis 3210	
	G 8 6007 bis 6016	55 5612 bis 55 5621	Orenstein	1921	8966 bis 8975	
Frankfurt	G 8 4842 bis 4844	55 2884 bis 55 2886	HANOMAG	1914	7200 bis 7202	
	G 8 4845	–	HANOMAG	1914	7203	
	G 8 4846 bis 4856	55 2887 bis 55 2897	HANOMAG	1914	7204 bis 7214	
	G 8 5166 bis 5169	55 3368 bis 55 3371	B. M. A. G.	1915	5650 bis 5653	
	G 8 5170	–	B. M. A. G.	1915	5654	
	G 8 5171 bis 5174	55 3372 bis 55 3375	B. M. A. G.	1915	5655 bis 5658	
	G 8 5175	–	B. M. A. G.	1915	5659	
	G 8 5176 und 5177	55 3376 und 55 3377	B. M. A. G.	1915	5660 und 5661	
	G 8 5178 bis 5182	55 3650 bis 55 3654	Jung	1915	2324 bis 2328	
	G 8 5183	–	Jung	1915	2329	
	G 8 5184 bis 5194	55 3761 bis 55 3771	Grafenstaden	1916	6868 bis 6878	
	G 8 5195	–	Grafenstaden	1916	6879	
	G 8 5196 bis 5199	55 3772 bis 55 3775	Grafenstaden	1916	6880 bis 6883	
	G 8 5200 und 5201	– , 55 3776	Grafenstaden	1916	6884 und 6885	
	G 8 5202 und 5203	55 3777, –	Grafenstaden	1916	6886 und 6887	
	G 8 5204 und 5205	55 3778 und 55 3779	Grafenstaden	1916	6888 und 6889	
	G 8 5206 und 5207	– , 55 4063	Henschel	1916	13945 und 13946	
	G 8 5208 und 5209	55 4064, –	Henschel	1916	13947 und 13948	
	G 8 5210 bis 5214	55 4065 bis 55 4069	Henschel	1916	13949 bis 13953	
	G 8 5215	–	Henschel	1916	13954	
	G 8 5216 bis 5219	55 4070 bis 55 4073	Henschel	1916	13955 bis 13958	
	G 8 5220 und 5221	–	Henschel	1916	13959 und 13960	
	G 8 5222 bis 5224	55 4074 bis 55 4076	Henschel	1916	13961 bis 13963	
	G 8 5225	55 4160	Jung	1916	2417	
	G 8 5226 bis 5228	55 4373 bis 55 4375	Jung	1917	2496 bis 2498	
	G 8 5229	–	Jung	1917	2499	
	G 8 5230 und 5231	55 4376,	Jung	1917	2500 und 2501	
	G 8 5232 und 5233	55 4377, –	Jung	1917	2502 und 2503	
	G 8 5234	–	Henschel	1917	14641	
	G 8 5235 bis 5238	55 4568 bis 55 4571	Henschel	1917	14642 bis 14645	
	G 8 5239	–	Henschel	1917	14646	
	G 8 5240 und 5241	55 4572 bis 55 4574	Henschel	1917	14647 bis 14649	
	G 8 5243 bis 5245	–	Henschel	1917	14650 bis 14652	
	G 8 5246 bis 5248	55 4575 bis 55 4577	Henschel	1917	14653 bis 14655	

Direktionsbezirk	Bahnnummern	DRG-Nummern	Hersteller	Baujahr	Fabriknummern	Bemerkungen/ Ausmusterung
	G 8 5249	–	Henschel	1917	14656	
	G 8 5250 und 5251	55 4578 und 55 4579	Henschel	1917	14657 und 14658	
	G 8 5252 und 5253	–	Henschel	1917	14659 und 14660	
	G 8 5254 und 5255	– , 55 4943	Jung	1918	2705 und 2706	
	G 8 5256 und 5257	– , 55 4944	Jung	1918	2707 und 2708	
	G 8 5258 und 5259	– , 55 4945	Jung	1918	2709 und 2710	
	G 8 5260 und 5261	– , 55 4946	Jung	1918	2711 und 2712	
	G 8 5262 und 5263	– , 55 4947	Jung	1918	2713 und 2714	
	G 8 5264 bis 5266	–	Jung	1918	2715 bis 2717	
	G 8 5267 bis 5269	55 4948 bis 55 4950	Jung	1918	2718 bis 2720	
	G 8 5270 und 5271	– , 55 4951	Jung	1918	2721 und 2722	
	G 8 5272 und 5273	55 4952, –	Jung	1918	2723 und 2724	
	G 8 5274 und 5275	– , 55 4953	Jung	1918	2725 und 2726	
	G 8 5276 und 5277	55 4954, –	Jung	1918	2727 und 2728	
	G 8 5278 und 5279	– , 55 4945	Jung	1918	2729 und 2730	
	G 8 5280 und 5283	–	Jung	1918	2731 bis 2734	
	G 8 5284	–	Vulcan	1917	3315	
	G 8 5285 bis 5287	55 4871 bis 55 4873	Vulcan	1917	3316 bis 3318	
	G 8 5288	–	Vulcan	1917	3319	
	G 8 5289 und 5290	55 4874 und 55 4875	Vulcan	1917	3320 und 3321	
	G 8 5291 bis 5294	55 4876 bis 55 4879	Vulcan	1918	3322 bis 3325	
	G 8 5295	–	Vulcan	1918	3326	
	G 8 5296 bis 5299	–	Humboldt	1918	1403 bis 1406	
	G 8 5296^{II} bis 5299^{II}	55 5089 bis 55 5092	Vulcan	1919	3466 bis 3469	
	G 8 5300 und 5301	55 5093, –	Humboldt	1918	1407 und 1408	
Halle	G 8 4846 und 4847	55 2613 bis 55 2614	Henschel	1913	11881 und 11882	
	G 8 4848 bis 4850	–	Henschel	1913	11883 bis 11885	
	G 8 4851 bis 4855	55 2615 bis 55 2619	Henschel	1913	11886 bis 11890	
	G 8 4856	–	Henschel	1914	12410	
	G 8 4857 bis 4861	55 2800 bis 55 2804	Henschel	1914	12411 bis 12415	
	G 8 4862	–	Henschel	1914	12416	
	G 8 4863 und 4864	55 2805 und 55 2806	Henschel	1914	12417 und 12418	
	G 8 4865 bis 4868	55 2840 bis 55 2843	Jung	1914	1999 bis 2002	
	G 8 4869	–	Jung	1914	2003	
	G 8 4870 bis 4881	55 3056 bis 55 3067	Orenstein	1914	7101 bis 7112	
	G 8 4882 und 4883	55 3213 und 55 3214	Jung	1915	2219 und 2220	
	G 8 4884 und 4885	– , 55 3215	Jung	1915	2221 und 2222	
	G 8 4886	–	Jung	1915	2223	
	G 8 4887 bis 4891	55 3216 bis 55 3220	Jung	1915	2224 bis 2228	
	G 8 4892 bis 4894	55 3230 bis 55 3232	Linke	1915	1188 bis 1190	
	G 8 4895	–	Linke	1915	1191	
	G 8 4896 bis 4899	55 3233 bis 55 3236	Linke	1915	1192 bis 1195	
	G 8 4900 bis 4913	55 3378 bis 55 3391	B. M. A. G.	1915	5662 bis 5675	
	G 8 4914	–	B. M. A. G.	1915	5676	
	G 8 4915 und 4916	–	Borsig	1915	9298 und 9299	
	G 8 4917 bis 4919	55 3486 bis 55 3488	Borsig	1915	9300 bis 9302	
	G 8 4920 und 4921	55 3610, –	B. M. A. G.	1915	5702 und 5703	
	G 8 4922 und 4923	55 3611 und 55 3612	B. M. A. G.	1915	5704 und 5705	
	G 8 4924 und 4925	– , 55 3613	B. M. A. G.	1915	5706 und 5707	
	G 8 4926	–	B. M. A. G.	1915	5708	
	G 8 4927 bis 4929	55 3614 bis 55 3616	B. M. A. G.	1915	5709 bis 5711	
	G 8 4930	–	B. M. A. G.	1915	5712	
	G 8 4931	–	B. M. A. G.	1915	5793	
	G 8 4932 bis 4935	55 3822 bis 55 3825	B. M. A. G.	1915	5794 bis 5797	
	G 8 4936	–	B. M. A. G.	1915	5798	
	G 8 4937 bis 4945	55 3826 bis 55 3834	B. M. A. G.	1915	5799 bis 5807	
	G 8 4946 bis 4948	–	B. M. A. G.	1915	5808 bis 5810	

Direktionsbezirk	Bahnnummern	DRG-Nummern	Hersteller	Baujahr	Fabriknummern	Bemerkungen/ Ausmusterung
	G 8 4949 und 4950	55 3835 und 55 3836	B. M. A. G.	1915	5811 und 5812	
	G 8 4951	–	B. M. A. G.	1915	5813	
	G 8 4952 bis 4955	55 4096 bis 55 4099	B. M. A. G.	1916	5926 bis 5929	
	G 8 4956	–	B. M. A. G.	1916	5930	
	G 8 4957 bis 4959	55 4100 bis 55 4102	B. M. A. G.	1916	5931 bis 5933	
	G 8 4960	–	B. M. A. G.	1916	5934	
	G 8 4961 bis 4964	55 4103 bis 55 4106	B. M. A. G.	1916	5935 bis 5938	
	G 8 4965 und 4966	– , 55 4107	B. M. A. G.	1916	5939 und 5940	
	G 8 4967 und 4968	55 4108, –	B. M. A. G.	1916	5941 und 5942	
	G 8 4969 und 4970	55 4109 und 55 4110	B. M. A. G.	1916	5943 und 5944	
	G 8 4971 und 4972	55 4235 und 55 4236	Borsig	1916	9649 und 9650	
	G 8 4973 und 4974	–	Borsig	1916	9651 und 9652	
	G 8 4975 und 4976	55 4237 und 55 4238	Borsig	1916	9653 und 9654	
	G 8 4977 und 4978	55 4326, –	B. M. A. G.	1917	6126 und 6127	
	G 8 4979 bis 4982	55 4327 bis 55 4330	B. M. A. G.	1917	6128 bis 6131	
	G 8 4983	–	B. M. A. G.	1917	6132	
	G 8 4984 und 4985	55 4331 und 55 4332	B. M. A. G.	1917	6133 und 6134	
	G 8 4986	–	Borsig	1917	9812	
	G 8 4987 bis 4991	55 4452 bis 55 4456	Borsig	1917	9813 bis 9817	
	G 8 4992 und 4993	–	Borsig	1917	9818 und 9819	
	G 8 4994 bis 4997	55 4457 bis 55 4460	Borsig	1917	9820 bis 9823	
	G 8 4998 bis 5000	–	Borsig	1917	9831 bis 9833	
	G 8 5151 und 5152	55 4468, –	Borsig	1917	9834 und 9835	
	G 8 5153 bis 5155	55 4469 bis 55 4471	Borsig	1917	9836 bis 9838	
	G 8 5156 und 5157	– , 55 4699	Borsig	1918	10005 und 10006	
	G 8 5158 und 5159	55 4700, –	Borsig	1918	10007 und 10008	
	G 8 5160 und 5161	55 4701 und 55 4702	Borsig	1918	10009 und 10010	
	G 8 5162 und 5163	– , 55 4703	Borsig	1918	10011 und 10012	
	G 8 5164	–	Borsig	1918	10013	
	G 8 5165 bis 5167	55 4704 bis 55 4706	Borsig	1918	10014 bis 10016	
	G 8 5168 und 5169	–	Borsig	1918	10017 und 10018	
	G 8 5170	55 4707	Borsig	1918	10019	
	G 8 5171 bis 5173	–	Borsig	1918	10020 bis 10022	
	G 8 5174 bis 5177	55 4708 bis 55 4711	Borsig	1918	10023 bis 10026	
	G 8 5178	–	Borsig	1918	10027	
	G 8 5179 bis 5181	55 4712 bis 55 4714	Borsig	1918	10028 bis 10030	
	G 8 5182 bis 5185	–	Borsig	1918	10031 bis 10034	
	G 8 5186	55 4715	Borsig	1918	10035	
	G 8 5187 bis 5190	–	Borsig	1917	10088 bis 10091	
	G 8 5191 bis 5193	55 4748 bis 55 4750	Borsig	1917	10092 bis 10094	
	G 8 5194 und 5195	– , 55 4751	Borsig	1917	10095 und 10096	
	G 8 5196	–	Borsig	1918	10117	
	G 8 5197 und 5198	55 4760, –	Borsig	1918	10118 und 10119	
	G 8 5199 und 5200	55 4761, –	Borsig	1918	10120 und 10121	
	G 8 5201 bis 5204	–	Vulcan	1918	3424 bis 3427	
	G 8 5205 und 5206	55 5072 und 55 5073	Hagans	1918	931 und 932	
	G 8 5207 bis 5209	–	Hagans	1918	933 bis 935	
	G 8 5210 und 5211	55 5074, –	Hagans	1918	936 und 937	
	G 8 5212 und 5213	55 5075 und 55 5076	Hagans	1918	938 und 939	
	G 8 5214	–	Hagans	1918	940	
	G 8 5215 und 5216	55 5077 und 55 5078	Hagans	1918	941 und 942	
	G 8 5217 bis 5225	–	Orenstein	1918	8520 bis 8528	
	G 8 5226 bis 5230	–	Schichau	1918	2637 bis 2641	
	G 8 5231	55 5133	Schichau	1918	2642	
	G 8 5232 bis 5236	–	Schichau	1918	2643 bis 2647	
	G 8 5237 bis 5246	55 5399 bis 55 5408	Hagans	1919	974 bis 983	
	G 8 5247 bis 5250	55 5439 bis 55 5442	Jung	1919	2955 bis 2958	

Direktionsbezirk	Bahnnummern	DRG-Nummern	Hersteller	Baujahr	Fabriknummern	Bemerkungen/ Ausmusterung
	G 8 5251	–	Jung	1919	2959	
	G 8 5252 bis 5255	55 5443 bis 55 5446	Jung	1919	2960 bis 2963	
	G 8 5256	–	Jung	1919	2964	
	G 8 5257 bis 5271	55 2492 bis 55 5506	Jung	1919	2985 bis 2999	
	G 8 5272 bis 5277	55 5355 bis 55 5360	Vulcan	1920	3565 bis 3570	
	G 8 5278 und 5279	– , 55 5361	Vulcan	1920	3571 und 3572	
Hannover	G 8 4901 bis 4915	55 2518 bis 55 2532	HANOMAG	1913	6869 bis 6883	
	G 8 4916 und 4917	–	HANOMAG	1913	6884 und 6885	
	G 8 4918 bis 4928	55 2533 bis 55 2543	HANOMAG	1913	6886 bis 6896	
	G 8 4929 bis 4931	55 2807 bis 55 2809	Henschel	1914	12419 bis 12421	
	G 8 4932 bis 4942	55 2716 bis 55 2726	HANOMAG	1913	7073 bis 7083	
	G 8 4943 bis 4954	55 2727 bis 55 2738	HANOMAG	1913	7085 bis 7096	
	G 8 4955	–	HANOMAG	1913	7097	
	G 8 4956 bis 4962	55 2739 bis 55 2745	HANOMAG	1913	7098 bis 7104	
	G 8 4963 bis 4965	55 2746 bis 55 2748	HANOMAG	1914	7105 bis 7107	
	G 8 4966 bis 4972	55 2898 bis 55 2904	HANOMAG	1914	7215 bis 7221	
	G 8 4973	–	HANOMAG	1914	7222	
	G 8 4974 bis 4984	55 2905 bis 55 2915	HANOMAG	1914	7223 bis 7233	
	G 8 4985 bis 4988	–	HANOMAG	1914	7234 bis 7237	
	G 8 4989 bis 4992	55 2916 bis 55 2919	HANOMAG	1914	7238 bis 7241	
	G 8 4993	–	HANOMAG	1914	7347	
	G 8 4994 bis 4999	55 3081 bis 55 3086	HANOMAG	1914	7348 bis 7353	
	G 8 5151 bis 5156	55 3087 bis 55 3092	HANOMAG	1914	7354 bis 7359	
	G 8 5157 und 5158	– , 55 3093	HANOMAG	1914	7360 und 7361	
	G 8 5159 bis 5171	55 3094 bis 55 3106	HANOMAG	1914	7387 bis 7399	
	G 8 5172 bis 5176	55 3316 bis 55 3320	HANOMAG	1915	7506 bis 7510	
	G 8 5177	–	HANOMAG	1915	7511	
	G 8 5178 und 5179	55 3321, –	HANOMAG	1915	7512 und 7513	
	G 8 5180 bis 5186	55 3322 bis 55 3328	HANOMAG	1915	7514 bis 7520	
	G 8 5187 bis 5191	55 3506 bis 55 3510	HANOMAG	1915	7556 bis 7560	
	G 8 5192 und 5193	–	HANOMAG	1915	7561 und 7562	
	G 8 5194 und 5195	55 3511 und 55 3512	HANOMAG	1915	7563 und 7564	
	G 8 5196	–	HANOMAG	1915	7565	
	G 8 5197 bis 5199	55 3513 bis 55 3515	HANOMAG	1915	7566 bis 7568	
	G 8 5200 und 5201	– , 55 3516	HANOMAG	1915	7569 und 7570	
	G 8 5202 und 5203	55 3517, –	HANOMAG	1915	7571 und 7572	
	G 8 5204	55 3518	HANOMAG	1915	7573	
	G 8 5205 und 5206	–	HANOMAG	1915	7574 und 7575	
	G 8 5207 bis 5224	55 3732 bis 55 3749	HANOMAG	1915	7652 bis 7669	
	G 8 5225 und 5226	–	HANOMAG	1915	7670 und 7671	
	G 8 5227 bis 5233	55 3750 bis 55 3756	HANOMAG	1915	7672 bis 7678	
	G 8 5234 bis 5236	–	HANOMAG	1915	7679 bis 7681	
	G 8 5237 und 5238	55 3757, –	HANOMAG	1915	7682 und 7683	
	G 8 5239	55 3758	HANOMAG	1915	7684	
	G 8 5240 und 5241	–	HANOMAG	1916	7746 und 7747	
	G 8 5242 und 5243	55 4008, –	HANOMAG	1916	7748 und 7749	
	G 8 5244 und 5245	55 4009 und 55 4010	HANOMAG	1916	7750 und 7751	
	G 8 5246	–	HANOMAG	1916	7752	
	G 8 5247 bis 5250	55 4011 bis 55 4014	HANOMAG	1916	7753 bis 7756	
	G 8 5251	–	HANOMAG	1916	7757	
	G 8 5252 bis 5261	55 4015 bis 55 4024	HANOMAG	1916	7758 bis 7767	
	G 8 5262 und 5263	– , 55 4025	HANOMAG	1916	7768 und 7769	
	G 8 5264 und 5265	–	HANOMAG	1916	7770 und 7771	
	G 8 5266 bis 5269	55 4026 bis 55 4029	HANOMAG	1916	7772 bis 7775	
	G 8 5270	55 4260	HANOMAG	1917	8048	
	G 8 5271 bis 5273	–	HANOMAG	1917	8049 bis 8051	
	G 8 5274 und 5275	55 4261, –	HANOMAG	1917	8052 und 8053	

Direktionsbezirk	Bahnnummern	DRG-Nummern	Hersteller	Baujahr	Fabriknummern	Bemerkungen/ Ausmusterung
	G 8 5276	55 4262	HANOMAG	1917	8054	
	G 8 5277 bis 5279	–	HANOMAG	1917	8055 bis 8057	
	G 8 5280	55 4263	HANOMAG	1917	8058	
	G 8 5281 bis 5284	–	HANOMAG	1917	8059 bis 8062	
	G 8 5285	55 4264	HANOMAG	1917	8063	
	G 8 5286 bis 5289	55 4476 bis 55 4479	HANOMAG	1917	8021 bis 8024	
	G 8 5290	–	HANOMAG	1917	8025	
	G 8 5291 und 5292	55 4480, –	HANOMAG	1917	8026 und 8027	
	G 8 5293 bis 5295	55 4481 bis 55 4483	HANOMAG	1917	8028 bis 8030	
	G 8 5296 bis 5299	55 4493 bis 55 4496	HANOMAG	1917	8172 bis 8175	
	G 8 5300 und 5301	– , 55 4497	HANOMAG	1917	8176 und 8177	
	G 8 5302 bis 5304	–	HANOMAG	1917	8178 bis 8180	
	G 8 5305	55 4498	HANOMAG	1917	8181	
	G 8 5306 und 5307	–	HANOMAG	1917	8182 und 8183	
	G 8 5308 bis 5313	55 4499 bis 55 4504	HANOMAG	1917	8184 bis 8189	
	G 8 5314 und 5315	–	HANOMAG	1917	8190 und 8191	
	G 8 5316	–	HANOMAG	1917	8313	
	G 8 5317 und 5318	55 4782 und 55 4783	HANOMAG	1917	8314 und 8315	
	G 8 5319 bis 5321	–	HANOMAG	1917	8316 bis 8318	
	G 8 5322 und 5323	55 4784 und 55 4785	HANOMAG	1917	8319 und 8320	
	G 8 5324 und 5325	–	HANOMAG	1917	8321 und 8322	
	G 8 5326	55 4786	HANOMAG	1917	8323	
	G 8 5327 bis 5329	–	HANOMAG	1917	8324 bis 8326	
	G 8 5330 bis 5332	55 4787 bis 55 4789	HANOMAG	1918	8327 bis 8329	
	G 8 5333 bis 5334	–	HANOMAG	1918	8330 und 8331	
	G 8 5335 und 5336	55 4790 und 55 4791	HANOMAG	1918	8332 und 8333	
	G 8 5337 und 5338	–	HANOMAG	1918	8334 und 8335	
	G 8 5339 bis 5341	55 4792 bis 55 4794	HANOMAG	1918	8336 bis 8338	
	G 8 5342	–	HANOMAG	1918	8339	
	G 8 5343 und 5344	55 4795 und 55 4796	HANOMAG	1918	8340 und 8341	
	G 8 5345 bis 5347	–	HANOMAG	1918	8342 bis 8344	
	G 8 5348 bis 5352	55 4762 bis 55 4766	Borsig	1918	10122 bis 10126	
	G 8 5353	55 5024	HANOMAG	1918	8575	
	G 8 5354 bis 5356	–	HANOMAG	1918	8576 bis 8578	
	G 8 5357	55 5025	HANOMAG	1918	8579	
	G 8 5358 bis 5361	–	HANOMAG	1918	8580 bis 8583	
	G 8 5362 und 5363	55 5026, –	HANOMAG	1918	8584 und 8585	
	G 8 5364	55 5027	HANOMAG	1918	8586	
	G 8 5365 bis 5367	–	HANOMAG	1918	8587 bis 8589	
	G 8 5368 und 5369	55 5028, –	HANOMAG	1918	8590 und 8591	
	G 8 5370 und 5371	55 5029 und 55 5030	HANOMAG	1918	8592 und 8593	
	G 8 5372 und 5373	–	HANOMAG	1918	8594 und 8595	
	G 8 5374	55 5031	HANOMAG	1918	8596	
	G 8 5375 bis 5377	–	HANOMAG	1918	8597 bis 8599	
	G 8 5378 und 5379	55 5032 und 55 5033	HANOMAG	1918	8600 und 8601	
	G 8 5380 und 5381	– , 55 5034	HANOMAG	1918	8602 und 8603	
	G 8 5382 bis 5385	–	HANOMAG	1918	8604 bis 8607	
	G 8 5386 und 5387	55 5173, –	HANOMAG	1918	8734 und 8735	
	G 8 5388	55 5174	HANOMAG	1918	8736	
	G 8 5389 bis 5391	–	HANOMAG	1918	8737 bis 8739	
	G 8 5392 und 5393	55 5175, –	HANOMAG	1918	8740 und 8741	
	G 8 5394 und 5395	– , 55 5176	HANOMAG	1918	8742 und 8743	
	G 8 5396 und 5397	– , 55 5177	HANOMAG	1918	8744 und 8745	
	G 8 5398 und 5399	55 5178, –	HANOMAG	1918	8746 und 8747	
	G 8 5400	55 5179	HANOMAG	1918	8748	
	G 8 5651	55 5180	HANOMAG	1918	8749	
	G 8 5652 bis 5655	–	HANOMAG	1918	8750 bis 8753	

Direktionsbezirk	Bahnnummern	DRG-Nummern	Hersteller	Baujahr	Fabriknummern	Bemerkungen/ Ausmusterung
	G 8 5656 bis 5658	55 5181 bis 55 5183	HANOMAG	1918	8754 bis 8756	
	G 8 5659 und 5660	–	Jung	1919	2901 und 2902	
	G 8 5661	55 5277	Jung	1919	2903	
	G 8 5662 bis 5664	–	Jung	1919	2904 bis 2906	
	G 8 5665	55 5278	Jung	1919	2907	
	G 8 5666 und 5667	55 5326, –	HANOMAG	1919	9064 und 9045	
	G 8 5668 bis 5670	55 5327 bis 55 5329	HANOMAG	1919	9066 und 9068	
	G 8 5671	–	HANOMAG	1919	9069	
	G 8 5672 und 5673	55 5330, –	HANOMAG	1919	9070 und 9071	
	G 8 5674 und 5675	55 5331, –	HANOMAG	1919	9072 und 9073	
	G 8 5676 bis 5687	55 5332 bis 55 5343	HANOMAG	1919	9074 bis 9085	
	G 8 5688 bis 5700	55 5413 bis 55 5425	Jung	1919	2929 bis 2941	
	G 8 5701 bis 5705	55 5472 bis 55 5476	Jung	1919	2965 bis 2969	
	G 8 5706 bis 5720	55 5477 bis 55 5491	Jung	1920	2970 bis 2984	
	G 8 5721 und 5722	55 5388 und 55 5389	Vulcan	1920	3601 und 3602	
	G 8 5723 bis 5727	55 5559 bis 55 5563	Orenstein	1920	8943 bis 8947	
	G 8 5728 bis 5730	55 5552 bis 55 5554	Orenstein	1920	8936 bis 8938	
Kattowitz	G 8 4809 bis 4811	55 2862 bis 55 2864	Schichau	1913	2118 bis 2120	
	G 8 4812 und 4813	– , 55 2865	Schichau	1913	2121 und 2122	
	G 8 5156	–	Linke	1915	1196	
	G 8 5157 und 5158	55 3237, –	Linke	1915	1197 und 1198	
	G 8 5159 und 5160	55 3238 und 55 3239	Linke	1915	1199 und 1200	
	G 8 5161	55 3454	Linke	1915	1250	
	G 8 5162 bis 5164	–	Linke	1915	1251 bis 1253	
	G 8 5165 und 5166	55 3455, –	Linke	1915	1254 und 1255	
	G 8 5167	55 3456	Linke	1915	1256	
	G 8 5168 bis 5170	–	Linke	1915	1257 bis 1259	
	G 8 5171 und 5172	55 3457 und 55 3458	Linke	1915	1260 und 1261	
	G 8 5173 bis 5175	–	Orenstein	1915	7981 bis 7983	
	G 8 5176 bis 5180	55 3459 bis 55 3463	Orenstein	1915	7984 bis 7988	
	G 8 5181	–	Borsig	1915	9303	
	G 8 5182 und 5183	55 3489 und 55 3490	Borsig	1915	9304 und 9305	
	G 8 5184 und 5185	– , 55 3655	Orenstein	1915	8051 und 8052	
	G 8 5186 und 5187	– , 55 3656	Orenstein	1915	8053 und 8054	
	G 8 5188 und 5189	– , 55 3657	Orenstein	1915	8055 und 8056	
	G 8 5190 und 5191	55 3658, –	Orenstein	1915	8057 und 8058	
	G 8 5192 und 5193	55 3659, –	Orenstein	1915	8059 und 8060	
	G 8 5194	55 3660	Orenstein	1915	8061	
	G 8 5195 und 5196	55 3896, –	Jung	1915	2361 und 2362	
	G 8 5197	55 3919	Linke	1916	1262	
	G 8 5198 und 5199	–	Linke	1916	1263 und 1264	
	G 8 5200 und 5201	55 3920, –	Linke	1916	1265 und 1266	
	G 8 5202 und 5203	55 3921 und 55 3922	Linke	1916	1267 und 1268	
	G 8 5204	–	Linke	1916	1269	
	G 8 5205 bis 5209	55 3923 bis 55 3927	Linke	1916	1270 bis 1274	
	G 8 5210 und 5211	–	Orenstein	1916	8101 und 8102	
	G 8 5212 und 5213	55 3940 und 55 3941	Orenstein	1916	8103 und 8104	
	G 8 5214	–	Orenstein	1916	8105	
	G 8 5215 bis 5217	55 3942 bis 55 3944	Orenstein	1916	8106 bis 8108	
	G 8 5218 und 5219	– , 55 3945	Orenstein	1916	8109 und 8110	
	G 8 5220 und 5221	55 3946, –	Orenstein	1916	8111 und 8112	
	G 8 5222 und 5223	55 3947, –	Orenstein	1916	8113 und 8114	
	G 8 5224 und 5225	– , 55 3948	Orenstein	1916	8115 und 8116	
	G 8 5226 bis 5228	–	Orenstein	1916	8117 bis 8119	
	G 8 5229 bis 5231	55 4167 bis 55 4169	Linke	1916	1307 bis 1309	
	G 8 5232 bis 5234	–	Linke	1916	1310 bis 1312	
	G 8 5235 bis 5239	55 4170 bis 55 4174	Linke	1916	1313 bis 1317	

Direktionsbezirk	Bahnnummern	DRG-Nummern	Hersteller	Baujahr	Fabriknummern	Bemerkungen/ Ausmusterung
	G 8 5240 und 5241	–	Linke	1916	1318 und 1319	
	G 8 5242 und 5243	55 4175 und 55 4176	Linke	1916	1320 und 1321	
	G 8 5244	–	Linke	1916	1322	
	G 8 5245 bis 5248	55 4177 bis 55 4180	Linke	1916	1323 bis 1326	
	G 8 5249 und 5250	55 4221, –	Borsig	1916	9617 und 9618	
	G 8 5251 und 5252	55 4222 und 55 4223	Borsig	1916	9619 und 9620	
	G 8 5253 und 5254	55 4392, –	Linke	1917	1388 und 1389	
	G 8 5255 bis 5258	55 4293 bis 55 4396	Linke	1917	1390 bis 1393	
	G 8 5259	–	Linke	1917	1394	
	G 8 5260 bis 5264	55 4397 bis 55 4401	Linke	1917	1395 bis 1399	
	G 8 5265	55 4413	Orenstein	1917	8211	
	G 8 5266 bis 5269	–	Orenstein	1917	8212 bis 8215	
	G 8 5270 bis 5273	55 4414 bis 55 4417	Orenstein	1917	8216 bis 8219	
	G 8 5274 und 5275	–	Orenstein	1917	8220 und 8221	
	G 8 5276	55 4418	Orenstein	1917	8222	
	G 8 5277 und 5278	55 4654 und 55 4655	Linke	1917	1440 und 1441	
	G 8 5279	–	Linke	1917	1442	
	G 8 5280 bis 5284	55 4656 bis 55 4660	Linke	1917	1443 bis 1447	
	G 8 5285 und 5286	– , 55 4661	Linke	1917	1448 und 1449	
	G 8 5287 und 5288	–	Linke	1917	1450 und 1451	
	G 8 5289 und 5290	55 4662 und 55 4663	Linke	1917	1452 und 1453	
	G 8 5291 bis 5293	55 4681 bis 55 4683	Orenstein	1917	8301 bis 8303	
	G 8 5294 bis 5296	–	Orenstein	1917	8304 bis 8306	
	G 8 5297 und 5298	55 4684, –	Orenstein	1917	8307 und 8308	
	G 8 5299 und 5300	– , 55 4685	Orenstein	1917	8309 und 8310	
	G 8 5301	–	Orenstein	1917	8311	
	G 8 5302 bis 5306	55 4686 bis 55 4690	Orenstein	1917	8312 bis 8316	
	G 8 5307 und 5308	55 4473 und 55 4474	Borsig	1917	9889 und 9890	
	G 8 5309 und 5310	–	Borsig	1917	9891 und 9892	
	G 8 5311	–	Schichau	1917	2552	
	G 8 5312 bis 5314	55 4650 bis 55 4652	Schichau	1917	2553 bis 2555	
	G 8 5315 und 5316	– , 55 4653	Schichau	1917	2556 und 2557	
	G 8 5317	55 4691	Borsig	1917	9990	
	G 8 5318 und 5319	–	Borsig	1917	9991 und 9992	
	G 8 5320 und 5321	55 4692 und 55 4693	Borsig	1917	9993 und 9994	
	G 8 5322 und 5323	–	Borsig	1917	9995 und 9996	
	G 8 5324 und 5325	55 4694 und 55 4695	Borsig	1917	9997 und 9998	
	G 8 5326 und 5327	–	Borsig	1917	9999 und 10000	
	G 8 5328 bis 5330	55 4696 bis 55 4698	Borsig	1917	10001 bis 10003	
	G 8 5331	–	Borsig	1917	10004	
	G 8 5332 und 5333	55 4983, –	Linke	1917	1538 und 1539	
	G 8 5334 bis 5337	55 4984 bis 55 4987	Linke	1917	1540 bis 1543	
	G 8 5338 bis 5344	–	Linke	1917	1544 bis 1550	
	G 8 5345	55 4988	Linke	1917	1551	
	G 8 5346 bis 5351	–	Linke	1917	1552 bis 1557	
	G 8 5352 und 5353	55 4989 und 55 4990	Linke	1917	1558 und 1559	
	G 8 5354	–	Linke	1917	1560	
	G 8 5355 bis 5357	55 5016 bis 55 5018	Orenstein	1917	8501 und 8503	
	G 8 5358 und 5359	–	Orenstein	1917	8504 und 8505	
	G 8 5360 und 5361	55 5019 und 55 5020	Orenstein	1917	8506 und 8507	
	G 8 5362 bis 5365	–	Orenstein	1917	8508 bis 8511	
	G 8 5366	55 5021	Orenstein	1917	8512	
	G 8 5367 bis 5369	–	Orenstein	1917	8513 bis 8515	
	G 8 5370 und 5371	55 5022 und 55 5023	Orenstein	1917	8516 und 8517	
	G 8 5372 und 5373	–	Orenstein	1917	8518 und 8519	
	G 8 5374 bis 5376	–	Borsig	1917	10104 bis 10106	
	G 8 5377 und 5378	55 4756, –	Borsig	1917	10107 und 10108	

Direktionsbezirk	Bahnnummern	DRG-Nummern	Hersteller	Baujahr	Fabriknummern	Bemerkungen/ Ausmusterung
	G 8 5379 bis 5381	55 5166 bis 55 5168	Linke	1918	1699 bis 1701	
	G 8 5382	55 5169	Orenstein	1918	8529	
	G 8 5383 bis 5386	–	Orenstein	1918	8530 bis 8533	
	G 8 5387 bis 5389	55 5170 bis 55 5172	Orenstein	1918	8534 bis 8536	
	G 8 5390	–	Orenstein	1918	8517	
	G 8 5391 und 5392	–, 55 5229	Vulcan	1919	3476 und 3477	
	G 8 5393 bis 5395	–	Orenstein	1918	8538 bis 8540	
	G 8 5396 und 5397	55 5306 und 55 5307	Orenstein	1918	8541 und 8542	
	G 8 5398 und 5399	–	Orenstein	1918	8543 und 8544	
	G 8 5400	55 5308	Orenstein	1918	8545	
Königsberg	G 8 5151	–	Schichau	1914	2212	
	G 8 5152 und 5153	55 3077 und 55 3078	Schichau	1914	2213 und 2214	
	G 8 5154 und 5155	–	Schichau	1914	2215 und 2216	
	G 8 5156 und 5157	55 3470, –	Schichau	1915	2293 und 2296	
	G 8 5158 und 5159	55 3471 und 55 3472	Schichau	1915	2295 und 2296	
	G 8 5160 bis 5164	–	Schichau	1915	2297 bis 2301	
	G 8 5165	55 3473	Schichau	1915	2302	
	G 8 5166 und 5167	55 3468 und 55 3469	Schichau	1915	2291 und 2292	
	G 8 5168 und 5169	–	Schichau	1915	2328 und 2329	
	G 8 5170 und 5171	55 3670, –	Schichau	1915	2330 und 2331	
	G 8 5172	55 3671	Schichau	1915	2332	
	G 8 5173	55 3865	Vulcan	1915	3083	
	G 8 5174 und 5175	–	Schichau	1915	2333 und 2334	
	G 8 5176 und 5177	55 3949, –	Schichau	1915	2335 und 2336	
	G 8 5178 und 5179	55 3950 und 55 3951	Schichau	1915	2337 und 2338	
	G 8 5180 bis 5183	–	Schichau	1915	2339 bis 2342	
	G 8 5184 und 5185	55 4214, –	Schichau	1916	2427 und 2428	
	G 8 5186 und 5187	–, 55 4215	Schichau	1916	2429 und 2430	
	G 8 5188 bis 5190	–	Schichau	1916	2431 bis 2433	
	G 8 5191	55 4216	Schichau	1916	2434	
	G 8 5192 bis 5194	–	Schichau	1916	2435 bis 2437	
	G 8 5195 bis 5197	55 4217 bis 55 4219	Schichau	1916	2438 bis 2440	
	G 8 5198	–	Schichau	1916	2441	
	G 8 5199 und 5200	–	Borsig	1916	9621 und 9622	
	G 8 5201 bis 5204	55 4224 bis 55 4227	Borsig	1916	9623 bis 9626	
	G 8 5205 und 5206	–	Borsig	1916	9627 und 9628	
	G 8 5207	55 4228	Borsig	1916	9629	
	G 8 5208 bis 5210	–	Borsig	1916	9630 bis 9632	
	G 8 5211	55 4229	Borsig	1916	9633	
	G 8 5212 bis 5214	–	Borsig	1916	9634 bis 9636	
	G 8 5215 und 5216	55 4230 und 55 4231	Borsig	1916	9637 und 9638	
	G 8 5217 und 5218	–	Borsig	1916	9639 und 9640	
	G 8 5219	55 4232	Borsig	1916	9641	
	G 8 5220 bis 5222	–	Borisg	1916	9642 bis 9644	
	G 8 5223	55 4233	Borsig	1916	9645	
	G 8 5224 und 5225	–	Borsig	1916	9646 und 9647	
	G 8 5226	55 4234	Borsig	1916	9648	
	G 8 5227	55 4378	Schichau	1916	2445	
	G 8 5228 bis 5233	–	Schichau	1916	2446 bis 2451	
	G 8 5234 bis 5237	55 4379 bis 55 4382	Schichau	1916	2452 bis 2455	
	G 8 5238	–	Linke	1917	1431	
	G 8 5239 und 5240	55 4410 und 55 4411	Linke	1917	1432 und 1433	
	G 8 5241 und 5242	55 4601 und 55 4602	Vulcan	1917	3232 und 3233	
	G 8 5243 und 5244	–	Vulcan	1917	3234 und 3235	
	G 8 5245	55 4603	Vulcan	1917	3236	
	G 8 5246 bis 5248	–	Vulcan	1917	3237 bis 3239	
	G 8 5249 und 5250	55 4604, –	Vulcan	1917	3240 und 3241	

Direktionsbezirk	Bahnnummern	DRG-Nummern	Hersteller	Baujahr	Fabriknummern	Bemerkungen/ Ausmusterung
	G 8 5251	55 4605	Vulcan	1917	3242	
	G 8 5252 und 5253	–, 55 4639	Schichau	1917	2524 und 2525	
	G 8 5254 bis 5258	–	Schichau	1917	2526 bis 2530	
	G 8 5259	55 4640	Schichau	1917	2531	
	G 8 5260	–	Orenstein	1917	8317	
	G 8 5261 und 5262	–, 55 4967	Schichau	1917	2604 und 2605	
Magdeburg	G 8 4834 bis 4836	55 2544 bis 55 2546	HANOMAG	1913	6897 bis 6899	
	G 8 4837	–	HANOMAG	1913	6900	
	G 8 4838 und 4839	55 2547, –	HANOMAG	1913	6901 und 6902	
	G 8 4840 bis 4848	55 2548 bis 55 2556	HANOMAG	1913	6903 bis 6911	
	G 8 4849	–	HANOMAG	1913	6912	
	G 8 4850 und 4851	55 2557 und 55 2558	HANOMAG	1913	6913 und 6914	
	G 8 4852	–	HANOMAG	1913	7064	
	G 8 4853 bis 4860	55 2708 bis 55 2715	HANOMAG	1913	7065 bis 7072	
	G 8 4861 bis 4865	55 2844 bis 55 2848	Orenstein	1913	6301 bis 6305	
	G 8 4866	–	Orenstein	1914	6711	
	G 8 4867 und 4868	55 2856 und 55 2857	Orenstein	1914	6712 und 6713	
	G 8 4872	55 2861	Orenstien	1914	6865	
	G 8 4873 bis 4879	55 2991 bis 55 2997	Vulcan	1914	2929 bis 2935	
	G 8 4880	–	Vulcan	1914	2936	
	G 8 4881 bis 4883	55 2998 bis 55 3000	Vulcan	1914	2937 bis 2939	
	G 8 4884 und 4885	–, 55 3001	Vulcan	1914	2940 und 2941	
	G 8 4886 und 4887	– , 55 3002	Vulcan	1914	2942 und 2943	
	G 8 4888 und 4890	55 3240 bis 55 3242	Orenstein	1914	7801 bis 7803	
	G 8 4891	–	Orenstein	1914	7804	
	G 8 4892 bis 4897	55 3243 bis 55 3248	Orenstein	1914	7805 bis 7810	
	G 8 4898 und 4899	– , 55 3249	Orenstein	1914	7811 und 7812	
	G 8 4900 und 4901	– , 55 3250	Orenstein	1914	7813 und 7814	
	G 8 4902 und 4903	55 3287, –	Borsig	1915	9267 und 9268	
	G 8 4904 und 4905	55 3288, –	Borsig	1915	9269 und 9270	
	G 8 4906	55 3289	Borsig	1915	9271	
	G 8 4907 und 4908	–	Borsig	1915	9272 und 9273	
	G 8 4909 bis 4915	55 3290 bis 55 3296	Borsig	1915	9274 bis 9280	
	G 8 4916	–	Borsig	1915	9306	
	G 8 4917 und 4918	55 3491, –	Borsig	1915	9307 und 9308	
	G 8 4919 bis 4923	55 3492 bis 55 3496	Borsig	1915	9309 bis 9313	
	G 8 4924 und 4925	–	Borsig	1915	9314 und 9315	
	G 8 4926 und 4927	55 3497 und 55 3498	Borsig	1915	9316 und 9317	
	G 8 4928 und 4929	– , 55 3837	B. M. A. G.	1916	5814 und 5815	
	G 8 4930 bis 4932	–	B. M. A. G.	1916	5816 bis 5818	
	G 8 4933 bis 4935	55 3838 bis 55 3840	B. M. A. G.	1916	5819 bis 5821	
	G 8 4936 bis 4938	–	B. M. A. G.	1916	5822 bis 5824	
	G 8 4939 und 4940	55 3841, –	B. M. A. G.	1916	5825 und 5826	
	G 8 4941 und 4942	55 3842 und 55 3843	B. M. A. G.	1916	5827 und 5828	
	G 8 4943	–	B. M. A. G.	1916	5829	
	G 8 4944 und 4945	55 3844 und 55 3845	B. M. A. G.	1916	5830 und 5931	
	G 8 4946 und 4947	–	B. M. A. G.	1916	5832 und 5833	
	G 8 4948 und 4949	55 3846, –	B. M. A. G.	1916	5834 und 5835	
	G 8 4950 bis 4952	55 3847 bis 55 3849	B. M. A. G.	1916	5836 bis 5838	
	G 8 4953 und 4954	55 4111 und 55 4112	B. M. A. G.	1916	5945 und 5946	
	G 8 4955	–	B. M. A. G.	1916	5947	
	G 8 4956 bis 4960	55 4113 bis 55 4117	B. M. A. G.	1916	5948 bis 4952	
	G 8 4961 und 4962	55 3964, –	Borsig	1916	9459 und 9460	
	G 8 4963 und 4964	– , 55 3965	Borsig	1916	9461 und 9462	
	G 8 4965 bis 4967	–	Borsig	1916	9463 bis 9465	
	G 8 4968 und 4969	55 3966 und 55 3967	Borsig	1916	9466 und 9467	
	G 8 4970 bis 4972	55 4239 bis 55 4241	Borsig	1916	9655 bis 9657	

Direktionsbezirk	Bahnnummern	DRG-Nummern	Hersteller	Baujahr	Fabriknummern	Bemerkungen/ Ausmusterung
	G 8 4973 und 4974	55 4242 und 55 4243	Borsig	1917	9658 und 9659	
	G 8 4975 bis 4977	–	Borsig	1917	9660 bis 9662	
	G 8 4978	55 4244	Borsig	1917	9663	
	G 8 4979	55 4265	HANOMAG	1917	8064	
	G 8 4980 und 4981	– , 55 4444	Borsig	1917	9747 und 9748	
	G 8 4982 und 4983	– , 55 4445	Borsig	1917	9749 und 9750	
	G 8 4984 und 4985	– , 55 4446	Borsig	1917	9803 und 9804	
	G 8 4986 und 4987	– , 55 4447	Borsig	1917	9805 und 9806	
	G 8 4988 und 4989	55 4448, –	Borsig	1917	9807 und 9808	
	G 8 4990 bis 4992	55 4449 bis 55 4451	Borsig	1917	9809 bis 9811	
	G 8 4993 bis 4999	55 4461 bis 55 4467	Borsig	1917	9824 bis 9830	
	G 8 5000	55 4716	Borsig	1917	10036	
	G 8 5151 und 5152	55 4717, –	Borsig	1917	10037 und 10038	
	G 8 5153 und 5154	55 4718, –	Borsig	1917	10039 und 10040	
	G 8 5155	55 4719	Borsig	1917	10041	
	G 8 5156 bis 5158	–	Borsig	1917	10042 bis 10044	
	G 8 5159 und 5160	55 4720 und 55 4721	Borsig	1917	10045 und 10046	
	G 8 5161	–	Borsig	1917	10047	
	G 8 5162 bis 5167	55 4722 bis 55 4727	Borsig	1917	10048 bis 10053	
	G 8 5168 und 5169	– , 55 4728	Borsig	1917	10054 und 10055	
	G 8 5170 und 5171	55 4729, –	Borsig	1917	10056 und 10057	
	G 8 5172 und 5173	55 4730, –	Borsig	1917	10058 und 10059	
	G 8 5174 bis 5176	55 4731 bis 55 4733	Borsig	1917	10060 bis 10062	
	G 8 5177 und 5178	– , 55 4734	Borsig	1917	10063 und 10064	
	G 8 5179 und 5180	– , 55 4735	Borsig	1917	10065 und 10066	
	G 8 5181 und 5182	–	Borsig	1917	10067 und 10068	
	G 8 5183 und 5184	55 4736 und 55 4737	Borsig	1917	10069 und 10070	
	G 8 5187 und 5188	55 4769 und 55 4770	Borsig	1918	10137 und 10138	
	G 8 5189	55 4772	Borsig	1918	10253	
	G 8 5190 bis 5195	55 5050 bis 55 5055	Vulcan	1918	3394 bis 3399	
	G 8 5196 bis 5199	–	Vulcan	1918	3400 bis 3403	
	G 8 5200 und 5205	55 5152 bis 55 5157	Schichau	1918	2695 bis 2700	
	G 8 5306 und 5307	–	Schichau	1918	2701 und 2702	
	G 8 5208 und 5209	55 5158 und 55 5159	Schichau	1918	2703 und 2704	
	G 8 5210 und 5211	55 5317, –	Orenstein	1919	8656 und 8657	
	G 8 5212 bis 5219	55 5318 bis 55 5325	Orenstein	1919	8658 bis 8665	
	G 8 5220 bis 5222	55 5409 bis 55 5411	Hagans	1920	984 bis 986	
	G 8 5223 bis 5225	55 5426 bis 55 5438	Jung	1919	2942 bis 2954	
	G 8 5236 und 5237	55 5564 und 55 5565	Orenstein	1920	8948 und 8949	
	G 8 5238 bis 5241	55 5369 bis 55 5372	Vulcan	1920	3581 bis 3584	
	G 8 5242 bis 5245	55 5555 bis 55 5558	Orenstein	1920	8939 bis 8942	
Mainz	G 8 4821 bis 4829	55 2559 bis 55 2567	HANOMAG	1913	6915 bis 6923	
	G 8 4830 bis 4837	55 2830 bis 55 2837	Jung	1914	1988 bis 1995	
	G 8 4838	–	Jung	1914	1996	
	G 8 4839 und 4840	55 2838 und 55 2839	Jung	1914	1997 und 1998	
	G 8 5171 bis 5178	55 2947 bis 55 2954	Grafenstaden	1914	6789 bis 6796	
	G 8 5179	55 3026	Humboldt	1914	1010	
	G 8 5180 und 5181	55 3393 und 55 3394	B. M. A. G.	1915	5679 und 5680	
	G 8 5182	–	B. M. A. G.	1915	5681	
	G 8 5183 bis 5189	55 3395 bis 55 3401	B. M. A. G.	1915	5682 bis 5688	
	G 8 5190 bis 5194	55 3638 bis 55 3642	Jung	1915	2306 bis 2310	
	G 8 5195 und 5196	55 4152 und 55 4153	Jung	1916	2401 und 2402	
	G 8 5197	–	Jung	1916	2403	
	G 8 5198 und 5199	55 4154, –	Jung	1916	2404 und 2405	
	G 8 5200 bis 5202	55 4155 bis 55 4157	Jung	1916	2406 bis 2408	
	G 8 5203	55 4161	Jung	1916	2418	
	G 8 5204 und 5205	–	Jung	1916	2419 und 2420	

Direktionsbezirk	Bahnnummern	DRG-Nummern	Hersteller	Baujahr	Fabriknummern	Bemerkungen/ Ausmusterung
	G 8 5206 bis 5209	55 4162 bis 55 4165	Jung	1916	2421 bis 2424	
	G 8 5210 und 5211	–	Grafenstaden	1917	6950 und 6951	
	G 8 5212 bis 5214	55 4280 bis 55 4282	Grafenstaden	1917	6952 bis 6954	
	G 8 5215 und 5216	–	Grafenstaden	1917	6955 und 6956	
	G 8 5217	55 4283	Grafenstaden	1917	6957	
	G 8 5218 und 5219	–	Grafenstaden	1917	6958 und 6959	
	G 8 5220 und 5221	55 4580 und 55 4581	Henschel	1917	14661 und 14662	
	G 8 5222 bis 5224	55 4582 bis 55 4584	Henschel	1917	14684 bis 14686	
	G 8 5225 bis 5229	–	Henschel	1917	14687 bis 14691	
	G 8 5230 und 5231	55 4585, –	Henschel	1917	14692 und 14693	
	G 8 5232	55 4586, –	Henschel	1917	14694	
	G 8 5233 bis 5238	–	Henschel	1917	14695 bis 14700	
	G 8 5239	55 4587	Henschel	1917	14701	
	G 8 5240 bis 5242	–	Hagans	1917	899 bis 901	
	G 8 5243 bis 5245	55 4773 bis 55 4775	Grafenstaden	1917	6995 bis 6997	
	G 8 5246 und 5247	– , 55 4776	Grafenstaden	1917	6998 und 6999	
	G 8 5248 und 5249	55 4777, –	Grafenstaden	1917	7000 und 7001	
	G 8 5250	55 4778	Grafenstaden	1917	7002	
	G 8 5251	55 4779	Grafenstaden	1917	7020	
	G 8 5252 bis 5263	–	Grafenstaden	1917	7021 bis 7032	
	G 8 5264 und 5265	55 4780 und 55 4781	Grafenstaden	1917	7033 und 7034	
	G 8 5266 und 5267	–	Jung	1918	2701 und 2702	
	G 8 5268 und 5269	55 4941 und 55 4942	Jung	1918	2703 und 2704	
	G 8 5270 und 5271	55 4767 und 55 4768	Borsig	1918	10127 und 10128	
	G 8 5272 bis 5279	–	Borsig	1918	10129 bis 10136	
	G 8 5278^II^ und 5279^II^	–	Jung	1918	2783 und 2784	
	G 8 5280 und 5281	55 5130, –	Jung	1918	2785 und 2786	
	G 8 5282	55 5131	Jung	1918	2787	
	G 8 5283 bis 5297	–	Jung	1918	2788 bis 2802	
	G 8 5298	–	Humboldt	1919	1472	
	G 8 5299 bis 5301	–	Humboldt	1919	1475 bis 1477	
	G 8 5298^II^ bis 5301^II^	55 5279 bis 55 5282	Jung	1919	2908 bis 2911	
	G 8 5302 bis 5305	55 5283 bis 55 5286	Jung	1919	2912 bis 2915	
	G 8 5306 und 5307	– , 55 5287	Jung	1919	2916 und 2917	
Münster	G 8 4997 und 4998	55 2509 und 55 2510	HANOMAG	1913	6857 und 6858	
	G 8 4999 und 5000	– , 55 2511	HANOMAG	1913	6859 und 6860	
	G 8 5151	–	HANOMAG	1913	6861	
	G 8 5152 und 5153	55 2512, –	HANOMAG	1913	6862 und 6863	
	G 8 5154 bis 5158	55 2513 bis 55 2517	HANOMAG	1913	6864 bis 6868	
	G 8 5159 bis 5161	55 2638 bis 55 2640	Orenstein	1913	6101 bis 6103	
	G 8 5162	–	Orenstein	1913	6104	
	G 8 5163 bis 5171	55 2641 bis 55 2649	Orenstein	1913	6105 bis 6113	
	G 8 5172 bis 5177	55 2686 bis 55 2691	HANOMAG	1913	7039 bis 7044	
	G 8 5178 und 5179	–	HANOMAG	1913	7045 und 7046	
	G 8 5180 bis 5188	55 2692 bis 55 2700	HANOMAG	1913	7047 bis 7055	
	G 8 5189	–	HANOMAG	1913	7056	
	G 8 5190 bis 5196	55 2701 bis 55 2707	HANOMAG	1913	7057 bis 7063	
	G 8 5197 bis 5211	55 2931 bis 55 2945	HANOMAG	1914	7255 bis 7269	
	G 8 5212 und 5213	55 3251 und 55 3252	Orenstein	1915	7815 und 7816	
	G 8 5214 bis 5220	55 3118 bis 55 3124	HANOMAG	1915	7421 bis 7427	
	G 8 5221 und 5222	– , 55 3125	HANOMAG	1915	7428 und 7429	
	G 8 5223 und 5224	55 3126, –	HANOMAG	1915	7430 und 7431	
	G 8 5225 und 5226	55 3127 und 55 3128	HANOMAG	1915	7432 und 7433	
	G 8 5227 bis 5244	55 3298 bis 55 3315	HANOMAG	1915	7488 bis 7505	
	G 8 5245 bis 5250	55 3519 bis 55 3524	HANOMAG	1915	7576 bis 7581	
	G 8 5251	–	HANOMAG	1915	7582	
	G 8 5252 und 5253	55 3525, –	HANOMAG	1915	7583 und 7584	

Direktionsbezirk	Bahnnummern	DRG-Nummern	Hersteller	Baujahr	Fabriknummern	Bemerkungen/ Ausmusterung
	G 8 5254 bis 5258	55 3526 bis 55 3530	HANOMAG	1915	7585 bis 7589	
	G 8 5259	–	HANOMAG	1915	7590	
	G 8 5260 bis 5266	55 3531 bis 55 3537	HANOMAG	1915	7591 bis 7597	
	G 8 5267 bis 5271	55 3891 bis 55 3895	Humboldt	1916	1148 bis 1152	
	G 8 5272	–	Humboldt	1916	1153	
	G 8 5273 bis 5278	55 3897 bis 55 3902	Jung	1915	2363 bis 2368	
	G 8 5279 bis 5283	55 3903 bis 55 3907	Jung	1916	2369 bis 2373	
	G 8 5284	–	Jung	1916	2374	
	G 8 5285 und 5286	55 3908, –	Jung	1916	2375 und 2376	
	G 8 5287 bis 5296	55 3909 bis 55 3918	Jung	1916	2377	
	G 8 5297 bis 5301	55 3992 bis 55 3996	HANOMAG	1916	7726 bis 7730	
	G 8 5302	–	HANOMAG	1916	7731	
	G 8 5303 und 5304	55 3997, –	HANOMAG	1916	7732 und 7733	
	G 8 5305 bis 5307	55 3998 bis 55 4000	HANOMAG	1916	7734 bis 7736	
	G 8 5308	–	HANOMAG	1916	7737	
	G 8 5309 bis 5314	55 4001 bis 55 4006	HANOMAG	1916	7738 bis 7743	
	G 8 5315 und 5316	– , 55 4007	HANOMAG	1916	7744 und 7745	
	G 8 5317 und 5318	55 4041, –	HANOMAG	1916	8093 und 8094	
	G 8 5319 und 5320	55 4042 und 55 4043	HANOMAG	1916	8095 und 8096	
	G 8 5321 und 5322	–	HANOMAG	1916	8097 und 8098	
	G 8 5323 und 5324	55 4044, –	HANOMAG	1916	8099 und 8100	
	G 8 5325 und 5326	55 4045, –	HANOMAG	1916	8101 und 8102	
	G 8 5327 bis 5331	55 4247 bis 55 4251	HANOMAG	1916	7792 bis 7796	
	G 8 5332 und 5333	– , 55 4252	HANOMAG	1916	7797 und 7798	
	G 8 5334 und 5335	– , 55 4253	HANOMAG	1916	7799 und 7800	
	G 8 5336	55 4254	HANOMAG	1916	7845	
	G 8 5337 bis 5339	55 4484 bis 55 4486	HANOMAG	1917	8031 bis 8033	
	G 8 5340 und 5341	– , 55 4487	HANOMAG	1917	8034 und 8035	
	G 8 5342 und 5343	55 4488 und 55 4489	HANOMAG	1917	8160 und 8161	
	G 8 5344 bis 5348	–	HANOMAG	1917	8162 bis 8166	
	G 8 5349 und 5350	55 4490, –	HANOMAG	1917	8167 und 8168	
	G 8 5351 und 5352	55 4491 und 55 4492	HANOMAG	1917	8169 und 8170	
	G 8 5353	–	HANOMAG	1917	8171	
	G 8 5354 bis 5358	55 4543 bis 55 4547	Henschel	1917	14598 bis 14602	
	G 8 5359	–	Henschel	1917	14603	
	G 8 5360 bis 5362	55 4548 bis 55 4550	Henschel	1917	14604 bis 14606	
	G 8 5363	–	Henschel	1917	14607	
	G 8 5364 bis 5366	55 4551 bis 55 4553	Henschel	1917	14608 bis 14610	
	G 8 5367 bis 5384	–	HANOMAG	1918	8486 bis 8503	
	G 8 5385	55 4821	HANOMAG	1918	8504	
	G 8 5386 bis 5395	–	HANOMAG	1918	8505 bis 8514	
	G 8 5396 und 5397	–	Henschel	1917	15323 und 15324	
	G 8 5398	55 4832	Henschel	1917	15325	
	G 8 5399 und 5400	–	Vulcan	1918	3382 und 3383	
	G 8 5651 bis 5659	55 5080 bis 55 5088	Humboldt	1918	1393 bis 1401	
	G 8 5660	–	Humboldt	1918	1402	
	G 8 5661	55 3132	Jung	1918	2803	
	G 8 5662 bis 5667	–	Jung	1918	2804 bis 2809	
	G 8 5668 bis 5677	–	Vulcan	1918	3456 bis 3465	
	G 8 5678 bis 5680	–	Hagans	1918	944 bis 946	
	G 8 5681 bis 5690	55 5240 bis 55 4249	Hagans	1918	947 bis 956	
	G 8 5691	–	Hagans	1918	957	
	G 8 5692 bis 5697	55 5250 bis 55 5255	Hagans	1918	958 bis 963	
Posen	G 8 4882	55 2650	Schichau	1913	2066	
	G 8 4883 bis 4885	–	Schichau	1913	2067 bis 2069	
	G 8 4886	55 2651	Schichau	1913	2070	
	G 8 4887 und 4888	55 2652 und 55 2653	Schichau	1913	2086 und 2087	

Direktionsbezirk	Bahnnummern	DRG-Nummern	Hersteller	Baujahr	Fabriknummern	Bemerkungen/ Ausmusterung
	G 8 4889 und 4890	55 2655 und 55 2656	Schichau	1913	2099 und 2100	
	G 8 4891 bis 4893	–	Schichau	1913	2101 bis 2103	
	G 8 4894	55 2657	Schichau	1913	2104	
	G 8 4895 bis 4898	–	Schichau	1913	2105 bis 2108	
	G 8 4899	55 2658	Schichau	1913	2109	
	G 8 4900 bis 4907	–	Schichau	1913	2110 bis 2117	
	G 8 4908 bis 4914	–	Schichau	1913	2146 bis 2152	
	G 8 4915	55 2882	Schichau	1913	2153	
	G 8 4916 bis 4919	–	Schichau	1913	2154 bis 2157	
	G 8 4920 bis 4922	–	Schichau	1914	2173 bis 2175	
	G 8 4923	55 2883	Schichau	1914	2176	
	G 8 4924	55 3055	Linke	1915	1134	
	G 8 4925 und 4926	–	Linke	1915	1135 und 1136	
	G 8 4927 und 4928	– , 55 3079	Schichau	1914	2217 und 2218	
	G 8 4929 bis 4934	–	Schichau	1914	2219 bis 2224	
	G 8 4935	55 3080	Schichau	1914	2225	
	G 8 4936 und 4937	55 3266, –	Schichau	1915	2250 und 2251	
	G 8 4938 und 4939	– , 55 3267	Schichau	1915	2252 und 2253	
	G 8 4940 und 4941	–	Schichau	1915	2254 und 2255	
	G 8 4942	55 3268	Schichau	1915	2256	
	G 8 4943 bis 4946	–	Schichau	1915	2257 bis 2260	
	G 8 4947 und 4948	55 3269, –	Schichau	1915	2261 und 2262	
	G 8 4949	55 3297	Borsig	1915	9281	
	G 8 4950 und 4951	55 3402 und 55 3403	Vulcan	1915	3020 und 3021	
	G 8 4952 und 4953	– , 55 3404	Vulcan	1915	3022 und 3023	
	G 8 4954 und 4955	55 3405, –	Vulcan	1915	3024 und 3025	
	G 8 4956 bis 4958	55 3406 bis 55 3408	Vulcan	1915	3026 bis 3028	
	G 8 4959 bis 4962	–	B. M. A. G.	1915	5689 bis 5692	
	G 8 4963 bis 4969	55 3603 bis 55 3609	B. M. A. G.	1915	5693 bis 5699	
	G 8 4970 und 4971	–	B. M. A. G.	1915	5700 und 5701	
	G 8 4972	55 3952	Schichau	1915	2343	
	G 8 4973 und 4974	–	Schichau	1915	2344 und 2345	
	G 8 4975 und 4976	55 3953 und 55 3954	Schichau	1915	2346 und 2347	
	G 8 4977	–	Borsig	1915	9361	
	G 8 4978 und 4979	55 3672, –	Borsig	1915	9362 und 9363	
	G 8 4980 und 4981	55 3673, –	Borsig	1915	9364 und 9365	
	G 8 4982 und 4983	55 3674 und 55 3675	Borsig	1915	9366 und 9367	
	G 8 4984 und 4985	– , 55 3676	Borsig	1915	9368 und 9369	
	G 8 4986 und 4987	55 3677, –	Borsig	1915	9370 und 9371	
	G 8 4988 bis 4991	55 3678 bis 55 3681	Borsig	1915	9372 bis 9375	
	G 8 4992 und 4993	55 4077 und 55 4078	B. M. A. G.	1916	5899 und 5900	
	G 8 4994	–	B. M. A. G.	1916	5901	
	G 8 4995 bis 4998	55 4079 bis 55 4082	B. M. A. G.	1916	5902 bis 5905	
	G 8 4999 und 5000	– , 55 4083	B. M. A. G.	1916	5906 und 5907	
	G 8 5151	55 4084	B. M. A. G.	1916	5908	
	G 8 5152	55 4166	Linke	1916	1306	
	G 8 5153 bis 5156	55 4118 bis 55 4121	Vulcan	1916	3137 bis 3140	
	G 8 5157	–	Vulcan	1916	3141	
	G 8 5158 und 5159	–	B. M. A. G.	1917	6104 und 6105	
	G 8 5160 bis 5164	55 4307 bis 55 4311	B. M. A. G.	1917	6106 bis 6110	
	G 8 5165	–	B. M. A. G.	1917	6111	
	G 8 5166 bis 5170	55 4312 bis 55 4316	B. M. A. G.	1917	6112 bis 6116	
	G 8 5171	–	Borsig	1917	9716	
	G 8 5172 bis 5176	55 4426 bis 55 4430	Borsig	1917	9717 bis 9721	
	G 8 5177 und 5178	–	Borsig	1917	9722 und 9723	
	G 8 5179 bis 5182	55 4431 bis 55 4434	Borsig	1917	9724 bis 9727	
	G 8 5183 und 5184	–	Borsig	1917	9728 und 9729	

Direktionsbezirk	Bahnnummern	DRG-Nummern	Hersteller	Baujahr	Fabriknummern	Bemerkungen/ Ausmusterung
	G 8 5185 bis 5188	55 4435 bis 55 4438	Borsig	1917	9730 bis 9733	
	G 8 5189 und 5190	– , 55 4439	Borsig	1917	9734 und 9735	
	G 8 5191	–	Vulcan	1917	3280	
	G 8 5192 bis 5195	55 4617 bis 55 4620	Vulcan	1917	3281 bis 3284	
	G 8 5196 und 5197	55 4856 und 55 4857	Vulcan	1917	3286 und 3287	
	G 8 5198 und 5199	– , 55 4858	Vulcan	1917	3288 und 3289	
	G 8 5200 bis 5204	–	Vulcan	1917	3290 bis 3294	
	G 8 5205 bis 5207	55 4859 bis 55 4861	Vulcan	1917	3295 bis 3297	
	G 8 5208 bis 5211	–	Schichau	1917	2606 bis 2609	
	G 8 5212 bis 5217	55 4668 bis 55 4973	Schichau	1917	2610 bis 2615	
	G 8 5218 und 5219	– , 55 4974	Schichau	1917	2616 und 2617	
	G 8 5220 bis 5222	–	Schichau	1917	2618 bis 2620	
	G 8 5223	55 4757	Borsig	1918	10109	
	G 8 5224 und 5225	–	Borsig	1918	10110 und 10111	
	G 8 5226 bis 5233	55 5134 bis 55 5141	Schichau	1918	2648 bis 2655	
	G 8 5234 und 5235	–	Schichau	1918	2656 und 2657	
	G 8 5236 und 5237	55 5142, –	Schichau	1918	2658 und 2659	
	G 8 5238 und 5239	55 5143, –	Schichau	1918	2660 und 2661	
	G 8 5240 und 5241	55 5144 und 55 5145	Schichau	1918	2662 und 2663	
	G 8 5242 und 5243	– , 55 5146	Schichau	1918	2664 und 2665	
	G 8 5244 bis 5251	–	Schichau	1918	2666 bis 2673	
	G 8 5252	55 5219	Vulcan	1918	3431	
	G 8 5253 bis 5255	–	Vulcan	1918	3432 bis 3434	
	G 8 5256	55 5220	Vulcan	1918	3435	
	G 8 5257 bis 5263	–	Vulcan	1918	3436 bis 3442	
	G 8 5264 und 5265	55 5221 und 55 5222	Vulcan	1918	3443 und 3444	
	G 8 5266 bis 5268	–	Vulcan	1918	3445 bis 3447	
	G 8 5269	55 5223	Vulcan	1918	3448	
	G 8 5270 bis 5276	–	Vulcan	1918	3449 bis 3455	
Saarbrücken	G 8 4921	–	Jung	1915	2280	
	G 8 4922 bis 4924	55 3438 bis 55 3440	Jung	1915	2281 bis 2283	
	G 8 4925 und 4926	– , 55 3441	Jung	1915	2284 und 2285	
	G 8 4927 und 4928	– , 55 3442	Jung	1915	2286 und 2287	
	G 8 4929 und 4930	–	Jung	1915	2288 und 2289	
	G 8 4931 und 4932	–	Borsig	1915	9282 und 9283	
	G 8 4933 und 4934	55 3643 und 55 3644	Jung	1915	2311 und 2312	
	G 8 4935 und 4936	– , 55 3645	Jung	1915	2313 und 2314	
	G 8 4837 bis 4839	–	Jung	1915	2315 bis 2317	
	G 8 4940 bis 4943	55 3646 bis 55 3649	Jung	1915	2318 bis 2321	
	G 8 4944 und 4945	–	Jung	1915	2322 und 2323	
	G 8 4946	55 4061	Henschel	1916	13933	
	G 8 4947 bis 4954	–	Henschel	1916	13934 bis 13941	
	G 8 4955	55 4062	Henschel	1916	13942	
	G 8 4956 und 4957	–	Henschel	1916	13943 und 13944	
	G 8 4958 bis 4961	–	Grafenstaden	1917	6945 bis 6948	
	G 8 4962	55 4284	Grafenstaden	1917	6949	
	G 8 4963 bis 4966	–	Grafenstaden	1917	6960 bis 6963	
	G 8 4967	55 4286	Grafenstaden	1917	6984	
	G 8 4968 bis 4971	–	Grafenstaden	1917	6985 bis 6988	
	G 8 4972	55 4287	Grafenstaden	1917	6989	
	G 8 4973 bis 4975	–	Grafenstaden	1917	6990 bis 6992	
	G 8 4976 und 4977	55 4288 und 55 4289	Grafenstaden	1917	6993 und 6994	
	G 8 4978	–	Henschel	1917	14583	
	G 8 4979 und 4980	55 4540 und 55 4541	Henschel	1917	14584 und 14585	
	G 8 4981 bis 4986	–	Henschel	1917	14586 bis 14591	
	G 8 4987	55 4542	Henschel	1917	14592	
	G 8 4988 bis 4992	–	Henschel	1917	14593 bis 14597	

Direktionsbezirk	Bahnnummern	DRG-Nummern	Hersteller	Baujahr	Fabriknummern	Bemerkungen/ Ausmusterung
	G 8 4993 und 4994	– , 55 4475	Borsig	1917	9893 und 9894	
	G 8 4995 bis 4999	–	Borsig	1917	9895 bis 9899	
	G 8 5151 bis 5167	–	Grafenstaden	1917	7003 bis 7019	
Stettin	G 8 4901 bis 4904	55 2622 bis 55 2625	Vulcan	1913	2819 bis 2822	
	G 8 4905	–	Vulcan	1913	2823	
	G 8 4906 und 4907	55 2626, –	Vulcan	1913	2824 und 2825	
	G 8 4908	–	Orenstein	1914	6306	
	G 8 4909 und 4910	55 2849 und 55 2850	Orenstein	1914	6307 und 6308	
	G 8 4911	–	Vulcan	1914	2944	
	G 8 4912 bis 4914	55 3003 bis 55 3005	Vulcan	1914	2945 bis 2947	
	G 8 4915 und 4916	– , 55 3006	Vulcan	1914	2948 und 2949	
	G 8 4917 und 4918	55 3180 und 55 3181	Vulcan	1914	2956 und 2957	
	G 8 4919 und 4920	–	Vulcan	1914	2958 und 2959	
	G 8 4921 und 4922	55 3182 und 55 3183	Vulcan	1914	2960 und 2961	
	G 8 4923 bis 4927	55 3409 bis 55 3413	Vulcan	1915	3029 bis 3033	
	G 8 4928	–	Vulcan	1915	3034	
	G 8 4929 bis 4932	55 3414 bis 55 3417	Vulcan	1915	3035 bis 3038	
	G 8 4933 und 4934	55 3625, –	Vulcan	1915	3054 und 3055	
	G 8 4935 und 4936	– , 55 3626	Vulcan	1915	3056 und 3057	
	G 8 4937 und 4938	55 3627, –	Vulcan	1915	3058 und 3059	
	G 8 4939 und 4940	– , 55 3628	Vulcan	1915	3060 und 3061	
	G 8 4941 bis 4944	55 3850 bis 55 3853	Vulcan	1915	3062 bis 3065	
	G 8 4945 und 4946	– , 55 3854	Vulcan	1915	3066 und 3067	
	G 8 4947 und 4948	–	Vulcan	1915	3068 und 3069	
	G 8 4949	55 3855	Vulcan	1915	3070	
	G 8 4950 und 4951	–	Vulcan	1915	3071 und 3072	
	G 8 4952 bis 4955	55 3856 bis 55 3859	Vulcan	1915	3073 bis 3076	
	G 8 4956	–	Vulcan	1915	3077	
	G 8 4957 bis 4961	55 3860 bis 55 3864	Vulcan	1915	3078 bis 3082	
	G 8 4962 bis 4965	55 4122 bis 55 4125	Vulcan	1915	3142 bis 3145	
	G 8 4966	–	Vulcan	1916	3146	
	G 8 4967 bis 4969	55 4126 bis 55 4128	Vulcan	1916	3147 bis 3149	
	G 8 4970 und 4971	– , 55 4129	Vulcan	1916	3150 und 3151	
	G 8 4972 und 4973	55 4130, –	Vulcan	1916	3152 und 3153	
	G 8 4974 und 4975	55 4131 und 55 4132	Vulcan	1916	3154 und 3155	
	G 8 4976 bis 4978	55 4345 bis 55 4347	Vulcan	1917	3211 bis 3213	
	G 8 4979 bis 4981	55 4606 bis 55 4608	Vulcan	1917	3243 bis 3245	
	G 8 4982	–	Vulcan	1917	3246	
	G 8 4983 bis 4986	55 4609 bis 55 4612	Vulcan	1917	3247 bis 3250	
	G 8 4987	–	Vulcan	1917	3251	
	G 8 4988 und 4989	55 4613, –	Vulcan	1917	3252 und 3253	
	G 8 4990 und 4991	55 4614, –	Vulcan	1917	3254 und 3255	
	G 8 4992 und 4993	55 4615, –	Vulcan	1917	3256 und 3257	
	G 8 5244 bis 5249	55 4862 bis 55 4867	Vulcan	1917	3298 bis 3303	
	G 8 5250 und 5251	–	Vulcan	1917	3304 und 3305	
	G 8 5252	55 4868	Vulcan	1917	3306	
	G 8 5253 bis 5256	–	Vulcan	1917	3307 bis 3310	
	G 8 5257 und 5258	55 4869 und 55 4870	Vulcan	1917	3311 und 3312	
	G 8 5259 und 5260	–	Vulcan	1917	3313 und 3314	
	G 8 5261 und 5262	–	Vulcan	1917	3384 und 3385	
	G 8 5263	55 5048	Vulcan	1917	3386	
	G 8 5264 bis 5269	–	Vulcan	1917	3387 bis 3392	
	G 8 5270	55 5049	Vulcan	1917	3393	
	G 8 5271 und 5272	55 5230 und 55 5231	Vulcan	1919	3478 und 3479	
	G 8 5273 und 5274	– , 55 5232	Vulcan	1919	3480 und 3481	
	G 8 5275 und 5276	–	Vulcan	1919	3482 und 3483	
	G 8 5277 bis 5280	55 5233 bis 55 5236	Vulcan	1919	3484 bis 3489	

Direktionsbezirk	Bahnnummern	DRG-Nummern	Hersteller	Baujahr	Fabriknummern	Bemerkungen/ Ausmusterung
	G 8 5281 bis 5290	55 5373 bis 55 5382	Vulcan	1920	3585 bis 3594	
	G 8 5291 bis 5299	55 5507 bis 55 5515	Jung	1920	3000 bis 3008	
	G 8 5300 bis 5310	55 5531 bis 55 5541	Orenstein	1920	8915 bis 8925	
	G 8 5311 bis 5316	55 5606 bis 55 5611	Orenstein	1921	8960 bis 8965	
M. G. D.-Bezirke Brüssel	G 8 14 und 15	–	Humboldt	1916	1258 und 1259	
	G 8 16	–	Linke	1916	1437	
	G 8 17	55 4412	Linke	1916	1438	→ Hannover 5732
	G 8 18	–	Linke	1916	1439	
	G 8 19 und 20	–	Hagans	1917	880 und 881	
	G 8 34	–	HANOMAG	1917	8550	
	G 8 35	55 4825	HANOMAG	1917	8551	→ Frankfurt 5304
	G 8 36	55 4826	HANOMAG	1918	8552	→ Cassel 5320
	G 8 37 und 38	–	HANOMAG	1918	8553 und 8554	
	G 8 39 und 40	55 4827 und 55 4828	HANOMAG	1918	8555 und 8556	→ Frankfurt 5305 und 5306
	G 8 41	–	HANOMAG	1918	8557	
	G 8 42	55 4829	HANOMAG	1918	8558	→ Elberfeld 5301
	G 8 43	–	HANOMAG	1918	8559	
	G 8 44	55 4830	HANOMAG	1918	8560	→ Hannover 5734
	G 8 45 bis 50	–	HANOMAG	1918	8561 bis 8566	
	G 8 51	55 4831	HANOMAG	1918	8567	→ Hannover 5735
	G 8 52	–	HANOMAG	1918	8568	
Warschau	G 8 11	55 4245	Borsig	1917	9694	→ Hannover 5731
	G 8 12	55 4246	Borsig	1917	9695	→ Erfurt 5263
	G 8 13	–	Borsig	1917	9696	→ Bromberg 5000
	G 8 21 bis 25	–	HANOMAG	1917	8515 bis 8519	
	G 8 26 bis 29	–	HANOMAG	1917	8542 bis 8545	
	G 8 30	55 4822	HANOMAG	1917	8546	→ Frankfurt 5302
	G 8 31	–	HANOMAG	1917	8547	
	G 8 32	55 4823	HANOMAG	1917	8548	→ Frankfurt 5303
	G 8 33	55 4924	HANOMAG	1917	8549	→ Hannover 5733
	G 8 53 bis 56	–	Humboldt	1918	1387 bis 1390	
	G 8 57	55 5079	Humboldt	1918	1391	→ Frankfurt 5307
	G 8 58	–	Humboldt	1918	1392	
	G 8 59	–	Hagans	1918	923	
	G 8 60	55 4906	Hagans	1918	924	→ Hannover 5736

G 8

D-H. G. L.
Bauart Stroomann

D h2

1911 bis 1913

Techn. Daten: Seite 206

Im Jahre 1907 hatte die Firma Orenstein & Koppel die alleinigen Ausführungsrechte für den Wasserrohrkessel Bauart Stroomann erworben. Diese Kesselbauart stellte eine Kombination von Wellrohrkessel und Wasserrohrkessel dar. Der hintere, als Rundkessel ausgebildete Teil enthielt eine Wellrohrfeuerbüchse, der mittlere Teil war als Wasserrohrkessel ausgeführt. Die Heizgase traten aus der Wellrohrfeuerbüchse in den mittleren Kesselteil ein, umspülten hier, durch gußeiserne Platten in zweimaligen Richtungswechsel gelenkt, die Wasserrohre und zogen in die Rauchkammer ab. Die Überhitzerrohre waren im zweiten Zug, den die Heizgase im Gegenstrom zur ursprünglichen Richtung passierten, untergebracht. Als Vorteile des Stroomann-Kessels hob man den Entfall der komplizierten Verankerung des herkömmlichen Lokomotivkessels, niedrigere Beschaffungskosten und gegenüber dem einfachen Wellrohrkessel freiere Flammentwicklung und vollkommenere Verbrennung hervor.

Zunächst hatte die Firma Orenstein & Koppel einen kleinen Probekessel mit 0,7 m² Rostfläche und 21 m² Verdampfungsheizfläche gebaut, der vom Eisenbahn-Zentralamt eingehend erprobt wurde. Da er sich als brauchbar erwies und sehr günstige Verdampfungseigenschaften zeigte, bestellte das Eisenbahn-Zentralamt eine D-H. G. L. mit Wasserrohrkessel Bauart Stroomann, die 1911 als G 8 Magdeburg 4851 an die Betriebswerkstatt Grunewald geliefert wurde. Rahmen, Laufwerk und Triebwerk stimmten mit den Baugruppen der G 8 Normalbauart nahezu überein.

Über den Einsatz der Lokomotive berichtete Regierungsbaumeister Hammer im Jahre 1912:

„Hierbei wurden 900 t Wagengewicht wiederholt von Grunewald bis Nedlitz befördert. ... Diese Züge, deren Wagengewicht die planmäßige Auslastung der D. H. G. L. (4/4 gekuppelte Heißdampfgüterzuglokomotive mit separatem Tender) um 100 t überschreitet, haben sich anstandslos in den planmäßigen Fahrzeiten durchführen lassen, ohne daß der Kessel sich lästig im Dampfmachen gezeigt hätte. Die Temperatur des überhitzten Dampfes, die bei der Stroomann-Lokomotive durch keine Stellvorrichtung geregelt wird, betrug bei leichten Arbeiten selten unter 320°, sie stieg auch bei schwerster Beanspruchung kaum über 375°, so daß sich die Abmessungen des Überhitzers und die in der Bauart des Kessels bedingte selbsttätige Reglung der Überhitzung bewähren. ... Die 900 t Güterzüge wurden auf der 6 km langen Steigung 1:120 zwischen Belzig und Wiesenburg durchweg mit einer Füllung von 45 % und 18 bis 20 km/h Fahrgeschwindigkeit befördert. Die indizierte Dauerleistung betrug hierbei 750 bis 800 PS. ... Bei der Beförderung der vorstehend erwähnten Güterzüge wurde mit 1 kg Wasser verdampft, während bei gleicher Anstrengung mit einer D. H. G. L. der Reglerbauart höchstens eine 6,5fache Verdampfung erzielt wird. Die Lokomotive mit Stroomann-Kessel erspart demnach gegenüber einer D. H. G. L. der Regelbauart rund 11 v. H. Kohlen. ...

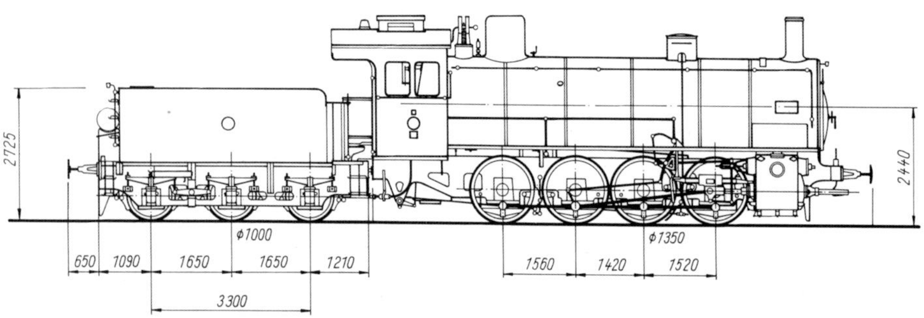

Orenstein 1911. Lieferzustand.
Tender: 3 T 12 nach Musterblatt III 5 b.
Zeichnung: Dietmann

Orenstein 1911/4100. G 8 Magdeburg 4851. Lieferzustand.
Foto: Werkaufnahme, Sammlung Glanert

Die Lokomotive (Btr. Nr. 4851 Magdeburg) wird demnächst dem Betrieb übergeben werden. Die Lichtmaße des Wellrohres werden durch Stichmaße an bestimmten Stellen erneut festgestellt und in gewissen Zeiträumen im Betrieb nachgeprüft werden, um etwa auftretende Abflachungen des Wellrohres dauernd verfolgen zu können.

Nach Abschluß der auf mindestens 6 Monate bemessenen Versuchszeit, in welcher der Kohleverbrauch und das sonstige Verhalten des Kessels genau beobachtet wird, soll eine eingehende Untersuchung des freigelegten Kessels darüber Aufschluß geben, ob der weiteren Beschaffung von Lokomotiven mit Wasserohrkessel Bauart Stroomann näher getreten werden kann."

Offenbar fielen die Ergebnisse dieser Versuchszeit und der Kesseluntersuchung günstig aus, denn es wurden drei weitere G 8 Bauart Stroomann, allerdings in verstärkter Ausführung, bestellt.

Die G 8 Magdeburg 4851 musterte man jedoch bereits 1913 aus. Die Bahnnummer Magdeburg 4851 wurde noch im gleichen Jahr durch eine G 8[1] Verstärkte Normalbauart ein zweites Mal besetzt.

Nach ihrer Ausmusterung diente die G 8 Magdeburg 4851[1] als Vorheizlokomotive auf dem Bahnhof Magdeburg-Rothensee, erst 1923 wurde sie zerlegt.

Konstruktive Merkmale

Kessel: Wasserrohrkessel Bauart Stroomann. Aus einem zylindrischen Schuß bestehender Rundkessel ersetzt den sonst üblichen Stehkessel und bildet die hintere Wasserkammer. Abschluß nach vorn durch eine nach vorn gewölbte Rohrwand.

Einschüssiges, waagerecht in der unteren Rundkesselhälfte angeordnetes flußeisernes Wellrohr (Länge 2 850 mm, kleinster Innendurchmesser 1 050 mm) ersetzt die sonst übliche Feuerbüchse. Verankerung durch zwei Längsanker zwischen Rundkesselrückwand und Rundkesselrohrwand und eiserne Stehbol-

Direktionsbezirk	Bahnnummer	Hersteller	Baujahr	Fabriknummer	Bemerkungen/ Ausmusterung
1895/1896 Magdeburg	G 8 4851	Orenstein	1911	4100	+1913

zen zwischen Wellrohrvorderwand und Rundkesselrohrwand. 2325 mm langer, 990 mm breiter, aus einer hinteren geneigten und einer vorderen waagerecht angeordneten Roststabreihe zusammengesetzter Rost, nach vorn durch vertikale Feuerbrücke begrenzt. Dampfdom auf dem Scheitel des Rundkessel.

Zwischen Rundkesselrohrwand und vorderer Wasserkammer liegende, nach vorn geneigt angeordnete, von den Heizgasen umspülte Wasserrohre ersetzen den sonst üblichen Langkessel. Ummantelung des mittleren Kesselteils durch Bleche und Asbestmatten. Heizgase durch gußeiserne Platten in zweimaligem Richtungswechsel zwischen den Wasserrohren hindurchgeführt.

Vordere Wasserkammer nach vorn geneigt angeordnet und zum Ausgleich der Wärmedehnung der Wasserrohre in der Längsrichtung verschiebbar; innere Länge 200 mm. Verankerung durch eiserne Stehbolzen zwischen Vorderwand und Rückwand.

An die vordere Wasserkammer anschließende 1200 mm lange, gegenüber der Ummantelung des mittleren Kesselteils nicht erweiterte Rauchkammer. Enger schwach konischer Schornstein.

Überhitzer aus 20 in zwei Reihen im mittleren Zug liegenden, jeweils vier Überhitzerrohre enthaltenden Elementen gebildet. Je zehn Elemente in einer Reihe. Dampfzuführung vom Dampfdom zum in der Rauchkammer angeordneten Dampfsammelkasten durch ein oberhalb der Wasserrohre liegendes Reglerrohr. Überhitzerelemente mittels Rohrhülsen durch vordere Wasserkammer geführt.

Kesselauflage an der Rauchkammer starr, am vorderen Ende des Rundkessels starr und am hinteren Ende des Rundkessels gleitend auf einem Querträger.

Kesselausrüstung: Zwei saugende Dampfstrahlpumpen. Speiseventile am Rundkessel, Einspeisung in den Wasserraum des Rundkessels. Kesselsicherheitsventil Bauart Ramsbottom auf dem Rundkesselscheitel hinter dem Dampfdom. Luftkanal mit Aschesack am hinteren Ende des Wellrohres, zwischen 4. Kuppelradsatz und Kuppelkasten hinabreichend. Löschetrichter am vorderen Ende des Wasserrohr-Kesselteils. Naßdampf-Ventilregler Bauart Schmidt & Wagner.

Rahmen: Innenliegender Blechrahmen mit 25 mm dicken Wangen.

Fahrwerk: Vierpunktabstützung. Tragfedern der Kuppelradsätze unterhalb der Achslager, zwischen 1. und 2. Kuppelradsatz sowie zwischen 3. und 4. Kuppelradsatz jeweils durch waagerechte Längsausgleichhebel verbunden. 2. Kuppelradsatz ± 8 mm seitenverschiebbar. Spurkränze des 3. Kuppelradsatzes um 5 mm geschwächt.

Triebwerk: Heißdampf-Zweizylinder-Triebwerk. Zylinder außen waagerecht vor dem 1. Kuppelradsatz angeordnet. Einschienige Kreuzkopfführung. Antrieb auf den 3. Kuppelradsatz. Einströmrohre durch die Rauchkammer geführt. Durch Handzug betätigte Hahn-Druckausgleicher Bauart Schmidt. Selbsttätige Luftsaugventile.

Steuerung: Außenliegende Heusinger-Steuerung mit Hängeeisen. Schiebergehäuse auf den Zylindern. Kolbenschieber Bauart Schmidt mit doppelter innerer Einströmung, breiten federnden Ringen, stufenweiser Entlastung und durch Dampf angedrücktem Dekkel, 200 mm Durchmesser.

Bremsausrüstung: Handbremse am Tender. Dampfbremse. Räder des 2. und 4. Kuppelradsatzes von vorn abgebremst.

Allgemeine Einrichtungen: Langes, die Tenderbrücke überragendes Führerhausdach mit Lüftungsaufsatz. Hand- oder Dampfsandstreuer.

Tender: 3T12 nach Musterblatt III 5 b.

G 8^1

D-H. G. L.
Verstärkte Bauart Stroomann
DRG-Baureihe 55$^{26-56}$
(→ EFA 1.2)

D h2

1914

Techn. Daten: Seite 207

Orenstein 1914/6716. G 8 Magdeburg 4871. Mit Wasserrohrkessel Bauart Stroomann. *Foto: Sammlung Wagner*

Nachdem der Versuchsbetrieb mit der G 8 Magdeburg 4851 abgeschlossen war und sich bei der anschließenden Untersuchung des Kessels dieser Lokomotive offensichtlich keine betriebsgefährdenden Schäden herausgestellt hatten, beschafften die Preußisch-Hessischen Staatsbahnen im Jahre 1914 drei weitere D h2-Lokomotiven mit Wasserrohrkessel Bauart Stroomann, die sich an die G 8^1 Normalbauart anlehnten und die Bahnnummern Magdeburg 4869 bis 4871 erhielten. Ihr Kessel war gegenüber dem Kessel der G 8 Magdeburg 4851 vergrößert, der Dampfdruck betrug 1,4 MPa statt 1,2 MPa, zusätzlich hatten sie Speisewasser-Vorwärmanlage erhalten. Daraus ergab sich ein höheres Leistungsvermögen.

Die drei Lokomotiven wurden zuerst in der Betriebswerkstatt Berlin Potsdamer Güterbahnhof stationiert, die G 8 Magdeburg 4870 wurde kurze Zeit später zur Betriebswerkstatt Grunewald umgesetzt.

Es wurde allerdings bald still um die Lokomotiven mit Wasserrohrkessel. Der Ausbruch des ersten Weltkrieges verhinderte die Fortsetzung der Versuche, und nach Kriegsende nahm man sie nicht wieder auf.

Die drei Maschinen bekamen 1919 und 1920 im Ausbesserungswerk Brandenburg Ersatzkessel, die dem

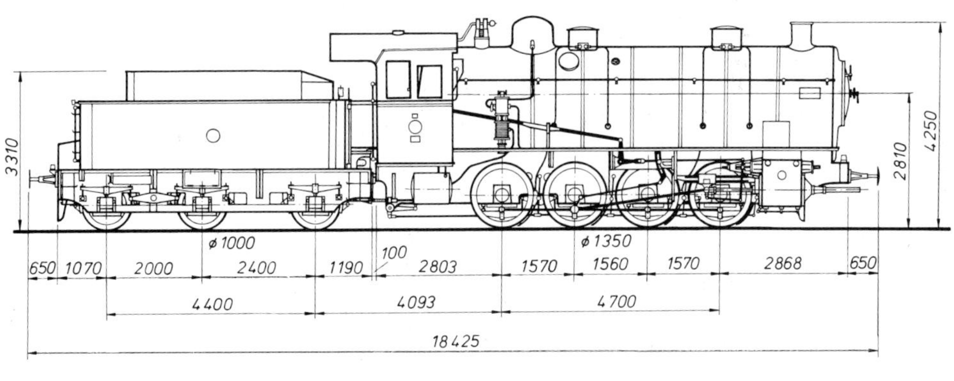

Orenstein 1914. Lieferzustand. Tender: 3 T 16,5 nach Musterblatt III 5n. *Zeichnung: Taege*

Direktionsbezirk	Bahnnummen	DRG-Nummern	Hersteller	Baujahr	Fabriknummern	Bemerkungen/ Ausmusterung
1895/1896 Magdeburg	G 8 4869 bis 4871	55 2858 bis 55 2860	Orenstein	1914	6714 bis 6716	

Kessel der G 8[1] Normalbauart entsprachen. 1925 übernahm sie die DRG unter den Betriebsnummern 55 2858 bis 55 2860 in den 3. Umzeichnungsplan.

Konstruktive Merkmale

Kessel: Wasserrohrkessel Bauart Stroomann.
Aus einem zylindrischen Schuß bestehender Rundkessel ersetzt den sonst üblichen Stehkessel und bildet die hintere Wasserkammer. Abschluß nach hinten durch eine nach außen gewölbte Rückwand, Abschluß nach vorn durch eine nach vorn gewölbte Rohrwand. Einschüssiges, waagerecht in der unteren Rundkesselhälfte angeordnetes flußeisernes Wellrohr (Länge 3 150 mm, kleinster Innendurchmesser 1 200 mm) ersetzt die sonst übliche Feuerbüchse. Verankerung durch zwei Längsanker zwischen Rundkesselrückwand und Rundkesselrohrwand und zwölf eiserne Stehbolzen zwischen Wellrohrvorderwand und Rundkesselrohrwand. 2 600 mm langer, 1 140 mm breiter, aus einer hinteren geneigten und einer vorderen waagerecht angeordneten Roststabreihe zusammengesetzter Rost, nach vorn durch vertikale Feuerbrücke begrenzt. Dampfdom auf dem Scheitel des Rundkessels.
Zwischen Rundkesselrohrwand und vorderer Wasserkammer nach vorn geneigt angeordnete, von den Heizgasen umspülte Wasserrohre ersetzten den sonst üblichen Langkessel. Ummantelung des mittleren Kesselteils durch Bleche und Asbestmatten. Heizgase durch gußeiserne Platten in zweimaligem Richtungswechsel zwischen den Wasserrohren hindurchgeführt.
Vordere Wasserkammer geneigt angeordnet und zum Ausgleich der Wärmedehnung der Wasserrohre in der Längsrichtung verschiebbar; innere Länge 246 mm. Verankerung durch eiserne Stehbolzen zwischen Vorderwand und Rückwand.
An die vordere Wasserkammer anschließende, ca. 1 200 mm lange, gegenüber der Ummantelung des mittleren Kesselteils nicht erweiterte Rauchkammer. Konischer Schornstein.
Überhitzer aus 20 in zwei Reihen im mittleren Zug liegenden, jeweils vier Überhitzerrohre enthaltenden Elementen gebildet. Je zehn Elemente in einer Reihe. Dampfzuführung vom Dampfdom zum in der Rauchkammer angeordneten Dampfsammelkasten durch oberhalb der Wasserrohre liegendes Reglerrohr. Überhitzerelemente mittels Rohrhülsen durch die vordere Wasserkammer geführt.
Kesselauflage an der Rauchkammer starr, am vorderen Ende des Rundkessels starr und am hinteren Ende des Rundkessels gleitend auf einem Querträger.
Kesselausrüstung: Eine saugende Dampfstrahlpumpe. Speisewasser-Kolbenpumpe Bauart Knorr links neben dem Rundkessel. Flacher Abdampf-Oberflächenvorwärmer Bauart Schichau quer zwischen den Rahmenwangen hinter dem 4. Kuppelradsatz. Speiseventil der Abdampf-Oberflächenvorwärmanlage links neben dem vorderen Ende des Rundkesselscheitels, Speiseventil der Abdampf-Oberflächenvorwärmanlage nachgeschalteter Rauchgasvorwärmer, aus 27 in drei Reihen über den Wasserrohren im 3. Zug liegenden, vorn und hinten in je eine gesonderte Wasserkammer mündenden Vorwärmer-Wasserrohren gebildet. Einspeisung in den Wasserraum des Rundkessels. Kesselsicherheitsventil Bauart Ramsbottom auf dem Rundkesselscheitel hinter dem Dampfdom. Luftkanal mit Aschesack am hinteren Ende des Wellrohres, zwischen 4. Kuppelradsatz und Kuppelkasten hinabreichend. Löscherohr am vorderen Ende des Wasserrohr-Kesselteils. Naßdampf-Ventilregler Bauart Schmidt & Wagner.
Rahmen: Innenliegender Blechrahmen mit 28 mm dicken Wangen.
Fahrwerk: Vierpunktabstützung. Tragfedern der Kuppelradsätze unterhalb der Achslager, zwischen 1. und 2. Kuppelradsatz sowie zwischen 3. und 4. Kuppelradsatz durch waagerechte Längsausgleichhebel verbunden. Spurkränze der Räder des 2. und 3. Kuppelradsatzes um 15 mm geschwächt.

4. Kuppelradsatz ±3 mm seitenverschiebbar.
Triebwerk: Naßdampf-Zwillings-Triebwerk. Zylinder außen waagerecht vor dem 1. Kuppelradsatz angeordnet. Einschienige Kreuzkopfführung. Antrieb auf den 3. Kuppelradsatz. Einströmrohre durch die Rauchkammer geführt. Druckluftgesteuerte Ventildruckausgleicher Bauart Knorr. Druckluftgesteuerte Luftsaugeventile Bauart Knorr auf den Einströmrohren.
Steuerung: Außenliegende Heusinger-Steuerung mit Kuhnscher Schleife. Schiebergehäuse auf den Zylindern. Kolbenschieber Bauart Schichau mit einfacher innerer Einströmung und schmalen federnden Ringen, 220 mm Durchmesser.
Bremsausrüstung: Handbremse am Tender. Druckluftbremse Bauart Knorr. Alle Kuppelräder von vorn abgebremst. Zweistufige Luftpumpe Bauart Knorr rechts neben dem Rundkessel.
Allgemeine Einrichtungen: Langes, die Tenderbrücke überragendes, doppelwandiges Führerhausdach. Druckluftsandstreuer Bauart Knorr, alle Kuppelräder von vorn besandend. Ein viereckiger Sandkasten auf dem vorderen Ende der Verkleidung des Wasserrohr-Kesselteils, ein viereckiger Sandkasten auf dem Rundkesselscheitel vor dem Dampfdom.
Tender: 3 T 16,5 nach Musterblatt III 5 n.

Sonderausführungen

G 8 Magdeburg 4870
Triebwerk: Vordere Kolbenstangenführung durch je eine auf Kugellagern laufende Rolle.

G 8²

1D-H. G. L.
DRG-Baureihe 56²⁰⁻²⁹
(→ EFA 1.2)

1'D h2
1919
Techn. Daten: Seite 207

Bereits 1916 hatten sich einige deutsche Staatsbahnen dafür ausgesprochen, statt der G 12 Bauart 1917 eine 1'D-Heißdampf-Güterzuglokomotive bauen zu lassen. Im Jahre 1917, noch vor der Lieferung der ersten G 12 Bauart 1917, war dem preußischen Ministerium der öffentlichen Arbeiten von der Verkehrsabteilung des Königlich Württembergischen Ministeriums vorgeschlagen worden, gemeinsam mit anderen deutschen Staatsbahnen eine einheitliche 1'D h2 zu beschaffen, deren wichtigste Teile mit denen der G 12 Bauart 1917 übereinstimmen sollten. Die Firma Henschel hatte im gleichen Jahr einen Entwurf für eine solche Lokomotive ausgearbeitet, der jedoch vorerst nicht weiterverfolgt worden war.
Mit der geplanten Einführung der durchgehenden Druckluftbremse im Güterzugdienst sollte die Geschwindigkeit erhöht werden. Bei höheren Geschwindigkeiten liefen jedoch die G 8[1] und die G 10 sehr unruhig, ihre Kesselleistung reichte nicht mehr aus, und die Spurkränze der führenden Radsätze nutzten sich unverhältnismäßig stark ab. Es kam darauf an, schneller zu fahren, und das erforderte Lokomotiven mit führendem Laufradsatz und größerem Kessel. Aus diesem Grund griffen die Preußisch-Hessischen Staatsbahnen nach dem er-

Henschel 1919/16718. G 8² Erfurt 5354, geliefert an die Betriebswerkstatt Erfurt; DRG 56 2009; ab 1925 Bw Mainz-Bischofsheim; 1945 an DR, am 21. Dezember 1970 im Bw Saalfeld, Einsatzstelle Göschwitz, ausgemustert; am 4. Februar 1971 im Raw Brandenburg, Zerlegestelle Brandenburg-Altstadt, zerlegt. Als G 8² Erfurt 5354. Speisewasserreiniger Bauart E. Z. A.
Foto: Leonhardt-Postkarte, Sammlung Franz

Henschel 1919/16716. G 8^2 Erfurt 5352, geliefert an die Betriebswerkstatt Erfurt, DRG 56 2007, ab 1925 Bw Mainz Bischofsheim, 1945 in Polen verblieben. Als G 8^2 Erfurt 5352. Speisewasserreiniger Bauart E. Z. A.
Foto: Sammlung Siebert

sten Weltkrieg das Projekt der 1'D-Güterzuglokomotive wieder auf. Die Maschinen sollten anstelle der G 8^1 beschafft und dort eingesetzt werden, wo die G 12 wegen ihrer höheren Beschaffungs- und Unterhaltungskosten und wegen ihrer höheren Masse, ihres höheren Eigenwiderstands und des ständigen Arbeitens im Teillastbereich unwirtschaftlich gewesen wäre. Zunächst gab es Unklarheiten bei der Frage, ob ein Zwillings- oder ein Drillings-Triebwerk gewählt werden sollte.

Für die Zwillingsausführung sprachen die niedrigen Beschaffungs- und Unterhaltungskosten und der niedrigere spezifische Dampfverbrauch, für die Drillingsausführung die geringere Triebwerksbeanspruchung, der bessere Drehmomentenausgleich und das bessere Beschleunigungsvermögen. Die Entscheidung fiel zunächst zugunsten der Drillingslokomotive, da bei einer Zwillingslokomotive Nachteile wegen zu hoher Zapfen- und Lagerdrücke befürchtet wurden, insbesondere weil in der Nachkriegszeit die Qualität des Schmieröls zu wünschen übrig ließ. Gleichzeitig einigte man sich jedoch auf Vorschlag Wagners von der Eisenbahn-Direktion Breslau darauf, einige Zwillingslokomotiven in sonst gleicher Ausführung zu Vergleichszwecken zu beschaffen, um im praktischen Betrieb die günstigste Variante zu ermitteln.

Ende des Jahres 1919 konnten die ersten Lokomotiven in Dienst gestellt werden. Von der G 12 Bauart 1917 hatte man alles übernommen, was sich übernehmen ließ, so daß die G 8^2 und die Drillingsausführung G 8^3 eigentlich nur eine verkürzte G 12 darstellten, im Falle der G 8^2 ohne Innentriebwerk. Der Kessel war kürzer, ebenso der Rahmen, der Zylinderdurchmesser bei der G 8^3 der geringeren Kesselleistung

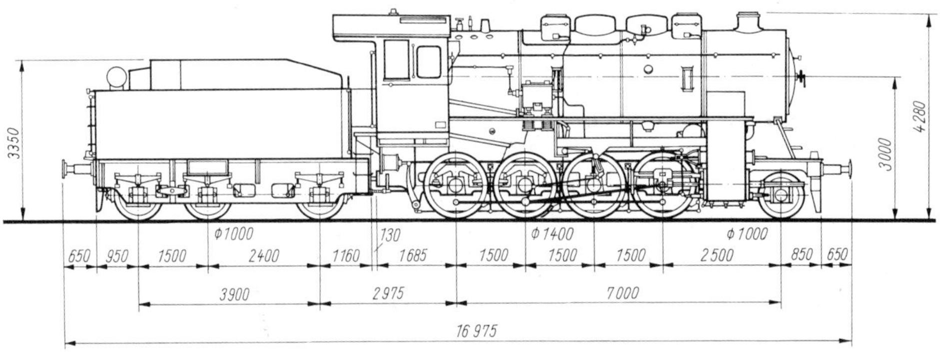

Bauform 1923/1924. Lieferzustand. Speisedom, Doppelverbundluftpumpe Bauart Nielebock-Knorr. Tender: 3 T 20 nach Musterblatt III 5 o.
Zeichnung: Taege

entsprechend verringert, bei der G 8^2, um gleiches Zylindervolumen wie bei der G 8^3 zu erreichen, vergrößert. Das Verhältnis zwischen Kesselnenndampfleistung und Zylindervolumen war daher bei allen drei Lokomotivtypen nahezu gleich. Die Achsfahrmasse betrug bei der G 8^2 17,2 t und bei der G 8^3 17,7 t gegenüber 16,1 t bei der G 12 Bauart 1917.

Die Maschinen wurden ausschließlich in Direktionsbezirke geliefert, in denen Strecken mit längeren und stärkeren Steigungen vorhanden waren und in denen ein umfangreicher Güterverkehr abzuwickeln war. Sie verteilten sich demzufolge auf die westlichen und südlichen Direktionsbezirke und wurden im mittelschweren Güterzugdienst, im Eilgüterzugdienst, aber auch im Personenzugdienst eingesetzt. Sowohl die G 8^2 als auch die G 8^3 galten als verdampfungsfreudige und bewährte Lokomotiven. Die G 8^2 konnte in der Ebene einen Güterzug von 1740 t Masse mit 60 km/h befördern. Mit ihrer Reibungsgeschwindigkeit von 32 km/h zog sie auf der Steigung 1:100 einen Güterzug von 870 t Masse.

Ihre indizierte Höchstleistung betrug 1580 kW (2050 PS), die zugehörige günstigste Geschwindigkeit lag bei 70 bis 75 km/h. Es zeigte sich bald, daß das Zwillingstriebwerk der G 8^2 keine Nachteile mit sich brachte. Den Bau der teuren und einen höheren spezifischen Dampfverbrauch aufweisenden G 8^3 stellte man daher zugunsten der G 8^2 bald ein.

Ein Musterblatt wurde für keine der beiden Lokomotivtypen mehr aufgestellt.

Die ersten G 8^2 und G 8^3 hatten einen aufklappbaren Kipprost ungarischer Bauart, den sogenannten Titanrost, der in der 4. Roststabreihe angeordnet war. Später verwendete man statt dessen den in der 3. Roststabreihe liegenden Kipprost der Regelbauart mit Spindelantrieb. Bei einem Teil der G 8^2 und G 8^3 waren nur die Räder des 1. und 3. Kuppelradsatzes von vorn, beim anderen Teil alle Kuppelräder von vorn besandet.

Ab Baujahr 1921 rüstete man die G 8^2 mit Speisedom aus, der auf dem hinteren Ende des 2. Kesselschusses lag und einen Winkelrost-Speisewasserreiniger enthielt. Die vorher gebauten Lokomotiven waren wie die G 8^3 mit Speisewasserreiniger Bauart E.Z.A. ausgestattet. Die ab 1923/24 gebauten G 8^2 wurden mit Doppelverbundluftpumpe Bauart Nielebock-Knorr anstelle der bisher verwendeten zweistufigen Luftpumpe geliefert. Vorgesehen war, einige G 8^2 mit niedrigerem Kesseldruck (1,2 MPa statt 1,4 MPa) und auf 650 mm vergrößertem Zylinderdurchmesser zu beschaffen, um den wirtschaftlichen Nutzen des verminderten Kesseldrucks bei

Direktionsbezirk	Bahnnummern	DRG-Nummern	Hersteller	Baujahr	Fabriknummern	Bemerkungen/ Ausmusterung
1895/1896						
Cassel	G 8^2 5361 bis 5365	56 2001 bis 56 2005	Henschel	1919	16710 bis 16714	
	G 8^2 5366 bis 5375	56 2031 bis 56 2040	Henschel	1920	18008 bis 18017	
Coeln	G 8^2 5701 bis 5710	56 2041 bis 56 2050	Henschel	1920	18018 bis 18027	
Erfurt	G 8^2 5351 bis 5355	56 2006 bis 56 2010	Henschel	1919	16715 bis 16719	
Hannover	G 8^2 5901 bis 5916	56 2151 bis 56 2166	Jung	1920	3211 bis 3226	
Kattowitz	G 8^2 5901 bis 5910	56 2011 bis 56 2020	Henschel	1920	17988 bis 17997	
Magdeburg	G 8^2 5651 bis 5660	56 2021 bis 56 2030	Henschel	1920	17998 bis 18007	
Mainz	G 8^2 5351 bis 5360	56 2051 bis 56 2060	Henschel	1921	18051 bis 18060	
Gattungsbezirk						
Cassel	G 8^2 3301 bis 3313	56 2366 bis 56 2378	Jung	1922	3305 bis 3317	
	G 8^2 3314 bis 3339	56 2379 bis 56 2404	Linke	1922	2469 bis 2494	
	G 8^2 3340 bis 3351	56 2596 bis 56 2607	Jung	1923	3321 bis 3332	
	G 8^2 3352 bis 3371	56 2551 bis 56 2570	Henschel	1923	19288 bis 19307	
	G 8^2 3372 bis 3381	56 2476 bis 56 2485	Linke	1922	2747 bis 2756	
	G 8^2 3382 bis 3391	56 2617 bis 56 2626	Linke	1923	2757 bis 2766	
	G 8^2 3392 bis 3406	56 2571 bis 56 2585	Henschel	1923	19591 bis 19605	
	G 8^2 3407 und 3408	56 2608 und 56 2609	Jung	1923	3333 und 3334	
	G 8^2 3409 bis 3412	56 2627 bis 56 2630	Linke	1923	2797 bis 2800	
	G 8^2 3413 bis 3418	56 2636 bis 56 2641	A. E. G.	1923	2647 bis 2652	
	G 8^2 3419	56 2642	A. E. G.	1923	2658	
	G 8^2 3420 bis 3459	56 2648 bis 56 2687	Krupp	1923	593 bis 632	
	G 8^2 3460 bis 3469	56 2586 bis 56 2595	Henschel	1923	19581 bis 19590	

Direktionsbezirk	Bahnnummern	DRG-Nummern	Hersteller	Baujahr	Fabriknummern	Bemerkungen/ Ausmusterung
	G 8² 3470	56 2610	Jung	1923	3335	
	G 8² 3471 bis 3476	56 2611 bis 56 2616	Jung	1923	3405 bis 3410	
	G 8² 3477 bis 3481	56 2631 bis 56 2635	Linke	1923	2801 bis 2805	
	G 8² 3482 bis 3486	56 2643 bis 56 2647	A. E. G.	1923	2653 bis 2657	
	G 8² 4820 bis 4825	56 2231 bis 56 2236	HANOMAG	1921	9741 bis 9746	
	G 8² 4826 bis 4828	56 2237 bis 56 2239	HANOMAG	1921	9766 bis 9768	
	G 8² 4829 bis 4840	56 2260 bis 56 2271	Jung	1921	3279 bis 3290	
	G 8² 4841 bis 4897	56 2405 bis 56 2461	Krupp	1921	196 bis 252	
	G 8² 4898 bis 4911	56 2462 bis 56 2475	Krupp	1922	253 bis 266	
	G 8² 4912 bis 4915	56 2272 bis 56 2275	HANOMAG	1921	9747 bis 9750	
	G 8² 4916 bis 4922	56 2281 bis 56 2287	HANOMAG	1921	9867 bis 9873	
	G 8² 4923 bis 4936	56 2288 bis 56 2301	HANOMAG	1922	9874 bis 9887	
	G 8² 4937 bis 4958	56 2302 bis 56 2323	Henschel	1921	18809 bis 18830	
	G 8² 4959 bis 4996	56 2324 bis 56 2361	Henschel	1922	18831 bis 18868	
	G 8² 4997 bis 5000	56 2362 bis 56 2365	Jung	1921	3301 bis 3304	
	G 8² 5001 bis 5066	56 2085 bis 56 2150	Henschel	1921	18085 bis 18150	
	G 8² 5067 und 5068	56 2167 und 56 2168	Jung	1920	3227 und 3228	
	G 8² 5069 bis 5075	56 2189 bis 56 2195	Jung	1921	3229 bis 3235	
	G 8² 5076 bis 5095	56 2169 bis 56 2188	Henschel	1921	18380 bis 18399	
	G 8² 5069 bis 5103	56 2196 bis 56 2203	Jung	1921	3271 bis 3278	
	G 8² 5104 bis 5113	56 2240 bis 56 2249	Henschel	1921	18400 bis 18409	
	G 8² 5114 bis 5123	56 2250 bis 56 2259	Henschel	1921	18525 bis 18534	
	G 8² 5124 bis 5143	56 2204 bis 56 2223	HANOMAG	1921	9709 bis 9728	
	G 8² 5144 bis 5150	56 2224 bis 56 2230	HANOMAG	1921	9734 bis 9740	
	G 8² 5376 bis 5399	56 2061 bis 56 2084	Henschel	1921	18061 bis 18084	
DRG	31 658 bis 31 667	56 2688 bis 56 2697	Henschel	1923	19912 bis 19921	
	31 668 bis 31 670	56 2698 bis 56 2700	Jung	1923	3411 bis 3413	
	31 671 und 31 672	56 2701 und 56 2702	A. E. G.	1923	2674 und 2675	
	31 673	56 2703	A. E. G.	1923	2702	
	31 674 bis 31 676	56 2704 bis 56 2706	Jung	1923	3414 bis 3416	
	31 677 bis 31 682	56 2707 bis 56 2712	Jung	1923	3461 bis 3466	
	31 683 bis 31 688	56 2713 bis 56 2718	Linke	1923	2825 bis 2830	
	31 689 und 31 690	56 2719 und 56 2720	A. E. G.	1923	2659 und 2660	
	31 691 bis 31 694	56 2721 bis 56 2724	A. E. G.	1923	2668 bis 2671	
	31 730 und 31 731	56 2725 und 56 2726	A. E. G.	1923	2672 und 2673	
	31 695 bis 31 729	56 2727 bis 56 2761	Krupp	1923	633 bis 667	
	–	56 2762 bis 56 2771	Henschel	1923	19922 bis 19931	
	–	56 2772 bis 56 2775	Henschel	1923	19980 bis 19983	
	–	56 2776 bis 56 2778	Jung	1923	3467 bis 3469	
	–	56 2779 bis 56 2785	Jung	1923	3474 bis 3480	
	–	56 2786 bis 56 2795	Linke	1923	2607 bis 2616	
	–	56 2796 und 56 2797	Linke	1923	2722 und 2723	
	–	56 2798 bis 56 2805	A. E. G.	1923	2706 bis 2713	
	–	56 2806 und 56 2807	A. E. G.	1923	2718 und 2719	
	–	56 2808 bis 56 2829	Krupp	1924	747 bis 768	
	–	56 2830 bis 56 2849	Krupp	1924	798 bis 817	
	–	56 2850 bis 56 2861	Jung	1924	3515 bis 3526	
	–	56 2862 und 56 2863	Jung	1924	3552 und 3553	
	–	56 2864 bis 56 2878	Linke	1924	2864 bis 2878	
	–	56 2879 bis 56 2884	A. E. G.	1923	2742 bis 2747	
	–	56 2885 bis 56 2895	A. E. G.	1923	2749 bis 2759	
	–	56 2896 bis 56 2905	A. E. G.	1924	2775 bis 2784	
	–	56 2906 und 56 2907	A. E. G.	1928	3518 und 3519	
	–	56 2908 bis 56 2910	A. E. G.	1927	2855 bis 2857	
	–	56 2911 bis 56 2916	A. E. G.	1928	3552 bis 3557	

31 658 bis 31 731 Betriebsnummern nach dem 1., vorläufigen Umzeichnungsplan der DRG von 1923

der Unterhaltung feststellen zu können. Ob dieses Vorhaben verwirklicht worden ist, ließ sich nicht ermitteln.
Die Preußisch-Hessischen Staatsbahnen und die DRG beschafften insgesamt 846 G 8² bis zum Jahre 1928. Im preußischen Bahnnummernplan waren für die G 8² und die G 8³ wie für die G 8 und die G 8¹ die Bahnnummernreihen 4801 bis 5000 und 5151 bis 5400 vorgesehen. Da diese Nummernreihen in vielen Direktionsbezirken bereits voll ausgenutzt waren, erhielten die G 8² und G 8³ dort Bahnnummern aus Reihen, die ursprünglich Lokomotiven anderer Gruppen vorbehalten sein sollten.
Alle von den Preußisch-Hessischen Staatsbahnen in Dienst gestellten G 8² wurden durch die DRG übernommen. Nach der Einführung des 3. Umzeichnungsplanes im Jahre 1925 erhielten diese Lokomotiven und die durch die DRG beschafften G 8² die Betriebsnummern 56 2001 bis 56 2275, 56 2281 bis 56 2485 und 56 2551 bis 56 2916.

G 8³

1D-H. G. L. 3zyl.
DRG-Baureihe 56¹
(→ EFA 1.2)

1'D h3

1919

Techn. Daten: Seite 207

Entstehung, Betriebsmaschinendienst und Konstruktion der G 8³ sind bereits mit im Text zur G 8² behandelt.
Die G 8³ sollte ursprünglich in höherer Stückzahl beschafft werden, da sich jedoch bei der G 8² keine Nachteile infolge des Zwillingstriebwerks zeigten und diese billiger und wirtschaftlicher war, wurde ihr der Vorzug gegeben und die Beschaffung der G 8³ bereits nach dem Bau von 85 Lokomotiven im Jahre 1920 eingestellt.

Wegen des höheren spezifischen Dampfverbrauchs war die G 8³ der G 8² im Leistungsvermögen etwas unterlegen, in der Ebene konnte sie einen Güterzug von 1 650 t Masse mit 60 km/h, auf der Steigung 1:100 einen Güterzug von 900 t Masse mit ihrer Reibungsgeschwindigkeit von 28 km/h befördern. Die indizierte Höchstleistung betrug 1 390 kW (1 850 PS), die günstigste Geschwindigkeit 70 km/h.
Sämtliche G 8³ wurden von der DRG unter den Betriebsnummern 56 101 bis 56 185 in den 3. Umzeichnungsplan von 1925 aufgenommen.

Henschel 1919/16443, G 8³ Coeln 5901; DRG 56 101. Als G 8³ Coeln 5901.
Foto: Sammlung Walluhn

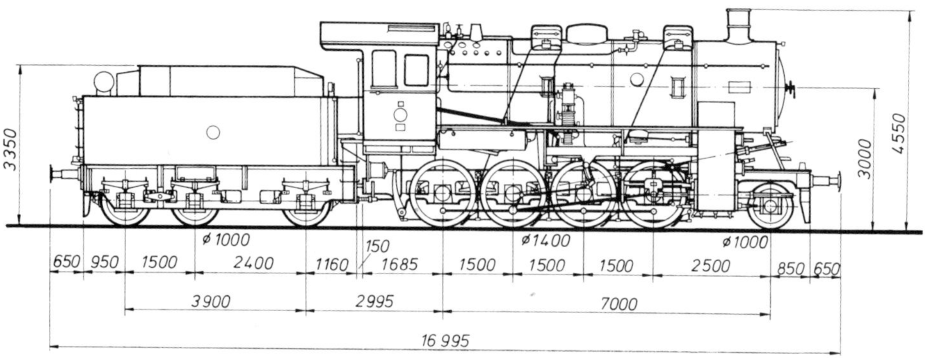

Henschel 1919. Lieferzustand. Tender: 3 T 20 nach Musterblatt III 5 o. *Zeichnung: Taege*

Direktionsbezirk	Bahnnummern	DRG-Nummern	Hersteller	Baujahr	Fabriknummern	Bemerkungen/ Ausmusterung
1895/1896						
Breslau	G 8³ 5380 bis 5382	56 105 bis 56 107	Henschel	1919	16447 bis 16449	
	G 8³ 5393 bis 5400	56 113 bis 56 120	Henschel	1920	17115 bis 17122	
	G 8³ 5651 und 5652	56 111 und 56 112	Henschel	1920	17113 und 17114	
Cassel	G 8³ 5336 bis 5350	56 121 bis 56 135	Henschel	1920	17123 bis 17137	
	G 8³ 5351 bis 5353	56 108 bis 56 110	Henschel	1919	16450 bis 16452	
Coeln	G 8³ 5901 bis 5904	56 101 bis 56 104	Henschel	1919	16443 bis 16446	
	G 8³ 5905 bis 5914	56 136 bis 56 145	Henschel	1920	17138 bis 17147	
Erfurt	G 8³ 5371 bis 5385	56 146 bis 56 160	Henschel	1920	17148 bis 17162	
Frankfurt	G 8³ 5901 bis 5910	56 161 bis 56 170	Henschel	1920	17163 bis 17172	
Saarbrücken	G 8³ 5201 bis 5215	56 171 bis 56 185	Henschel	1920	17173 bis 17187	

Grafenstaden 1897/4808. Kattowitz 1301; ausgemustert 1922. Als G 9 Kattowitz 5001. Bauform 1897. *Foto: Sammlung Siebert*

G 7, G 9

2×2/2 G. L. 4cyl. v. Bauart Mallet

B'B n4v

1893 bis 1923

Techn. Daten: Seite 207

Auch die Vierzylinder-Verbund-Güterzuglokomotive (G 9) Bauart Mallet war wie die G 7^1 Normalbauart und die G 7^3 dazu bestimmt, auf Strecken mit hohem Verkehrsaufkommen und starken und langen Steigungen eine höhere Auslastung der Güterzüge und die Einsparung von Vorspann- und Schiebelokomotiven im Güterzugdienst zu ermöglichen.

Im Jahre 1893 wurde eine Lokomotive dieses Typs zu Probezwecken durch die Eisenbahn-Direktion Coeln linksrheinisch beschafft. Sie kam zur Betriebswerkstatt Koblenz und war für den Einsatz auf der Strecke Koblenz–Carthaus–Diedenhofen vorgesehen. Die Triebwerks- und Fahrwerksbauart hatte der Schweizer Eisenbahn-Ingenieur Anatole Mallet entwickelt. Man bezweckte mit dieser Konstruktion, die auf Strecken mit starken Steigungen vorhandenen engen Gleisbögen ohne Zwänge durchfahren zu können. Urheberfirma der G 9 Bauart Mallet war die Lokomotivfabrik Grafenstaden.

Erst in den Jahren 1895 bis 1898 bezogen die Eisenbahn-Direktionen Breslau, Coeln linksrheinisch, Coeln, Kattowitz und Saarbrücken weitere 26 G 9 Bauart Mallet für den Einsatz im schweren Güterzugdienst auf krümmungsreichen Mittelgebirgsstrecken mit engen Gleisbögen nach dem für diesen Lokomotivtyp gültigen Musterblatt III 3 f. Die Lokomotiven Coeln linksrheinisch 1901 bis 1903 wurden für den Einsatz auf der Strecke Koblenz–Carthaus–Diedenhofen in der Betriebswerkstatt Koblenz, die Lokomotiven Breslau 701 bis 704 in der Betriebswerkstatt Glatz und die Lokomotiven Kattowitz 1350 und 1351 in der Betriebswerkstatt Ratibor stationiert. Im Direktionsbezirk Saarbrücken verwendete man die G 9 im schweren Güterzugdienst auf der Moselbahn Koblenz–Trier und auf der Strecke Koblenz–Carthaus–Diedenhofen, im Direktionsbezirk Coeln auf der Eifelbahn Coeln–Euskirchen–Trier.

Die Maschinen der Serienlieferung unterschieden sich vom Prototyp aus dem Jahre 1893 durch die Lage des Dampfdomes auf dem hinteren Ende des 2. Kesselschusses, den vorn am Dampfdom angeflanschten Abzweigstutzen und die Anordnung des hinteren Sandkastens auf dem Scheitel des Hinterkessels, die andere Bauform des Führerhauses und später auch durch den größeren Hochdruck-Zylinderdurchmesser. Die ab 1897 gebauten Lokomotiven bekamen Führerhäuser mit langem, die Tenderbrücke überragendem Dach.

Berichten der Eisenbahn-Direktionen Breslau und Saarbrücken aus dem Jahre 1896 zufolge bewährten sich die Maschinen hinsichtlich der Zweckmäßigkeit, des Kohleverbrauchs und der Leistungsfähigkeit gut, waren darin der G 4 Normalbauart überlegen und zeigten auf krümmungsreichen Strecken einen wesentlich geringeren Spurkranzverschleiß als die G 8 Normalbauart und einen geringeren Kohleverbrauch als diese. Man gab ihnen deshalb auf krümmungsreichen Strecken den Vorzug.

In der Ebene konnte die G 9 Bauart Mallet einen Güterzug von 1600 t

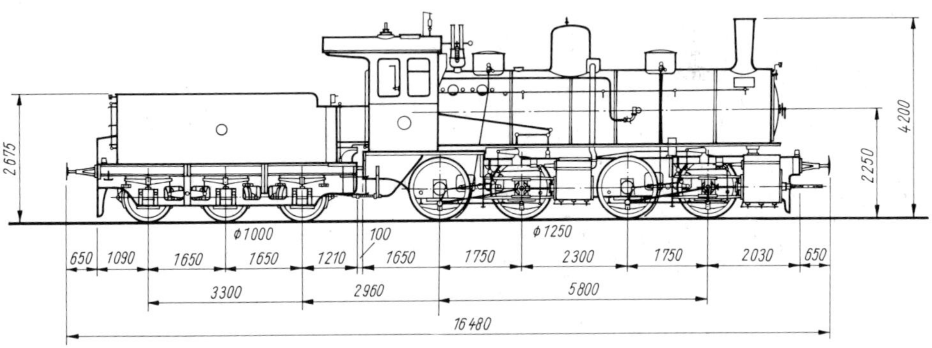

Grafenstaden 1897. Lieferzustand. Dampfdom auf dem hinteren Ende des 2. Kesselschusses, langes Führerhausdach.
Tender: 3 T 12 nach Musterblatt III 5 b.
Zeichnung: Taege

Direktions-bezirk	Bahnnummern	Hersteller	Bau-jahr	Fabriknummern	Bemerkungen/ Ausmusterung
1880 ... 1884					
Breslau	701 bis 704	Grafenstaden	1895	4708 bis 4711	
Coeln	1900	Grafenstaden	1893	4538	
linksrh.	1901 bis 1903	Grafenstaden	1895	4712 bis 4714	
1895/1896					
Coeln	1904 bis 1906	Grafenstaden	1896	4715 bis 4717	
Kattowitz	1301 bis 1302	Grafenstaden	1897	4808 und 4809	
Saarbrücken	1904 bis 1908	Grafenstaden	1896	4739 bis 4743	
	1909 bis 1911	Grafenstaden	1897	4810 bis 4812	
	1912 bis 1917	Grafenstaden	1898	4835 bis 4840	

Masse mit einer Geschwindigkeit von 40 km/h befördern. Über die Steigung 1:100 vermochte sie einen Güterzug von 620 t Masse mit ihrer Reibungsgeschwindigkeit von 15 km/h zu ziehen.

Nachteilig waren der unruhige Lauf auf geraden Streckenabschnitten, die starke Neigung zum Schleudern und die hohen Unterhaltungskosten. Die ergaben sich daraus, daß die Lokomotiven wegen ihrer komplizierten, vielteiligen Konstruktion häufig ausgebessert werden mußten, die beweglichen Dampfleitungen oft undicht wurden und nur schwer dicht zu halten waren. Dem Schlingern auf geraden Streckenabschnitten wirkte man später durch den Anbau sogenannter Flüssigkeitsbremsen am Deichselgestell, die auf hydraulischem Weg die Schlingerbewegungen dämpften, erfolgreich entgegen.

Trotzdem konnte sich die G 9 Bauart Mallet nicht in größerem Umfang durchsetzen. Ihre Nachteile wogen die Vorteile bei weitem auf, der Bau wurde eingestellt.

Bei der Neubildung der Direktionsbezirke am 1. April 1895 erhielt die Eisenbahn-Direktion Saarbrücken alle vier Mallet-Lokomotiven der Eisenbahn-Direktion Coeln linksrheinisch und zeichnete sie in Saarbrücken 1900 bis 1903 um. Nach der Jahrhundertwende gab die Eisenbahn-Direktion Coeln ihre Lokomotiven Coeln 1904 bis 1906 in den Direktionsbezirk Essen ab, die Lokomotiven Saarbrücken 1900 bis 1907 kamen ebenfalls in den Direktionsbezirk Essen, die Lokomotiven Saarbrücken 1908 bis 1917 zum Direktionsbezirk Cassel. Die Essener Maschinen erhielten 1907 das Gruppenzeichen G 7 und die eigentlich den Lokomotiven der Gruppe G 9 zugedachten Bahnnummern Essen 5001 bis 5011. 1910 bekamen sie das Gruppenzeichen G 9 und wurden gleichzeitig in Essen 5391 bis 5400 umgezeichnet. Allen anderen Maschinen gab man bei der Einführung des neuen Gruppenplanes sofort das Gruppenzeichen G 9 und zeichnete sie in Breslau 5001 bis 5004, Cassel 5001 bis 5010 und Kattowitz 5001 und 5002 um.

Zwei der Essener G 9 Bauart Mallet, die Essen 5391 und die Essen 5395, wurden 1912 in der Betriebswerkstatt Thorn-Mocker beheimatet, in G 9 Bromberg 5001 und 5002 umgezeichnet und auf der Thorner Uferbahn, einer rechts der Weichsel gelegenen Hafenanschlußbahn, eingesetzt.

Erster bekannter Ausmusterungszeitpunkt für die G 9 Bauart Mallet ist das Jahr 1912, letzter das Jahr 1923. Im 2. und im 3. Umzeichnungsplan der DRG sind keine Lokomotiven dieses Typs mehr aufgeführt.

Einige Maschinen waren nach dem ersten Weltkrieg zu den Polnischen Staatsbahnen gekommen und liefen dort ab 1927 unter der Reihenbezeichnung Tp 8.

Konstruktive Merkmale

Kessel: Unterer Teil des Hinterkessels zwischen den Rahmenwangen eingezogen. Stehkesseldecke halbzylindrisch gewölbt, Rückwand senkrecht. Kupferne Feuerbüchse. 1 940 mm langer, 1 000 mm, breiter, schwach geneigter Rost.

Langkessel aus drei zylindrischen Schüssen zusammengesetzt. Dampfdom auf der Mitte des 2. Kesselschusses.

1 580 mm lange, schwach erweiterte, über Zwischenring mit dem Langkessel verbundene Rauchkammer. Verstellbares Froschmaul-Blasrohr. Prüsmann-Schornstein.

Kesselausrüstung: Zwei saugende Dampfstrahlpumpen. Speiseventile in Höhe Kesselmitte am 1. Kesselschuß. Kesselsicherheitsventil Bauart Ramsbottom auf dem Stehkesselscheitel. Flachschieberregler.

Rahmen: Innenliegender Blechrahmen.

Fahrwerk: Vierpunktabstützung. Tragfedern der Kuppelradsätze unterhalb der Achslager, zwischen 1. und 2. Kuppelradsatz sowie zwischen 3. und 4. Kuppelradsatz jeweils durch waagerechte Längsausgleichhebel verbunden. 1. und 2. Kuppelradsatz in einem Innenrah-

men-Deichselgestell gelagert. Drehpunkt der Deichsel 1150 mm hinter dem 2. Kuppelradsatz.
Triebwerk: Naßdampf-Vierzylinder-Verbund-Triebwerk. Bauart Mallet. HD-Zylinder außen waagerecht vor dem 3. Kuppelradsatz am Hauptrahmen angeordnet; Antrieb auf den 4. Kuppelradsatz. ND-Zylinder außen waagerecht vor dem 1. Kuppelradsatz am Deichselgestell angeordnet; Antrieb auf den 2. Kuppelradsatz. Zweischienige Kreuzkopfführung. Einströmrohre von einem hinten am Dampfdom angeflanschten Abzweigstutzen außen am Kessel zu den HD-Schieberkästen geführt. Verbinder innerhalb des Rahmens über eine in Höhe des Deichselzapfens liegende Gelenkverbindung zu den ND-Schieberkästen am Deichselgestell geführt.
Steuerung: Außenliegende Heusinger-Steuerung mit Hängeeisen für HD- und ND-Triebwerk gesondert. Schieberkästen auf den Zylindern. Flachschieber.
Bremsausrüstung: Handbremse am Tender. Lokomotive ungebremst.
Allgemeine Einrichtungen: kurzes Führerhausdach. Handsandstreuer, alle Treibräder von vorn besandend. Je ein viereckiger Sandkasten auf dem 1. und dem 3. Kesselschuß. Zum Teil Dampfläutewerk.
Tender: 3 T 12 nach Musterblatt III 5 b.

G 7/G 9

4/4 G. L. (200 m²)
DRG-Baureihe 55^{23-24}
(→ EFA 1.2)

D n2 (h2)

1908

Techn. Daten: Seite 208

Wegen der hohen Ansprüche, die die Heißdampflokomotiven an die Unterhaltung stellten, erschien 1908 nochmals ein neuer Naßdampf-Lokomotivtyp für den schweren Güterzugdienst: die 4/4 G. L. (200 m²) (G 7/G 9), von der insgesamt 200 Maschinen bis 1911 gebaut wurden. Der Zusatz zur Gattungsbezeichnung gab die Heizfläche an, dadurch unterschied man den neuen Lokomotivtyp von der 4/4 G. L. Normalbauart aus dem Jahre 1893. Er wurde aber auch als 4/4 G. L. Verstärkte Normalbauart, als 4/4 G. L. Bauart Schichau oder

Schichau 1908/1640. G 7 Essen 4751; ab 1910 G 9 Essen 5852; später G 9 Essen 5002; nach 1918 an Belgien (SNCB 7902). Lieferzustand. Erste Bauform, innenliegende Allan-Steuerung. Handsandstreuer.
Foto: Werkaufnahme, Sammlung Siebert

Schichau 1909/1763. G 7 Kattowitz 4425; ab 1910 G 9 Kattowitz 5004; ab 1920 G 9 Oppeln 5004; 1923 oder 1924 Umbau in Heißdampflokomotive; DRG 55 2316. Lieferzustand. Bauform nach Musterblatt III 3 m, außenliegende Heusinger-Steuerung. Mechanischer Dampfsandstreuer.
Foto: Werkaufnahme, Archiv Töpelmann

als 4/4 G. L. Bauart 1908 bezeichnet.
Urheber war die Lokomotivfabrik Schichau. Als Vorbild diente die 4/4 G. L. Normalbauart (G 7^1). Den Blechrahmen behielt man bei, das Fahrwerk und zunächst auch die Steuerungsbauart übernahm man unverändert. Die Verstärkung gegenüber der G 7^1 Normalbauart, die durch die vorgegebene Erhöhung der Achsfahrmasse auf 15 t möglich geworden war, sollte sich vor allem auf den Kessel erstrecken, damit höhere Geschwindigkeiten gefahren werden konnten. Durch Höherlegen des Kessels konnte der Bodenring über den Rädern angeordnet und der Rost verbreitert werden. Der untere Teil des Hinterkessels wurde nur noch sehr schwach eingezogen.
Lediglich die ersten zehn, 1908 gebauten G 7/G 9 (200 m^2) führte man mit innenliegender Allan-Steuerung mit Hängeeisen und auf den Zylindern liegenden Schieberkästen aus. In dieser Bauform wurde die G 7/G 9 (200 m^2) unter der Musterblatt-Bezeichnung III 3 m in die Normalien aufgenommen. Bei einem Teil der nach Musterblatt gebauten Lokomotiven wurden, wie bei den ersten zehn Maschinen, nur die Räder des 2. Kuppelradsatzes von vorn besandet. Der Sandkasten lag auf dem 1. Kesselschuß. Beim anderen Teil wurden zusätzlich die Räder des 3. Kuppelradsatzes von hinten besandet, und der Sandkasten befand sich auf dem vorderen Ende des 3. Kuppelradsatzes.
Einige Eisenbahn-Direktionen stellten die 4/4 G. L. (200 m^2) zunächst unter dem Gruppenzeichen G 7 und Bahnnummern aus der Nummernreihe 4401 bis 4600 in Dienst und zeichneten sie später in G 9 um, wobei die Lokomotiven Bahnnummern aus der zugehörigen Nummernreihe 5001 bis 5150 erhielten. Andere Eisenbahn-Direktionen gaben ihnen gleich das Gruppenzeichen G 9 und Bahnnummern aus der Reihe 5001 bis 5150.
Im Direktionsbezirk Essen bekamen die ersten 4/4 G. L. (200 m^2) zu-

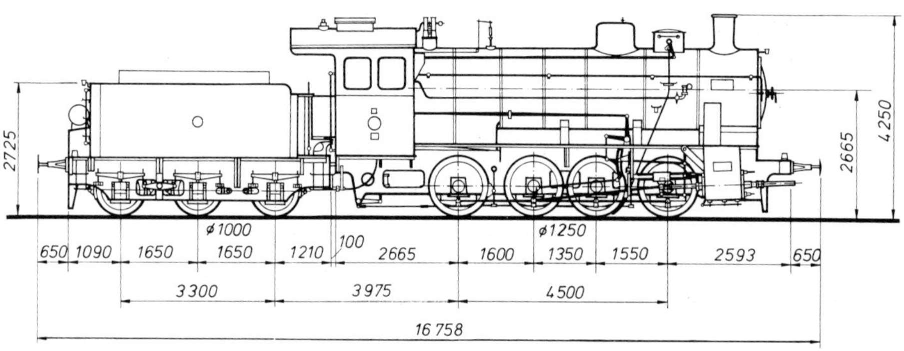

Bauform nach Musterblatt III 3 m. Lieferzustand. Außenliegende Heusinger-Steuerung.
Tender: 3 T 12 nach Musterblatt III 5 b.
Zeichnung: Taege

Direktionsbezirk	Bahnnummern	DRG-Nummern	Hersteller	Baujahr	Fabriknummern	Bemerkungen/ Ausmusterung
1895/1896						
Breslau	G 9 5101 und 5102	56 2312, –	Schichau	1909	1758 und 1759	
	G 9 5103 bis 5107	55 2329 bis 55 2333	Schichau	1909	1800 bis 1804	1800 bis 1802 U: h2
	G 9 5108	–	Schichau	1909	1805	
	5109 und 5110	55 2342 bis 55 2344	HANOMAG	1910	5775 bis 5777	U: h2
	G 9 5111 bis 5113	–	Borsig	1910	7530 und 7531	U: h2
	G 9 5114	–	HANOMAG	1910	5778	
	G 9 5115 und 5116	– , 55 2369	HANOMAG	1910	5998 und 5999	
	G 9 5117 bis 5121	55 2370 bis 55 2374	HANOMAG	1910	6001 bis 6005	6001, 6002, 6004, 6005 U: h2
	G 9 5122	–	HANOMAG	1910	6006	
	G 9 5123	55 2407	Henschel	1910	10158	
	G 9 5124 bis 5126	55 2430 bis 55 2432	Schichau	1911	1925 bis 1927	1925 U: h2
	G 9 5127 und 5128	–	Schichau	1911	1928 und 1929	
	G 9 5129	55 2433	Schichau	1911	1930	U: h2
Coeln	G 7 4559 bis 4561	–	Schichau	1908	1634 bis 1636	→ G 9 5001 bis 5003
	G 7 4562 und 4563	55 2301, –	Schichau	1908	1637 und 1638	→ G 9 5004 und 5005
	G 9 5006	55 2313	Schichau	1909	1760	
	G 9 5007 und 5008	55 2318, –	HANOMAG	1910	5679 und 5680	5679 U: h2
	G 9 5009	55 2345	HANOMAG	1910	5779	U: h2
	G 9 5010 und 5011	–	HANOMAG	1910	5780 und 5781	
	G 9 5012 und 5013	55 2375 und 55 2376	HANOMAG	1910	6007 und 6008	6007 U: h2
	G 9 5014 und 5015	–	HANOMAG	1910	6009 und 6010	
	G 9 5016 bis 5018	55 2377 bis 55 2379	HANOMAG	1910	6011 bis 6013	
	G 9 5019 und 5020	– , 55 2424	HANOMAG	1911	6136 und 6137	
Elberfeld	G 9 5001	55 2346	HANOMAG	1910	5782	
	G 9 5002	55 2380	HANOMAG	1910	6014	
Essen	G 7 4750 und 4751	55 2302, –	Schichau	1908	1639 und 1640	→ G 9 5851 und 5852
	G 7 4752 und 4753	55 2303 und 55 2304	Schichau	1908	1641 und 1642	→ G 9 5853 und 5854
	G 7 4754	–	Schichau	1908	1643	→ G 9 5855
	G 9 5047 bis 5050	55 2347 bis 55 2350	HANOMAG	1910	5783 bis 5786	
	G 9 5051	–	HANOMAG	1910	5787	
	G 9 5052	55 2381	HANOMAG	1910	6015	
	G 9 5053 bis 5057	55 2390 bis 55 2394	Henschel	1910	10144 bis 10148	
	G 9 5058	–	Henschel	1910	10149	
	G 9 5059 bis 5061	55 2395 bis 55 2397	Henschel	1910	10150 bis 10152	
	G 9 5062 bis 5064	55 2416 bis 55 2418	HANOMAG	1911	6121 bis 6123	
	G 9 5065 und 5066	– , 55 2419	HANOMAG	1911	6124 und 6125	6125 U: h2
	G 9 5067 und 5068	– , 55 2420	HANOMAG	1911	6126 und 6127	
	G 9 5069 und 5070	55 2421, –	HANOMAG	1911	6128 und 6129	
	G 9 5071 und 5072	55 2422 und 55 2423	HANOMAG	1911	6130 und 6131	6131 U: h2
	G 9 5073 bis 5075	–	HANOMAG	1911	6132 bis 6134	
	G 9 5856 und 5857	55 2305 und 55 2306	Schichau	1909	1748 und 1749	1749 U: h2
	G 9 5858	–	Schichau	1909	1750	
	G 9 5859 bis 5862	55 2307 bis 55 2310	Schichau	1909	1751 bis 1754	
	G 9 5863 und 5864	– , 55 2311	Schichau	1909	1755 und 1756	
	G 9 5865	–	Schichau	1909	1757	
	G 9 5866 und 5867	55 2319 und 55 2320	HANOMAG	1910	5681 und 5682	
	G 9 5868 und 5869	– , 55 2321	HANOMAG	1911	5683 und 5684	
	G 9 5870 und 5871	55 2353, –	Henschel	1910	9639 und 9640	
	G 9 5872 und 5873	55 2354, –	Henschel	1910	9641 und 9642	
	G 9 5874	55 2355	Henschel	1910	9643	

Direktionsbezirk	Bahnnummern	DRG-Nummern	Hersteller	Baujahr	Fabriknummern	Bemerkungen/ Ausmusterung
	G 9 5875 und 5876	–	Henschel	1910	9644 und 9645	
	G 9 5877 und 5878	55 2356 und 55 2357	Henschel	1910	9646 und 9647	
	G 9 5879	–	Henschel	1910	9648	
	G 9 5880 bis 5883	55 2398 bis 55 2401	Henschel	1910	9649 bis 9652	
	G 9 5884 und 5885	– , 55 2402	Henschel	1910	9653 und 9654	
	G 9 5886 bis 5890	55 2358 bis 55 2362	Henschel	1910	9655 bis 9659	9658 U: h2
	G 9 5891	–	Schichau	1910	1806	
	G 9 5892 und 5893	55 2334 und 55 2335	Schichau	1910	1807 und 1808	
	G 9 5894 und 5895	– , 55 2336	Schichau	1910	1809 und 1810	
	G 9 5896	–	Schichau	1910	1831	
Hannover	G 7 4411	–	Schichau	1909	1761	→ G 9 5001
	G 7 4412 und 4413	– , 55 2322	HANOMAG	1910	5685 und 5686	→ G 9 5002 und 5003
	G 7 4414	–	HANOMAG	1910	5687	→ G 9 5004
	G 7 4415 und 4416	55 2323 und 55 2324	HANOMAG	1910	5688 und 5689	→ G 9 5005 und 5006
	G 9 5007 und 5008	55 2351 und 55 2352	HANOMAG	1910	5788 und 5789	5788 U: h2
	G 9 5009 bis 5012	55 2382 bis 55 2385	HANOMAG	1911	6016 bis 6019	6019 U: h2
Kattowitz	G 7 4424 und 4425	55 2315 und 55 2316	Schichau	1909	1762 und 1763	→ G 9 5003 und 5004 U: h2
	G 7 4426	–	Schichau	1909	1764	→ G 9 5005
	G 7 4427	55 2314	Schichau	1909	1791	→ G 9 5006
	G 7 4428 bis 4431	–	Schichau	1909	1792 bis 1795	→ G 9 5007 bis 5010
	G 7 4432 und 4433	55 2327, –	Schichau	1909	1796 und 1797	→ G 9 5011 und 5012
	G 7 4434 und 4435	55 2328, –	Schichau	1909	1798 und 1799	→ G 9 5013 und 5014
	G 9 5015 bis 5018	55 2337 bis 55 2340	Borsig	1910	7532 bis 7535	7533 U: h2
	G 9 5019 bis 5022	55 2363 bis 55 2366	Schichau	1910	1859 bis 1862	1860, 1861, 1862 U: h2
	G 9 5023 und 5024	55 2386 und 55 2387	HANOMAG	1911	6020 und 6021	6020 U: h2
	G 9 5025 und 5026	– 55 2388	HANOMAG	1911	6022 und 6023	
	G 9 5027 und 5028	– 55 2389	HANOMAG	1911	6024 und 6025	6025 U: h2
	G 9 5029 bis 5034	55 2408 bis 55 2413	Schichau	1910	1868 bis 1873	
Magdeburg	G 9 5001	–	Schichau	1910	1863	
	G 9 5002 und 5003	55 2367 und 55 2368	Schichau	1910	1864 und 1865	
	G 9 5004 und 5005	55 2403 und 55 2404	Henschel	1910	10153 und 10154	
	G 9 5006	–	Henschel	1910	10155	
	G 9 5007 und 5008	55 2405 und 55 2406	Henschel	1910	10156 und 10157	
	G 9 5009	–	HANOMAG	1911	6135	
	G 9 5010 bis 5013	55 2426 bis 55 2429	Schichau	1911	1920 bis 1923	1920, 1921, 1922 U: h2
	G 9 5014	–	Schichau	1911	1924	
Münster	G 7 4451	55 2317	Schichau	1909	1765	→ G 9 5001
	G 7 4452	–	HANOMAG	1910	5690	→ G 9 5002
	G 7 4453 und 4454	55 2325 und 55 2326	HANOMAG	1910	5691 und 5692	→ G 9 5003 und 5004
Saarbrücken	G 7 4501 und 4502	–	Schichau	1909	1766 und 1767	→ G 9 5001 und 5002
	G 7 4503 bis 4506	–	Henschel	1910	9660 bis 9663	→ G 9 5003 und 5006
Stettin	G 9 5001 und 5002	– , 55 2341	Borsig	1910	7536 und 7537	7537 U: h2
	G 9 5003 und 5004	55 2414 und 55 2415	Schichau	1910	1874 und 1875	
	G 9 5005 und 5006	55 2445, –	Schichau	1911	1918 und 1919	1918 U: h2

HANOMAG 1910/5775. G 9 Breslau 5111. Sonderausführung mit Ventilsteuerung Bauart Lentz. Die Speisewasser-Vorwärmeranlage ist nachträglich hinzugekommen.
Foto: Werkaufnahme HANOMAG, Archiv Töpelmann

nächst das Gruppenzeichen G 7 und die Bahnnummern Essen 4750 bis 4754. Die ersten, 1910 gebauten, Maschinen erhielten das Gruppenzeichen G 9 und die Bahnnummern Essen 5856 bis 5855, die zunächst als G 7 eingeordneten zeichnete man in G 9 Essen 5851 bis 5855 um. Ende des Jahres 1910 wurden die vorhandenen Lokomotiven in G 9 Essen 5001 bis 5046 umgezeichnet, die neu gelieferten Maschinen bekamen sofort Bahnnummern aus der Nummernreihe 5001 bis 5150.

Die G 9 Bauart Schichau übertraf die G 7^1 Normalbauart im Leistungsvermögen um 20 bis 25 Prozent: In der Ebene konnte sie einen Güterzug von 2140 t Masse mit einer Geschwindigkeit von 40 km/h, auf der Steigung 1:100 einen Güterzug von 780 t Masse mit ihrer Reibungsgeschwindigkeit von 18 km/h befördern.

Der G 8 war sie allerdings in der Leistungsfähigkeit unterlegen. Probleme gab es bei der Steuerung, denn die großen Flachschieber neigten zum „Fressen". Durch eine verbesserte Schmieranlage wurde dieser Mangel später behoben.

Die G 9 Bauart Schichau wurde oft im Nahgüterzugdienst eingesetzt, in dem die Überhitzung geringeren Nutzen brachte als im Durchgangsgüterzugdienst und im Eilgüterzugdienst. Sie beförderte aber auch schwere Kohlezüge im Ruhrgebiet.

Die Eisenbahn-Direktionen Hannover, Magdeburg, Münster und Stettin gaben ihre G 9 Bauart Schichau zwischen 1912 und 1917 in den Direktionsbezirk Essen ab. Die Eisenbahn-Direktion Essen verfügte damit über 111 Lokomotiven dieses Typs. Bei der Umzeichnung durch die DRG im Jahre 1925 trugen 78 G 9 Bauart Schichau Essener Bahnnummern.

Schichau 1910/1861. G 9 Kattowitz 5021; ab 1920 G 9 Oppeln 5021; nach 1920 Umbau in eine Heißdampflokomotive; DRG 55 2365. Als G 9 Oppeln 5021 nach dem Umbau in eine Heißdampflokomotive. Druckluftsandstreuer und Eckventil-Druckausgleicher.
Foto: Sammlung Siebert

Ab 1913/1914 rüstete man einen Teil der G 9 Bauart Schichau mit Speisewasser-Vorwärmanlage aus. Die Speisewasser-Kolbenpumpe Bauart Knorr befand sich links neben dem Hinterkessel. Die ersten entsprechend ausgestatteten Maschinen bekamen zum Teil einen flachen Abdampf-Oberflächenvorwärmer Bauart Knorr oder Schichau, der quer auf dem Rahmen über dem 3. Kuppelradsatz angeordnet war, zum Teil einen zylindrischen, links auf dem Umlauf neben dem 3. Kesselschuß liegenden Abdampf-Oberflächenvorwärmer Bauart Knorr. Letzteres wurde die Regelausführung. Die Leistung der G 9 Bauart Schichau erhöhte sich durch diese Maßnahme um zehn Prozent.

Im Dienst der Deutschen Heeresbahn standen am 31. Dezember 1917 105 G 9 Bauart Schichau, also mehr als die Hälfte des gesamten Bestandes. Viele Maschinen blieben in den besetzten Gebieten stehen und gelangten nach Kriegsende auf diese Weise ins Ausland, andere mußten ab 1919 als Reparationsleistung an die Siegermächte abgegeben werden. Von der Saarbrücker G 9 Bauart Schichau verblieb keine in Deutschland, die Kattowitzer trugen später alle Oppelner Bahnnummern.

Ausmusterungen gab es bis 1925 kaum. Die DRG nahm 133 G 9 Bauart Schichau unter der Betriebsnummer 55 2301 bis 55 2433 in den 3. Umzeichnungsplan aus dem Jahre 1925 auf.

Ein Teil dieser Lokomotiven wurde ab 1923 mit vierreihigem Rauchrohr-Überhitzer Bauart Schmidt in der Ausführung als Großrohr-Überhitzer ausgestattet (Foto), eine Lokomotive mit Kleinrohr-Überhitzer Bauart Schmidt. Gleichzeitig bekamen diese Maschinen einen Speisedom mit Winkelrost-Speisewasserreiniger, der sich auf dem 2. Kesselschuß befand, den Dampfdom verlegte man auf den 3. Kesselschuß. Die Kuppelradsätze wurden sämtlich unverschiebbar im Hauptrahmen gelagert, die Spurkränze der Räder des 2. und des 3. Kuppelradsatzes um 10 mm geschwächt, die Flachschieber gegen Kolbenschieber ausgetauscht. Die Dampfbremse wurde durch Druckluftbremse und der Hand- oder Dampfsandstreuer durch einen Druckluftsandstreuer ersetzt. Die Achsfahrmasse stieg dadurch auf 16 t. Einige der umgebauten Lokomotiven hatten druckluftgesteuerte Eckventil-Druckausgleicher. Ein Teil der Lokomotiven war mit dem Tender 4 T 20 nach Musterblatt III 5 g statt des sonst üblichen 3 T 12 nach Musterblatt III 5 b gekuppelt.

Sonderausführungen

HANOMAG 1910/5775 G 9 Breslau 5111; DRG 55 2342
Steuerung: Ventilsteuerung Bauart Lentz.

HANOMAG 1910/6005 G 9 Breslau 5121; DRG 55 2374
Kesselausrüstung: Speisewasser-Kolbenpumpe Bauart Weir links auf dem Führerstand neben dem Hinterkessel stehend angeordnet. Zylindrischer Abdampf-Oberflächenvorwärmer Bauart Weir. Später abgebaut.

Eine Lokomotive
Kesselausrüstung: Zu Versuchszwecken in der Lokomotivfabrik Borsig mit Abdampf- und Rauchgas-Oberflächenvorwärmer Bauart Dennet & Didier in der Rauchkammer ausgerüstet.

G 10
E-H. G. L. **DRG-Baureihe 57^{10-35}** **(→ EFA 1.2)**
E h2
1910
Techn. Daten: Seite 209

Seit etwa 1907 befaßte sich der Ausschuß für Lokomotiven mit dem Projekt einer fünffach gekuppelten Heißdampf-Güterzuglokomotive.

Während die Vertreter einiger Eisenbahn-Direktionen, so der K. E. D. Erfurt und der K. E. D. Elberfeld, die Beschaffung solcher Lokomotiven für unnötig hielten, sprachen sich die Vertreter der Eisenbahn-Direktionen Breslau, Coeln und Saarbrücken für die Beschaffung dieses Lokomotivtyps aus. Mit ihm sollten schwere Güterzüge auf stark belasteten Hauptbahnen mit starken und langen Steigungen, wie auf den Strecken Breslau–Mittelwalde, Breslau–Dittersbach, Königszelt–Glatz und Königszelt–Neiße im Direktionsbezirk Breslau, auf der Eifelbahn Coeln–Euskirchen–Trier im Direktionsbezirk Coeln und auf der Moselbahn Koblenz–Trier im Direktionsbezirk Saarbrücken, bespannt und dadurch Vorspann- und Schiebelokomotiven eingespart werden. Die fünf Kuppelradsätze ermöglichten die Verwendung eines leistungsfähigeren Kessels und ergaben eine höhere Reibungszugkraft als bei der G 8. Eine fünffach gekuppelte Güterzugmaschine stand zwar in

Henschel 1910/9735. G 10 Saarbrücken 5101; später G 10 Saarbrücken 5401; ab 1920 G 10 Trier 5401, DRG 57 1001; ausgemustert 1932 oder 1933 als eine der ersten G 10. Lieferzustand. Erste Bauform. Hahn-Druckausgleicher Bauart Schmidt, Dampfbremse, langes Führerhaus. Diese Lokomotive wurde 1910 auf der Weltausstellung in Brüssel gezeigt.
Foto: Werkaufnahme, Sammlung Franz

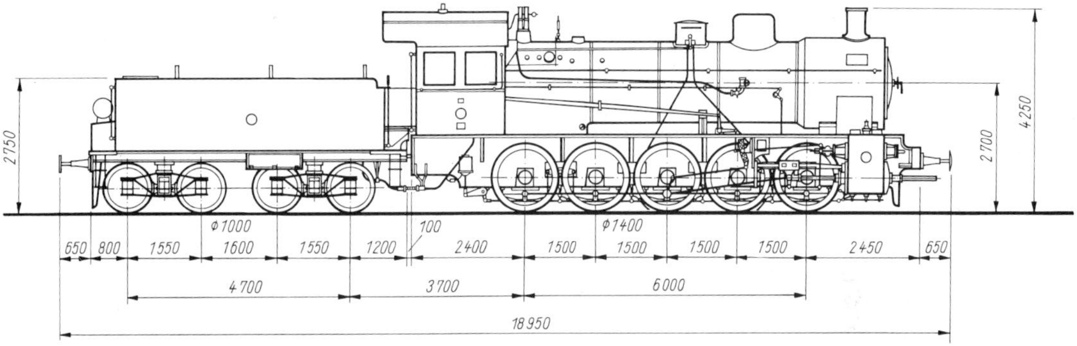

Henschel 1910. Lieferzustand. Erste Bauform. Dampfbremse, langes Führerhaus. Tender: 4 T 16 nach Musterblatt III 5 k.
Zeichnung: Taege

HANOMAG 1913/7000. G 10 Königsberg 5425; nach 1918 an Paris-Lyon-Mittelmeer-Bahn (PLM 5011). Lieferzustand. Bauform 1913/1914. Speisewasser-Vorwärmeranlage mit flachem Abdampf-Oberflächenvorwärmer, durch Handzug betätigte Luftsaugeventile Bauart Knorr, Dampfbremse, kurzes Führerhausdach.
Foto: Werkaufnahme, Sammlung Siebert

Borsig 1919/10416. G 10 Erfurt 5486, geliefert an die Betriebswerkstatt Weißenfels; DRG 57 1637; 1925 Bw Engelsdorf; 1945 an DB. Lieferzustand. Speisewasserreiniger Bauart E. Z. A.
Foto: Werkaufnahme, Archiv Töpelmann

Form der T 16 Bauart Gölsdorf bereits zur Verfügung, doch deren Vorräte reichten nicht aus, längere Strecken zurücklegen zu können.

Das Ministerium der öffentlichen Arbeiten gab den Anträgen der Eisenbahn-Direktionen Breslau, Coeln und Saarbrücken statt und genehmigte den Bau der E h2-Lokomotive. Die Werkzeichnungen wurden von der Firma Henschel nach den Maßgaben des Ausschusses für Lokomotiven und des Eisenbahn-Zentralamtes ausgearbeitet. Von der ursprünglich vorgesehenen Gölsdorfschen Achsanordnung kam man ab und wählte den 3. Kuppelradsatz als Treibradsatz. Im Jahre 1910 konnten die ersten E h2-Lokomotiven geliefert werden. Sie erhielten wie die folgenden das Gruppenzeichen G 10 und in der Regel Bahnnummern aus der für die Lokomotiven dieser Gruppe bestimmten Nummernreihe 5401 bis 5500. Eine Maschine ging ab Werk zur Weltausstellung 1919 in Buenos Aires, danach kam sie zum Direktionsbezirk Saarbrücken und trug dort die Bahnnummer Saarbrükken 5428.

Mit dem Blechrahmen, dem Rauchrohr-Überhitzer, der stark erweiterten Rauchkammer und der außenliegenden Heusinger-Steuerung wich die G 10 nicht von der damals allgemein üblichen Bauweise der Heißdampflokomotiven ab. Als Kessel wurde der gleiche Kessel wie bei der P 8 verwendet. Die Achsfahrmasse von nur 15 t erlaubte auch den Einsatz auf Strecken mit schwächerem Oberbau, auf Nebenlinien. Das für die G 10 verbindliche Musterblatt trug die Bezeichnung XIV 3a.

Die ersten G 10 hatten noch den Tender 3 T 12 nach Musterblatt III 5 b erhalten. Vom Jahre 1913 ab wurde die G 10 meist mit dem 3 T 16,5 nach Musterblatt III 5 n geliefert. Weitere mit der G 10 gekuppelte Tendertypen waren der 4 T 16 nach Musterblatt III 5k, der 4 T 20 nach Musterblatt III 5g, der 4 T 21,5 nach Musterblatt III 5h, der 4 T 21,5 nach Musterblatt III 5 l und der 3 T 20 nach Musterblatt III 5 o.

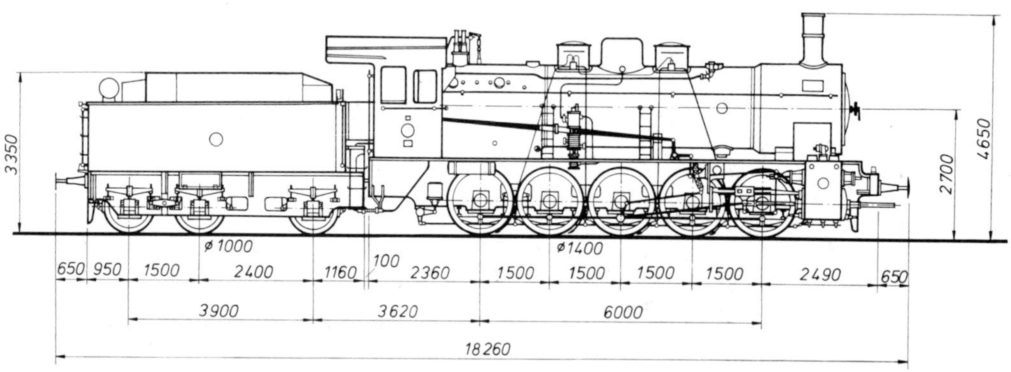

Bauform 1919. Lieferzustand. Speisewasserreiniger Bauart E. Z. A. Druckluftbremse, kurzes Führerhaus.
Tender: 3 T 20 nach Musterblatt III 5 o.
Zeichnung: Taege

Borsig 1919/10539. G 10 Magdeburg 5416. Lieferzustand. Sonderausführung, die Lokomotive hat zu Probezwecken einen Speisedom mit Winkelrost-Speisewasserreiniger erhalten.
Foto: Werkaufnahme, Sammlung Siebert

Bei den ab 1910 gebauten Maschinen war das Führerhaus kürzer. Gleich mehrere konstruktive Änderungen gab es an den ab 1913/1914 gebauten Lokomotiven. Den Schornstein führte man mit stärkerer Konizität und größerem Durchmesser aus. Statt des dreireihigen Überhitzers verwendete man einen vierreihigen. Viele G 10 bekamen Speisewasser-Vorwärmanlage, zunächst mit quer auf dem Rahmen über dem 3. Kuppelradsatz liegendem flachen Abdampf-Oberflächenvorwärmer Bauart Schichau oder Knorr, ab 1914 mit links auf dem Umlauf neben dem 2. Kesselschuß angeordneten zylindrischen Abdampf-Oberflächenvorwärmer Bauart Knorr. Die ohne Vorwärmanlage gelieferten G 10 wurden größtenteils nachträglich damit ausgestattet. Die Speisewasser-Kolbenpumpe Bauart Knorr befand sich links neben dem hinteren Ende des 2. Kesselschusses. Aber 1915 erhielten die G 10 aus kriegsbedingtem Rohstoffmangel flußeiserne Feuerbüchsen. Hatten die ersten Lokomotiven zum Teil Dampfbremse, zum Teil Druckluftbremse Bauart Knorr oder Westinghouse erhalten, wurde bei den ab etwa 1914 gebauten ausschließlich die Druckluftbremse verwendet. Ab 1918 rüstete man die G 10 mit Speisewasserreiniger Bauart E. Z. A. und zwei Sandkästen aus. Der Dampfdom rückte dabei auf das vordere Ende des 2. Kesselschusses. Es konnten die Räder des 2. und 4. Kuppelradsatzes, bei anderen Maschinen die des 2., 3., 4. und 5. Kuppelradsatzes von vorn besandet werden. Die ab 1920 gebauten G 10 bekamen statt des doppelwandigen Tonnendachs ein einwandiges, durchgehend abgesetztes Führerhausdach mit seitlichen Lüftungsklappen.

Rheinmetall 1922/558. G 10 Halle 6019 (Gattungsbezirk), geliefert an Rbd Elberfeld, Bw Letmathe, DRG 57 3096. Lieferzustand. Die serienmäßig mit Speisedom und Winkelrost-Speisewasserreiniger ausgestatteten Maschinen unterschieden sich von der nur zu Probezwecken damit ausgerüsteten G 10 Magdeburg 5416 durch das ab 1920 übliche, einwandige, durchgehend abgesetzte Führerhausdach mit seitlichen Lüftungsklappen.
Foto: Werkaufnahme, Archiv transpress

Borsig 1920/10761. G 10 Magdeburg 5475. Als G 10 Magdeburg 5475. Sonderausführung mit Rauchgas-Vorwärmer.
Foto: Sammlung Siebert

Vom Baujahr 1921 an ersetzte ein auf dem vorderen Ende des 1. Kesselschusses liegender Speisedom mit Winkelrost-Speisewasserreiniger den Speisewasserreiniger Bauart E. Z. A. Ein Teil der ab 1921 oder 1922 gebauten G 10 war mit Gegendruckbremse Bauart Riggenbach ausgestattet.
Die G 10 der Bauform 1913/1914 mit Speisewasser-Vorwärmanlage konnte in der Ebene einen Güterzug von 1 400 t Masse mit einer Geschwindigkeit von 60 km/h befördern. Über die Steigung 1:100 vermochte sie einen Güterzug von 990 t Masse mit ihrer Reibungsgeschwindigkeit von 20 km/h zu ziehen. Ihr Leistungsvermögen entsprach damit dem Leistungsvermögen der G 8^1 Normalbauart. Trotzdem beschaffte man beide Lokomotivtypen nebeneinander her, vor allem, weil die G 10 aufgrund ihrer niedrigen Achsfahrmasse freizügiger eingesetzt werden konnte, die G 8^1 aber nur auf Strecken mit einer zulässigen Achsfahrmasse von mindestens 17 t fahren durfte. Die G 8^1 war allerdings in der Beschaffung und Unterhaltung billiger, lief ruhiger und nutzte die Gleise weniger stark ab als die G 10. Die auf krümmungsreichen Strecken verwendeten G 10 wiesen eine starke Spurkranzabnutzung des 1. und 2. Kuppelradsatzes auf und verursachten dort eine unverhältnismäßig hohe Gleisabnutzung. In der Regel waren der 1. und der 5. Kuppelradsatz $\pm$28 mm seitenverschiebbar und die Spurkränze des 3. Kuppelradsatzes um 5 mm geschwächt. Versuchsweise gab man dem 2. und dem 5. Kuppelradsatz Seitenspiel und legte den 1. Kuppelradsatz fest, dadurch war nur noch der 1. Kuppelradsatz einer dafür aber stärkeren Spurkranzabnutzung ausgesetzt. Bei Geschwindigkeiten oberhalb von 45 km/h neigte die G 10 zum Schlingern. Im großen und ganzen war jedoch der Betrieb mit diesem Lokomotivtyp zufriedenstellend. Die Maschinen wurden vor allem im schweren Güterzugdienst eingesetzt.
In der Stückzahl blieb die G 10 weit hinter der G 8^1 Normalbauart zurück. Bis Ende des Jahres 1920 erhöhte sich die Stückzahl der G 10 auf 1 524 Maschinen (G 8^1: 4925). Davon wurden die anteilmäßig meisten G 10 von den Eisenbahn-Direktionen Cassel mit 171 Lokomotiven,

Borsig 1920/10761. G 10 Magdeburg 5475. Als G 10 Magdeburg 5475. Sonderausführung mit Rauchgas-Vorwärmer. Späterer Zustand.
Foto: Sammlung Siebert

Borsig 1920/10774. G 10 Erfurt 5530. Als G 10 Erfurt 5530. Sonderausführung mit Gleichstromzylindern Bauart Stumpf und Saugauspuff.
Foto: Sammlung Glanert

Königsberg mit 139 Lokomotiven, Erfurt mit 130 Lokomotiven, Elberfeld mit 123 Lokomotiven, Saarbrücken mit 121 Lokomotiven, Essen mit 120 Lokomotiven und Kattowitz mit 110 Lokomotiven beschafft. In jedem Direktionsbezirk waren G 10 beheimatet. Die Preußisch-Hessischen Staatsbahnen und die DRG bezogen bis 1924 insgesamt 2615 Maschinen dieser Gattung.

Im Heeresbahndienst des ersten Weltkrieges spielte die G 10 nur eine geringe Rolle: Die Bestandsaufnahme der Deutschen Heeresbahn vom 31. Dezember 1917 weist lediglich 10 Lokomotiven dieses Typs aus. Infolge der Reparationsabgaben und Gebietsabtretungen gelangten insgesamt 222 Maschinen zu ausländischen Bahnen, davon 49 zur Paris-Lyon-Mittelmeerbahn, 27 zur Paris-Orleans-Bahn, 45 zu den Eisenbahnen Elsaß-Lothringens, 9 zu den Italienischen Staatsbahnen, 10 zu den Saarbahnen und 6 zu den Türkischen Staatsbahnen.

Die übrigen Lokomotiven der Gattung G 10 wurden durch die DRG übernommen. Im 3. Umzeichnungsplan der DRG waren die Betriebsnummern 57 1001 bis 57 2725 und 57 2892 bis 57 3524 durch G 10 besetzt.

Sonderausführungen

Borsig 1912/8448 und 8449 G 10 Frankfurt 5432 und 5433; DRG 57 1201 und 57 1202

Steuerung: Kammerschieber vereinfachte Bauart Hochwald mit einfacher innerer Einströmung und schmalen federnden Ringen, 220 mm Durchmesser. Etwa 1915 durch Kolbenschieber üblicher Bauart ersetzt.

Borsig 1920/10 776 G 10 Magdeburg 5480, geliefert an die Betriebswerkstatt Grunewald.
Foto: unbekannt

Henschel 1913/11798 G 10 Cassel 5443, DRG 57 1282
Sondereinrichtungen: Rauchverzehrungseinrichtung Bauart Schleyer (K. k. ö. St. B.). Später abgebaut.

Borsig 1919/10539 G 10 Magdeburg 5416, DRG 57 1713. Möglicherweise weitere Lokomotiven des gleichen Bauloses
Kessel: Zu Probezwecken Speisedom auf dem vorderen Ende des 2. Kesselschusses.
Kesselausrüstung: Speiseventile beiderseits am Speisedom. Winkelrost-Speisewasserreiniger im Speisedom.

Borsig 1920/10 761 G 10 Magdeburg 5475, geliefert an die Betriebswerkstatt Grunewald, DRG 57 2009, Kriegsverlust im August 1944 an Rumänien
Kessel: Sehr weiter Schornstein.
Kesselausrüstung: Dem Abdampf-Oberflächenvorwärmer nachgeschalteter Rauchgas-Vorwärmer in der Rauchkammer.
Allgemeine Einrichtungen: Zunächst Rauchableitblech hinter dem Schornstein, später zwei große Windleitbleche neben der Rauchkammer.
Lokomotive später in Normalform umgebaut.

Borsig 1920/10 774 G 10 Erfurt 5530, geliefert an die Betriebswerkstatt Weimar, DRG 57 2021, Kriegsverlust 1945 an Polen
Triebwerk: Gleichstromzylinder Bauart Stumpf. Saugauspuffanlage.
Steuerung: Ventilsteuerung Bauart Stumpf. Lokomotive 1923 in Normalform umgebaut.

Borsig 1920/10 775 G 10 Magdeburg 5479, DRG 57 2022
Kesselausrüstung: In die Speiseleitung der Speisewasser-Vorwärmanlage geschalteter Speisewasserreiniger Bauart Knorr auf dem Scheitel des 1. Kesselschusses.
Speiseventil der Vorwärmanlage vor dem Speisewasserreiniger am Kesselscheitel. Speiseventil der Dampfstrahlpumpe rechts in Höhe Kesselmitte am 1. Kesselschuß.

Borsig 1920/10 776 G 10 Magdeburg 5480, geliefert an die Betriebswerkstatt Grunewald, DRG 57 2023
Kesselausrüstung: In die Speiseleitung der Speisewasser-Vorwärmanlage geschalteter Speisewasserreiniger Bauart Schmidt und Wagner auf dem Scheitel des 1. Kesselschusses. Speiseventil der Vorwärmanlage vor dem Speisewasserreiniger am Kesselscheitel. Speiseventil der Dampfstrahlpumpe rechts in Höhe Kesselmitte am 1. Kesselschuß.

Orenstein & Koppel 1924/10045 DRG 57 3386
Triebwerk: Gleichstromzylinder Bauart Stumpf. Später durch Wechselstromzylinder normaler Bauart ersetzt.

Einige während des ersten Weltkrieges bei der Deutschen Heeresbahn eingesetzte Lokomotiven
Während des ersten Weltkrieges in Panzerzuglokomotiven umgebaut.
Sondereinrichtungen: Verkleidung durch Panzerplatten.

Direktionsbezirk	Bahnnummern	DRG-Nummern	Hersteller	Baujahr	Fabriknummern	Bemerkungen/ Ausmusterung
1895/1896						
Altona	G 10 5401 bis 5403	57 1540 bis 57 1542	Henschel	1918	15462 bis 15464	
	G 10 5404 bis 5408	57 1782 bis 57 1786	HANOMAG	1918	8883 bis 8887	
	G 10 5409 bis 5412	57 1883 bis 57 1886	Borsig	1920	10593 bis 10596	
	G 10 5413 bis 5416	57 1952 bis 57 1955	HANOMAG	1919	8987 bis 8990	
	G 10 5417 bis 5428	57 2079 bis 57 2090	HANOMAG	1920	9149 bis 9160	
	G 10 5429 bis 5438	57 2273 bis 57 2282	Rheinmetall	1921	91 bis 100	
Berlin	G 10 5401 bis 5410	57 2283 bis 57 2292	Borsig	1921	10782 bis 10791	
Breslau	G 10 5401 und 5402	–, 57 1008	Henschel	1910	10006 und 10007	
	G 10 5403 und 5404	57 1022, –	Henschel	1910	10129 und 10130	
	G 10 5405	57 1023	Henschel	1910	10131	
	G 10 5406 und 5407	57 1125 und 57 1126	Henschel	1912	11259 und 11260	
	G 10 5408 bis 5412	57 1192 bis 57 1196	Borsig	1912	8437 bis 8441	
	G 10 5413	–	Borsig	1912	8442	
	G 10 5414 bis 5417	57 1258 bis 57 1261	Grafenstaden	1912	6727 bis 6730	

Direktionsbezirk	Bahnnummern	DRG-Nummern	Hersteller	Baujahr	Fabriknummern	Bemerkungen/ Ausmusterung
	G 10 5418 und 5419	57 1335, –	Borsig	1913	8657 und 8658	
	G 10 5420 und 5421	57 1336 und 57 1337	Borsig	1913	8659 und 8660	
	G 10 5422 und 5423	57 1338 und 57 1339	Borsig	1914	8706 und 8707	
	G 10 5424 bis 5426	–	Henschel	1917	15381 bis 15383	
	G 10 5427 und 5428	57 1483 und 57 1484	Henschel	1917	15384 und 15385	
	G 10 5429 bis 5440	57 1831 bis 57 1842	Borsig	1919	10541 bis 10552	
	G 10 5441 bis 5444	57 1871 bis 57 1874	Borsig	1919	10581 bis 10584	
	G 10 5453 bis 5458	57 1982 bis 57 1987	Borsig	1919	10735 bis 10740	
Bromberg	G 10 5401 bis 5405	57 1554 bis 57 1558	HANOMAG	1918	8628 bis 8632	
	G 10 5406 bis 5415	57 1624 bis 57 1633	Borsig	1919	10403 bis 10412	
Cassel	G 10 5401 bis 5408	57 1036 bis 57 1043	Henschel	1911	10502 bis 10509	
	G 10 5409 bis 5412	57 1088 bis 57 1091	Henschel	1911	10881 bis 10884	
	G 10 5413 und 5414	57 1127, –	Henschel	1912	11244 und 11245	
	G 10 5415 bis 5418	57 1128 bis 57 1131	Henschel	1912	11246 bis 11249	
	G 10 5419	–	Henschel	1912	11452	
	G 10 5420 bis 5428	57 1208 bis 57 1216	Henschel	1912	11453 bis 11461	
	G 10 5429 bis 5443	57 1268 bis 57 1282	Henschel	1913	11784 bis 11798	
	G 10 5444 und 5445	57 1352, –	Henschel	1913	11952 und 11953	
	G 10 5446 und 5447	57 1353 und 57 1354	Henschel	1913	11954 und 11955	
	G 10 5448 und 5449	– , 57 1355	Henschel	1913	11956 und 11957	
	G 10 5450 und 5451	57 1356, –	Henschel	1913	11958 und 11959	
	G 10 5452 bis 5460	57 1357 bis 57 1365	Henschel	1913	11960 bis 11968	
	G 10 5461	–	Henschel	1913	11969	
	G 10 5462 bis 5468	57 1394 bis 57 1400	Borsig	1914	8905 bis 8911	
	G 10 5469 bis 5481	57 1410 bis 57 1422	Henschel	1914	12669 bis 12681	
	G 10 5482 und 5483	–	Henschel	1914	12682 und 12683	
	G 10 5484 und 5485	57 1436 und 57 1437	Henschel	1915	13152 und 13153	
	G 10 5486 und 5487	– , 57 1438	Henschel	1915	13154 und 13155	
	G 10 5488 und 5489	57 1439, –	Henschel	1915	13156 und 13157	
	G 10 5490 und 5496	57 1440 bis 57 1446	Henschel	1915	13158 und 13164	
	G 10 5497	57 1538	Henschel	1918	15447	
	G 10 5498 bis 5503	–	Henschel	1918	15448 bis 15453	
	G 10 5504	57 1539	Henschel	1918	15454	
	G 10 5505 bis 5511	–	Henschel	1918	15455 bis 15461	
	G 10 5512 bis 5523	–	Henschel	1918	15811 bis 15822	
	G 10 5524 bis 5527	57 1610 bis 57 1613	Henschel	1918	15823 bis 15826	
	G 10 5528 und 5529	–	Henschel	1918	15827 und 15828	
	G 10 5530 bis 5535	57 1766 bis 57 1771	HANOMAG	1918	8858 bis 8863	
	G 10 5536 bis 5549	57 1817 bis 57 1830	Henschel	1919	16553 bis 16566	
	G 10 5850 bis 5861	57 1843 bis 57 1854	Borsig	1919	10553 bis 10564	
	G 10 5862 bis 5871	57 1964 bis 57 1973	Borsig	1919	10717 bis 10726	
	G 10 5872 bis 5881	57 2367 bis 57 2376	Krupp	1921	146 bis 155	
Coeln	G 10 5101 bis 5110	–	Henschel	1910	9629 bis 9638	→ 5401 bis 5410
	G 10 5411 bis 5418	57 1053 bis 57 1060	Henschel	1911	10520 bis 10527	
	G 10 5419 bis 5427	57 1132 bis 57 1140	Henschel	1912	11250 bis 11258	
	G 10 5428 bis 5438	57 1217 bis 57 1227	Henschel	1912	11462 bis 11472	
	G 10 5439 bis 5445	57 1283 bis 57 1289	Henschel	1913	11799 bis 11805	
	G 10 5446 bis 5452	57 1302 bis 57 1308	Borsig	1913	8613 bis 8619	
	G 10 5453 bis 5455	57 1317 bis 57 1319	Borsig	1913	8632 bis 8634	
	G 10 5456 bis 5458	57 1525 bis 57 1527	Henschel	1918	15434 bis 15436	
	G 10 5459 und 5460	– , 57 1715	HANOMAG	1918	8709 und 8710	
	G 10 5461	–	HANOMAG	1918	8711	
	G 10 5462 bis 5465	57 1716 bis 57 1719	HANOMAG	1918	8712 bis 8715	
	G 10 5466 und 5467	– , 57 1720	HANOMAG	1918	8716 und 8717	
	G 10 5468	–	HANOMAG	1918	8718	
Danzig	G 10 5401 bis 5403	57 1511 bis 57 1513	Henschel	1918	15412 bis 15414	
	G 10 5404 und 5405	–	Henschel	1918	15415 und 15416	

Direktionsbezirk	Bahnnummern	DRG-Nummern	Hersteller	Baujahr	Fabriknummern	Bemerkungen/ Ausmusterung
Elberfeld	G 10 5401 bis 5405	57 1239 bis 57 1243	Borsig	1913	8555 bis 8559	
	G 10 5406 bis 5409	57 1309 bis 57 1312	Borsig	1913	8620 bis 8623	
	G 10 5410 bis 5414	57 1320 bis 57 1324	Borsig	1913	8635 bis 8639	
	G 10 5415 bis 5424	57 1528 bis 57 1537	Henschel	1918	15437 bis 15446	
	G 10 5425 bis 5433	57 1559 bis 57 1567	HANOMAG	1918	8633 bis 8641	
	G 10 5434	–	HANOMAG	1918	8642	
	G 10 5435 bis 5438	57 1568 bis 57 1571	HANOMAG	1918	8643 bis 8646	
	G 10 5439	–	HANOMAG	1918	8647	
	G 10 5440 bis 5449	57 1572 bis 57 1581	HANOMAG	1918	8648 bis 8657	
	G 10 5450 bis 5469	57 1743 bis 57 1762	HANOMAG	1918	8835 bis 8854	
	G 10 5470 bis 5474	57 1787 bis 57 1791	HANOMAG	1918	8888 bis 8892	
	G 10 5475 bis 5482	57 1944 bis 57 1951	HANOMAG	1919	8979 bis 8986	
	G 10 5483 bis 5485	57 2091 bis 57 2093	HANOMAG	1920	9161 bis 9163	
	G 10 5486 bis 5494	57 2152 bis 57 2160	Henschel	1920	17041 bis 17049	
	G 10 5495	57 2161	Krupp	1919	1	
	G 10 5496 bis 5499	57 2162 bis 57 2165	Krupp	1920	2 bis 5	
	G 10 5500 bis 5504	57 2186 bis 57 2190	Krupp	1920	26 bis 30	
	G 10 5505 bis 5524	57 2218 bis 57 2237	Rheinmetall	1920	1 bis 20	
	G 10 5525 bis 5534	57 2377 bis 57 2386	Krupp	1921	156 bis 165	
	G 10 5535 bis 5544	57 2417 bis 57 2426	Rheinmetall	1921	201 bis 210	
Erfurt	G 10 5401 und 5402	57 1061 und 57 1062	Henschel	1911	10528 und 10529	
	G 10 5403 und 5404	– , 57 1063	Henschel	1911	10530 und 10531	
	G 10 5405	–	Henschel	1911	10532	
	G 10 5406 bis 5408	57 1064 bis 57 1066	Henschel	1911	10533 bis 10535	
	G 10 5409 bis 5413	57 1092 bis 57 1096	Henschel	1911	10885 bis 10889	
	G 10 5414	–	Henschel	1911	10890	
	G 10 5415 bis 5417	57 1097 bis 57 1099	Henschel	1911	10891 bis 10893	
	G 10 5418 bis 5423	57 1141 bis 57 1146	Henschel	1912	11261 bis 11266	
	G 10 5424 und 5425	– , 57 1147	Henschel	1912	11267 und 11268	
	G 10 5426 bis 5436	57 1165 bis 57 1175	Borsig	1912	8410 bis 8420	
	G 10 5437 und 5438	57 1244, –	Borsig	1913	8560 und 8561	
	G 10 5439	57 1245	Borsig	1913	8562	
	G 10 5440 bis 5445	57 1290 bis 57 1295	Henschel	1913	11806 bis 11811	
	G 10 5446 bis 5452	57 1327 bis 57 1333	Borsig	1913	8648 bis 8654	
	G 10 5453 und 5454	– , 57 1334	Borsig	1913	8655 und 8656	
	G 10 5455	57 1340	Borsig	1914	8708	
	G 10 5456 und 5457	57 1341 und 57 1342	Borsig	1913	8747 und 8748	
	G 10 5458 bis 5460	57 1401 bis 57 1403	Borsig	1914	8912 bis 8914	
	G 10 5461 und 5462	– , 57 1404	Borsig	1914	8915 und 8916	
	G 10 5463	–	Borsig	1914	8917	
	G 10 5464	–	Henschel	1915	13165	
	G 10 5465 bis 5472	57 1447 bis 57 1454	Henschel	1915	13166 bis 13173	
	G 10 5473 bis 5482	57 1501 bis 57 1510	Henschel	1918	15402 bis 15411	
	G 10 5483 bis 5503	57 1634 bis 57 1654	Borsig	1919	10413 bis 10433	
	G 10 5504 bis 5506	57 1763 bis 57 1765	HANOMAG	1918	8855 bis 8857	
	G 10 5507 bis 5514	57 1974 bis 57 1981	Borsig	1919	10727 bis 10734	
	G 10 5515 bis 5520	57 1988 bis 57 1993	Borsig	1920	10741 bis 10746	
	G 10 5521 bis 5530	57 2012 bis 57 2021	Borsig	1920	10765 bis 10774	
	G 10 5531 bis 5540	57 2387 bis 57 2396	Krupp	1921	166 bis 175	
	G 10 5541 bis 5550	57 2293 bis 57 2302	Borsig	1921	10792 bis 10801	
Essen	G 10 5401 bis 5403	57 1543 bis 57 1545	Henschel	1918	15465 bis 15467	
	G 10 5404 bis 5408	–	HANOMAG	1918	8764 bis 8768	
	G 10 5409	57 1728	HANOMAG	1918	8769	
	G 10 5410 bis 5412	–	HANOMAG	1918	8770 bis 8772	
	G 10 5413 und 5414	57 1729 und 57 1730	HANOMAG	1918	8773 und 8774	
	G 10 8415	–	HANOMAG	1918	8775	
	G 10 5416 bis 5418	57 1731 bis 57 1733	HANOMAG	1918	8776 bis 8778	

Direktionsbezirk	Bahnnummern	DRG-Nummern	Hersteller	Baujahr	Fabriknummern	Bemerkungen/ Ausmusterung
	G 10 5419 und 5420	– , 57 1734	HANOMAG	1918	8779 und 8780	
	G 10 5421 und 5422	–	HANOMAG	1918	8781 und 8782	
	G 10 5423 bis 5425	57 1735 bis 57 1737	HANOMAG	1918	8783 bis 8785	
	G 10 5426 und 5427	– , 57 1738	HANOMAG	1918	8786 und 8787	
	G 10 5428	–	HANOMAG	1918	8788	
	G 10 5429 bis 5431	57 1739 bis 57 1741	HANOMAG	1918	8830 bis 8832	
	G 10 5432 und 5433	– , 57 1742	HANOMAG	1918	8833 und 8834	
	G 10 5434 bis 5443	57 1797 bis 57 1806	HANOMAG	1918	8904 bis 8913	
	G 10 5444 bis 5450	57 1925 bis 57 1931	HANOMAG	1919	8958 bis 8964	
	G 10 6201 bis 6204	57 1932 bis 57 1935	HANOMAG	1919	8965 bis 8968	
	G 10 6205 bis 6212	57 2094 bis 57 2101	HANOMAG	1920	9164 bis 9171	
	G 10 6213	57 2151	Henschel	1920	17040	
	G 10 6214 bis 6223	57 2176 bis 57 2185	Krupp	1920	16 bis 25	
	G 10 6224 bis 6226	57 2238 bis 57 2240	Rheinmetall	1920	21 bis 23	
	G 10 6227	–	Rheinmetall	1920	24	
	G 10 6228 bis 6243	57 2241 bis 57 2256	Rheinmetall	1920	25 bis 40	
	G 10 6244 bis 6270	57 2191 bis 57 2217	Krupp	1920	119 bis 145	
Frankfurt	G 10 5401 bis 5403	57 1009 bis 57 1011	Henschel	1910	10008 bis 10010	
	G 10 5404 bis 5410	57 1024 bis 57 1030	Henschel	1910	10132 bis 10138	
	G 10 5411 bis 5417	57 1067 bis 57 1073	Henschel	1911	10536 bis 10542	
	G 10 5418 bis 5422	57 1100 bis 57 1104	Henschel	1911	10894 bis 10898	
	G 10 5423 bis 5429	57 1148 bis 57 1154	Henschel	1912	11269 bis 11275	
	G 10 5430 bis 5433	57 1199 bis 57 1202	Borsig	1912	8446 bis 8449	
	G 10 5434 bis 5437	57 1228 bis 57 1232	Henschel	1912	11473 bis 11476	
	G 10 5438 bis 5442	57 1296 bis 57 1300	Henschel	1913	11812 bis 11816	
	G 10 5443 und 5444	– , 57 1301	Henschel	1913	11817 und 11818	
	G 10 5445 und 5446	57 1366, –	Henschel	1913	11970 und 11971	
	G 10 5447 und 5448	57 1367, –	Henschel	1913	11972 und 11973	
	G 10 5449 bis 5451	57 1368 bis 57 1370	Henschel	1913	11974 bis 11976	
	G 10 5452 und 5453	– , 57 1371	Henschel	1913	11977 und 11978	
	G 10 5454 und 5455	57 1343, –	Borsig	1913	8749 und 8750	
	G 10 5456 bis 5462	57 1514 bis 57 1520	Henschel	1918	15417 bis 15423	
	G 10 5463	–	Henschel	1918	15796	
	G 10 5464 und 5465	57 1603 und 57 1604	Henschel	1918	15797 und 15798	
	G 10 5466 bis 5468	–	Henschel	1918	15799 bis 15801	
	G 10 5469	57 1605	Henschel	1918	15802	
	G 10 5470 und 5471	– , 57 1606	Henschel	1918	15803 und 15804	
	G 10 5472 und 5473	57 1607,	Henschel	1918	15805 und 15806	
	G 10 5474 und 5475	– , 57 1608	Henschel	1918	15807 und 15808	
	G 10 5476 und 5477	– , 57 1609	Henschel	1918	15809 und 15810	
	G 10 5478 bis 5487	57 1772 bis 57 1781	HANOMAG	1918	8864 bis 8873	
	G 10 5488 bis 5497	57 2397 bis 57 2406	Krupp	1921	176 bis 185	
	G 10 5498 bis 5507	57 2352 bis 57 2361	Henschel	1921	17939 bis 17948	
Halle	G 10 5401	–	Henschel	1918	15468	
	G 10 5402 bis 5405	57 1546 bis 57 1549	Henschel	1918	15469 bis 15472	
	G 10 5406	57 1670	Borsig	1919	10454	
	G 10 5407 bis 5415	57 1671 bis 57 1679	Borsig	1919	10494 bis 10502	
	G 10 5416 bis 5420	57 1705 bis 57 1709	Borsig	1919	10531 bis 10535	
	G 10 5421 bis 5437	57 1908 bis 57 1924	HANOMAG	1919	8941 bis 8957	
	G 10 5438 bis 5460	57 2128 bis 57 2150	Henschel	1920	17017 bis 17039	
	G 10 5461 bis 5474	57 1994 bis 57 2007	Borsig	1920	10747 bis 10760	
	G 10 5475 bis 5484	57 2303 bis 57 2312	Borsig	1921	10947 bis 10956	
Hannover	G 10 5401 bis 5403	57 1246 bis 57 1248	Borsig	1913	8563 bis 8565	
	G 10 5404 bis 5408	57 1382 bis 57 1386	Henschel	1913	11989 bis 11993	
	G 10 5409 bis 5413	57 1792 bis 57 1796	HANOMAG	1918	8893 bis 8897	
	G 10 5414 bis 5430	57 1891 bis 57 1907	HANOMAG	1919	8924 bis 8940	
	G 10 5431 bis 5451	57 2041 bis 57 2061	HANOMAG	1920	9110 bis 9130	

Direktionsbezirk	Bahnnummern	DRG-Nummern	Hersteller	Baujahr	Fabriknummern	Bemerkungen/ Ausmusterung
	G 10 5452 bis 5453	– , 57 2062	HANOMAG	1920	9131 bis 9132	
	G 10 5454 bis 5457	57 1867 bis 57 1870	Borsig	1919	10577 bis 10580	
	G 10 5458 bis 5471	57 2024 bis 57 2037	HANOMAG	1920	9092 bis 9105	
	G 10 5472	–	HANOMAG	1920	9106	
	G 10 5473 bis 5475	57 2038 bis 57 2040	HANOMAG	1920	9107 bis 9109	
	G 10 5476 bis 5485	57 2407 bis 57 2416	Krupp	1921	186 bis 195	
Kattowitz	G 10 5401 bis 5406	57 1044 bis 57 1049	Henschel	1911	10510 bis 10515	
	G 10 5407 bis 5409	57 1105 bis 57 1107	Henschel	1911	10899 bis 10901	
	G 10 5410 bis 5412	–	Henschel	1911	10902 bis 10904	
	G 10 5413 und 5414	57 1108, –	Henschel	1911	10905 und 10906	
	G 10 5415 und 5416	57 1155, –	Henschel	1912	11276 und 11277	
	G 10 5417	–	Borsig	1912	8443	
	G 10 5418 und 5419	57 1197 und 57 1198	Borsig	1912	8444 und 8445	
	G 10 5420 und 5421	–	Borsig	1913	8566 und 8567	
	G 10 5422 und 5423	57 1249, –	Borsig	1913	8568 und 8569	
	G 10 5424 und 5425	57 1250, –	Borsig	1913	8570 und 8571	
	G 10 5426 und 5427	– , 57 1251	Borsig	1913	8572 und 8573	
	G 10 5428 bis 5430	57 1313 bis 57 1315	Borsig	1913	8624 bis 8626	
	G 10 5431 bis 5434	–	Borsig	1913	8627 bis 8630	
	G 10 5435	57 1316	Borsig	1913	8631	
	G 10 5436	57 1325	Borsig	1913	8640	
	G 10 5437 bis 5441	–	Borsig	1913	8641 bis 8645	
	G 10 5442 und 5443	57 1226, –	Borsig	1913	8646 und 8647	
	G 10 5444 und 5445	–	Borsig	1914	8893 und 8894	
	G 10 5446 und 5447	57 1387, –	Borsig	1914	8895 und 8896	
	G 10 5448 und 5449	57 1388, –	Borsig	1914	8897 und 8898	
	G 10 5450 bis 5454	57 1389 bis 57 1393	Borsig	1914	8899 bis 8903	
	G 10 5455	–	Borsig	1914	8904	
	G 10 5456 bis 5458	–	Borsig	1914	8995 bis 8997	
	G 10 5459	57 1409	Borsig	1914	8998	
	G 10 5460 bis 5462	–	Borsig	1914	8999 bis 9001	
	G 10 5463 bis 5466	57 1423 bis 57 1426	Borsig	1914	9002 bis 9005	
	G 10 5467 bis 5469	57 1427 bis 57 1429	Borsig	1914	9054 bis 9056	
	G 10 5470 bis 5472	–	Borsig	1914	9057 bis 9059	
	G 10 5473	57 1430	Borsig	1914	9060	
	G 10 5474 und 5475	– , 57 1455	Borsig	1917	9664 und 9665	
	G 10 5476 bis 5478	–	Borsig	1917	9666 bis 9668	
	G 10 5479 bis 5481	57 1456 bis 57 1458	Borsig	1917	9669 bis 9671	
	G 10 5482 und 5483	–	Borsig	1917	9672 und 9673	
	G 10 5484 bis 5486	–	HANOMAG	1918	8621 bis 8623	
	G 10 5487 und 5488	57 1552 und 57 1553	HANOMAG	1918	8624 und 8625	
	G 10 5489 und 5490	–	HANOMAG	1918	8626 und 8627	
	G 10 5491 und 5492	57 1655, –	Borsig	1919	10434 und 10435	
	G 10 5493 bis 5497	57 1656 bis 57 1660	Borsig	1919	10436 bis 10440	
	G 10 5498	–	Borsig	1919	10441	
	G 10 5499 bis 5503	57 1661 bis 57 1665	Borsig	1919	10442 bis 10446	
	G 10 5504 und 5505	– , 57 1666	Borsig	1919	10447 und 10448	
	G 10 5506 und 5507	–	Borsig	1919	10449 und 10450	
	G 10 5508 bis 5510	57 1667 bis 57 1669	Borsig	1919	10451 bis 10453	
Königsberg	G 10 5401	57 1012	Henschel	1910	10011	
	G 10 5402 und 5403	57 1031 und 57 1032	Henschel	1910	10139 und 10140	
	G 10 5404	–	Henschel	1911	10516	
	G 10 5405 bis 5407	57 1050 bis 57 1052	Henschel	1911	10517 bis 10519	
	G 10 5408 bis 5410	57 1109 bis 57 1111	Henschel	1911	10907 bis 10909	
	G 10 5411 bis 5414	57 1156 bis 57 1159	Henschel	1912	11278 bis 11281	
	G 10 5415	–	Henschel	1912	11282	
	G 10 5416 bis 5420	57 1203 bis 57 1207	Borsig	1912	8450 bis 8454	

Direktionsbezirk	Bahnnummern	DRG-Nummern	Hersteller	Baujahr	Fabriknummern	Bemerkungen/ Ausmusterung
	G 10 5421 bis 5424	57 1252 bis 57 1255	Borsig	1913	8574 bis 8577	
	G 10 5425 und 5426	–	HANOMAG	1913	7000 und 7001	
	G 10 5427 bis 5431	57 1345 bis 57 1349	HANOMAG	1913	7002 bis 7006	
	G 10 5432	–	HANOMAG	1913	7007	
	G 10 5433 und 5434	57 1350 und 57 1351	HANOMAG	1913	7008 und 7009	
	G 10 5435 und 5436	57 1405, –	Borsig	1914	8918 und 8919	
	G 10 5437	57 1406	Borsig	1914	8920	
	G 10 5438	57 1431	Borsig	1914	9061	
	G 10 5439 und 5440	–	Borsig	1914	9062 und 9063	
	G 10 5441 bis 5445	57 1469 bis 57 1473	Henschel	1917	15358 bis 15362	
	G 10 5446	–	Henschel	1917	15363	
	G 10 5447 und 5448	57 1474 und 57 1475	Henschel	1917	15364 und 15365	
	G 10 5449 und 5450	– , 57 1476	Henschel	1917	15366 und 15367	
	G 10 5451 bis 5454	–	Henschel	1917	15368 bis 15371	
	G 10 5455 und 5456	57 1477, –	Henschel	1917	15372 und 15373	
	G 10 5457 bis 5461	57 1478 bis 57 1482	Henschel	1917	15374 bis 15378	
	G 10 5462 und 5463	–	Henschel	1917	15379 und 15380	
	G 10 5464 bis 5468	–	Henschel	1918	15791 bis 15795	
	G 10 5469 bis 5471	57 1582 bis 57 1584	HANOMAG	1918	8658 bis 8660	
	G 10 5472	–	HANOMAG	1918	8661	
	G 10 5473 bis 5477	57 1585 bis 57 1589	HANOMAG	1918	8662 bis 8666	
	G 10 5478 bis 5479	–	HANOMAG	1918	8667 bis 8668	
	G 10 5480 und 5489	57 1614 und 57 1623	Borsig	1919	10393 und 10402	
	G 10 5490 und 5494	57 1700 und 57 1704	Borsig	1919	10526 und 10530	
	G 10 5495 bis 5502	57 1875 bis 57 1882	Borsig	1919	10585 bis 10592	
	G 10 5515 bis 5518	57 2313 bis 57 2316	Borsig	1921	10957 bis 10960	
Magdeburg	G 10 5401 bis 5408	57 1485 bis 57 1492	Henschel	1918	15386 bis 15393	
	G 10 5409 bis 5412	57 1590 bis 57 1593	HANOMAG	1918	8669 bis 8672	
	G 10 5413 bis 5417	57 1710 bis 57 1714	Borsig	1919	10536 bis 10540	
	G 10 5418 bis 5420	57 1936 bis 57 1938	HANOMAG	1919	8669 bis 8971	
	G 10 5421 und 5422	–	HANOMAG	1919	8972 und 8973	
	G 10 5423 bis 5427	57 1939 bis 57 1943	HANOMAG	1919	8974 bis 8978	
	G 10 5428 und 5429	57 2114, –	Henschel	1919	17002 und 17003	
	G 10 5430 bis 5442	57 2115 bis 57 2127	Henschel	1920	17004 bis 17016	
	G 10 5443 und 5444	–	Rheinmetall	1921	41 und 42	
	G 10 5445 bis 5450	57 2257 bis 57 2262	Rheinmetall	1921	43 bis 48	
	G 10 5451 und 5452	– , 57 2263	Rheinmetall	1921	49 und 50	
	G 10 5453 bis 5458	57 2264 bis 57 2269	Rheinmetall	1921	81 bis 86	
	G 10 5459	–	Rheinmetall	1921	87	
	G 10 5460 bis 5462	57 2270 bis 57 2272	Rheinmetall	1921	88 bis 90	
	G 10 5463 bis 5474	57 1855 bis 57 1866	Borsig	1919	10565 bis 10567	
	G 10 5475 bis 5478	57 2008 bis 57 2011	Borsig	1920	10761 bis 10764	
	G 10 5479 und 5480	57 2022 und 57 2023	Borsig	1920	10775 und 10776	
	G 10 5481 bis 5485	57 2337 bis 57 2341	Henschel	1920	17924 bis 17928	
Mainz	G 10 5401	57 1002	Henschel	1910	10000	
	G 10 5402 bis 5404	57 1033 bis 57 1035	Henschel	1910	10141 bis 10143	
	G 10 5405 bis 5407	57 1074 bis 57 1076	Henschel	1911	10543 bis 10545	
	G 10 5408 bis 5410	57 1112 bis 57 1114	Henschel	1911	10910 bis 10912	
	G 10 5411 bis 5413	–	Henschel	1918	15473 bis 15475	
	G 10 5414 und 5415	57 1550 und 57 1551	Henschel	1918	15476 und 15477	
	G 10 5416 bis 5420	57 2362 bis 57 2366	Henschel	1921	17949 bis 17953	
Münster	G 10 5401 bis 5405	57 1493 bis 57 1497	Henschel	1918	15394 bis 15398	
	G 10 5406 bis 5415	57 1807 bis 57 1816	HANOMAG	1918	8914 bis 8923	
	G 10 5416 bis 5423	57 1956 bis 57 1963	HANOMAG	1919	8991 bis 8998	
	G 10 5424 bis 5435	57 2102 bis 57 2113	Henschel	1919	16990 bis 17001	
	G 10 5436 bis 5445	57 2166 bis 57 2175	Krupp	1920	6 bis 15	
	G 10 5446 bis 5455	57 2427 bis 57 2436	Rheinmetall	1921	211 bis 220	

Direktionsbezirk	Bahnnummern	DRG-Nummern	Hersteller	Baujahr	Fabriknummern	Bemerkungen/ Ausmusterung
Posen	G 10 5401 bis 5405	57 1695 bis 57 1699	Borsig	1919	10521 bis 10525	
Saarbrücken	G 10 5101	57 1001	Henschel	1910	9735	→ 5401
	G 10 5402 bis 5406	57 1003 bis 57 1007	Henschel	1910	10001 bis 10005	
	G 10 5407 bis 5415	57 1013 bis 57 1031	Henschel	1910	10119 bis 10127	
	G 10 5416	–	Henschel	1910	10128	
	G 10 5417 bis 5427	57 1077 bis 57 1087	Henschel	1911	10546 bis 10556	
	G 10 5428	–	Henschel	1910	9865	
	G 10 5429 bis 5437	57 1115 bis 57 1123	Henschel	1911	10913 bis 10921	
	G 10 5438 und 5439	57 1160 und 57 1161	Henschel	1912	11283 und 11284	
	G 10 5440	–	Henschel	1912	11285	
	G 10 5441 bis 5443	57 1162 bis 57 1164	Henschel	1912	11286 bis 11288	
	G 10 5444 bis 5450	57 1233 bis 57 1238	Henschel	1912	11477 bis 11483	
	G 10 5451	–	Henschel	1912	11484	
	G 10 5452 bis 5457	57 1262 bis 57 1267	Grafenstaden	1912	6731 bis 6736	
	G 10 5458 bis 5467	57 1372 bis 57 1381	Henschel	1913	11979 bis 11988	
	G 10 5468 bis 5472	–	Henschel	1914	12684 bis 12688	
	G 10 5473 bis 5475	–	Borsig	1914	9064 bis 9066	
	G 10 5476 und 5477	57 1432, –	Borsig	1914	9067 und 9068	
	G 10 5478 und 5479	57 1433 und 57 1434	Borsig	1914	9069 und 9070	
	G 10 5480 und 5481	– , 57 1435	Borsig	1914	9071 und 9072	
	G 10 5482 bis 5484	57 1521 bis 57 1523	Henschel	1918	15424 bis 15426	
	G 10 5485 bis 5487	–	Henschel	1918	15427 bis 15429	
	G 10 5488	57 1524	Henschel	1918	15430	
	G 10 5489 bis 5491	–	Henschel	1918	15431 bis 15433	
	G 10 5492 bis 5503	–	HANOMAG	1918	8719 bis 8730	
	G 10 5504 und 5505	57 1721 und 57 1722	HANOMAG	1918	8731 und 8732	
	G 10 5506	–	HANOMAG	1918	8733	
	G 10 5507 bis 5511	57 1723 bis 57 1727	HANOMAG	1918	8759 bis 8763	
	G 10 5512 bis 5521	57 2342 bis 57 2351	Henschel	1920	17929 bis 17938	
Stettin	G 10 5401 bis 5416	57 1176 bis 57 1191	Borsig	1912	8421 bis 8436	
	G 10 5417 und 5418	57 1256 und 57 1257	Borsig	1913	8578 und 8579	
	G 10 5419	57 1344	Borsig	1913	8751	
	G 10 5420 und 5421	57 1407 und 57 1408	Borsig	1914	8921 und 8922	
	G 10 5422 bis 5431	57 1459 bis 57 1468	Borsig	1917	9674 bis 9683	
	G 10 5432 bis 5434	57 1498 bis 57 11500	Henschel	1918	15399 bis 15401	
	G 10 5435 bis 5442	57 1594 bis 57 1601	HANOMAG	1918	8673 bis 8680	
	G 10 5443 und 5444	– , 57 1602	HANOMAG	1918	8681 und 8682	
	G 10 5445 bis 5454	57 1680 bis 57 1689	Borsig	1919	10503 bis 10512	
	G 10 5455 bis 5459	57 1690 bis 57 1694	Borsig	1919	10516 bis 10520	
	G 10 5460 bis 5463	57 1887 bis 57 1890	Borsig	1920	10597 bis 10600	
	G 10 5464 bis 5479	57 2063 bis 57 2078	HANOMAG	1920	9133 bis 9148	
	G 10 5480 bis 5489	57 2317 bis 57 2326	Borsig	1921	10961 bis 10970	
1920 Osten	G 10 5420 bis 5422	57 3140 bis 57 3142	HANOMAG	1922	10073 bis 10075	
	G 10 5423 bis 5432	57 3155 bis 57 3164	Orenstein	1923	10009 bis 10018	
	G 10 5433 bis 5442	57 3242 bis 57 3251	Rheinmetall	1923	669 bis 678	
	G 10 5443 bis 5445	57 3124 bis 57 3126	Borsig	1922	11416 bis 11418	
	G 10 5446 bis 5455	57 2327 bis 57 2336	Borsig	1921	10971 bis 10980	
	G 10 5456 bis 5458	57 3127 bis 57 3129	Borsig	1922	11419 bis 11421	
	G 10 5459 bis 5462	57 3143 bis 57 3146	HANOMAG	1922	10076 bis 10079	
Gattungsbezirk Halle	G 10 5485 bis 5502	57 2437 bis 57 2454	Borsig	1921	10981 bis 10998	
	G 10 5503 bis 5515	57 2455 bis 57 2467	Borsig	1921	11005 bis 11017	
	G 10 5516 bis 5545	57 2468 bis 57 2497	Henschel	1921	18410 bis 18439	
	G 10 5546 bis 5555	57 2498 bis 57 2507	Orenstein	1921	8976 bis 8985	
	G 10 5556 bis 5570	57 2508 bis 57 2522	Borsig	1921	11071 bis 11085	
	G 10 5571 bis 5575	57 2523 bis 57 2527	Borsig	1921	11166 bis 11170	

Direktionsbezirk	Bahnnummern	DRG-Nummern	Hersteller	Baujahr	Fabriknummern	Bemerkungen/ Ausmusterung
	G 10 5576 bis 5595	57 2528 bis 57 2547	Borsig	1921	11211 bis 11230	
	G 10 5596 bis 5630	57 2548 bis 57 2582	Borsig	1922	11251 bis 11285	
	G 10 5631 bis 5640	57 2583 bis 57 2592	Orenstein	1922	8986 bis 8995	
	G 10 5641 bis 5654	57 2593 bis 57 2606	Orenstein	1922	9801 bis 9814	
	G 10 5655 bis 5704	57 2892 bis 57 2941	Krupp	1922	385 bis 434	
	G 10 5705 bis 5737	57 2607 bis 57 2639	Rheinmetall	1921	307 bis 339	
	G 10 5738 bis 5796	57 2640 bis 57 2698	Rheinmetall	1922	340 bis 398	
	G 10 5797 bis 5803	57 2699 bis 57 2705	Orenstein	1922	9815 bis 9821	
	G 10 5804 bis 5873	57 2942 bis 57 3011	Krupp	1922	452 bis 521	
	G 10 5874 bis 5893	57 2706 bis 57 2725	Rheinmetall	1922	499 bis 518	
	G 10 5894 bis 5903	57 3012 bis 57 3021	Krupp	1922	522 bis 531	
	G 10 5904 bis 5928	57 3022 bis 57 3046	Borsig	1922	11291 bis 11315	
	G 10 5929 bis 5931	57 3047 bis 57 3049	Borsig	1922	11375 bis 11377	
	G 10 5932 bis 5935	57 3101 bis 57 3104	Borsig	1922	11378 bis 11381	
	G 10 5936 bis 5954	57 3105 bis 57 3123	Borsig	1922	11397 bis 11415	
	G 10 5955 bis 5964	57 3130 bis 57 3139	HANOMAG	1922	10063 bis 10072	
	G 10 5965 bis 5994	57 3050 bis 57 3079	Henschel	1922	19193 bis 19222	
	G 10 5995 bis 6002	57 3080 bis 57 3087	Orenstein	1922	9834 bis 9841	
	G 10 6003 bis 6010	57 3147 bis 57 3154	Orenstein	1923	10001 bis 10008	
	G 10 6011 bis 6023	57 3088 bis 57 3100	Rheinmetall	1922	550 bis 562	
	G 10 6024 bis 6050	57 3215 bis 57 3241	Rheinmetall	1923	563 bis 589	
	G 10 6051 bis 6100	57 3165 bis 57 3214	Krupp	1923	532 bis 581	
DRG	33 2252 bis 33 2258	57 3252 bis 57 3258	Borsig	1923	11555 bis 11561	
	33 2259 bis 33 2264	57 3259 bis 57 3264	HANOMAG	1923	10080 bis 10085	
	33 2265 bis 33 2268	57 3265 bis 57 3268	Orenstein	1923	10019 bis 10022	
	33 2269 bis 33 2278	57 3269 bis 57 3278	Rheinmetall	1923	737 bis 746	
	33 2279 und 33 2280	57 3279 und 57 3280	HANOMAG	1923	10086 und 10087	
	33 2281 bis 33 2285	57 3281 bis 57 3285	HANOMAG	1923	10216 bis 10220	
	33 2286 bis 33 2296	57 3286 bis 57 3296	Henschel	1923	19802 bis 19812	
	33 2327 und 33 2328	57 3297 und 57 3298	Hohenzollern	1923	4401 und 4402	
	33 2297 bis 33 2308	57 3299 bis 57 3310	Orenstein	1923	10023 bis 10034	
	33 2309 bis 33 2326	57 3311 bis 57 3328	Rheinmetall	1923	830 bis 947	
	–	57 3329 und 57 3330	Borsig	1923	11553 und 11554	
	–	57 3331 bis 57 3348	HANOMAG	1923	10233 bis 10250	
	–	57 3349 bis 57 3355	Henschel	1923	19984 bis 19990	
	–	57 3356 bis 57 3363	Hohenzollern	1924	4403 bis 4410	
	–	57 3364 bis 57 3365	Hohenzollern	1924	4422 und 4423	
	–	57 3366 bis 57 3375	Orenstein	1924	10035 bis 10044	
	–	57 3376 bis 57 3385	Rheinmetall	1924	848 bis 857	
	–	57 3386	Orenstein	1924	10045	
	–	57 3387 bis 57 3392	Borsig	1924	11547 bis 11552	
	–	57 3393 bis 57 3402	HANOMAG	1924	10268 bis 10277	
	–	57 3403 bis 57 3417	HANOMAG	1924	10284 bis 10298	
	–	57 3418 bis 57 3435	HANOMAG	1924	10311 bis 10328	
	–	57 3436 bis 57 3465	Henschel	1924	20085 bis 20114	
	–	57 3466 und 57 3467	Orenstein	1924	10046 und 10047	
	–	57 3468 bis 57 3473	Orenstein	1924	10053 bis 10058	
	–	57 3474 bis 57 3488	Orenstein	1924	10060 bis 10074	
	–	57 3489 bis 57 3496	Hohenzollern	1924	4424 bis 4431	
	–	57 3497 bis 57 3508	Hohenzollern	1924	4439 bis 4450	
	–	57 3509 bis 57 3524	Hohenzollern	1924	4460 bis 4475	

33 2252 bis 33 2328 Betriebsnummern nach dem 1., vorläufigen Umzeichnungsplan der DRG von 1923

G 12[1]

1E-H. G. L. 3zyl.
Bauart 1915
DRG-Baureihe 58^0
(→ EFA 1.2)

1'E h3
1915
Techn. Daten: Seite 209

Robert Wagner, Maschinentechnischer Mitarbeiter der Eisenbahn-Direktion Breslau, regte im Jahre 1913 an, eine leistungsstarke 1'E-Güterzuglokomotive zu entwickeln. Er begründete seinen Vorschlag damit, daß infolge der zunehmenden Indienststellung von Güterwagen mit 20 t Lademasse die Zugmassen weiter steigen und daraus geschlossen werden müsse, daß die vorhandenen D- und E-Güterzuglokomotiven in absehbarer Zeit nicht mehr allen Anforderungen genügen würden. Die Entwicklung für den Bau der ersten Maschinen solle schon jetzt erfolgen, um ausreichend Zeit zur Erprobung und für Versuche zu haben, damit die konstruktiv günstigste Lösung gefunden werden könne, bevor die Beschaffung in höherer Stückzahl nötig sei.
Sein Vorschlag fand Entgegenkommen, die Lokomotivfabrik Henschel wurde mit der Ausarbeitung der Werkzeichnungen beauftragt. Die Achsfahrmasse legte man auf 17 t fest. Daß die Lokomotive als Heißdampflokomotive ausgeführt werden würde, war bereits selbstverständlich. Das Triebwerk sollte, um den Nachteilen zu hoher Zapfen- und Lagerdrücke zu begegnen, als Dreizylinder- oder als Vierzylinder-Triebwerk gestaltet werden. Man entschied sich letztlich für ein Drillings-Triebwerk, das gegenüber dem Vierzylinder-Triebwerk die Vorteile geringerer Masse, besseren Anzugs- und Beschleunigungsvermögens, gleichmäßigen Drehmoments, geringerer Beschaffungs- und Unterhaltungskosten, höherer Betriebssicherheit der einfach gekröpften Treibachse, besserer Zugänglichkeit der innerhalb der Rahmenwangen liegenden Teile und einfacherer Steuerung aufwies. Die Nachteile gegenüber einem Vierzylinder-Triebwerk – höhere spezifische Beanspruchung, schlechtere Laufruhe bei höheren Geschwindigkeiten, Neigung zum Drehen, höhere Zapfen- und Lagerdrücke und dadurch stärkere Abnutzung der beweglichen Teile – nahm man in Kauf. Der Laufradsatz war erforderlich, um das Triebwerk und einen möglichst großen Kessel ohne Überschreitung der vorgegebenen Achsfahrmasse unterbringen zu können, und durch ihn sollte schnelles Scharflaufen der Spurkränze des 1. Kuppelradsatzes vermieden werden. Auch die Laufruhe profitierte vom Laufradsatz. Den unteren Teil des Hinterkessels zog man wie bisher zwischen den Rahmenwangen ein, ebenso behielt man die übliche Bauart des Rahmens als Blechrahmen bei. Die

Henschel 1915/13332. G 12 Cassel 5551; DRG 58 004. Lieferzustand
Foto: Werkaufnahme, Sammlung Franz

Henschel 1915/13286. G 12 Erfurt 5551; DRG 58 001. Als 58 001 nach Umbauten.
Foto: DLA, Archiv transpress

waagerecht liegenden Außenzylinder trieben den 3. Kuppelradsatz an, der geneigt angeordnete Innenzylinder arbeitete auf den 2. Kuppelradsatz. Die Steuerung des Innenzylinders war durch zwei übereinanderliegende, über Gestänge mit den Schieberkreuzköpfen der Außensteuerung verbundene Übertragerwellen von der außenliegenden Heusinger-Steuerung abgeleitet. Somit setzte sich die Schieberausweichung des Innenschiebers aus den Schieberausweichungen beider Außenschieber zusammen. Diese Konstruktion führte jedoch bei Einbauungenauigkeiten und bei zunehmender Abnutzung zu ungleichmäßiger Dampfverteilung. Zeitgemäß war die Ausrüstung mit Speisewasser-Vorwärmanlage, wobei man den zylindrischen Abdampf-Oberflächenvorwärmer Bauart Knorr verwendete.

Wegen des Kriegsausbruchs konnten die ersten G 12[1] erst im Jahre 1915 geliefert werden. Aus dem gleichen Grund mußte auf umfangreiche Versuchsfahrten verzichtet werden. Die Lokomotiven wurden lediglich vor Planzügen auf den Strecken Grunewald–Sangerhausen und Ehrang–Cochem erprobt. Mit der Leistung und der Zugkraft war man im großen und ganzen zufrieden. Die Laufruhe war auch bei Geschwindigkeiten über 60 km/h noch gut. Die bei den Probefahrten erreichte indizierte Höchstleistung betrug 1 350 kW (1 800 PS). In den langen Heiz- und Rauchrohren wurden die Heizgase gut ausgenutzt. Sie kühlten sich aber dabei so stark ab, daß die Überhitzung unzureichend war, die Heißdampftemperatur betrug nur 280 °C, der spezifische Dampfverbrauch lag über

Henschel 1915. Lieferzustand.
Tender: 4 T 21,5 nach Musterblatt III 5 l.
Zeichnung: Dietmann

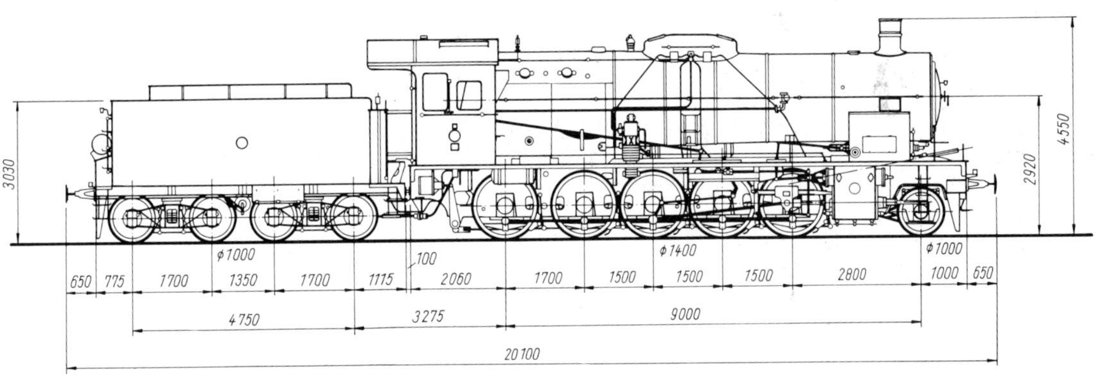

Direktionsbezirk	Bahnnummern	DRG-Nummern	Hersteller	Baujahr	Fabriknummern	Bemerkungen/ Ausmusterung
1895/1896						
Cassel	G 12 5551 bis 5555	58 004 bis 58 008	Henschel	1915	13332 bis 13336	
Erfurt	G 12 5551 und 5552	58 001, –	Henschel	1915	13286 und 13287	
	G 12 5553 und 5554	58 002 und 58 003	Henschel	1915	13288 und 13289	
Saarbrücken	G 12 5551 und 5552	58 009, –	Henschel	1916	13680 und 13681	
	G 12 5553 bis 5556	58 010 bis 58 013	Henschel	1916	13682 bis 13685	
	G 12 5557 und 5558	– , 58 014	Henschel	1916	13733 und 13734	
	G 12 5559 und 5560	–	Henschel	1916	13735 und 13736	
	G 12 5561 und 5562	58 015, –	Henschel	1917	14402 und 14403	

dem sonst bei Heißdampflokomotiven üblichen Wert. Deshalb erhielten die ab 1916 gebauten G 12[1] Bauart 1915 einen fünfreihigen statt des bisher vierreihigen Überhitzers. Nachteilig war der durchgehende Blechrahmen, weil er die Zugänglichkeit des Innentriebwerks erschwerte.

Die Bauform mit fünfreihigem Überhitzer war in der Lage, in der Ebene mit einem Güterzug von 1 900 t Masse eine Beharrungsgeschwindigkeit von 60 km/h zu erreichen. Auf der Steigung 1:100 konnte sie einen Güterzug von 1 100 t Masse mit ihrer Reibungsgeschwindigkeit von 24 km/h befördern. Die indizierte Höchstleistung betrug 1 520 kW (2 030 PS) bei der günstigsten Geschwindigkeit von 67 km/h.

Bis 1917 wurden für die Preußisch-Hessischen Staatsbahnen 21 Maschinen nach dem Musterblatt XIV 3 c gebaut, dann stellte man die Beschaffung zugunsten der G 12 Bauart 1917 ein. Die Lokomotiven bekamen das Gattungszeichen G 12 und Bahnnummern aus der Nummernreihe 5501 bis 5800. Gekuppelt waren sie mit dem 4 T 21,5 nach Musterblatt III 5 I. Später bezeichnete man sie zur Unterscheidung von der G 12 Bauart 1917 als G 12[1], brachte aber die Gattungsbezeichnung in dieser Form an den Maschinen selbst nicht an.

Die G 12 der Bauart 1915 wurden nach ihrer Anlieferung in folgenden Betriebswerkstätten stationiert:
G 12 Erfurt 5551 bis 5554 in der Betriebswerkstatt Erfurt;
G 12 Cassel 5551 bis 5555 in der Betriebswerkstatt Sangerhausen;
G 12 Saarbrücken 5551, 5552, 5557, 5558, 5561 und 5562 in der Betriebswerkstatt Saarbrücken Güterbahnhof;
G 12 Saarbrücken 5533 bis 5556, 5559 und 5560 in der Betriebswerkstatt Saargemünd.

Nach dem ersten Weltkrieg kam die G 12 Erfurt 5552 zu den Belgischen Staatsbahnen und erhielt dort die Bahnnummer 9252. Die Lokomotiven G 12 Saarbrücken 5552, 5557, 5559, 5560 und 5562 mußten den Eisenbahnen Elsaß-Lothringens überlassen werden und bekamen dort die Bahnnummern 5546 bis 5550. Die übrigen Saarbrücker G 12[1] gingen in den Lokomotivbestand der Eisenbahn-Direktion Trier über und behielten dort die ursprünglichen Nummern unter Ersatz des Direktionsbezirksnamens. 1925 wurden alle in Deutschland verbliebenen G 12[1] als 58 001 bis 58 015 in den 3. Umzeichnungsplan der DRG eingereiht.

Einige Veränderungen hatte man auch 1920 an den Maschinen vorgenommen: Die Kesselsicherheitsventile waren unter einer gemeinsamen Verkleidung untergebracht worden, der Hauptluftbehälter von seinem bisherigen Platz innerhalb des Rahmens über dem 3. Kuppelradsatz auf den rechten Umlauf neben den Hinterkessel verlegt worden. Anstelle der zwei vor und hinter dem Dampfdom angeordneten, mit dem Dampfdom unter einer gemeinsamen Verkleidung liegenden Sandkästen hatte man die Maschinen mit zwei rechteckigen Sandkästen ausgestattet, von denen einer auf dem 1. Kesselschuß und einer auf dem 2. Kesselschuß hinter dem Dampfdom lag. Zusätzlich hatte man ein Sandfallrohr für die Räder des 5. Kuppelradsatzes angebaut.

G 12

1E-H. G. L. 3zyl.
Bauart der C. F. O. A.
DRG-Baureihe 58^{10-21}
(→ EFA 1.2)

1′E h3

1917

Techn. Daten: Seite 209

Im Jahre 1917 baute die Firma Henschel sechs von der türkischen Kaiserlich Ottomanischen Militär-Eisenbahn- (C. F. O. A.) unter den Bahnnummern 105 bis 110 bestellte 1′E-Heißdampf-Güterzuglokomotiven mit Drillings-Triebwerk. Diese Maschinen wurden jedoch mit Ausnahme der C. F. O. A. 106 nicht an den Besteller, sondern mit dessen Einverständnis an die Deutsche Heeresbahn geliefert und dem Militär-General-Direktionsbezirk Brüssel zugeteilt.

Eine der Lokomotiven, die G 12 Brüssel 5553, zuletzt stationiert in der Betriebswerkstatt Hasselt, war im November 1918 wegen Kriegsschäden auf dem Bahnhof Aachen West abgestellt. Sie blieb daher in Deutschland. Von den anderen Lokomotiven übernahmen die Belgischen Staatsbahnen drei, und zwar die G 12 Brüssel 5551, 5552, und 5555, und zeichneten sie in 9251, 9252 und 9255 um. Die G 12 Brüssel 5554 kam zur Französichen Ostbahn und erhielt dort die Bahnnummer 5015.

Nach dem ersten Weltkrieg wurde die in Deutschland verbliebene G 12 Brüssel 5553 wieder hergerichtet und 1920 als G 12 Cassel 5276 der Betriebswerkstatt Soest zugeteilt. Schneeschieber und vermutlich auch Ejektoranlage waren abgebaut worden, die Verkleidung der Kesselsicherheitsventile hatte man

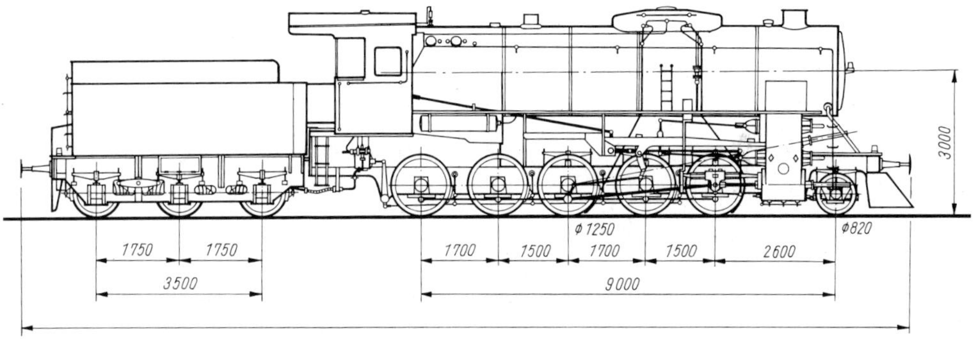

Henschel 1917. Lieferzustand. Tender: 3 T 21 nicht normaler Bauart.
Zeichnung: Taege

Henschel 1917/14522. G 12 Brüssel 5553, Ohne Beschilderung. Zustand nach 1920.
Foto: Archiv Töpelmann

Direktionsbezirk	Bahnnummern	DRG-Nummern	Hersteller	Baujahr	Fabriknummern	Bemerkungen/ Ausmusterung
M. G. D.-Bezirk						
Brüssel	G 12 5551	–	Henschel	1917	14519	
	G 12 5552	–	Henschel	1917	14521	
	G 12 5553	58 1001	Henschel	1917	14522	→ Cassel 5736
	G 12 5554 und 5555	–	Henschel	1917	14523 und 14524	

entfernt. Zusätzlich hatte die Maschine eine viereckigen Sandkasten auf dem hinteren Teil des Langkessels erhalten, der die Räder des 3. und des 4. Kuppelradsatzes von vorn besandete.
Die DRG übernahm diese Lokomotive als 58 1001 in den 3., endgültigen Umzeichnungsplan aus dem Jahre 1925. Im zweiten Weltkrieg soll sie im Bw Terespol stationiert gewesen und 1944 als Kriegsverlust im Osten zurückgeblieben sein. In einer anderen Quelle ist zu lesen, daß sie 1931 beim Bw Soest ausgemustert worden sei.

Konstruktive Merkmale

Kessel: Unterer Teil des Hinterkessels über die Rahmenwangen verbreitert. Stehkesseldecke halbzylindrisch gewölbt, Rückwand geneigt. Breiter Rost.
Langkessel aus zwei zylindrischen Schüssen zusammengesetzt. Dampfdom auf dem 1. Kesselschuß.
1820 mm lange, schwach erweiterte, über Zwischenring mit dem Langkessel verbundene Rauchkammer. Konischer Schornstein. Rauchrohr-Überhitzer Bauart Schmidt.
Kesselausrüstung: Zwei saugende Dampfstrahlpumpen. Speiseventile in Höhe Kesselmitte am 1. Kesselschuß. Zwei Kesselsicherheitsventile Bauart Coale auf dem hinteren Ende des 2. Kesselschusses unter einer gemeinsamen Verkleidung. Naßdampf-Ventilregler Bauart Schmidt & Wagner.
Rahmen: Innenliegender Barrenrahmen mit 100 mm dicken Wangen.
Fahrwerk: Fünfpunktabstützung. Oberhalb der Achslager liegende Tragfedern des 1. und des 2. Kuppelradsatzes durch waagerechte Längsausgleichhebel verbunden; vordere Tragfederenden des 1. Kuppelradsatzes miteinander durch waagerechten Querausgleichhebel und dessen Mitte mit der Quermitte des Bissel-Deichselgestells durch einen nach hinten geneigten Längsausgleichhebel verbunden. Abstützung des vorderen Endes dieses Längsausgleichhebels über Druckstück, Wiege und Pendel auf die Quermitte des Achslagergehäuses des Deichselgestells; Abstützung des Achslagergehäuses des Deichselgestells auf den Laufradsatz über oberhalb der Achslager liegende Blattfedern und zusätzliche Kegelfedern zwischen den Blattfederspannschrauben und dem Achslagergehäuse. Tragfedern des 3. Kuppelradsatzes oberhalb der Achslager. Abstützung auf den 4. und den 5. Kuppelradsatz durch bewegliche Ausgleich-Tragbügel auf den Achslagern, Blattfedern zwischen den einander zugekehrten Enden und Schraubenfedern an den voneinander abgekehrten Enden der Ausgleich-Tragbügel. Vorderes einachsiges Bissel-Deichselgestell. Laufradsatz ±80 mm radial verschiebbar, Rückstellung durch Pendelaufhängung am Abstützpunkt. 2. und 5. Kuppelradsatz ± 25 mm seitenverschiebbar. Spurkränze der Räder des 3. Kuppelradsatzes um 15 mm geschwächt.
Triebwerk: Heißdampf-Dreizylinder-Triebwerk. Alle drei Zylinder in einer Querebene zwischen Laufradsatz und 1. Kuppelradsatz angeordnet. Außenzylinder waagerecht, Innenzylinder geneigt. Einachsantrieb auf den 3. Kuppelradsatz. Kurbelversetzung 120°, rechte Kurbel eilt der mittleren voraus, linke Kurbel eilt der mittleren nach. Einschienige Kreuzkopfführung. Einströmrohre durch die Rauchkammer geführt. Druckluftgesteuerte Ventil-Druckausgleicher Bauart Knorr. Ein selbsttätiges Luftsaugeventil auf dem Dampfsammelkasten des Überhitzers.
Steuerung: Außenliegende Heusinger-Steuerung mit Kuhnscher Schleife für die Außenzylinder. Schieberausweichung der Außensteuerung über an den Voreilhebeln angelenkte Gestänge und zwei übereinanderliegende, von je einer Steuerungsseite bewegte Übertragungswellen auf den Innenschieber

übertragen, dessen Schieberausweichung sich somit aus der Schieberausweichung beider Außenschieber zusammensetzt. Schiebergehäuse auf den Zylindern. Kolbenschieber mit innerer Einströmung und schmalen federnden Ringen, 220 mm Durchmesser.
Bremsausrüstung: Handbremse am Tender. Druckluftbremse Bauart Westinghouse. 2. bis 5. Kuppelradsatz von vorn abgebremst. Einstufige Luftpumpe links neben dem 2. Kesselschuß.
Allgemeine Einrichtungen: Langes, die Tenderbrücke überragendes Führerhausdach. Je ein Sandkasten vor und hinter dem Dampfdom unter einer gemeinsamen Verkleidung mit dem Dampfdom.
Sondereinrichtungen: Schneeschieber vorn am Bissel-Deichselgestell. Ejektoranlage zur Wasserentnahme aus tiefer gelegenen Entnahmestellen.
Tender: 3 T 21 nicht normaler Bauart.

G 12

1E-H. G. L. 3zyl.
Bauart 1917
DRG-Baureihe 58^{10-21}
(→ EFA 1.2)

1'E h3
1917
Techn. Daten: Seite 210

Die Vielzahl der Lokomotivtypen, aus denen sich der Lokomotivpark der Deutschen Heeresbahn zusammensetzte, führte im ersten Weltkrieg in den besetzten Gebieten zu erheblichen Schwierigkeiten bei der Unterhaltung, aber auch bei der Bedienung der Lokomotiven. Lokomotiv- und Werkstättenpersonal waren mit den Maschinen oft nicht vertraut, es herrschte ständiger Ersatzteilmangel, der durch die Typenvielfalt der vorrätig zu haltenden Teile noch verstärkt wurde.
Aus diesen Gründen hatte man bereits 1915 erwogen, eine einheitliche „Kriegslokomotive" zu entwikkeln, die von allen deutschen Staatsbahnen beschafft und dem Heer für die Dauer von Kriegen zur Verfügung gestellt werden sollte. Geplant war eine dem Heeresbahndienst unter allen Bedingungen gerecht werdende Lokomotive, die sowohl Militär-Güterzüge als auch Militär-Personenzüge fahren sollte. Als Leistungsprogramm wurde die Beförderung eines Zuges von 750 t Masse auf der Steigung 1:100 mit einer Geschwindigkeit von 20 km/h gefordert, weiterhin sollte die Lokomotive eine Höchstgeschwindigkeit von 65 km/h bei guter Laufruhe erreichen können. Die einzige deutsche Staatsbahn, die sich diesen Bestrebungen – erfolgreich – widersetzte, war die Bayerische Staatsbahn. Zur Verwirklichung des Vorhabens wurde eine Kommission aus Vertretern anderer deutscher Staatsbahnen, der Militär-General-Direktionen der Deutschen Heeresbahn und der Abteilung Feldeisenbahnwesen des Kriegsministeriums gebildet.
Die Vertreter der Abteilung Feldeisenbahnwesen des Kriegsministeriums forderten eine 1'D-Lokomotive: Die vierfache Kupplung reiche nach den bisherigen Erfahrungen für den Heeresbahndienst vollkommen aus, die Achsfahrmasse solle auf 16 t beschränkt werden, um die Lokomotive freizügiger einsetzen

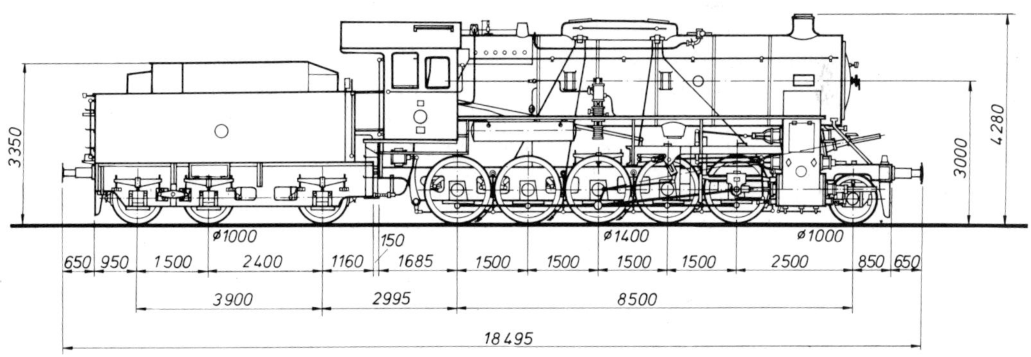

Henschel 1918. Lieferzustand. Dampfdom und Sandkästen unter gemeinsamer Verkleidung.
Tender: 3 T 20 nach Musterblatt III 5 o.
Zeichnung: Taege

Borsig 1917/10000. G 12 Münster 5566; DRG 58 1099; 1945 Kriegsverlust an Polen (PKP Ty 1–69). Als G 12 Münster 5566. Erste Bauform
Foto: Werkaufnahme, Sammlung Siebert

zu können. Über die Anwendung der Dampfüberhitzung waren die Feldeisenbahner geteilter Ansicht. Für den Überhitzer sprach die geforderte hohe Leistungsfähigkeit, gegen den Überhitzer die geringe Möglichkeit der Pflege von Heißdampflokomotiven im Heeresbahndienst.

Die Vertreter der deutschen Staatsbahnen mit Ausnahme der Vertreter der Preußisch-Hessischen Staatsbahnen schlugen eine Naßdampflokomotive vor, für die die G 12^1 – ohne den Überhitzer – als Vorbild dienen sollte.

Gegen den ursprünglichen Willen der anderen an den Verhandlungen beteiligten deutschen Staatsbahnen und des Kriegsministeriums setzten die Vertreter der Preußisch-Hessischen Staatsbahnen schließlich den Bau einer 1'E-Heißdampf-Güterzuglokomotive als „Kriegs-" oder „Einheitslokomotive" durch. Sie ließen sich davon leiten, daß der zu schaffende Lokomotivtyp so dimensioniert werden sollte, daß er auch in künftigen Friedenszeiten den steigenden Anforderungen gerecht werden konnte. Der Begriff „Einheitslokomotive" für den neuen Lokomotivtyp war zunächst im Hinblick darauf geprägt worden, daß er allen Anforderungen im Heeresbahndienst gewachsen sein sollte. Darüber traten jedoch Unstimmigkeiten auf, man einigte sich schließlich bei der Defintion des Begriffes „Einheitslokomotive" darauf, daß die Anschlußmaße einheitlich zu wählen waren, damit die wichtigsten, einem starken Verschleiß unterliegenden und daher oft auszuwechselnden Baugruppen und Einzelteile einheitlich ausgebildet werden konnten, und daß die Bedienungselemente einheitlich anzuordnen waren. Alle übrigen Baugruppen und Einzelteile sollten die einzelnen Staatsbahnen auch wei-

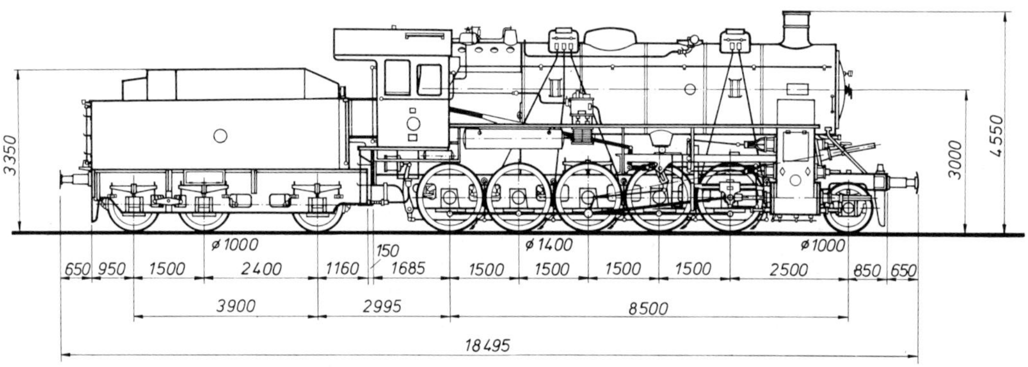

Bauform 1919. Zwei getrennte Sandkästen. Doppelverbundluftpumpe Bauart Nielebock-Knorr.
Tender: 3 T 20 nach Musterblatt III 5 o.
Zeichnung: Taege

HANOMAG 1919/9000. G 12 Elberfeld 5578; DRG 58 1393. Lieferzustand. Bauform mit zwei getrennten Sandkästen.
Foto: Leonhardt-Postkarte, Sammlung Franz

terhin entsprechend ihren eigenen Konstruktionsprinzipien gestalten können. Für eine echte Einheitslokomotive war die Zeit noch nicht reif. Keine deutsche Staatsbahn wollte von Bewährtem abgehen.

Die G 12 Bauart 1915 kam als Vorbild für den neuen Lokomotivtyp nicht in Frage, weil sie zu schwer war und nicht auf die oft noch vorhandenen Drehscheiben von 16 m Durchmesser paßte. Es entstand ein neuer Lokomotivtyp, der mit vielen Traditionen rigoros brach. Den Auftrag zu den Konstruktionsarbeiten erhielt die Firma Henschel. Vermutlich nahm man die G 12 Bauart der C. F. O. A. als Vorbild, an die sich die neue „Einheitlokomotive" in vielen Baugruppen anlehnte.

Erstmals in Preußen wurde ein reiner Barrenrahmen verwendet. Der Hinterkessel war zwar noch schwach eingezogen, der Bodenring überragte aber die Rahmenwangen, weil trotz geringer Loklänge eine große Rostfläche untergebracht werden mußte, um auch minderwertige Kohle verfeuern zu können. Der Stehkessel war als Belpaire-Stehkessel ausgeführt. Wie auch bei der G 12[1] wählte man ein Drillings-Triebwerk. Alle drei Zylinder lagen in einer Querebene und trieben den 3. Kuppelradsatz an. Die Steuerung des Innenzylinders leitete man in gleicher Weise wie bei der G 12[1] und bei der G 12 Bauart der C. F. O. A. von der außenliegenden Heusinger-Steuerung ab. Durch die Hinzufügung eines vorderen Laufradsatzes, der ebenfalls in einem einachsigen Bissel-Deichselgestell gelagert war, bezweckte man eine niedrige Achsfahrmasse trotz des Drillings-Triebwerks und des großen Kessels, bessere Laufruhe und geringere Spurkranzabnutzung. Für die Abstützung auf die Radsätze wählte man die an der G 12 Bauart der C. F. O. A. angewendete Konstruktion, bezog aber, wie bei der G 12[1], den 3. Kuppelradsatz in das vordere Lastausgleichsystem ein. Die eigenartige Abstützung auf den 4. und den 5. Kuppelradsatz ergab sich daraus, daß die herkömmliche Abstützung über Blattfedern aus Platzgründen nicht möglich war. Erstmals und gleich serienmäßig rüstete man die Maschinen mit dem neu entwickelten Speisewasserreiniger Bauart E. Z. A. aus. Trotz der Ausstattung mit Speisewasser-Vorwärmanlage bekamen sie zwei Dampfstrahlpumpen, da aufgrund der Verhältnisse im Heeresbahndienst häufige Ausfälle der Vorwärmanlage befürchtet wurden. Um den Lokomotiven einen großen Wasservorrat mitgeben und sie trotzdem noch auf 16-m-Drehscheiben drehen zu können, baute man zunächst eigens für den neuen Lokomotivtyp den 3 T 20 nach Musterblatt III 5 o.

Im Gattungs- und Bahnnummernplan der Preußisch-Hessischen Staatsbahnen war der 1'E h3-Lokomotive Bauart 1917 das Gattungszeichen G 12 und die Bahnnummernreihe 5501 bis 5800 zugewiesen. Das für diesen Lokomotivtyp aufgestellte Musterblatt trug die Bezeichnung XIV 3 d.

Anfang des Jahres 1917 wurden die ersten 50 Maschinen bei der Firma Henschel bestellt, im Juli 1917 konnten sie geliefert werden. Bis Ende des Jahres 1918 beschafften die Preußisch-Hessischen Staatsbahnen 207 G 12 Bauart 1917. 15 bezog die Deutsche Heeresbahn selbst, andere mußten der Deutschen Heeresbahn zur Verfügung gestellt werden. Größere Bedeutung konnte die G 12 bei der Deutschen Heeresbahn nicht erlangen; als Kriegslokomotive kam sie zu

Krupp 1920/31. G 12 Elberfeld 5627, geliefert an die Betriebswerkstatt Altenhundem; DRG 1992. Lieferzustand.
Foto: Werkaufnahme, Sammlung Bäzold

spät. Dafür kam die leistungsfähige Maschine für den schweren Güterzugdienst in der Nachkriegszeit, als Lokomotivmangel und Kohleknappheit zu größtmöglicher Auslastung der Güterzuge und äußerst wirtschaftlicher Betriebsführung zwangen, sehr gelegen. In der Ebene konnte sie einen Güterzug von 2100 t Masse mit 60 km/h, auf der Steigung 1:100 einen Güterzug von 1030 t Masse mit ihrer Reibungsgeschwindigkeit von 29 km/h befördern, die Verwendung hochwertiger Kohle vorausgesetzt, die jedoch nicht immer zur Verfügung stand. Gerade deshalb war die große Rostfläche, durch die auch bei Verfeuerung minderwertiger Kohle noch hohe Leistungen erzielt werden konnten, von Vorteil.

Bis zum Jahre 1921 sind insgesamt 1168 G 12 Bauart 1917 für die Preußisch-Hessischen Staatsbahnen, die Deutsche Heeresbahn und die DRG gebaut worden. Weitere Maschinen dieses Typs hatten die Sächsische Staatsbahn, die Württembergische Staatsbahn, die Badische Staatsbahn und die Reichseisenbahnen Elsaß-Lothringen beschafft. Die Lokomotiven verteilten sich auf die westlichen und südlichen Direktionsbezirke mit ihren steigungsreichen Streckenabschnitten.

Konstruktive Änderungen hatte es nur wenige gegeben. Die ersten Maschinen waren mit einem aufklappbaren Kipprost ungarischer Bauart in der 4., hintersten Roststabreihe, dem sogenannten Titanrost, ausgerüstet worden. Die ab Ende 1917/Anfang 1918 gebauten G 12 hatten einen Kipprost der Regelbauart mit Spindelantrieb in der 3. Roststabreihe erhalten. 1918 waren die Ableitrohre des Kesselsicherheitsventils, das Dampfsammelrohr und eine der beiden Dampfstrahlpumpen entfallen. Bei den ersten Maschinen waren noch, wie bei der G 12[1], zwei Sandkästen mit dem Dampfdom unter einer gemeinsamen Verkleidung zusammengefaßt. Weil dadurch der Sand bei Undichtigkeit des Dampfdoms feucht wurde, hatten die ab 1919 gebauten G 12 statt dessen zwei flache Sandkästen mit rechteckigem Grundriß bekommen, von denen einer auf dem vorderen Ende des 1. Kesselschusses, einer auf dem hinteren Ende des 2. Kesselschusses lag.

16 G 12 Bauart 1917 waren nach dem ersten Weltkrieg durch ausländische Bahnen übernommen worden, davon eine durch die Polnischen Staatsbahnen, neun durch die Französische Ostbahn und sechs durch die Belgischen Staatsbahnen. Zehn Maschinen hatten die Preußisch-Hessischen Staatsbahnen 1920 der Badischen Staatsbahn überstellt.

Im 3. Umzeichnungsplan der DRG aus dem Jahre 1925 belegten die von den Preußisch-Hessischen Staatsbahnen bzw. der Deutschen Heeresbahn übernommenen und die durch die DRG selbst beschafften G 12 Bauart 1917 die Betriebsnummern 58 1002 bis 58 2143.

Direktionsbezirk	Bahnnummern	DRG-Nummern	Hersteller	Baujahr	Fabriknummern	Bemerkungen/ Ausmusterung
1895/1896						
Breslau	G 12 5551 bis 5556	58 1076 bis 58 1081	Linke	1918	1633 bis 1638	
	G 12 5557 bis 5562	58 1197 bis 58 1202	Linke	1918	1668 bis 1673	
	G 12 5563 bis 5597	58 1597 bis 58 1631	Linke	1920	1929 bis 1963	
	G 12 5598 bis 5632	58 1882 bis 58 1916	Schichau	1921	2871 bis 2905	
	G 12 5636 bis 5645	58 2080 bis 58 2089	Borsig	1921	10802 bis 10811	
Cassel	G 12 5556	58 1002	Henschel	1917	15000	
	G 12 5557 bis 5560	58 1003 bis 58 1006	Henschel	1917	15092 bis 15095	
	G 12 5561 bis 5570	58 1062 bis 58 1071	Henschel	1918	15666 bis 15675	
	G 12 5571 bis 5591	58 1152 bis 58 1172	Henschel	1918	15770 bis 15790	
	G 12 5592 bis 5601	58 1271 bis 58 1280	Henschel	1919	16629 bis 16638	
	G 12 5602 bis 5613	58 1209 bis 58 1220	Henschel	1919	16567 bis 16578	
	G 12 5614 bis 5655	58 1459 bis 58 1500	Henschel	1919	16737 bis 16778	
	G 12 5656 bis 5666	58 1779 bis 58 1789	Henschel	1920	17050 bis 17060	
	G 12 5667 bis 5674	58 1960 bis 58 1967	Linke	1920	2032 bis 2039	
	G 12 5675 und 5676	58 1958 und 58 1959	Linke	1920	2030 und 2031	
	G 12 5677 bis 5698	58 1970 bis 58 1991	Linke	1920	2042 bis 2063	
	G 12 5699 bis 5718	58 2002 bis 58 2021	Krupp	1921	41 bis 60	
	G 12 5727 bis 5736	58 2094 bis 58 2103	HANOMAG	1921	9457 bis 9466	
	G 12 5737 bis 5760	58 2120 bis 58 2143	HANOMAG	1921	9483 bis 9506	
Coeln	G 12 5551 bis 5563	58 1023 bis 58 1035	Borsig	1917	10192 bis 10204	
	G 12 5564	–	Borsig	1918	10256	
	G 12 5565 und 5566	58 1102 und 58 1103	Borsig	1918	10257 und 10258	
	G 12 5567 und 5568	– , 58 1104	Borsig	1918	10259 und 10260	
	G 12 5569 bis 5571	–	Borsig	1918	10261 bis 10263	
	G 12 5572 und 5573	58 1105, –	Borsig	1918	10264 und 10265	
	G 12 5574 bis 5608	58 1501 bis 58 1535	Henschel	1919	16779 bis 16813	
	G 12 5609 bis 5612	58 1717 bis 58 1720	Borsig	1920	10713 bis 10716	
	G 12 5613 bis 5616	58 1721 bis 58 1724	HANOMAG	1920	8898 bis 8901	
	G 12 5617 bis 5628	58 1725 bis 58 1736	HANOMAG	1920	9172 bis 9183	
	G 12 5629 bis 5643	58 1790 bis 58 1804	Henschel	1920	17061 bis 17075	
Elberfeld	G 12 5551 bis 5570	58 1286 bis 58 1305	Linke	1919	1855 bis 1874	
	G 12 5571 bis 5576	58 1221 bis 58 1226	Henschel	1919	16579 bis 16584	
	G 12 5577 bis 5601	58 1392 bis 58 1416	HANOMAG	1919	8999 bis 9023	
	G 12 5602 bis 5626	58 1692 bis 58 1716	Borsig	1920	10688 bis 10712	
	G 12 5627 bis 5636	58 1992 bis 58 2001	Krupp	1920	31 bis 40	
Erfurt	G 12 5555 bis 5564	58 1082 bis 58 1091	Linke	1918	1639 bis 1648	
	G 12 5565 bis 5567	58 1188 bis 58 1190	Linke	1918	1654 bis 1656	
	G 12 5568 bis 5572	–	Linke	1918	1657 bis 1661	
	G 12 5568II bis 5572II	58 1227 bis 58 1231	Henschel	1919	16585 bis 16589	
	G 12 5573 bis 5577	58 1191 bis 58 1295	Linke	1918	1662 bis 1666	
	G 12 5578 bis 5583	58 1326 bis 58 1331	Linke	1920	1895 bis 1900	
	G 12 5584 bis 5590	58 1232 bis 58 1238	Henschel	1919	16590 bis 16596	
	G 12 5591 bis 5598	58 1384 bis 58 1391	Borsig	1920	10649 bis 10656	
	G 12 5599 bis 5608	58 1587 bis 58 1596	Schichau	1920	2821 bis 2830	
	G 12 5609 bis 5633	58 1632 bis 58 1656	Linke	1920	1964 bis 1988	
	G 12 5634 bis 5674	58 1917 bis 58 1957	Linke	1920	1989 bis 2029	
	G 12 5675 und 5676	58 1968 und 58 1969	Linke	1920	2040 und 2041	
Essen	G 12 5551 bis 5565	58 1036 bis 58 1050	Borsig	1917	10205 bis 10219	
	G 12 5566 bis 5590	58 1106 bis 58 1130	Borsig	1918	10266 bis 10290	
	G 12 5591 bis 5615	58 1417 bis 58 1441	HANOMAG	1920	9024 bis 9048	
	G 12 5616 bis 5640	58 1667 bis 58 1691	Borsig	1920	10663 bis 10687	
	G 12 5641 bis 5650	58 2022 bis 58 2031	Krupp	1920	61 bis 70	
	G 12 6301 bis 6318	58 2032 bis 58 2049	Krupp	1920	71 bis 88	
	G 12 6319 bis 6322	58 2090 bis 58 2093	Borsig	1921	10812 bis 10815	
	G 12 6323 bis 6328	58 2114 bis 58 2119	HANOMAG	1920	9477 bis 9482	
Frankfurt	G 12 5551 bis 5558	58 1051 bis 58 1058	Borsig	1917	10220 bis 10227	
	G 12 5559 bis 5567	58 1143 bis 58 1151	Henschel	1918	15761 bis 15769	

Direktionsbezirk	Bahnnummern	DRG-Nummern	Hersteller	Baujahr	Fabriknummern	Bemerkungen/ Ausmusterung
	G 12 5568	58 1196	Linke	1918	1667	
	G 12 5569 bis 5573	58 1281 bis 58 1285	Henschel	1919	16639 bis 16643	
	G 12 5574 bis 5593	58 1306 bis 58 1325	Linke	1920	1875 bis 1894	
	G 12 5594 bis 5605	58 1239 bis 58 1250	Henschel	1919	16597 bis 16608	
	G 12 5606 bis 5623	58 1356 bis 58 1373	Borsig	1920	10621 bis 10638	
	G 12 5624 bis 5640	58 1442 bis 58 1458	Henschel	1919	16720 bis 16736	
	G 12 5641 bis 5655	58 1737 bis 58 1751	HANOMAG	1921	9184 bis 9198	
	G 12 5656 bis 5675	58 1822 bis 58 1841	Henschel	1920	17093 bis 17112	
Hannover	G 12 5551 bis 5553	58 1059 bis 58 1061	Borsig	1917	10228 bis 10230	
	G 12 5554 bis 5559	58 1203 bis 58 1208	HANOMAG	1919	8875 bis 8880	
	G 12 5560 bis 5563	58 1332 bis 58 1335	Linke	1920	1901 bis 1904	
	G 12 5564 bis 5593	58 2050 bis 58 2079	Rheinmetall	1921	51 bis 80	
Kattowitz	G 12 5551 bis 5554	58 1072 bis 58 1075	Linke	1918	1629 bis 1632	
	G 12 5555 bis 5559	–	Linke	1918	1649 bis 1653	
Magdeburg	G 12 5551 bis 5560	58 1374 bis 58 1383	Borsig	1920	10639 bis 10648	
	G 12 5561 bis 5570	58 1657 bis 58 1666	A. E. G.	1921	2110 bis 2119	
	G 12 5571 bis 5590	58 1862 bis 58 1881	Schichau	1921	2851 bis 2870	
Mainz	G 12 5551 bis 5568	58 1569 bis 58 1586	Henschel	1919	16847 bis 16864	
	G 12 5569 bis 5585	58 1805 bis 58 1821	Henschel	1920	17076 bis 17092	
Münster	G 12 5551 bis 5558	58 1007 bis 58 1014	Borsig	1917	10174 bis 10181	
	G 12 5559 bis 5565	58 1092 bis 58 1098	Borsig	1917	10246 bis 10252	
	G 12 5566	58 1099	Borsig	1917	10000	
	G 12 5567 und 5568	58 1100 und 58 1101	Borsig	1917	10254 und 10255	
	G 12 5569 bis 5588	58 1336 bis 58 1355	Borsig	1920	10601 bis 10620	
	G 12 5589 bis 5608	58 1842 bis 58 1861	Schichau	1921	2831 bis 2850	
Saarbrücken	G 12 5571 und 5572	58 1015 und 58 1016	Borsig	1917	10182 und 10183	
	G 12 5573	–	Borsig	1917	10184	
	G 12 5574 bis 5579	58 1017 bis 58 1022	Borsig	1917	10185 bis 10190	
	G 12 5580	–	Borsig	1917	10191	
	G 12 5581 und 5582	58 1131, –	Henschel	1918	15741 und 15742	
	G 12 5583 bis 5585	58 1132 bis 58 1134	Henschel	1918	15743 bis 15745	
	G 12 5586	–	Henschel	1918	15746	
	G 12 5587 und 5588	58 1135, –	Henschel	1918	15747 und 15748	
	G 12 5589 bis 5592	58 1136 bis 58 1139	Henschel	1918	15749 bis 15752	
	G 12 5593	–	Henschel	1918	15753	
	G 12 5594 und 5595	58 1140 und 58 1141	Henschel	1918	15754 und 15755	
	G 12 5596 bis 5598	–	Henschel	1918	15756 bis 15758	
	G 12 5599 und 5600	58 1142, –	Henschel	1918	15759 und 15760	
	G 12 5601 bis 5620	58 1251 bis 58 1270	Henschel	1919	16609 bis 16628	
	G 12 5621 bis 5653	58 1536 bis 58 1568	Henschel	1919	16814 bis 16846	
	G 12 5654 bis 5680	58 1752 bis 58 1778	HANOMAG	1920	9199 bis 9225	
M. G. D.-Bezirk Warschau	G 12 5556	58 1173	Henschel	1918	16000	→ Breslau 5633
	G 12 5557 und 5558	58 1174 und 58 1175	Henschel	1918	16186 und 16187	→ Breslau 5634 und 5635
	G 12 5559 und 5560	58 1176 und 58 1177	Henschel	1918	16188 und 16189	→ Cassel 5719 und 5720
	G 12 5561 und 5562	58 1178 und 58 1179	Henschel	1918	16190 und 16191	→ Hannover 5594 und 5595
	G 12 5563 und 5564	58 1180 und 58 1181	Henschel	1918	16192 und 16193	→ Cassel 5721 und 5722
	G 12 5565 bis 5567	58 1182 bis 58 1184	Henschel	1918	16194 bis 16196	→ Hannover 5596 bis 5598
	G 12 5568 bis 5570	58 1185 bis 58 1187	Henschel	1918	16197 bis 16199	→ Cassel 5723 bis 5725
1920 Osten	G 12 5551 bis 5560	58 2104 bis 58 2113	HANOMAG	1920	9467 bis 9476	

Abkürzungen

Lieferfirmen

AEG — Allgemeine Elektricitäts-Gesellschaft, Berlin
AEGL — AEG-Lahmeyerwerke
AFA — Accumulatoren-Fabrik A.G., Berlin-Hagen

BBC — Brown, Boveri & Chie A.G., Mannheim
Beu — Beuchelt Stahlbau und Maschinenfabrik, Grünberg/Schl.
BEW — Bergmann-Elektricitäts-Unternehmungen A.G., Berlin
B.M.A.G. — Berliner Maschinenbau A.G., vorm. Schwartzkopff, Wildau b. Berlin
BMS — Liefergemeinschaft von BEW und MSW
Bor, Borsig — A. Borsig Lokomotivbau, Berlin-Tegél
Bres — Breslauer Actien-Gesellschaft für Eisenbahn-Wagenbau und Maschinen-Bau-Anstalt Breslau in Breslau

Deutz — Gasmotoren-Fabrik Deutz in Cöln-Deutz
Düss — Düsseldorfer Eisenbahnbedarf, vorm. Carl Weyer & Co, Düsseldorf-Oberbilk
DMV — Deutsche Wagenbauvereinigung, Eisenbahn-Liefergemeinschaft G.m.b.H., Berlin

Esslingen — Maschinenfabrik Esslingen (Neckar)

FGL — Felten & Guilleaume AG
Floridsdorf — Wiener Maschinenfabrik Floridsdorf

Ganz — Ganz, és Társa Villamosságe, Gép-, Waggon-és Hajógyár RT, Budapest (Ungarn)
Gast — Waggonfabrik Gebrüder Gastell G.m.b.H., Mainz-Mombach
Grafenstaden — Elsässische Maschinenbaugesellschaft Grafenstaden, Strassburg
Güstrow — Mecklenburgische Waggonfabrik, Güstrow

Hagans — Christian Hagans, Erfurt
HANOMAG, Han — Hannoversche Maschinenbau-A.G., vorm. Georg Egestorff, Hannover-Linden
Hartmann — Sächs. Maschinenfabrik A.G., vorm. R. Hartmann, Chemnitz
Hawa — Hannoversche Waggonfabrik A.G., Linden-Hannover
He, Henschel — Henschel & Sohn, Cassel
Hof — Waggonfabrik Gebr. Hoffmann & Co. A.G., Breslau
Hohenzollern — Hohenzollern Actiengesellschaft für Lokomotivbau, Düsseldorf-Grafenberg
HwT — Hauptwerkstätte Tempelhof

Jung — Lokomotivfabrik A. Jung, Jungenthal bei Kirchen (Sieg)

Karlsruhe — Maschinenbau-Gesellschaft, Karlsruhe
Kil — Waggonfabrik Killing & Sohn, Hagen i.W.
Krauss — Lokomotivfabrik Krauss & Comp., München
Krupp — Friedrich Krupp A.G., Essen

LHB — Linke-Hofmann-Busch-Werke, Breslau und Bautzen
LHW, Linke — Linke-Hofmann-Werke AG, Breslau

Maf, Maffei — J.A. Maffei Lokomotivfabrik, München
ME — Maschinenfabrik Esslingen, Esslingen
MHK, Humboldt — Maschinenbauanstalt Humboldt AG, Köln-Kalk
MSW — Maffei-Schwartzkopff-Werke G.m.b.H., Wildau

NAG — Neue Automobil-Gesellschaft m.b.H., Berlin NW (auch Nationale Automobil-Gesell-

	schaft A. G., Berlin-Oberschöneweide)
Pöge	Pöge-Elektrizitäts-A. G., Chemnitz
Orenstein	Orenstein & Koppel, Drewitz
Rast	Waggonfabrik A. G., Rastatt
Schichau	Lokomotivfabrik Schichau, Elbing
SSW	Siemens-Schuckert-Werke G.m.b.H., Berlin-Siemensstadt
S & H	Siemens und Halske A. G., Berlin
Stein	Waggonfabrik L. Steinfurt, G.m.b.H., Königsberg i. Pr.
Sulz	Gebr. Sulzer, Ludwigshafen
UEG	Union-Elektricitäts-Gesellschaft, Berlin
UGK, Union	Union Gießerei, Königsberg i. Pr.
Uerd	Waggonfabrik A. G. Uerdingen (Rheinland)
VdZ	Van der Zypen-Charlier G.m.b.H., Eisenbahnwagen- und Maschinenfabrik, Cöln-Deutz
Vul, Vulcan	Stettiner Schiffs- und Maschinenbau AG, Vulcan, Stettin
Wasseg	Liefergemeinschaft von AEG und SSW
Weg	Wegmann & Co., Waggonfabrik, Cassel
Wöhlert	F. Wöhlertsche Maschinenbau-Anstalt und Eisengießerei-Aktiengesellschaft, Berlin
Wumag	Aktien-Gesellschaft für Fabrikation von Eisenbahn-Material zu Görlitz (auch Waggon- und Maschinenbau Aktiengesellschaft Görlitz)
WW	Waggonfabrik A. G., Weimar, Weimar

Dampflokomotiven

HD	Hochdruck
m. h. L.	mit hinterer Laufachse
ND	Niederdruck
PSi	PS indiziert
U	Umbau

Sonstiges

Bf	Bahnhof
Btr-Nr	Betriebsnummer
Bw	Bahnbetriebswerk (ab 1920), Betriebswerkstätte (bis 1920)
Cöln lrh	Cöln linksrheinisch
Cöln rrh	Cöln rechtsrheinisch
D. R. P. Nr.	Deutsches Reich Patent-Nr.
E. Z. A.	Eisenbahn-Zentralamt
Hbf	Hauptbahnhof
K. E. D.	Königliche Eisenbahndirektion
M. E. D.	Militär-Eisenbahn-Direktion
M. G. D.	Militär General-Direktion
M. d. ö. A.	Ministerium der öffentlichen Arbeiten
Raw	Reichsbahnausbesserungswerk
Rbd	Reichsbahndirektion
v. H.	von Hundert

Hauptkenndaten

Gruppe bzw. Gattung Gattung		G 1 2/2 G. L.	G 1 2/2 G. L.	G 1 2/2 G. L.
Bauart		Bromberg	Bromberg	Bromberg
Hersteller, Baujahr Bemerkungen		B. M. A. G. 1878 K. O. 406 bis 415 [1])	Schichau 1887 Bromberg 475 bis 481	Schichau 1895 Druckluftbremse
Zulässige Höchstgeschwindigkeit	km/h	45	45	45
Zylinderdurchmesser (HD/ND)	mm	430[2])	375	375
Kolbenhub	mm	610	630	630
Kuppelraddurchmesser	mm	1 370	1 330	1 350
Laufraddurchmesser vorn/hinten	mm	–/–	–/–	–/–
Kesseldruck	MPa	1,0	1,2	1,2
Wasserraum des Kessels	m^3	·	3,0	3,0
Dampfraum des Kessels	m^3	·	1,2	1,2
Verdampfungswasseroberfläche	m^2	·	5,0	5,0
Größter innerer Kesseldurchmesser	mm	1 300	1 272	1 272
Höhe der Kesselmitte über SO	mm	·	1 960	1 970
Rostfläche	m^2	1,46	1,45	1,45
Heizrohranzahl	Stück	194	202	201
Heizrohrdurchmesser innen/außen	mm	44/48	41/46	41/46
Rauchrohranzahl	Stück	–	–	–
Rauchrohrdurchmesser innen/außen	mm	–	–	–
Rohrlänge zwischen den Rohrwänden	mm	3 304	3 350	3 350
Überhitzerrohrdurchmesser innen/außen	mm	–	–	–
Strahlungsheizfläche	m^2	5,6	5,7	5,7
Rohrheizfläche	m^2	89,5	87,1	86,7
Verdampfungsheizfläche	m^2	94,1	92,8	92,3
Überhitzerheizfläche	m^2	–	–	–
Fester Achsabstand der Lokomotive	mm	3 000	3 000	3 000
Gesamter Achsabstand der Lokomotive	mm	3 000	3 000	3 000
Länge der Lokomotive, ohne Tender	mm	·	7 575	7 761
Leermasse der Lokomotive, ohne Tender	t	23,3	22,5	24,5
Dienstmasse der Lokomotive, ohne Tender	t	26,7	25,9	27,9
Reibungsmasse	t	26,7	25,9	27,9
Mittlere Kuppelachsfahrmasse	t	13,35	12,95	13,95

[1]) Königliche Ostbahn 416 bis 449 nahezu gleiche Abmessungen
[2]) Ab K. O. 416 : 420

G 1 2/3 Gemischtzug- L. m. h. L. Holsteinische Marschbahn Borsig 1875 Holsteinische Marschbahn ELMSHORN	G 2 2/3 Gemischtzug-L. m. h. L. Holsteinische Marschbahn Henschel 1888 Holsteinische Marschbahn	P 2/G 2 2/3 Gemischtzug- L. m. h. L. Normalbauart Henschel 1889 Magdeburg 500 und 501	G 3 3/3 G. L. Ältere Normal- bauart HANOMAG 1883 Innensteuerung	G 3 3/3 G. L. Ältere Normal- bauart Schichau 1884 Außensteuerung Berlin 1087
.	65[3])	65[3])	45	45
406	420	420	450	450
559	600	600	630	630
1 540	1 568	1 580	1 330	1 330
–/1 020	–/1 000	–/1 130	–/–	–/–
1,0	1,1	1,2	1,0	1,0
.	.	4,3	4,9	4,9
.	.	1,5	1,6	1,6
.	.	6,2	6,9	6,9
1 203	1 306	1 280	1 350	1 350
.	.	1 956	1 980	1 980
1,57	1,87	1,87	1,53	1,53
147	206	197	186[4])	186[4])
46/51	41/46	41/46	45/50	45/50
–	–	–	–	–
–	–	–	–	–
3 450	3 650	3 800	4 450	4 450
–	–	–	–	–
8,2	6,9	6,8	7,8	7,8
73,3	96,8	96,4	117,0	117,0
81,5	103,7	103,2	124,8	124,8
–	–	–	–	–
4 470	4 500	4 500	3 400	3 400
4 470	4 500	4 500	3 400	3 400
.	.	8 600	8 840	8 826
30,5	33,5	33,0	32,2	32,6
34,0	37,5	36,7	38,0	38,4
27,0	28,0	27,7	38,0	38,4
13,5	14,0	13,85	12,66	12,8

[3]) Später 75
[4]) Später 172

Gruppe bzw. Gattung		G 4[1]	G 4[2]	G 4[2]
Gattung		3/3 G. L.	3/3 G. L. v.	3/3 G. L. v.
Bauart		Normalbauart	Normalbauart	Normalbauart
Hersteller, Baujahr		Henschel 1895	Henschel 1882	Henschel 1895
Bemerkungen			Hannover 544 und 545	
Zulässige Höchstgeschwindigkeit	km/h	45	45	45
Zylinderdurchmesser (HD/ND)	mm	450	460/650	460/650
Kolbenhub	mm	630	630	630
Kuppelraddurchmesser	mm	1 340	1 330	1 350
Laufraddurchmesser vorn/hinten	mm	–/–	–/–	–/–
Kesseldruck	MPa	1,2	1,2	1,2
Wasserraum des Kessels	m^3	4,9	4,9	4,9
Dampfraum des Kessels	m^3	1,6	1,6	1,6
Verdampfungswasseroberfläche	m^2	6,3	6,3	6,3
Größter innerer Kesseldurchmesser	mm	1 350	1 350	1 350
Höhe der Kesselmitte über SO	mm	1 985	1 980	1 980
Rostfläche	m^2	1,53	1,53	1,53
Heizrohranzahl	Stück	162	181	172
Heizrohrdurchmesser innen/außen	mm	45/50	45/50	45/50
Rauchrohranzahl	Stück	–	–	–
Rauchrohrdurchmesser innen/außen	mm	–	–	–
Rohrlänge zwischen den Rohrwänden	mm	4 450	4 450	4 450
Überhitzerrohrdurchmesser innen/außen	mm	–	–	–
Strahlungsheizfläche	m^2	7,8	7,8	8,1
Rohrheizfläche	m^2	108,2	113,8	108,2
Verdampfungsheizfläche	m^2	116,0	121,5	116,3
Überhitzerheizfläche	m^2	–	–	–
Fester Achsabstand der Lokomotive	mm	3 400	3 400	3 400
Gesamter Achsabstand der Lokomotive	mm	3 400	3 400	3 400
Länge der Lokomotive, ohne Tender	mm	8 840	8 771	8 781
Leermasse der Lokomotive, ohne Tender	t	35,0	35,6	34,6
Dienstmasse der Lokomotive, ohne Tender	t	40,4	41,0	40,0
Reibungsmasse	t	40,4	41,0	40,0
Mittlere Kuppelachsfahrmasse	t	13,47	13,67	13,33

–	G 3	G 3	$G\,4^3$	$G\,5^1$
3/3 G. L.	3/3 G. L.	3/3 G. L.	3/3 G. L. v.	3/4 G. L.
Wellrohrkessel Bauart Lentz	Lentz	Lentz	Union	–
Umbau 1890	Hohenzollern 1891	Hohenzollern 1893	Union 1903	Vulcan 1892
Elberfeld 865	Magdeburg 1360	Berlin 1322		
.	45	45	50[1])	65[2])
453	450	450	460/680	450
627	630	630	630	630
1 296	1 330	1 330	1 350	1 330
–/–	–/–	–/–	–/–	980/–
1,0	1,0	1,2	1,2	1,0
.	.	.	4,3	5,7
.	.	.	1,6	2,2
.	.	.	6,1	8,1
1 750	1 402	1 500	1 372	1 530
2 150	.	.	2 400	2 160
1,84	1,70	1,89	1,73	2,30
249	188	248	217	224
40/46	45/50	41/46	41/46	45/50
–	–	–	–	–
–	–	–	–	–
2 800	3 565	2 900	3 900	4 124
–	–	–	–	–
10,2	7,7	12,7	8,7	10,9
87,6	94,7	92,6	109,0	130,5
97,8	102,4	105,3	117,7	141,4
–	–	–	–	–
3 060	3 400	4 000	3 700	4 000
3 060	3 400	4 000	3 700	6 300
.	.	.	8 750	9 640
32,5	35,4	36,3	42,2	41,9
38,6	41,8	44,2	46,7	48,1
38,6	41,8	44,2	46,7	38,7
12,87	13,93	14,73	15,56	12,9

1) Bei den mit Druckluftbremse ausgerüsteten Lokomotiven später 60

2) Bei den mit Druckluftbremse ausgerüsteten Lokomotiven

Gruppe bzw. Gattung Gattung Bauart Hersteller, Baujahr Bemerkungen		G 5[1] 3/4 G. L. – Schichau 1899	G 5[2] 3/4 G. L. v. – HANOMAG 1895	G 5[3] 3/4 G. L. dr. kr. – Humboldt 1903
Zulässige Höchstgeschwindigkeit	km/h	65	65	65
Zylinderdurchmesser (HD/ND)	mm	480	480/680	490
Kolbenhub	mm	630	630	630
Kuppelraddurchmesser	mm	1 350	1 350	1 350
Laufraddurchmesser vorn/hinten	mm	1 000/–	1 000/–	1 000/–
Kesseldruck	MPa	1,2	1,2	1,2
Wasserraum des Kessels	m^3	5,7	5,7	5,5
Dampfraum des Kessels	m^3	2,2	2,2	2,0
Verdampfungswasseroberfläche	m^2	8,1	8,1	8,3
Größter innerer Kesseldurchmesser	mm	1 500	1 500	1 530
Höhe der Kesselmitte über SO	mm	2 170	2 170	2 300
Rostfläche	m^2	2,30	2,30	2,30
Heizrohranzahl	Stück	216	224[1])	216
Heizrohrdurchmesser innen/außen	mm	45/50	45/50	45/50
Rauchrohranzahl	Stück	–	–	–
Rauchrohrdurchmesser innen/außen	mm	–	–	–
Rohrlänge zwischen den Rohrwänden	mm	4 124	4 124	4 124
Überhitzerrohrdurchmesser innen/außen	mm	–	–	–
Strahlungsheizfläche	m^2	10,9	10,9	10,8
Rohrheizfläche	m^2	125,8	130,5	125,8
Verdampfungsheizfläche	m^2	136,7	141,4	136,6
Überhitzerheizfläche	m^2	–	–	–
Fester Achsabstand der Lokomotive	mm	4 000	4 000	1 650
Gesamter Achsabstand der Lokomotive	mm	6 300	6 300	6 000
Länge der Lokomotive, ohne Tender	mm	9 640	9 640	9 818
Leermasse der Lokomotive, ohne Tender	t	42,8	43,5	48,8
Dienstmasse der Lokomotive, ohne Tender	t	48,9	49,6	54,0
Reibungsmasse	t	39,9	40,5	42,9
Mittlere Kuppelachsfahrmasse	t	13,3	13,5	14,3

[1]) Später 216

G 5^4 3/4 G. L. dr. kr. v. – Hohenzollern 1901	G 5^5 3/4 G. L. v. 1910 Borsig 1910 Halle 4345 bis 4347	G 7^1 4/4 G. L. Normalbauart Schichau 1904	G 7^2 4/4 G. L. v. Normalbauart Schichau 1898	G 7^1 4/4 G. L. Brotan Vulcan 1906 Erfurt 1323 und 4418
65	65	45	45	45
500/750	500/750	520	530/750	520
630	630	630	630	630
1 350	1 350	1 250	1 250	1 250
1 000/–	1 000/–	–	–	–
1,2	1,2	1,2	1,2	1,2
5,5	5,5	5,8	4,9	·
2,0	2,0	2,2	2,1	·
8,3	8,3	8,4	8,2	·
1 530	1 530	1 530	1 530	1 278
2 300	2 300	2 200	2 200	2 090
2,30	2,30	2,30	2,30	2,10
216	·	224	222	259
45/50	45/50	45/50	45/50	45/50
–	–	–	–	–
–	–	–	–	–
4 124	4 124	4 500	4 100	4 400
–	–	–	–	–
10,8	·	10,3	10,3	15,2
125,8	·	142,4	128,6	161,0
136,6	·	152,7	138,6	176,2
–	–	–	–	–
1 650	1 650	4 500[3])	4 500[3])	2 900
6 000	6 000	4 500	4 500	4 500
9 818	9 818	10 263	10 268	10 263
48,2	·	47,0	47,9	47,6
54,2	·	53,3	53,3	53,6
43,0	·	53,3	53,3	53,6
14,33	·	13,33	13,33	13,4

[3]) Ab 1906 2900

Gruppe bzw. Gattung		G 7²	G 7³	G 7³
Gattung		4/4 G. L. v.	4/5 G. L. v.	4/5 G. L. v.
Bauart		Lentz	–	–
Hersteller, Baujahr		HANOMAG 1903	HANOMAG 1893	Esslingen 1917
Bemerkungen		Hannover 1302		Deutsche Heeres-bahn
Zulässige Höchstgeschwindigkeit	km/h	45	45	45
Zylinderdurchmesser (HD/ND)	mm	530/750	530/750	530/750
Kolbenhub	mm	630	630	630
Kuppelraddurchmesser	mm	1 250	1 250	1 250
Laufraddurchmesser vorn/hinten	mm	–/–	1 000/–	1 000/–
Kesseldruck	MPa	1,2	1,2	1,4
Wasserraum des Kessels	m^3	·	6,0	6,0
Dampfraum des Kessels	m^3	·	2,9	2,9
Verdampfungswasseroberfläche	m^2	·	8,3	8,3
Größter innerer Kesseldurchmesser	mm	·	1 600	1 600
Höhe der Kesselmitte über SO	mm	·	2 310	2 310
Rostfläche	m^2	·	2,28	2,28
Heizrohranzahl	Stück	·	235	235
Heizrohrdurchmesser innen/außen	mm	·	45/50	45/50
Rauchrohranzahl	Stück	–	–	–
Rauchrohrdurchmesser innen/außen	mm	–	–	–
Rohrlänge zwischen den Rohrwänden	mm	·	4 100	4 100
Überhitzerrohrdurchmesser innen/außen	mm	–	–	–
Strahlungsheizfläche	m^2	·	10,8	10,8
Rohrheizfläche	m^2	·	136,1	136,1
Verdampfungsheizfläche	m^2	·	146,9	146,9
Überhitzerheizfläche	m^2	–	–	–
Fester Achsabstand der Lokomotive	mm	4 500	4 100	4 100
Gesamter Achsabstand der Lokomotive	mm	4 500	6 300	6 300
Länge der Lokomotive, ohne Tender	mm	·	9 968	9 968
Leermasse der Lokomotive, ohne Tender	t	·	49,7	54,1
Dienstmasse der Lokomotive, ohne Tender	t	·	56,2	60,5
Reibungsmasse	t	·	50,5	52,5
Mittlere Kuppelachsfahrmasse	t	·	12,63	13,13

G 8 4/4 H. G. L. 1902 Vulcan 1902 Rauchkammer- Überhitzer	G 8 4/4 H. G. L. 1902 Vulcan 1903 Rauchkammer- Überhitzer	G 8 4/4 H. G. L. 1902 Vulcan 1904 Rauchkammer- Überhitzer	G 8 4/4 H. G. L. Normalbauart Vulcan 1907 Rauchrohr- Überhitzer	G 8 4/4 H. G. L. Normalbauart Vulcan 1910 Gleichstromzylinder Frankfurt 4841
50[1])	50[1])	50[1])	50[1])	50[1])
575	575	590	600	600
660	660	660	660	660
1 350	1 350	1 350	1 350	1 350
–/–	–/–	–/–	–/–	–/–
1,2	1,2	1,2	1,2	1,2
5,4	5,4	5,4	5,5	5,5
2,0	2,0	2,0	2,2	2,2
7,8	7,8	7,8	8,2	8,2
1 500	1 500	1 500	1 500	1 500
2 500	2 500	2 500	2 550	2 550
2,25	2,25	2,25	2,35	2,35
.	226	220	156[4])	152
41/46	41/46	41/46	41/46	41/46
1[2])	1[2])	1[2])	21	21
.	305/327[2])	305/327[2])	124/133	125/133
4 100	4 100	4 100	4 500	4 500
.	33,5/41,5[3])	33,5/41,5[3])	30/38	29/36
.	12,0	12,1	12,8	12,7
.	123,2	120,0	127,2	125,2
.	135,2	132,1	140,0	137,9
.	31,7	31,7	41,2	39,0
4 500	4 500	4 500	4 500	4 500
4 500	4 500	4 500	4 500	4 500
.	10 295	10 295	10 565	.
.	49,6	51,0	51,2	52,1
.	55,6	56,0	56,7	57,8
.	55,6	56,0	56,7	57,8
.	13,9	14,0	14,18	14,45

[1]) Später 55
[2]) Flammrohr
[3]) Auch 35,5/44,5
[4]) Später 152

Gruppe bzw. Gattung		G 8[1]	G 8[1]	G 8
Gattung		D-H. G. L.	D-H. G. L.	D-H. G. L.
Bauart		Verstärkte Normalbauart	Verstärkte Normalbauart	Stroomann
Hersteller, Baujahr		HANOMAG 1913	Schichau 1913	Orenstein 1911
Bemerkungen		Ohne Speisewasser-Vorwärmeranlage	Speisewasser-Vorwärmeranlage	Magdeburg 4851
Zulässige Höchstgeschwindigkeit	km/h	55	55	50
Zylinderdurchmesser (HD/ND)	mm	600	600	600
Kolbenhub	mm	660	660	660
Kuppelraddurchmesser	mm	1 350	1 350	1 350
Laufraddurchmesser vorn/hinten	mm	–/–	–/–	–/–
Kesseldruck	MPa	1,4	1,4	1,2
Wasserraum des Kessels	m^3	6,3	6,3	.
Dampfraum des Kessels	m^3	2,2	2,2	.
Verdampfungswasseroberfläche	m^2	8,8	8,8	.
Größter innerer Kesseldurchmesser	mm	1 598	1 598	1 800
Höhe der Kesselmitte über SO	mm	2 700	2 700	.
Rostfläche	m^2	2,63	2,63	2,30
Heizrohranzahl	Stück	139	139	.
Heizrohrdurchmesser innen/außen	mm	45/50	45/50	.
Rauchrohranzahl	Stück	24	24	–
Rauchrohrdurchmesser innen/außen	mm	125/133	125/133	–
Rohrlänge zwischen den Rohrwänden	mm	4 500	4 500	4 500
Überhitzerrohrdurchmesser innen/außen	mm	32/40	32/40	.
Strahlungsheizfläche	m^2	13,9	13,9	.
Rohrheizfläche	m^2	130,8	130,8	.
Verdampfungsheizfläche	m^2	144,7	144,7	128,5
Überhitzerheizfläche	m^2	51,9	51,9	31,5
Fester Achsabstand der Lokomotive	mm	3 130	3 130	4 500
Gesamter Achsabstand der Lokomotive	mm	4 700	4 700	4 500
Länge der Lokomotive, ohne Tender	mm	10 880	10 880	.
Leermasse der Lokomotive, ohne Tender	t	61,8	62,0	.
Dienstmasse der Lokomotive, ohne Tender	t	67,9	68,8	67,7
Reibungsmasse	t	67,9	68,8	67,7
Mittlere Kuppelachsfahrmasse	t	16,98	17,2	16,93

G 8^1	G 8^2	G 8^3	G 7, G 9	G 7, G 9
D-H. G. L.	1 D-H. G. L.	1 D-H. G. L. 3zyl.	2 × 2/2 G. L. 4cyl. v.	2 × 2/2 G. L. 4cyl. v.
Stroomann verstärkt	–	–	Mallet	Mallet
Orenstein 1914 Magdeburg 4869 bis 4871	Henschel 1919	Henschel 1919	Grafenstaden 1895	Grafenstaden 1898
55	65	65	·	·
600	630	520	400/630	420/630
660	660	660	600	600
1 350	1 400	1 400	1 270	1 270
–/–	1 000/–	1 000/–	–/–	–/–
1,4	1,4	1,4	1,2	1,2
7,4	6,9	6,9	·	·
1,8	2,7	2,7	·	·
5,6	9,4	9,4	·	·
1 950[1])	1 800	1 800	1 500	1 500
2 810[1])	3 000	3 000	2 260	2 260
3,0	3,43	3,43	1,94	1,94
9[2])	189	189	218	·
50/55[2])	41/46	41/46	45/50	45/50
111[3])	34	34	–	–
82,5/85,5[3])	125/133	125/133	–	–
3 850[4])	4 100	4 100	4 300	4 300
34/42	32/40	32/40	–	–
30,8[5])	12,5	12,5	10,0	·
102,7[5]	154,5	154,5	132,6	·
133,5[6])	167,0	167,0	142,6	·
37,5	58,5	58,5	–	–
3 130	4 500	4 500	1 750	1 750
4 700	7 000	7 000	5 800	5 800
11 015	10 185	10 185	10 070	·
60,2	74,1	76,9	·	·
68,0	82,0	84,5	56,0	·
68,0	68,7	70,9	56,0	·
17,0	17,18	17,73	14,0	·

[1]) Bezogen auf den Rundkesselteil
[2]) Kleine Wasserrohre
[3]) Große Wasserrohre
[4]) Kleinstes Maß
[5]) Vermutlich sind die im unteren Zug liegenden Wasserrohre zur Strahlungsheizfläche gezählt
[6]) Heizfläche des Abdampf-Speisewasservorwärmers 15,9 m^2;
Heizfläche des Rauchgas-Speisewasservorwärmers 24,0 m^2

Gruppe bzw. Gattung Gattung Bauart Hersteller, Baujahr Bemerkungen		G 7/G 9 4/4 G. L. (200 m^2) – Schichau 1908 Innenliegende Allan-Steuerung	G 7/G 9 4/4 G. L. (200 m^2) – Schichau 1909 Außenliegende Heusinger-Steuerung	G 9 D-H. G. L. – Umbau 1923 Großrohr-Überhitzer und Speisewasser-Vorwärmeranlage
Zulässige Höchstgeschwindigkeit	km/h	45	45	45
Zylinderdurchmesser (HD/ND)	mm	550	550	550
Kolbenhub	mm	630	630	630
Kuppelraddurchmesser	mm	1 250	1 250	1 250
Laufraddurchmesser vorn/hinten	mm	–/–	–/–	–/–
Kesseldruck	MPa	1,2	1,2	1,2
Wasserraum des Kessels	m^3	7,2	7,2	.
Dampfraum des Kessels	m^3	2,2	2,2	.
Verdampfungswasseroberfläche	m^2	8,9	8,9	.
Größter innerer Kesseldurchmesser	mm	1 660	1 660	1 660
Höhe der Kesselmitte über SO	mm	2 665	2 665	2 665
Rostfläche	m^2	3,05	3,05	3,05
Heizrohranzahl	Stück	296	292	.
Heizrohrdurchmesser innen/außen	mm	45/50	45/50	.
Rauchrohranzahl	Stück	–	–	.
Rauchrohrdurchmesser innen/außen	mm	–	–	.
Rohrlänge zwischen den Rohrwänden	mm	4 500	4 500	.
Überhitzerrohrdurchmesser innen/außen	mm	–	–	.
Strahlungsheizfläche	m^2	11,8	11,8	.
Rohrheizfläche	m^2	188,2	185,7	.
Verdampfungsheizfläche	m^2	200,0	197,5	.
Überhitzerheizfläche	m^2	–	–	.
Fester Achsabstand der Lokomotive	mm	2 900	2 900	4 500
Gesamter Achsabstand der Lokomotive	mm	4 500	4 500	4 500
Länge der Lokomotive, ohne Tender	mm	10 408	10 408	.
Leermasse der Lokomotive, ohne Tender	t	52,2	51,3	.
Dienstmasse der Lokomotive, ohne Tender	t	60,0	59,0	.
Reibungsmasse	t	60,0	59,0	.
Mittlere Kuppelachsfahrmasse	t	15,0	14,75	.

G 10 E-H. G. L. – Henschel 1910 Dreireihiger Überhitzer, Dampfbremse	G 10 E-H. G. L. – Krupp 1919 ²)	G 12[1] 1 E-H. G. L. 3zyl. 1915 Henschel 1915 Vierreihiger Überhitzer	G 12[1] 1 E-H. G. L. 3zyl. 1915 Henschel 1916 Fünfreihiger Überhitzer	G 12 1 E-H. G. L. 3zyl. C. F. O. A. Henschel 1917 M. G. D. Brüssel 5551 bis 5555
60	60	60	60	45
630	630	560	560	560
660	660	660	660	600
1 400	1 400	1 400	1 400	1 250
–/–	–/–	1 000/–	1 000/–	820/–
1,2	1,2	1,4	1,4	1,3
6,1	6,1	9,4	9,4	·
2,4	2,4	3,8	3,8	·
8,9	8,9	11,7	11,7	·
1 600	1 600	1 798/2 027	1 798/2 027	1 838
2 700	2 700	2 920	2 920	3 000
2,62	2,62	3,28	3,28	4,50
139¹)	123	206	159	224
45/50	45/50	41/46	41/46	45/50
24	26	32	38	34
125/133	125/133	125/133	125/133	125/133
4 700	4 700	5 000	5 000	5 000
30/38	30/38	32/40	32/40	·
14,5	14,5	18,7	18,7	16,4
136,6	129,6	195,4	176,9	225,0
151,1	144,1	214,1	195,6	241,4
52,7	58,9	78,5	78,5³)	80,9
3 000	3 000	4 500	4 500	4 700
6 000	6 000	9 000	9 000	9 000
11 500	11 500	12 710	12 710	·
82,6	67,5	89,6	·	·
69,5	75,0	99,5	·	91,3
69,5	75,0	85,5	·	78,6
13,9	15,0	17,1	·	15,72

¹) Später 131
²) Vierreihiger Überhitzer, Speisewasser-Vorwärmeranlage, Speisewasserreiniger Bauart E. Z. A. und Druckluftbremse
³) Bei verkürzten Überhitzerelementen 65,5

Gruppe bzw. Gattung		G 12
Gattung		1 E-H. G. L. 3zyl.
Bauart		1917
Hersteller, Baujahr		Borsig 1918
Bemerkungen		
Zulässige Höchstgeschwindigkeit	km/h	65
Zylinderdurchmesser (HD/ND)	mm	570
Kolbenhub	mm	660
Kuppelraddurchmesser	mm	1 400
Laufraddurchmesser vorn/hinten	mm	1 000/–
Kesseldruck	MPa	1,4
Wasserraum des Kessels	m^3	8,0
Dampfraum des Kessels	m^3	3,2
Verdampfungswasseroberfläche	m^2	10,9
Größter innerer Kesseldurchmesser	mm	1 800
Höhe der Kesselmitte über SO	mm	3 000
Rostfläche	m^2	3,9
Heizrohranzahl	Stück	189
Heizrohrdurchmesser innen/außen	mm	41/46
Rauchrohranzahl	Stück	34
Rauchrohrdurchmesser innen/außen	mm	125/133
Rohrlänge zwischen den Rohrwänden	mm	4 800
Überhitzerrohrdurchmesser innen/außen	mm	32/40
Strahlungsheizfläche	m^2	14,2
Rohrheizfläche	m^2	180,8
Verdampfungsheizfläche	m^2	195,0
Überhitzerheizfläche	m^2	68,4
Fester Achsabstand der Lokomotive	mm	4 500
Gesamter Achsabstand der Lokomotive	mm	8 500
Länge der Lokomotive, ohne Tender	mm	11 685
Leermasse der Lokomotive, ohne Tender	t	85,4
Dienstmasse der Lokomotive, ohne Tender	t	93,9
Reibungsmasse	t	80,7
Mittlere Kuppelachsfahrmasse	t	16,14

Eisenbahn-Fahrzeug-Archiv

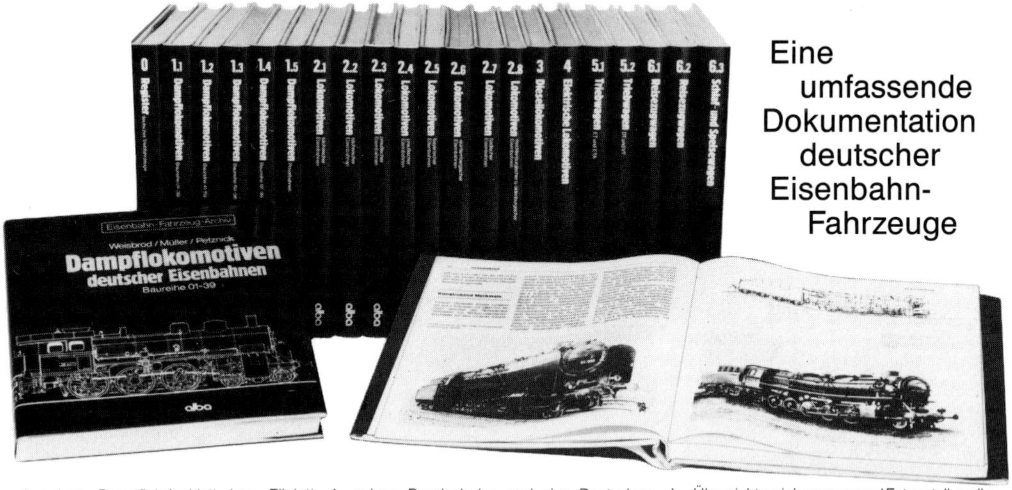

Eine umfassende Dokumentation deutscher Eisenbahn-Fahrzeuge

Aus dem „Dampflok-Archiv", dem „Ellok-" und dem „Diesellok-Archiv", zunächst allein im Transpress-Verlag (DDR) erschienen, ist in Zusammenarbeit mit dem Alba-Buchverlag im Laufe einiger Jahre die Reihe **Eisenbahn-Fahrzeug-Archiv** (EFA) entstanden. Ziel dieser Publikation ist die Dokumentation aller von den Länderbahnen, der Deutschen Reichsbahn (alt), der Deutschen Bundesbahn und der Deutschen Reichsbahn (DDR) eingesetzten Triebfahrzeuge und Wagen.

Jedes Buch gibt für alle Baureihen oder Wagentypen eine fahrzeugtechnische Beschreibung einschließlich der Umbauten und Besonderheiten für bestimmte Einsätze sowie Hinweise auf die Herstellung, den Einsatz und die Ausmusterung.

Übersichtszeichnungen und Fotos stellen alle Fahrzeugtypen auch im Bild vor. Schließlich sind am Schluß jedes Buches alle technischen Daten tabellarisch zusammengefaßt dargestellt, so daß der Leser einen schnellen Überblick über die Fahrzeuge einer Traktionsart erlangt.

Alle Bände haben einen festen Einband. Das Format ist 20 x 22 cm.

In der Reihe „Eisenbahn-Fahrzeug-Archiv" sind bereits erschienen:

H. Schröpfer
A.1 **Triebfahrzeuge österreichischer Eisenbahnen**
288 Seiten, 212 Abbildungen — DM 42,—

Weisbrod, Müller, Petznik
Dampflokomotiven deutscher Eisenbahnen
1.1 *Baureihe 01—39*
274 Seiten, 221 Abbildungen — DM 32,—
1.2 *Baureihe 41—59*
224 Seiten, 172 Abbildungen — DM 32,—
1.3 *Baureihe 60—96*
260 Seiten, 187 Abbildungen — DM 32,—
1.4 *Baureihen 97—99*
216 Seiten, 198 Abbildungen — DM 32,—

Näbrich, Preuß, Meyer
Lokomotiven sächsischer Eisenbahnen
2.1 *Schnellzug- und Personenzuglokomotiven*
2.2 *Güterzug- und Tenderlokomotiven, Triebwagen*
zusammen 432 Seiten, 589 Abbildungen — DM 60,—

H. Schnabel
2.5 **Lokomotiven bayerischer Eisenbahnen**
400 Seiten, 426 Abbildungen — DM 42,—

Lohr/Thielmann
2.6 **Lokomotiven württembergischer Eisenbahnen**
172 Seiten, 186 Abbildungen — DM 28,—

Lohr/Thielmann
2.7 **Lokomotiven badischer Eisenbahnen**
198 Seiten, 212 Abbildungen — DM 28,—

Kirsche/Lohr/Thielmann
2.8 **Lokomotiven mecklenburgischer und oldenburgischer Eisenbahnen**
184 Seiten, 163 Abbildungen — DM 28,—

W. Glatte
3 **Diesellokomotiven deutscher Eisenbahnen**
296 Seiten, 224 Abbildungen — DM 32,—

Bäzold/Fiebig
4 **Elektrische Lokomotiven deutscher Eisenbahnen**
416 Seiten, 370 Abbildungen — DM 42,—

R. Zschech
Triebwagen deutscher Eisenbahnen
5.1 *ETA und ET* — 3. Auflage
304 Seiten, 200 Abbildungen — DM 36,—
5.2 *VT und DT* — 3. Auflage
312 Seiten, 166 Abbildungen — DM 36,—

Wagner, Wagner, Deppmeyer
Reisezugwagen deutscher Eisenbahnen
6.1 *Länderbahnen und DRG*
264 Seiten, 286 Abbildungen — DM 32,—
6.2 *DB und DR*
296 Seiten, 278 Abbildungen — DM 32,—

Theurich, Deppmeyer
Reisezugwagen deutscher Eisenbahnen
6.3 *Speise-, Schlaf- und Salonwagen*
304 Seiten, 384 Abbildungen — DM 32,—

Behrends/Hensel/Wiedau
Güterwagen deutscher Eisenbahnen
7.1 *Länderbahnen und DRG*
288 Seiten, 393 Abbildungen — DM 36,—
7.2 *DB und DR*
288 Seiten, 412 Abbildungen — DM 36,—

Die Reihe wird fortgesetzt

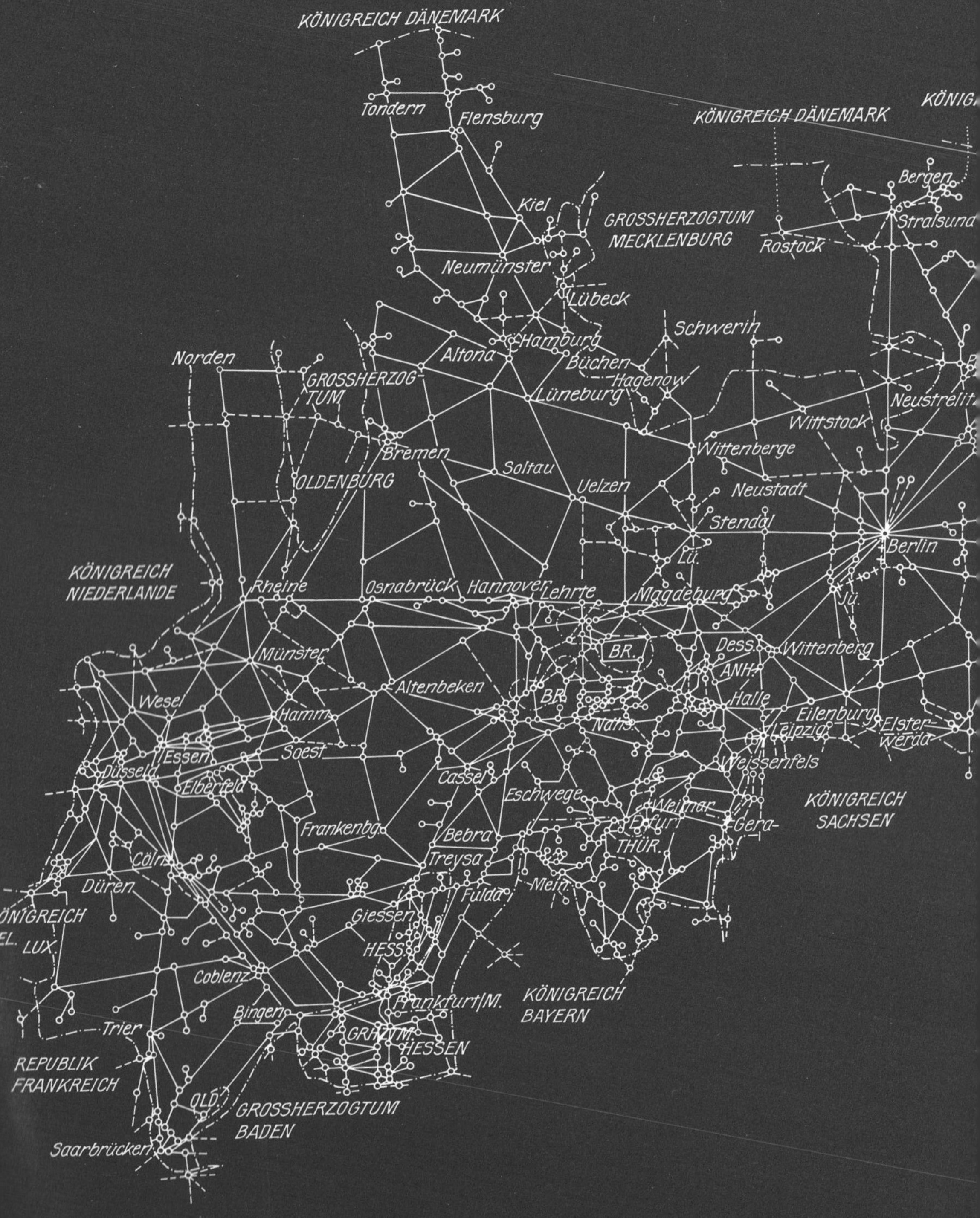
KÖNIGREICH DÄNEMARK
Tondern
Flensburg
Kiel
GROSSHERZOGTUM MECKLENBURG
Rostock
Bergen
Stralsund
Neumünster
Lübeck
Schwerin
Hamburg
Altona
Büchen
Hagenow
Lüneburg
Norden
GROSSHERZOGTUM
Bremen
OLDENBURG
Soltau
Uelzen
Wittenberge
Wittstock
Neustrelitz
Neustadt
Stendal
Berlin
KÖNIGREICH NIEDERLANDE
Rheine
Osnabrück
Hannover
Lehrte
Magdeburg
Münster
BR.
Dess.
ANH.
Wittenberg
Altenbeken
Wesel
Hamm
Halle
Eilenburg
Elsterwerda
Essen
Soest
Leipzig
Düsseld.
Elberfeld
Cassel
Weissenfels
Eschwege
Weimar
Erfurt
Gera
KÖNIGREICH SACHSEN
Frankenbg.
Bebra
THÜR.
Cöln
Treysa
Düren
Fulda
Giessen
HESS.
Coblenz
Frankfurt/M.
KÖNIGREICH BAYERN
Bingen
Trier
GRHZTM. HESSEN
REPUBLIK FRANKREICH
GROSSHERZOGTUM BADEN
Saarbrücken

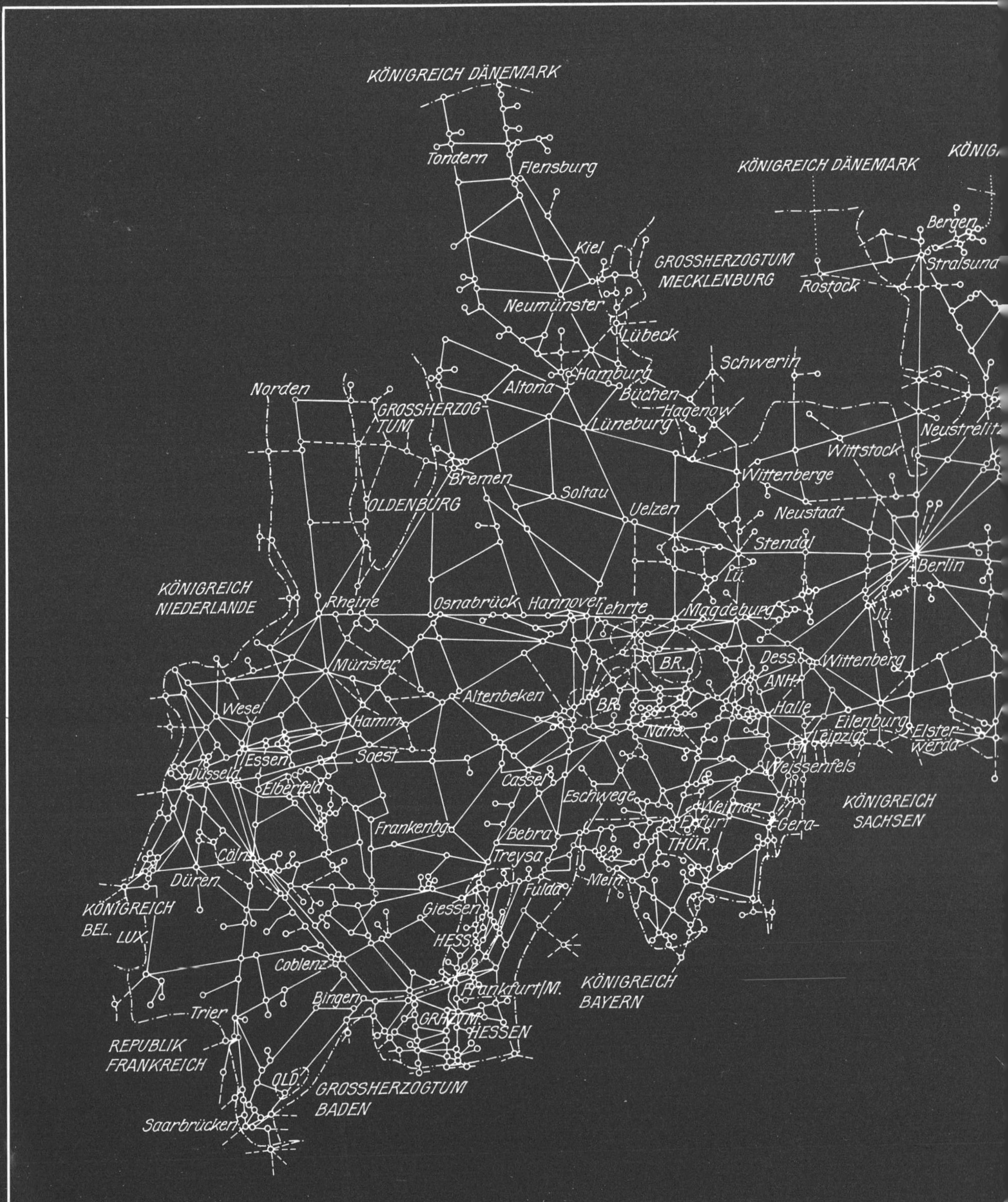

KÖNIGREICH DÄNEMARK
Tondern
Flensburg
KÖNIGREICH DÄNEMARK
Bergen
Stralsund
Kiel
GROSSHERZOGTUM MECKLENBURG
Rostock
Neumünster
Lübeck
Schwerin
Hamburg
Altona
Büchen
Hagenow
Norden
GROSSHERZOGTUM
Lüneburg
Neustrelitz
Wittstock
Bremen
Wittenberge
Soltau
Uelzen
OLDENBURG
Neustadt
Stendal
Berlin
KÖNIGREICH NIEDERLANDE
Rheine
Osnabrück
Hannover
Lehrte
Magdeburg
BR.
Münster
Dess.
Wittenberg
ANH.
Altenbeken
BR.
Wesel
Halle
Hamm
Eilenburg
Nths.
Leipzig
Elsterwerda
Essen
Soest
Düsseld.
Weissenfels
Elberfeld
Cassel
Eschwege
Weimar
KÖNIGREICH SACHSEN
Erfurt
Gera
Frankenbg.
Bebra
THÜR.
Treysa
Cöln
Düren
Fulda
Mein.
KÖNIGREICH
Giessen
BEL.
LUX.
HESS.
Coblenz
Frankfurt/M.
KÖNIGREICH BAYERN
Bingen
Trier
GRHZTM. HESSEN
REPUBLIK FRANKREICH
OLD.
GROSSHERZOGTUM BADEN
Saarbrücken